台湾に渡った日本の神々

フィールドワーク 日本統治時代の台湾の神社

金子展也
Kaneko Nobuya

潮書房光人新社

第一代台湾神社の全景。明治34年10月27日に国内以外の地で最初に鎮座した官幣大社である。台北市街を見渡す剣潭山の山麓に造営された。第二代は初代の東方に造営され、昭和19年に台湾神宮と改称した

台湾神宮（第二代台湾神社）の跡地に建つ圓山大飯店。かつては蒋介石一族が経営していたホテルである。写真左方の朱色に彩られた14階建てのホテル本館の立つあたりが拝殿の位置であった

宜蘭神社。第一代の神社は初代宜蘭庁長だった西郷菊次郎（西郷隆盛の息子）が造営した。菊次郎は雨季に氾濫する宜蘭河に、後に「西郷堤防」と呼ばれる長堤を建造、現在では流域は肥沃な穀倉地帯となっている

太平洋戦争後、間もなく宜蘭神社は取り壊され、写真のように忠烈祠が造営された。神社神苑は忠烈祠と員山公園になり、宜蘭神社の面影はいまも数多く残されている

台湾の地理中心点のある虎頭山山麓に造営された能高神社。「皇紀2600年」にあたる昭和15年10月に鎮座祭が執り行なわれた

現在、能高神社の跡地は埔里高級工業職業学校となっている。写真奥が「活動中心」（学校の部活動センター）であり、本殿や拝殿があった場所である

新営神社の鎮座祭時の写真。昭和12年11月27日の撮影で、台南州では北港神社についで2番目の神社となった。新営には四大製糖会社のひとつ、塩水港製糖本社があり製糖の街として発展した

新営神社の跡地は南瀛緑都心公園と新営病院となっている。神社の遺構や遺物はほとんど残っていないが、唯一、神馬が移設されて残されている

塩水港製糖発祥の地に企業神社として造営された岸内社。拝殿を持つ立派な神社だが、なぜか総督府が公認する「社」ではなかった。また、鎮座日が不祥な神社のひとつである

岸内社の跡地は岸内国小となっている。現在も灯籠と狛犬が残されている。また、灯籠には初代塩水港製糖社長の槇哲の名前がある

台湾総督府専売局台南支局が造営した南昌社。社名は支局長の出澤鬼久太によって命名された。神殿は支局工手坂田、吉田の両氏によって造営され、神苑の造営は秋本庶務主任の考案と監督によった

旧専売局台南支局庭園に造られた南昌社碑。碑の裏側には昭和11年9月25日の鎮座日が刻まれている

第二代新竹神社。「皇紀二六〇〇年記念事業」として、昭和15年10月25日に遷座した。その後、昭和17年11月25日に、台湾で最初の国幣小社に列格した

台東市街にあった第一代台東神社。白蟻の被害を受けていたため、昭和5年10月27日に鯉魚山に遷座する。写真を見ると屋根の頂部に鰹木が5本あることから、祭神は男神となる

「霧社事件」が起きた霧社の平和を願って造営された霧ヶ岡社。昭和７年12月16日に執り行なわれた鎮座祭の模様を撮影した航空写真である

湖（日月潭）の島に造営された日月潭玉島社。日月潭の名は、この地を訪れた清朝の将軍が湖面に浮かぶ小島を指さして「北側は日輪の如し、南は月輪の如し」と語った故事に由来する

はじめに

二〇〇二年から始めた神社跡地の遺構や遺物のフィールドワークも四〇〇ヶ所余りを超えた。台湾に五年間駐在し、日本統治時代に造営された神社遺構や遺物の調査を始めた頃、本社の社長より「駐在地の歴史と文化を学べ」と言われたことがあった。この言葉により、一般駐在員の余暇の過ごし方である週末のゴルフだけではなく、別なことで時間を過ごしてみようという気になった。たまたま興味を持っていた神社遺構の探索に更に気合が入った。週末は、ほとんど神社跡地の遺構や遺物の探索に時間を費やしたものである。この一五年間を振り返ってみると、台湾総督府が公認した神社及び遥拝所二〇三ヶ所のうち、未調査は次高社（台湾第二の高峰・次高山、現在の雪山に造営）と台東庁のカラタラン祠のみとなった。

　神社の跡地調査で、いくら調べても場所が特定できない神社があった。桃園郡桃園街大樹林にあった豊満社（大正一三年一〇月一五日鎮座）である。付近の誰に聞いても分からない。諦めかけた時、祭神が水の神・市杵《いちき》島姫命《しまひめのみこと》で、「水」に関係した場所にあったはずと思いついたが、どうしても見つけ出すことが出来なかった。「河はないか、池はないか」と聞き廻った。やっとのことで、豊満社は当時の弁天池の中の小島にあったことが判明した。日本統治時代の弁天池は洗濯、賽龍舟（ドラゴンボート競技）や漁業の場所であり、戦後、公園として利用された。一九七八年に現在の桃園国際空港を建設する際、建設予定地（大園郷）の住人がこの地に移住させられた。この時、弁天池の埋め立てを行ない、現在の国民住宅である陽明社や中学校が建設された。弁天池はちょうど現在の介壽路《チエスル》と建興街《チエンシンチエ》の間にあった。どうりで、この地に住み始めた人は知らないわけである。この弁天池の中には弁天島と大黒島があり、豊満社は弁天島にあった。現在の位置関係でいうと、神社が造営された場所は蒋経国《しょうけいこく》（蒋介石の死後、中華民国の総統に就任）の銅像のある辺りであった。このことで、祀られた祭神から神社跡地を探す必要性を実感させられた。

神社遺構や遺物の調査中、一回だけ辛い思いをした。台東の馬武窟《まぶくつ》で出会った元日本兵であったプユマ族の古老から、いろいろ話したいと言われ、聞き役になった。その中で「あなたの国はどうして私たちを見捨てたのですか。私たちは日本国のために戦ったのですよ。天皇陛下に『ご苦労様でした』と言って頂きたい」と低い声で言われたとき、とっさに逃げたくなった。ありきたりの回答しかできなかった。その後、自分が言ったことは覚えていないが、「どうぞ、お体に気を付けて健康でいて下さい」と言って別れた。

神社探索当初、まともな中国語を話せなかったので、日本語の出来るタクシー（計程車《ジーチェンツァー》）の運転手を見つけ、常に七〇歳以上の「老人《ラオレン》」を探して、情報を集めたものであった。神社跡地に行こうとすると、ほとんどが「没有《メイヨウ》（ない）」と答えてくる。神社そのものや遺構や遺物が「没有」の所に行っても意味がない、どうして行くのか、と言われた。このような時は、常に「我想只有知道神社的位置（神社の場所だけ知りたいのです）」と、何回も言って納得してもらった。

神社探索も途中段階であった二〇〇六年に日本へ帰任となった。当時、神奈川大学の中島三千男学長と知り合うことが出来、同大学の非文字資料研究センター海外神社班の研究協力者（二〇一二～二〇一六年）となり、海外神社の研究調査に携わることになった。所属する神奈川大学の『非文字資料研究ニュースレター』では「台湾に渡った日本の神々」、「台湾屏東県の原住民集落に建立された神社（祠）の現状」、「台湾神社の創建と催し物の変容」、「日本統治時代の台湾に於ける酒専売と構内神社」に関する寄稿を行なった。また、同センターの研究成果報告書では「北白川宮能久親王の御遺跡と神社の造営」、さらに、『年報』では「台湾神社　今なお残る遺蹟の数々と新事実」について寄稿した。また、二〇一五年九月に神社新報社のご厚意より神社跡地のガイドブック『台湾旧神社故地への旅案内―台湾を護った神々―』を出版することができ、一般の方々が無理なく訪問できる神社跡地の景観の変容を、当時の写真及び現存する遺構や遺物と共に六一ヶ所紹介した。

このたび、潮書房光人新社で書き下ろしたのが本書『台湾に渡った日本の神々』である。本書の中では、取材中それぞれの土地で見聞きしたことを回想し、神社がどのような台湾の社会状況で、どのように産業や社会と密接に関わっていたかを知るために、一般に神社と呼ばれたうちの二三〇社を紹介している。また、神社の紹介とともに、官営事業であった林業、半官営事業の水力発電、専売事業であった樟脳や酒造、製塩、そして、民間事業であった製糖業や鉱業（金や石炭）については、それぞれの産業史の一部まで網羅した。

特に、日本統治時代の生活や社会に直結した祠《ほこら》規模の神社も今後更に発見されるであろう。まだまだ調査不足の箇所もあるが、それぞれのテーマごとに取り上げた神社を通して、日本統治時代の台湾の歴史の一部を知って頂ければ幸いである

また、本書の随所に、《茶芸館（台湾茶を楽しむお店のこと）》として、本文に関係する人物紹介及びトピックスを掲載しているので、併せてご一読願えれば幸いである。

本書の「第三部」に、これまで神社遺構や遺物を調査する段階で生じた数々の疑問に対して、私なりの解答をまとめてみたので、是非ご参照願いたい。

著　者

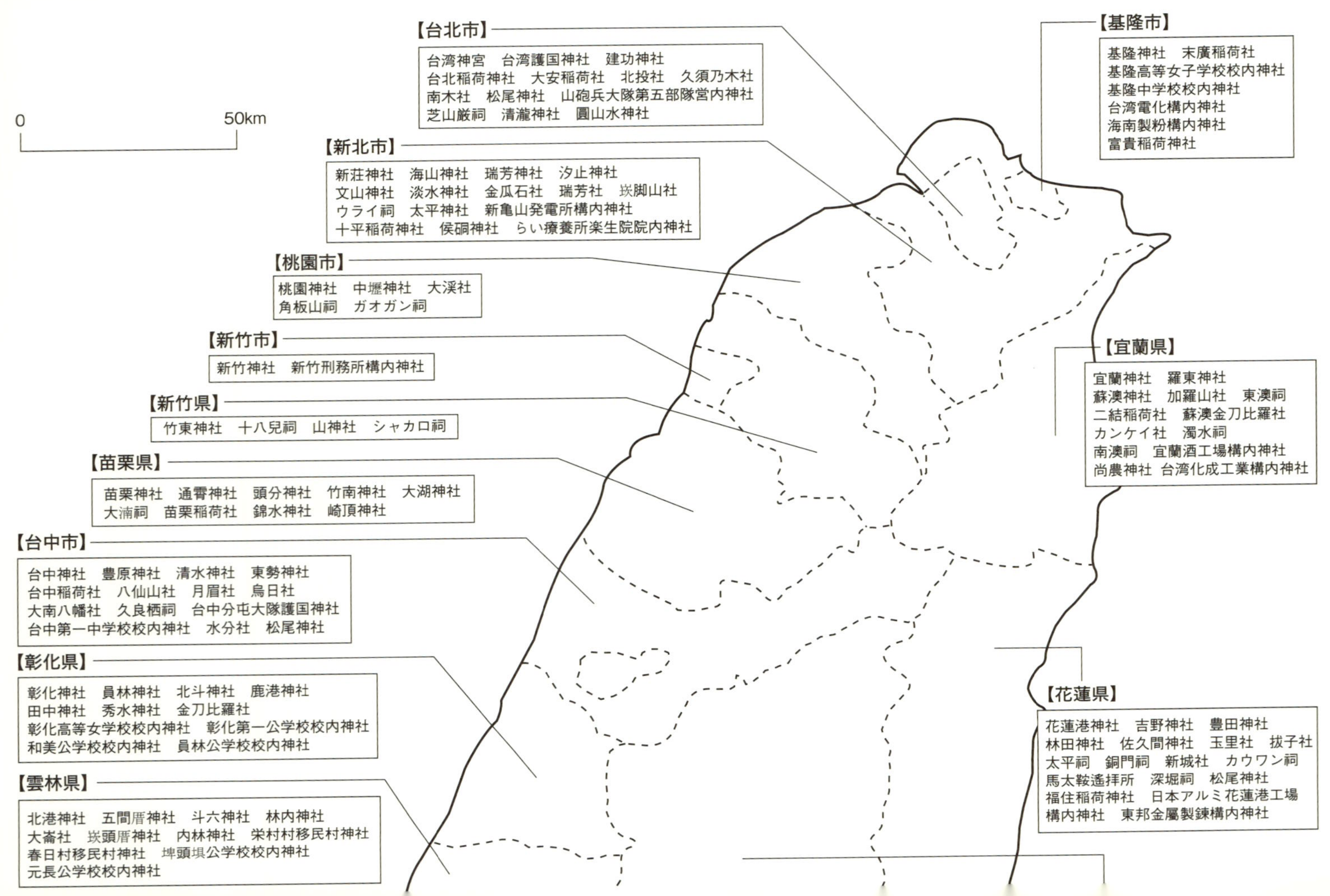

0
50km
【台北市】
台湾神宮　台湾護国神社　建功神社
台北稲荷神社　大安稲荷社　北投社　久須乃木社
南木社　松尾神社　山砲兵大隊第五部隊営内神社
芝山巌祠　清瀧神社　圓山水神社
【新北市】
新荘神社　海山神社　瑞芳神社　汐止神社
文山神社　淡水神社　金瓜石社　瑞芳社　崁脚山社
ウライ祠　太平神社　新亀山発電所構内神社
十平稲荷神社　侯硐神社　らい療養所楽生院院内神社
【桃園市】
桃園神社　中壢神社　大渓社
角板山祠　ガオガン祠
【新竹市】
新竹神社　新竹刑務所構内神社
【新竹県】
竹東神社　十八兒祠　山神社　シャカロ祠
【苗栗県】
苗栗神社　通霄神社　頭分神社　竹南神社　大湖神社
大湳祠　苗栗稲荷社　錦水神社　崎頂神社
【台中市】
台中神社　豊原神社　清水神社　東勢神社
台中稲荷社　八仙山社　月眉社　烏日社
大南八幡社　久良栖祠　台中分屯大隊護国神社
台中第一中学校校内神社　水分社　松尾神社
【彰化県】
彰化神社　員林神社　北斗神社　鹿港神社
田中神社　秀水神社　金刀比羅社
彰化高等女学校校内神社　彰化第一公学校校内神社
和美公学校校内神社　員林公学校校内神社
【雲林県】
北港神社　五間厝神社　斗六神社　林内神社
大崙社　崁頭厝神社　内林神社　栄村村移民村神社
春日村移民村神社　埤頭堀公学校校内神社
元長公学校校内神社
【基隆市】
基隆神社　末廣稲荷社
基隆高等女子学校校内神社
基隆中学校校内神社
台湾電化構内神社
海南製粉構内神社
富貴稲荷神社
【宜蘭県】
宜蘭神社　羅東神社
蘇澳神社　加羅山社　東澳祠
二結稲荷社　蘇澳金刀比羅社
カンケイ社　濁水祠
南澳祠　宜蘭酒工場構内神社
尚農神社　台湾化成工業構内神社
【花蓮県】
花蓮港神社　吉野神社　豊田神社
林田神社　佐久間神社　玉里社　拔子社
太平祠　銅門祠　新城社　カウワン祠
馬太鞍遙拝所　深堀祠　松尾神社
福住稲荷神社　日本アルミ花蓮港工場
構内神社　東邦金屬製錬構内神社

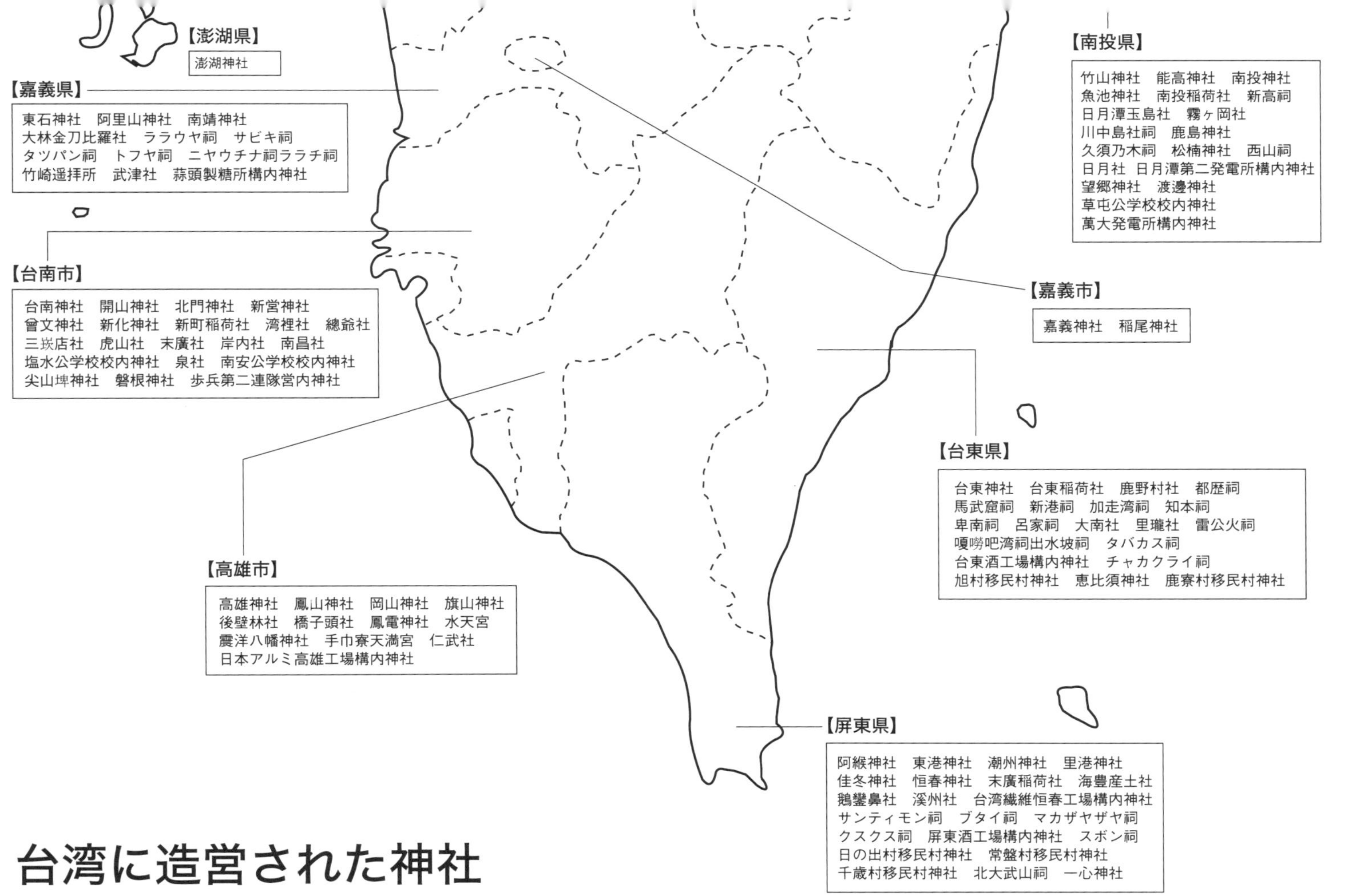
【澎湖県】
澎湖神社
【嘉義県】
東石神社　阿里山神社　南靖神社
大林金刀比羅社　ララウヤ祠　サビキ祠
タツパン祠　トフヤ祠　ニヤウチナ祠ララチ祠
竹崎遥拝所　武津社　蒜頭製糖所構内神社
【台南市】
台南神社　開山神社　北門神社　新営神社
曾文神社　新化神社　新町稲荷社　湾裡社　總爺社
三崁店社　虎山社　末廣社　岸内社　南昌社
塩水公学校校内神社　泉社　南安公学校校内神社
尖山埤神社　磐根神社　歩兵第二連隊営内神社
【高雄市】
高雄神社　鳳山神社　岡山神社　旗山神社
後壁林社　橋子頭社　鳳電神社　水天宮
震洋八幡神社　手巾寮天満宮　仁武社
日本アルミ高雄工場構内神社
【南投県】
竹山神社　能高神社　南投神社
魚池神社　南投稲荷社　新高祠
日月潭玉島社　霧ヶ岡社
川中島社祠　鹿島神社
久須乃木祠　松楠神社　西山祠
日月社　日月潭第二発電所構内神社
望郷神社　渡邊神社
草屯公学校校内神社
萬大発電所構内神社
【嘉義市】
嘉義神社　稲尾神社
【台東県】
台東神社　台東稲荷社　鹿野村社　都歴祠
馬武窟祠　新港祠　加走湾祠　知本祠
卑南祠　呂家祠　大南社　里壠社　雷公火祠
嘎嘮吧湾祠出水坡祠　タバカス祠
台東酒工場構内神社　チャカクライ祠
旭村移民村神社　恵比須神社　鹿寮村移民村神社
【屏東県】
阿緱神社　東港神社　潮州神社　里港神社
佳冬神社　恒春神社　末廣稲荷社　海豊産土社
鵝鑾鼻社　溪州社　台湾纖維恒春工場構内神社
サンティモン祠　ブタイ祠　マカザヤザヤ祠
クスクス祠　屏東酒工場構内神社　スボン祠
日の出村移民村神社　常盤村移民村神社
千歳村移民村神社　北大武山祠　一心神社

台湾に造営された神社

目次

装幀　天野昌樹

凡例

◆本書に記載されている神社詳細（神社名称、社格、祭神名、例祭日、鎮座日）は『神の国日本』（昭和二〇年二月発行）に基づく。なお、同書に掲載されていない神社の列格については、神社本庁の資料及び当時の報道（『台湾日日新報』）による。

◆社は神社ではないが、神社に準ずるものとされた。本書では、神社とは広義の意味であり、「神社」と記載した時は社格を持つ正式な神社を意味する。

◆往時の神社神苑は広大であったため、現在の行政区分では特定できない場合が多い。本書での現住所とは、本殿や拝殿などの神社関連施設があった跡地である。また、一般に分かりやすいように、現住所の末尾「…」の後に、跡地に所在の建物・施設名を記した箇所もある。

◆台湾においては、正式な社格を持つ神社以外、総督府に公認された神社または神社関連施設として、(1)神社に準ずる社（先住民部落においては祠《やしろ》）、(2)摂末社、(3)遥拝所があった。これら以外、崇拝者や地域を限定した無願神祠《しんし》（138頁参照）と呼ばれる簡素な神社または祠《ほこら》があった。第二部「産業及び社会と神社」の神社概要記載で「社」及び「無願神祠」として区別している。なお、拙書『台湾旧神社故地への旅案内』では、総督府が公認した「社」を誤って「社格：社」と記載した。

◆鎮座地の最終行政区分は内政部戸政司全球資訊網の「日據時期住所番地與現行行政區對照表」に基づくが、終戦間近の庄から街への昇格情報は、『台湾日日新報』の報道による。

◆祭神の表記は特に統一していない。本書では各種文献に表記されている祭神名を使用している。倉稲魂《うかたまのかみ》神は宇迦之御魂《うかのみみたまのおおかみ》大神、豊受大神《とようけおおがみ》は豊受比賣神《とようけひめのかみ》、彌都波能賣神《みずはのめのかみ》は水波能賣神《みずはのめのかみ》、応神《おうじん》天皇は誉田別命《こんだわけのみこと》等である。

◆「神社」以外の神社も一般的に「〇〇神社」と呼ばれていたため、本書上での表記は、その当時使用された「呼び方」の名称で表記する。

◆学校内に造営された神社は「校内神社」、軍隊の場合は「営内神社」、企業の場合は「構内神社」、移民村の場合は「移民村神社」と表記する。また、らい病療養所のような療養所や病院内に造営された神社は「院内神社」、個人の邸内（百貨店屋上含む）に造営された神社は「私設神社」と呼称する。

◆特定の崇拝者向けの小さな規模の神社を「祠《ほこら》」とし、「社」の別名である「祠《やしろ》」と区別するために、「祠《ほこら》」と振り仮名を付けている。

◆台湾神社は昭和一九年（一九四四）六月一七日に台湾神宮と改称された。本書では必要に応じて台湾神宮と表記する。

◆第一部では「神社」を神社造営の背景となった記念事業等に基づき分類しているが、「神社」の中で、阿里山神社は「林業」、吉野神社、豊田神社、林田神社及び北斗《ほくと》神社は「移民村」、五間厝《ごけんせき》神社と南靖《なんせい》神社は「製糖」、そして、佐久間神社は「理蕃と先住民部落」として取り扱っている。

◆清朝の時代まで、蕃《ばん》とは未開の野蛮人を指し、台湾に居住する先住民部落及び先住民を総称して用いられた。日本統治時代に入っても特に山地に居住する先住民の部落を蕃社《ばんしゃ》、居住地域を蕃地、そして、先住民を蕃人《ばんじん》と蔑称した。

蕃人は大正一二年（一九二三）、昭和天皇が皇太子の時、摂政宮《せっしょうのみや》として台湾訪問を機に「高砂族」と改称されたが、蕃社はそのまま使用された。本書では蕃人は「山地先住民」または「先住民」、蕃社を「先住民部落」または「部落」と表記する。なお、先住民部落及び先住民の総称として使用された蕃（部族）及び居住地域としての蕃地はそのままとする。

◆台湾に渡った日本人と領台前に住んでいた台湾人を区別するために「内地人」と「本島人」という区別用語が使用された。また、日本と台湾を区別するために「内地」と「本島」とも区別された。本書では、このままの形で表現する。なお、一般的に、本島人とは漢民族を指し、山地に住む先住民（高砂族）と区別された。

◆神社名が不明なものについては（仮）として記載する。

◆昭和一六年（一九四一）三月に台湾教育令を修正し、公学校（本島人が対象）と小学校（内地人が対象）、更に先住民公学校を統一して国民学校に改編された。校内神社名で○○公学校校内神社とは、神社が造営された当時の呼び名である。

◆神社跡地の現住所の表記は中文表記とする。

◆人名及び土地の名前のルビで、日本語表記はひらがな、中文表記はカタカナとする。

◆国民小学は○○国小、国民中学は○○国中、高級中学（日本の高校に相当）は○○高中と表記する。また、九年間の義務教育後の職業教育機関（三年間）である高級工業職業学校は○○高工、そして、高級家事商業職業学校は○○家商と表記する。

◆神社跡地の景観、遺構や遺物の写真は、平成一四年（二〇〇二）から撮りはじめたものである。大部分の写真は最新のものとしているが、中には現在のものと多少異なっているのもある。

◆台湾のヒノキには扁柏《へんぱく》と紅檜《べにひのき》の二種類があるが、一般に、これら二種類のヒノキを混同して「檜《ひのき》」と呼ぶため、混乱を避けるために、本書では「ヒノキ」と表記する。

◆茶芸館での人物紹介は、二〇一三年三月から二〇一四年九月まで、台湾の情報雑誌『な～るほど・ザ・台湾』に「台湾に残る日本の神々」として連載した記事を加筆したものも含む。

◆台鉄「○○站」とは、台湾鉄路管理局で運営されている鉄道駅名であり、高鉄（台湾高速鉄道で新幹線）の駅名とは異なる。

◆巻末の一神社覧表は社格及び列格日・鎮座日順とする。

台湾に渡った日本の神々

――フィールドワーク日本統治時代の台湾の神社

神社用語の基礎知識

◆社格

社格とは神社の等級・格式を表わしたもので、戦後、GHQ（連合国軍総司令部）による国家神道の廃止、政治と宗教の徹底的分離、神社神道の民間宗教としての存続などを指示した神道指令によって廃止される。明治維新までは延喜《えんぎ》式《しき》（平安時代中期に編纂された格式）を継承し、神祇《じんぎ》官《かん》から幣帛《へいはく》を受ける神社を官幣《かんぺい》社、国司（地方官）から受ける神社を国幣《こくへい》社と呼んだ。明治以後は宮内省から幣帛を受ける神社を官幣社、国庫から受ける神社を国幣社と呼ぶようになる。

官幣社には皇室の崇敬を受けた神社、あるいは天皇・皇室を御祭神とする神社が選ばれた。国幣社には地方との関係に重きを置いている神社が選ばれた。なお、官幣社及び国幣社には、それぞれ大社（松尾神社、氷川神社、熱田神社、出雲大社、札幌神社〈現在の北海道神宮〉や明治神宮等）、中社（貴船神社、北野天満宮、生田神社、厳島神社や住吉神社等）、小社の序列が存在した。

また、社格には官・国幣社以外、地方公共団体から神饌《しんせん》（神様へのお供え物）幣帛料を受け取ることのできた諸社（府県社・郷社・村社）と無格社（神饌幣帛料を受け取ることが出来ず、また、境内地が地租もしくは地方税免除の対象とされなかった）があった。なお、台湾には官・国幣社、県社、郷社、無格社があった。

◆幣帛《へいはく》と幣帛供進使《きょうしんし》

幣帛は広義には神に奉献する供物《くもつ》の総称で、狭義には天皇、国、地方官から神に奉献する供物をいう。「みてぐら」「にぎて」「ぬさ」ともいう。これらの幣帛を奉献することを奉幣《ほうへい》といい、そのために遣わされる者を幣帛供進使と呼ばれた。また、幣帛の代わりに金幣（貨幣）をもって奉幣するのが幣帛料である。

◆摂末社《せつまっしゃ》と遥拝所《ようはいしょ》

摂末社とは神社本社とは別に、その神社の管理に属し、その境内または神社の附近の境外にある小規模な神社をいう。本社に付属する関係深い社を摂社、それに次ぐ小社を末社と称する。遥拝所とは、遠く離れた所から神宮（伊勢神宮）の方向に向かって敬礼（遥拝）するために設けられた施設をいう。

◆列格と昇格

神社が新たに、ある社格に列せられことを列格という。無格社から郷社、郷社から県社、県社から国幣社などは列格となる。但し、社から神社へは昇格となる。台湾神社の場合、明治三三年九月一八日に創立し、官幣大社として列格された。

◆祭神と御霊代《みたましろ》

祭神とは神社に祀られている神を指し、御霊代または御神体と呼ばれる。御霊代または御神体は神霊が憑依《ひょうい》せられるところの物をいう。一般には鏡・剣・勾玉《まがたま》・弓矢の類がある。

◆鎮座と遷座

神霊が一定の場所に鎮まることを鎮座という。一般的に、新しく社殿が創られ、鎮座祭が執り行なわれ、御霊代が安置される。鎮座祭では、本殿に直接祭神をお招きする場合と、いったん、仮の建物に祭神をお招きし、祭神が依りつくための鏡・剣・勾玉・弓矢、あるいは石などを仮の殿舎《でんしゃ》に置き、ここに祭神を招く。そして、憑依した御霊代または御神体を本殿へお移しするという厳重な儀式が行なわれる。一方、既に鎮座されている御霊代を新しい社殿に移動する場合を遷座といい、遷座祭が執り行なわれる。

第一部

総督府と神社

概説

明治二八年（一八九五）四月一七日、日清講和条約締結により、台湾及び澎湖《ほうこ》列島は日本の領土となった。台湾の日本への割譲に伴い、台湾総督の指揮下に属し、征台軍として、同年五月二一日と二二日の両日、沖縄の中城《なかぐすく》湾経由で台湾に向けて近衛《このえ》師団《しだん》第一次輸送部隊が清国旅順及び大連を出発した。この時の配船は一六艘、人員九〇四六人、軍馬一七九四頭であった。なお、近衛師団とは、そもそも皇室の守護と儀仗《ぎじょう》（警護）を主任務として編成された部隊であった。

当初、近衛師団の台湾上陸地点は台湾の北部に位置する基隆《キールン》または淡水《たんすい》付近を予定していた。しかし、淡水には厳重に機雷が河口に施設されており、陸上の防備も頗る堅固であり、基隆への上陸も相当な困難が想定された。そのため、これらを回避し、五月二九日に近衛師団を乗せた薩摩丸ほか一五隻の運送船は台湾最北部にあたる三貂角《さんしょうかく》の海岸東方約一キロメートルの沖合に錨を降ろした。その近衛師団を率いる師団長北白川宮能久《きたしらかわのみやよしひさ》親王が塩寮《えんりょう》付近に上陸したのは二日後の三一日午前七時であった。一般に言われる澳底《おうてい》である。この時より「平定の戦い」が始まり、六月三日には基隆を攻略し、一一日に台北城に入城した。

一方、時をほぼ同じくして、六月二日に初代台湾総督として、その任に就いた樺山資紀《かばやますけのり》と清国全権である李経芳《りけいほう》との「台湾の引渡式」が三貂角沖の海上で行なわれた。日本の台湾領有に反対して、当時の清国の官僚と一部住民により、五月二三日に台湾民主国独立宣言が発布され、日本軍との抗戦態勢に入った。しかし、間もなく、総統であった唐景崧《とうけいそん》や幹部の丘逢甲《きゅうほうこう》が清国に逃亡し、総統を引き継いだ劉永福《りゅうえいふく》も戦局の不利を認め、厦門《あもい》に脱出する。このことにより、台湾民主国は僅か五ヶ月足らずで消滅することになった。

六月一七日に行なわれた総督府始政式の約一ヶ月半後の七月二九日に近衛師団は台北城を出発し、台湾の西部を南下して台南の台南城に入城するまでの三ヶ月にわたる熾烈な戦いが始まった。各地で土匪《どひ》と呼ばれた抵抗勢力と壮絶な戦いを展開し、台南に向かって侵攻した。途中、数多くの河川は、この時期氾濫し、行く手を阻んだ。また、多発する土匪との抗争と共に、近衛師団を悩ませたのは、これまで体験したことがない、台湾特有の湿気をもった暑さと非衛生的な環境であった。このため、能久親王も台湾南部の嘉義を越えた辺りでマラリアに感染し、高熱と下痢と闘いながら、一〇月二二日に台南城に到着するが、遂に一〇月二八日に「平定の戦い」の最終地点であった台南で逝去した。

　同年一一月五日に宮内省告示第一五号により北白川宮能久親王の薨去《こうきょ》が発表される。そして、一一月一一日の国葬と前後して台湾に能久親王を祭神とした総鎮守を造営しようとする運動が高まった。その後、幾多の建議を経て、明治三三年（一九〇〇）七月一四日に第四代総督児玉源太郎（任期：明治三一年二月～三九年四月）による「台湾神社社格及社号之儀ニ付稟申《りんしん》」が内務大臣侯爵西郷従道《つぐみち》宛に出され、「別格官幣社を台湾に建設する建議案」が同年九月一八日に衆議院で可決。同日に内務省告示八一号が告示され、台湾神社は植民地で初めての官幣大社として創建されることに決まった。能久親王の薨去した一〇月二八日を例祭日として、領台六年後の明治三四年（一九〇一）一〇月二七日に鎮座する。この時、新領土となった開拓の地台湾に開拓三神（注①）として大国魂命《おおくにたまのみこと》、大己貴命《おおなむちのみこと》と少彦名命《すくなひこなのみこと》が能久親王と共に祀られた。

澳底に残る記念碑（塩寮抗日紀念碑と書かれている）

　台湾の総鎮守としての台湾神社が鎮座すると、台湾の行政地区の中心となった地方都市に県社規模の神社が造営され、台湾神社の祭神を祀り、それぞれ県社として列格されていった。列格年代順で見ると、台中神社（大正二年）、嘉義《かぎ》神社（大正六年）、新竹《しんちく》神社（大正九年）、花蓮港《かれんこう》神社（大正一〇年）、台東神社（大正一三年）、阿緱《あこう》神社（大正一五年）、宜蘭《ぎらん》神社（昭和二年）、そして澎湖《ほうこ》神社（昭和一三年）となる。

　神社の造営と各種国家記念事業である「御大典《ごたいてん》」（大正天皇即位の礼、大正四年）、「皇太子行啓《ぎょうけい》」（大正一二年）、「昭和天皇即位の礼」（昭和三年）、「皇太子御生誕」（昭和八年）、「国民精神作興一〇周年」（昭和八年）、「皇紀二六〇〇年」（昭和一五年）などの記念事業をその神社造営の推進力とした。

　神社造営に拍車をかけたのは、昭和六年（一九三一）九月に勃発した満州事変であり、それに続く昭和八年（一九三三）三月の国際連盟からの脱退であった。日本を取巻く情勢が悪化し始め、この頃から国家神道（注②）に基づき、国民に対する国民精神の涵養が必要となる時期であった。台湾では、昭和八年九月にまず、神職会（神社本庁の前身）から神宮（伊勢神宮）大麻《たいま》（注③）が台湾の全家庭に配布されるよう各州知事に要請され、これ以降、主だった神社経由で本格的に神宮大麻が頒布《はんぷ》された。この過程で、領台当初の移民村神社や県社規模の神社を除くと、地域の土地守護神として初めて昭和九年（一九三四）末、北港神社（台南州北港郡）が社格をもつ「神社」として造営された。同年九月に行政単位の隅々までに「神社」を造営し、敬神精神を強化しようとする「一街庄一社（注④）」造営政策が唱えられ、各家庭での大麻奉斎と相まって台湾に「神社」造営ラッシュが始まる気配をみせた。

昭和一一年（一九三六）七月に総督府主催により「民風《みんぷう》作興《さっこう》運動」が宣言され、敬神崇祖思想の普及、皇祖尊崇、そして、本島人に対しては国語（日本語）普及及び常用が求められた。その一年後の昭和一二年（一九三七）七月に盧溝橋《ろこうきょう》事件が発生し、日中戦争へと発展する。そして、同年九月には第一次近衛《このえ》内閣による「国民精神総動員運動（注⑤）」が提唱される。

このような状況下、それまでの文官総督に代わり、海軍軍人の小林躋造《せいぞう》が第一七代総督（任期：昭和一一年九月～昭和一五年一一月）に就任すると、これまでの「民風作興運動」を更に発展した「皇民《こうみん》化運動」が提唱され、改めて、神社の「一街庄一社」政策が叫び出された。この方策として神社参拝、大麻奉斎、そして、本島人の家庭では正庁改善（祖先位牌や道教などの神々を祀る祭壇に代わり、大麻が奉斎された日本式神棚への改善）や寺廟整理（56頁参照）が展開されてゆく。そして、「皇紀二六〇〇年記念事業」と相まって、神社造営が一気に加速化されたかのように見えた。

昭和一二年（一九三七）七月に発生した盧溝橋事件に端を発した日中戦争に続き、昭和一六年（一九四一）一二月に日本は太平洋戦争に突入する。神社の乱立を防ぐため、「一街庄一社」を限度として、新たな神社造営は認められないとするが、既に地方財政の疲弊が現われ始め、神社敷地の買収費を含めた神社造営費（注⑥）はますます巨額となった。更に神職の確保にも支障をきたしたため、新たな神社造営に急ブレーキがかかった。昭和九年に北港神社が造営されて以来、終戦の年までの一〇年間に、僅か三〇社の神社が造営されたに過ぎない。「一街庄一社」政策は掛け声に終わり、より現実的な「一郡一社」程度で終わった。

一方で、新竹神社、台中神社や嘉義神社の県社から国幣小社への昇格、また、数多くの無格社を郷社へ列格（昭和一二年一〇月～二〇年四月までの間に二一社）することにより、神社の尊厳を高めた。更に、神社とは別に、その神社の管理に属した摂末社の造設や遥拝所により、国家神道の浸透を図った。神前結婚、宮城遥拝、集団参拝、出兵にあたり武運長久を祈願する参拝が始まった頃であった。

神社には「神社」と規定される要件があった。境内入口に鳥居があり、社殿（本殿、拝殿）まで参道が通じ、参道の傍には手水舎《ちょうずしゃ》、社務所などがある。「一街庄一社」造営政策が唱えられた昭和九年九月に台湾総督府文教局から

「神社建設要項ニ関スル件」として、初めて「神社」に関する規定が提示された。

敷地　四～五〇〇〇坪以上
建物　本殿　五坪程度
拝殿　二〇坪程度
右の他手水舎、社務所、鳥居等ヲ設備スルコト
本殿ノ建築ハ祭神ニ依リテ定マリタル様式アル場合、他ハ神明又ハ流レ造トシテ内陣及外陣《げじん》ニ分ツコト
本殿以外ノ建物ハ本殿ニ分ツコト

また、「神社」であるためには、崇敬者または氏子《うじこ》は五〇人以上とし、その中の総代が神社に関する維持のための一切の事務を行なう義務を有していた。つまり、この要件に当てはまるのが、台湾総督文教局社会課の発行した『台湾に於ける神社及宗教』（昭和一八年三月発行）や田村晴胤《はるたね》（注⑦）による『神の国日本』（昭和二〇年二月発行）に掲載されている六八社のみである。これらは、祈年祭・新嘗祭《にいなめさい》（注⑧）に天皇や国から奉幣《ほうへい》や幣帛《へいはく》料を受ける官幣《かんぺい》社（二社）や国幣《こくへい》社（三社）を筆頭に、県社（八社）、郷社（一七社）、無格社（三七社）、そして、護国神社（一社）を含んだ。なお、終戦間近に三社が無格社から郷社の列格がなされたので、最終的に郷社は二〇社、無格社は三四社となった。

前半では、「平定の神」として、北白川宮能久親王が祀られるようになった背景と、北白川宮能久親王に関係のあった「神社」を取り上げる。以降、神社造営に拍車がかかった事象（大正天皇御大典、皇太子台湾行啓、昭和天皇御大典、皇太子御生誕、国民精神作興一〇周年、皇民化運動、皇紀二六〇〇年）を通じて、その関連性を見てみることにする。更に、国家神道としての敬神尊皇の思想に基づき、国民精神の高揚を図り、台湾にくまなく神社を浸透させるため「一街庄一社」政策がどの程度展開されていくかを見てゆく。最後は「国幣小社」と「県社」を、そして「招魂と護国」として、建功《けんこう》神社と台湾護国神社を掲載する。最後に摂末社と遥拝所を紹介する。

《注釈》

①　明治二年（一八六九）に当時「蝦夷地」と呼ばれていた北海道は日本の国土として、より明確にするため、「北海道」と名づけられた。同年に明治天皇の詔により、北海道開拓の守護神として大国魂命《おおくにたまのみこと》、大己貴命《おおなむちのみこと》、少彦名命《すくなひこなのみこと》の開拓三神を祀る「北海道鎮座神祭」が東京でおこなわれ、北海道の開拓・発展の守護神として三柱の神々が開拓三神として鎮座した。現在の社殿が建てられたのは明治四年（一八七一）のことで、この年に札幌神社（現在の北海道神宮）と社名が決まった。台湾も同じように、新たな日本の国土として開拓してゆくために「開拓三神」が祀られることになった。

② 明治新政府が神宮（伊勢神宮）を頂点とした神社神道と宮中祭祀を結びつけて作り出した教義である。このことにより、天皇と国を尊ぶ国民精神（敬神崇皇）の向上を図った。具体的な方策として、教育勅語を修身・道徳教育の根本規範とし、天皇への結束を強め、同時に各家庭に大麻《たいま》を奉斎し、天皇の祖神である天照皇大神への敬神の念を涵養せしめた。
　戦後、GHQによる神道指令により、国家神道の廃止と政治と宗教の分離を命じ、国家神道は国家的公的性格を失い、神社信仰は民間の宗教として再出発することとなった。

③ 神宮大麻の「大麻《たいま》」とは、本来「おおぬさ」と読み、お祓《はら》いの際に用いられる木綿《ゆう》、麻などのこと。現在でも神社で使われるお祓い用の神具を「大麻《おおぬさ》」という。そこから、厳重なお祓いをへて授けられるお神札を「大麻《たいま》」と呼ぶようになったと言われている。

④ 日本統治時代の行政区分で、郡は市、街は町、そして庄は内地の村に相当した。これらの行政区分の末端にあたる「街」や「庄」に至るまで「社」ではなく、「神社」を造営するというもの。

⑤ 昭和一二年（一九三七）九月に第一次近衛内閣が戦争協力体制をつくるために「国家のために自己を犠牲にして尽くす国民の精神を推進した」運動である。「八紘一宇《はっこういちう》」「挙国一致《きょこくいっち》」「堅忍持久《けんにんじきゅう》」の三つのスローガンを掲げ、国民全員を戦争遂行に協力させようとしたもの。

⑥ 昭和九年（一九三四）当時、神社造営費用は、敷地四〇〇〇～五〇〇〇坪で一万八〇〇〇円と推定された。これは、現在の貨幣価値に直すと概算五〇〇〇万円程度となる。実際に郷社になった当時の神社の造営費は平均で三万五〇〇〇～四万円であった。従って、現在の貨幣価値で一億円はかかったものと思われる。ただし、社殿を造営する際に使用される大量のヒノキは台湾で調達できたので、総費用に占める木材の比率は相当に低かったと想像できる。

⑦ 初代台湾神社宮司として就任し、三七年間務めた山口透宮司の後継者として昭和二〇年（一九四五）四月、台湾神宮宮司に就任する。大正四年（一九一五）神宮皇学館を卒業し、松尾神社禰宜《ねぎ》、護王《ごおう》神社、加茂《かも》神社、平野神社、彌彦《やひこ》神社、生田神社宮司を歴任する。
　本書では、これまでの総督府文教局社会課『台湾に於ける神社及宗教』（昭和一八年三月発行）を補完する日本統治時代の神社資料として扱っている。

⑧ 祈年祭は一年の五穀豊穣などを祈る祭祀であり、一般には二月一七日に行われた。新嘗祭は収穫祭にあたるもので、一一月二三日に天皇が五穀の新穀を天神地祇《てんじんちぎ》（国津《くにつ》神、天津《あまつ》神）に捧げ、また、自らもこれを食して、その年の豊穣に感謝する宮中祭祀である。祈年祭は小祭、新嘗祭は大祭とされた。

北白川宮能久親王《きたしらかわのみやよしひさ》

弘化四年（一八四七）に伏見宮邦家親王《ふしみのみやくにいえ》の第九皇子として生をうけ、安政五年（一八五八）に仁孝《じんこう》天皇の猶子《ゆうし》として一一歳で親王宣下する。この時、諱《いみな》を「能久《よしひさ》」と賜る。日光の輪王寺に入寺得度《とくど》し、公現入道《こうげんにゅうどう》親王と名乗り、戊辰《ぼしん》戦争の時、幕府側につくが、彰義隊に担がれて上野戦争に巻き込まれる。その敗北により東北に逃避、仙台藩に身を寄せ、奥羽《おうう》越《えつ》列藩同盟の盟主に擁立される。明治元年（一八六八）九月に仙台藩は新政府軍に降伏し、公現入道親王は京都で蟄居《ちっきょ》を申し付けられ、伏見宮家預かりとなる。

その後、一時僧門に入るが、明治三年（一八七〇）に還俗して伏見宮に復帰、軍籍に身を置くようになる。ドイツにも留学し、兵学を学び、留学中の明治五年（一八七二）に北白川宮を相続する。帰国後、近衛砲兵連隊に配属され、明治一七年（一八八四）に陸軍少将、歩兵第一旅団長、明治二五年（一八九二）陸軍中将、第六・第四師団長を歴任する。日清戦争では近衛師団長として出征するが、参戦する機会もなく、終戦となる。終戦と共に、明治二八年（一八九五）五月に下関条約により日本に割譲された台湾征討のため近衛師団長となり、台湾に出征する。

北白川宮能久親王の澳底《おうてい》上陸後、最終的な目的地である台南城までの行程で三七ヶ所に舎営所、駐営所、露営所、休憩所や指令所が設けられた。そして、それぞれの多くには「御遺跡」として記念碑が建立され、舎営所は保存・管理がなされた。また、昭和一〇年（一九三五）一二月五日（台北駐営所及び八卦山指令所は昭和八年一一月二六日）に第一六代総督中川健蔵は史蹟名勝天然記念物保存法により、史蹟としてこれらの「御遺跡」を指定した。同時に「御遺跡」の大部分の場所に、記念碑とは別に能久親王を祀る神社が造営された。

台湾《たいわん》神宮——台湾の総鎮守

鎮座日：明治三四年一〇月二七日　**祭神**：大国魂命《おおくにたまのみこと》、大己貴命《おおなむちのみこと》、少彦名命《すくなひこなのみこと》、能久親王、天照皇《あまてらすすめ》大神　**社格**：官幣大社　**現住所**：台北市中山區中山北路四段一號：圓山大飯店及び圓山聯誼會

朱色で色彩られた圓山《ユエンシャン》大飯店が、かつての台湾神社（後の台湾神宮）の造営された場所であると言われない限りなかなか一般の人にはわからないほど、神社の名残を残す遺構や遺物が少ない。ましてや、中庭にある一対の狛犬《こまいぬ》などは神社の遺物とは無関係のように見える。実は、この狛犬、第一三代総督石塚英蔵が奉納したものであることは当の圓山大飯店でさえ知らなかった。石座から奉納者の名前が消されているからである。実際に当時の写真にある狛犬

とは異なっていても、日本統治時代の三大家族と言われた「林本源《りんほんげん》家（218頁参照）」が奉納したものであるとパンフレットに書かれている。この狛犬を含め、数多くの台湾神社の遺構や遺物に関する新事実を拙書『台湾旧神社故地への旅案内』で紹介した。

台湾神社に祀られた祭神は四柱ある。大国魂命《おおくにたまのみこと》、大己貴命《おおなむちのみこと》、少彦名命《すくなひこなのみこと》の三柱《はしら》を一座、もう一柱が北白川宮能久親王で一座とする。従って、四柱二座となる。神社の祭神はこのように「柱」と呼ばれる。

明治三三年（一九〇〇）九月一八日に台湾神社は官幣大社台湾神社として創立、列格し、東京帝国大学工科大学教授伊東忠太（注①）の設計により、約五・一ヘクタールの神社敷地を有する台湾神社の造営と基隆河の架橋を含め総工費三五万六三五八円の大工事に向けて、大きな拍車がかかった。能久親王薨去日である一〇月二八日の前日を鎮座日と設定し、工事の分担を神社建築と架橋に分け、神社建築は総督府技師片岡浅次郎、架橋工事は技師十川嘉太郎が担当した。一方、神社用材の檜《ひのき》は三井物産が請負い、長野県南西部尾州《びしゅう》を主として、尾張、紀伊、大和及び土佐から切り出された。切り出された用材は四七一個に及び、全て紙で包み、筵《むしろ》を巻き、有磯浦丸で運ばれ、明治三三年一月、台湾の淡水港に入港した。神殿に使用される飾り金具は名古屋の岡屋惣助、石材は主に大倉組台北支店が請負った。台湾で初めての大規模な神社造営であったが、同年四月一日に地鎮祭を執行し、同年五月二八日に釿始式《ちょうのはじめしき》（注②）が行なわれた。そして、全ての工事が終わったのが翌年の一〇月二〇日、鎮座日の一週間前であった。

一〇月二七日の鎮座祭に向けて御霊代を奉じて下向した勅使《ちょくし》の宮地《みやじ》厳夫《いづお》（宮内省掌典《しょうてん》）及び北白川宮妃殿下一行は一〇月二〇日に、それぞれ横浜発軍艦須磨及び浅間に乗艦した。鎮座祭には第四代総督児玉源太郎及び各界の名士六〇八人が出席し、一〇月二七日及び二八日の両日にわたって盛大に執り行なわれた。二七日は鎮座祭、そして、余興は花火・角力《すもう》（相撲）・撃剣弓術・龍舟競争や奏楽などであった。翌日の例祭で、児玉総督は幣帛供進使《へいはくきょうしんし》として参向した。続く余興では花火・芸者の手踊り及び騎兵の武技などが披露され、一般の参拝者を楽しませた。特に、芸妓手踊りは内地人を含め本島人の間で人気を博し、台北城内外より吾妻・浪速・日本亭合併共同組、一力組そして艋舺《まんか》組の三組総勢一八〇人が招聘された。鎮座祭を終えた台湾神社は海外における初めての官幣大社、そして台湾の総鎮守として、ありとあらゆる時局の変化に君臨し、諸外国、または内地よりの高官が渡台した際には、まず台湾神社に参拝した。

造営以来、三〇年以上経過したころの社殿の状態はひどく、台湾特有の白蟻害により、修理箇所だらけであった。また、境内も狭く、設備も不十分であったという。それゆえ、台湾神社の社殿改築案が決定された。昭和一〇年（一九三五）七月であった。目前に迫った「皇紀二六〇〇年記念事業」（昭和一五年、一九四〇年）として改築する絶好の機会であった。

「皇紀二六〇〇年記念事業」として台湾神社の東方に第二代台湾神社の造営（遷座）計画が持ち上がったのは昭和一一年（一九三六）に入ってからであった。この時、神社の外苑を拡張するために内務省神社局嘱託の本郷高徳《たかのり》博士（注③）が調査のために訪台している。この調査結果、本郷博士は拡張の難しさにより改築を提案したようである。その後も総督府の招聘により、内務省造営課長角南《すなみ》隆技師、宮内省星野輝興《てるおき》掌典や東大名誉教授伊東忠太博士が訪台して台湾神社の改修検分を行なったが、この時、ほぼ現在の社殿の東方に造営することが決まった。当初は工事総額二〇〇万円、四ヵ年継続事業として考えられ、同時に明治天皇を奉祀することにより、社名を台湾神宮に改称することも検討された。しかしながら昭和一二年（一九三七）に勃発した日中戦争などにより、工事そのものが大幅に遅れたことは間違いがないが、明治天皇の増祀についてはその後、消滅している。

この大プロジェクトの社殿設計は内務省から招聘された小川永一技手によって行なわれ、建設に携わったのが総督府営繕担当部局技師達であり、その総括にあたったのが後に述べる建功《けんこう》神社を設計した井手《いで》薫《かおる》（注④）であり、神社創建の工事部長として、その任に就いた。その後、井手の退官にあたり、大倉三郎（注⑤）が昭和一五年（一九四〇）七月から工事部長として引き継いだ。

台湾神社の遷座に向け、用材は阿里山《ありさん》と新太平山のヒノキ（注⑥）とし、社殿は明治神宮と同じ流造り（注⑦）と決まった。この設計により、廻廊《かいろう》（建物と建物を繋ぐ廊下）を持つことが出来、本島特有な猛暑や風雨を避けることで、祭祀執行上便利となった。これ以降、新たに造営される神社は流造りが主流となる。総工費は国費三五〇万円及び島民よりの浄財二五〇万円の計六〇〇万円をもって進められ、従来の敷地の他に新たに買収した土地も含めると神社敷地の総面積は約五八万五〇〇〇坪（約一九三ヘクタール）の広大な神域となった。

第二代台湾神社が造営された場所は圓山大飯店傍にある圓山聯誼会《ユエンシャンリエンイホエ》の敷地一帯である。終戦一年前の昭和一九年（一九四四）六月一七日に台湾神宮と改称された。そして、天照皇大神が増祀された。新しく造営された新社殿は旧社殿と台湾護国神社の中間に位置し、台湾に於ける一大聖地とする予定であった。そして、既存の社殿は建物を全て取除き、神苑として保存し、必要により権殿地《ごんでんち》（注⑧）とする予定であったという。しかしながら、祭神増祀祭と遷座前夜祭が予定された一〇月二五日の前々日である一〇月二三日夜、南方から飛来してきた軍輸送機が松山飛行場に着陸しようとして誤って台湾神宮の南神門に墜落し、爆発した。大廻廊及び拝殿は猛火に包まれて炎上し、僅かに本殿のみが惨事を逃れた。その翌年、台湾神宮は米軍の空襲に遭う。結果として、台湾神宮は新予定地には遷座せず、既存の社殿で終戦を迎えた。

圓山聯誼会の文誼庁《ウンイーティン》（レストラン）裏側に廻ると、左右対称の破風《はふ》を付けた切妻《きりづま》屋根の入口を見ることが出来る。

往時の台湾神社（提供：高橋正己）

「地下神殿」への入口

圓山大飯店

台湾師範大学の蔡錦堂《ツァイチンタン》教授（注⑨）より、台湾神宮に「地下神殿」が残っているというので、二〇一一年九月、神奈川大学非文字資料研究センター海外神社研究班（注⑩）として調査を行った。両側の入口の中央に多少奥まった空間があった。ちょうど、当時の本殿裏側に位置している。戦時中、米軍の爆撃から御祭神を守るための緊急避難場所である「地下神殿」であったのであろう。また、この聖域の左右を取り囲むかのように五本線の定規筋《じょうぎすじ》と呼ばれる白線が入った筋塀《すじべい》を確認することが出来る。この筋塀は御所や門跡寺院などの権威・格式を表す権威の象徴であり、五本線をもって最高とした。

台南《たいなん》神社——能久親王終焉の地

鎮座日：大正一二年一〇月二八日　**祭神**：能久親王　**社格**：官幣中社　**現住所**：台南市中西區府前路…忠義國小～台南市美術館、里民活動中心、共同聯合活動中心

台南は三つの宗主国の代表的な建築物が交差した街であった。オランダ時代の赤崁楼《せきかんろう》、鄭成功を祀った開山王廟、そして日本統治時代の台南神社となる。台南は北白川宮能久親王の終焉の地であり、その能久親王を祭神とする台南神社が造営された場所でもあった。ちょうど、忠義《ツオンイ》国小（小学校）から忠義路を挟んで隣の運動公園（公十一公園で、

台南市立美術館が二〇一八年に建立予定）までの二・五ヘクタールが台南神社の神域であった。

能久親王の死後、台南での宿泊先であった豪商呉汝祥《ごじょしょう》の民家は「台南御遺跡所」として管理された。明治三二年（一八九九）一一月に時の台南県知事磯貝静蔵が総督府に北白川宮能久親王臨終の地である台南に台湾神社台南分社造営計画を提出した。明治三四年（一九〇一）一二月下旬、台湾神社造営とほぼ同時に、総費用三万円で台湾神社遥拝所のような形で竣工し、翌年の明治三五年（一九〇二）一月に台湾神社に付設され、管理された。この頃から、能久親王一柱の官幣中社を造営する機運が高まり出した。明治三九年（一九〇六）に就任した第五代総督佐久間左馬太から第九代総督内田嘉吉時代まで官幣中社造営を当局に要請をおこなったが、「一神一官幣社主義」の内規を変更することが出来なかった。あくまでも官幣大社台湾神社の祭神である北白川宮能久親王を外の官幣社の祭神に出来ないとの理由であった。

大正七年（一九一八）一〇月に有志により、改めて神社造営を当時の民政長官下村宏に陳情した。民政長官に宛てた請願陳情に、社号は「北白川宮神社」、「北白川宮神宮」または「台南神社」、社格は官幣中社などが記載されていた。

大正九年（一九二〇）三月に総督府より造営並びにその他の諸経費に要する寄付金募集の許可が下りた。翌年には御遺跡所の境内を拡張し、新たに台湾神社の別社として造営することになり、用材は阿里山及び八仙山《はっせんざん》産のヒノキを用い、台湾総督府土木局技師・森山松之助（注⑪）が設計を行った。総工費二五万円、本殿・拝殿・手水舎・社務所・祭器庫などの他、日本式庭園が造営されることになり、同時に社名も台南神社と改称され、大正一二年（一九二三）六月竣工した。能久親王の命日である一〇月二八日に台南神社は鎮座したが、この時点でも神社局の「一神一官幣社主義」の方針のため、官幣中社の申請は認められなかった。

内務省神社局と再三にわたる交渉を重ね、また当時の第一〇代総督伊澤多喜男自らも当局と交渉した結果、「台南神社の御由緒並びに台湾の特殊事情から見ても、また島民の熱情から見ても、いつまでも無格社として祭祀すべきものではない」との見解もあり、遂に大正一四年（一九二五）一〇月二二日に神社調査会で台南神社の列格が可決され、それまでの無格社から官幣中社に列格したのは天長節（大正天皇の誕生日）である一〇月三一日であった。

官幣中社に列格した翌年の祭典には能久親王妃殿下が台南まで御成りになり、台南神社境内玉垣内に榕樹《ようじゅ》（ガジュマロ）のお手植えを行ない、神苑内にある「御遺跡所」に立ち寄られている。この場所は現在の台南市美術館（それまでの公十一公園）傍の府前路一段二五八、二六〇号にある里民活動中心及び共同連合活動中心に位置していた。

往時の台南神社
（提供：水町史郎）

往時の御遺跡所
（提供：水町史郎）

戦後、神社の社殿はそのまま台南市忠烈祠として使用されたが、忠烈祠となった神社は一九六九年に取り壊され、忠烈祠は一九七〇年に現在の地に移設する。そして、神社跡地は体育場として使用されるが、その体育場も移転し、それまでの敷地は公十一公園と忠義国小となる。

忠烈祠の遷座と共に、二対の狛犬と一対の神馬も新たな国民革命忠烈祠に移された。忠烈祠の本殿前にはブロンズで出来た狛犬が一対ある。右側の像は「吽形《うんぎょう》（注⑫）」で雌、頭に角があり口を閉じている。この狛犬は大正一〇年（一九二一）四月二〇日に東京大相撲協会出羽海組合が御遺跡所に奉献したものである。また、御遺跡所前にあった狛犬は、現在の延平郡王祠（旧開山神社）内の文物館前に移設されている。

彰化《しょうか》神社――八卦山の戦い

鎮座日：昭和二年七月一七日　**祭神**：大国魂命、大己貴命、少彦名命、能久親王　**社格**：郷社　**現住所**：彰化縣彰化市卦山里卦山路一之二號…彰化文學歩道～太極亭

彰化神社は彰化市の街はずれにある八卦山に造営された。本殿に向かう石段は文学歩道となっており、本殿跡は太極亭に代っている。

明治二八年八月に能久親王率いる近衛師団が台湾に侵攻した際、抗日軍がこの八卦山に立てこもり抵抗し、壮絶な戦いが繰り広げられたが、近衛師団は瞬く間に八卦山及び彰化を占領した。能久親王は近衛師団司令部を彰化城内の台湾府衙門《がもん》（清朝時代の外交部）に置き、八月二八日より一〇月二日までの三六日間駐営した。これは、その後もて

こずる抗日軍に対抗するために、内地より伏見宮貞愛親王《ふしみのみやさだなる》（注⑬）率いる混成第四旅団及び乃木《のぎ》希典《まれすけ》中将（注⑭）率いる第二師団の応援を待つためであった。また、当時の彰化地区は最も衛生状況が悪く、マラリアなどの熱帯病で亡くなる者も多く、師団の静養を重視して駐留したものと思われる。

往時の彰化神社
（提供：高橋正己）

本殿跡の太極亭

大正九年（一九二〇）に彰化街の公園付近に三万円の寄付を募集して神社を造営し、能久親王の御霊代を奉祀する計画が持ち上がった。その後、計画が進まず、大正一五年（一九二六）六月になって、彰化街を一望に見渡せる八卦山に造営されることが決まり、待望の彰化社は昭和二年（一九二七）七月一七日に鎮座祭が執り行なわれる。境内の総坪数は一一〇〇坪以上、本殿・拝殿は神明造り、玉垣には人造石が用いられた。鎮座祭に合わせて第一鳥居は同街の成瀬早太郎、柴田恒三郎、拝殿前の第二鳥居は野口牛之輔、灯籠は同街民の林獻章《りんけんしょう》が奉納した。

昭和二年に鎮座した彰化社は翌年一二月に彰化神社として昇格した。昭和一〇年（一九三五）末に彰化神社総代会で総督府に対して郷社への列格出願が検討され、昭和一二年（一九三七）一一月四日に台北稲荷神社に次いで二番目の郷社に列格された。

本殿が造営された太極亭に登り詰める手前右側に一軒の建物がある。よく見ると鬼瓦《おにがわら》には彰化神社の神紋である五・三の桐が入っている。この建物は社務所か祭器庫であったと思われる。また、市内の彰化鄭成功廟に残っている狛犬が、神社のものと言われている。

汐止《しおどめ》神社――「能久宮」と呼ばれた舎営の地

鎮座日：昭和一二年一二月一五日　**祭神**：天照皇大神、倉稲魂命《うかたのみたまのみこと》、大己貴命、明治天皇、能久親王　**社格**：無格社　**現住所**：新北市汐止區公園路七號…汐止公園～忠順廟

台鉄「汐止《シーツ》站《チャン》」、大同路に面した汐止公園内の忠順《ツオンシュン》廟《ミャオ》一帯が神社跡地となる。汐止神社の面影を残す遺物は多くあり、まず、目を引くのが朱色の鳥居である。廟内には合計一二基の灯籠や一対の狛犬も保存良く残っている。更に、忠順廟前には汐止公園の石碑があるが、「汐止神社」ともともと刻まれた社号碑上に「忠順廟」と刻み直されているのがはっきりわかる。神社跡地が廟に変容した一例である。

基隆を占領した後、台北入城の前夜の明治二八年六月一〇日、能久親王率いる近衛師団は、水返脚《すいへんきゃく》（後の台北州七星郡汐止街汐止）に滞在した。舎営所は製茶仲買人及び粗茶再製者として富を築いた蘇《そ》樹森《じゅしん》が新築した煉瓦造りの八四坪余りの家屋であった。能久親王の逝去後、総督府はこの場所を「御遺跡所」として保存し、「能久宮」と呼んだ。汐止街は昭和五年（一九三〇）三月一〇日に蘇家からこの建物及び敷地四一〇坪を六〇〇〇円で買収し、能久親王が滞在した六月一〇日を記念日として定め、毎年祭典を挙行した。

七星郡汐止街には能久親王の御遺所があり、また、国民精神作興（52頁参照）及び敬神の念を強調するために、官民有識者の間で昭和九年（一九三四）五月、汐止神社造営奉賛会が組織された。そして、台北州知事宛に汐止神社造営許可の願書が提出された。

祭神を天照皇大神・大己貴命・倉稲魂命・能久親王の四柱、経費二万円を計上して蘇宗魁《しゅうかい》（蘇樹森の息子）から「御遺跡所」隣地の所有地約一・三ヘクタールを買収した。そして、総費用三万円で御遺跡所を修繕し、汐止神社を造営することになった。

昭和一二年（一九三七）一二月一五日に鎮座祭が執り行われ、翌年五月に神社の荘厳を示すべく、台北市栄町の山本次郎が七〇〇〇円を寄進した第一鳥居が竣工した。昭和一五年（一九四〇）一一月に皇紀二六〇〇年記念に際し、蘇宗魁が本殿裏に隣接した所有地約一〇〇坪を神社拡張のため、また、神橋架設時にも五〇〇〇円を寄付している。これが二〇〇五年まで残っていた神橋である。

太平洋戦争の始まった昭和一六年（一九四一）六月の例祭には時局を反映し、祭典行事では樽神輿《みこし》、生花陳列、活動写真の他、銃剣術大会、武術大会や児童角力《すもう》（相撲）大会が行なわれた。同時に「皇民化政策」の一環として寺廟整理（56頁参照）の流れの中、街内で執り行なわれる廟宇の祭典を神社例祭に包括して挙行した。

更なる敬神観念を涵養せしむるため、鎮座日は不明であ

るが摂社《せっしゃ》として内湖神社が七星郡内湖庄（現在の内湖区成功路四段三一三巷辺り）に造営された。

《注釈》

① 東京帝国大学工科大学を卒業して同大学大学院に進み、のちに工学博士・東京帝国大学名誉教授となる。西洋建築学を基礎にしながら、日本建築を本格的に見直した第一人者である。

往時の汐止神社（出典：『敬慎』）

鳥居前には神橋があった（二〇〇三年一一月撮影）

② 建築工事に際し、大工棟梁が神前で古例に基づいて行なう工事の安全を祈る神事。

③ 日本の造園家、造園学者であり、日比谷公園の設計などに携わる。大正四年（一九一五）には明治神宮の造営事業に参画し、神宮外苑造成にも尽くす。大正一一年（一九二二）から終戦時まで、内務省神社局嘱託として国内外の神社及び神宮の林苑計画整備に尽力する。

④ 台湾総督府営繕課長。台北市の主だった建築に携わり、建功神社、台北高等学校講堂（現 台湾師範大学礼堂）、台湾教育会館（現 二二八国家紀念館）、台湾総督府高等法院（現 司法大廈）、台北公会堂（現 台北中山堂）、そして、台北市役所（現 行政院）である。同時に、台湾神宮の造営も手掛けたが、昭和一五年（一九四〇）七月八日に退官している。その後、台湾にとどまり、四年後の昭和一九年（一九四四）七月に亡くなる。

⑤ 京都帝国大学工学部建築学科卒業。京都帝国大学で営繕事務、講師などを勤めた後、大阪工業大学、京都工芸繊維大学などの教授を勤め、昭和一四年（一九三九）に渡台する。それまでの期間、京都を中心に数多くの建築設計に携わる。昭和一五～二〇年（一九四〇～一九四五）まで台湾総督府営繕課長を務める。戦後、台湾大学の土木系教授として留用《りゅうよう》（多くの技術者や技能者が戦後も台湾に残留した）され、一九四八年に帰国する。

　在職中は台南赤崁樓古蹟修復工事設計にも携わり、また、台南工業専門学校建築学科（現在の成功大学建築系）で教鞭をとる。

現在、大倉三郎の業績として現存しているのが台北州立台北第三高等女学校本館（現在の台北市立中山女中）である。

⑥　台湾のヒノキには扁柏《へんぱく》と紅檜《べにひのき》の二種類がある。扁柏とは木曾・紀州の檜材と同樹種である。建築材、土工材、戦艦材または器具材として使用された。一方、紅檜は本島特有の樹種で、高齢を保つもの多く、阿里山森林は最も老木に富んだ。直径は約六〇センチメートル以上に達し、推定樹齢三〇〇〇年を超えるものもあった。扁柏に対してやや軽軟で樹脂分が多いが、割裂及び伸縮することが極めて少なく、価格も扁柏に対して安価であった。

⑦　伊勢神宮に代表される神明造りから発展し、正面入口にあたる屋根が反り、屋根が前に曲線形に長く伸びて向拝《こうはい》となったものである。側面から見ると屋根形状は対称形ではなく、正面側の屋根を長く伸ばす。この点で直線的な外観の神明造りと異なる。

⑧　社殿を造営・修理する間、御霊代を仮に奉安する場所で、仮殿《かりどの》と呼ばれる。

⑨　筑波大学歴史人類学研究科博士課程修了。文学博士。博士論文は「台湾における宗教政策の研究：一八九五―一九四五」。台湾・淡江大学歴史学系副教授を経て、国立台湾師範大学台湾史研究所教授。二〇一七年定年退職。著書に『日本帝国主義下台湾の宗教政策』などがある。

⑩　文字以外の記録及び文字では表現できにくい人間の諸活動を「非文字資料」として体系化し、それを研究する新しい方法を開発し、より包括的な人間と文化の理解にいたることを目指している。このセンターの中に、海外神社班があり、海外神社（跡地）調査、データベースの構築や公開研究会などの共同研究を行なっている。

⑪　東京帝国大学工科大学建築学科において辰野金吾のもとで学び、明治三〇年（一八九七）に卒業。明治三九年（一九〇六）に台湾にわたり、大正一〇年（一九二一）までの間、台湾総督府営繕課技師として多くの官庁建築を手がける。台南郵便局（現存しない）、総督官邸・改築（現 台北賓館）、台中州庁（現 台中市政府）、専売局（現 台湾菸酒公司の本社）、台北州庁（現 監察院）、台南州庁（現 国立台湾文学館）、台湾総督府（現 総統府）などが代表例である。

⑫　一般的に狛犬は向かって右側が「阿形《あぎょう》」で口を開いており、左側が「吽形《うんぎょう》」で口を閉じ、古くは角を持っていた。昭和時代以降に作られた狛犬は左右ともに角がない物が多く、口の開き方以外に外見上の差異がなくなっている。また、「玉取り」と言って、足の下に玉を持った狛犬や口に咥えものもある。また、「子取り」の狛犬は子供を抱えたり、足で押さえていたりする。

⑬　明治二八年一〇月一〇日、伏見宮貞愛親王率いる混成第四旅団が南部の布袋《ほてい》に上陸する。この地の名士である葉開鴻の邸宅である「八角樓」を一〇月一二日～一八日まで舎営所とした。その八角樓そばに昭和一八年三月三一日に建立された記念碑がある。

⑭　日清戦争では第一旅団長として旅順を占領する。明治二八年に中将に昇進し、同年一〇月一一日に乃木希典中将率いる第二師団が南部の枋寮《ほうりょう》に上陸する。翌年の明治二九年一〇月に第三代台湾総督に就任し、その後の日露戦争では旅順要塞を攻略する。後に学習院院長を務めた。

大正天皇御大典記念

「即位《そくい》の礼」は天皇が践祚《せんそ》（天皇の位を継承すること）後、皇位を継承したことを内外に示す儀典で、最高の皇室儀礼とされる。諸外国における戴冠式にあたる。即位式の後に、五穀豊穣を感謝し、その継続を祈る一代一度の大嘗祭《だいじょうさい》が行なわれる。即位の礼・大嘗祭と一連の儀式を合わせて御《ご》大礼《たいれい》または御《ご》大典《たいてん》とも称される。大正天皇（嘉仁《よしひと》）の御大典は大正四年（一九一五）一一月一〇日に京都御所で行なわれた。

往時の阿緱神社（『高雄州要覧』）

中山公園内の神橋

忠烈祠に残る狛犬

阿緱《あこう》神社——能久親王一柱を祀った神社

鎮座日：大正八年一〇月四日　**祭神**：能久親王　**社格**：県社　**現住所**：屏東縣屏東市公園路（中山公園）

明治四二年（一九〇九）の官制改正により、当時の台南以南にあった蕃薯寮《ばんしょりょう》と恒春《こうしゅん》の両庁が阿緱庁に合併された。その中心地である阿緱街の住民に国民性の涵養と敬神観念を高め、かつ、「大正天皇御大典記念事業」として神社の造営が立川庁長及び官民との協議により検討された。阿緱神社は北白川宮能久親王を奉祀し、屏東公園（現在の中山公園）の北側に総敷地面積三・三ヘクタール、造営費五万三〇〇〇円の規模で造営されることになった。そして、大正七年（一九一八）に総督府より神社創建の許可を得て、磯田技師の設計に依った。

しかしながら、翌年の大正八年（一九一九）に総督府より本殿及び拝殿の様式に問題があったことを指摘され、本殿及び拝殿を「流造り」から「神明造り」に、また手水舎を「入母屋《いりもや》造り」から「切妻《きりづま》造り」に変更している。この頃の神社社殿建設様式としては神明造りが一般的であったためである。

竣工した阿緱神社は大正八年一〇月二五日の鎮座祭の予定であったが、一一月八日に鎮座している。これは第七代総督であった明石元二郎の病気危篤の連絡が入ったため、いったん延期されたものであろう。『神の国日本』では鎮座日は一〇月四日となっている。何かの間違いであろう。

大正一五年（一九二六）一二月四日に高雄以南の鎮守として、台東神社に次いで第五番目の県社に列格する。

戦後、阿緱神社は忠烈祠にいったん形を変えるが、一九六七年に忠烈祠が現在の場所（自由路一七号）に移設されるに伴い、一九六五年に神社は取り壊された。

現在の屏東県立体育館奥辺りが神社本殿の跡地である。公園内の花のアーケードをくぐると、当時の優雅な神橋に出会う。また、二対の狛犬は完全な形で忠烈祠に残っている。この内の一対の「叶行《うんぎょう》」に角がある。当時の写真の記録から、この狛犬が奉納されたのは昭和一五年（一九四〇）以降である。

茶芸館 **神社跡地の碑**

陸上競技場前に「光復紀念碑」がある。これはもともと「忠魂碑」であり、大正元年（一九一二）に発生した恒春《こうしゅん》地区のパイワン族との抗争で殉死した軍人や警察官を慰霊したものである。大正四年（一九一五）五月三一日に竣工した。この事件は現在の屏東県南東端の牡丹《ムーダン》郷南部にあった四林格《しりんかく》社（部落）で原住民の銃器を没収したことに起因した「四林格社事件」と呼ばれた。圧倒的な日本軍の軍事力により、抗日原住民は大正五年（一九一六）に帰順した。

この記念碑前にある質素な石碑。これは龍揖《たきい》松蔵が屏東消防組長として寄贈した、殉職者に関する記念碑である。龍揖は大正六年（一九一七）、屏東で唯一の阿緱私立消防隊を設立した。大正一五年（一九二六）八月には公立消防組が設立され、初代の組長として、屏東における消防活動に貢献した。また、参道入口手前に位置した料亭「井筒」の経営者、そして阿緱土木建物会社取締役でもあった。

皇太子台湾行啓

　昭和天皇が皇太子であった大正一二年（一九二三）二月に「皇太子殿下台湾行啓御内定の趣」が台湾総督府に伝達された。当時の大正天皇に代わり、摂政宮《せっしょうのみや》（注①）・裕《ひろ》

台湾神社正式参拝を終えた皇太子殿下（出典：『台湾神社写真帖』）

仁《ひと》皇太子殿下は四月五日に東京を出発、九日に基隆上陸という予定で、皇太子を迎えるにあたり、僅か一ヶ月しかないという状態であった。ところが、パリで北白川宮成久《なるひさ》親王（北白川宮能久親王の第三王子）が自動車事故で死去したため、皇太子殿下の台湾行啓は一時延期となり、改めて四月一二日に横須賀をお召し軍艦「金剛」で出港、一六日に基隆に入港した。翌一七日、最初の行啓先が台湾神社であり、正式参拝を行なった。

　当時の植民地であった朝鮮に先んじて、第八代総督田健次郎の並々ならぬ決意で実現された皇太子殿下の台湾行啓は各地で盛大な歓迎を受けた。行啓は台北、新竹、台中、台南、高雄、屏東と南下して、さらに澎湖《ほうこ》島にまで及んだ。そして四月二七日に一二日間の日程を終えて、基隆港から帰京の途についた。

苗栗《びょうりつ》神社――将軍山の指令所

鎮座日：昭和一三年一一月四日　**祭神**：明治天皇、大国魂命、大己貴命、少彦名命、能久親王　**社格**：無格社　**現住所**：苗栗縣苗栗市大同里福星山一五鄰一號（苗栗縣忠烈祠）

　苗栗市に将軍山《ジャンジュウンシャン》と呼ばれる場所があり、ここに猫狸《マオリ》山《シャン》公園がある。公園入口の説明板に「台南で逝去した北

白川宮能久親王を記念して、親王が暫くの間滞在した猫狸山に神社を造営し、名称を将軍山とした。戦後、国民政府（注②）は高まる反日感情のため、将軍山を福星山《フシシンシャン》（茶芸館参照）と変え、抗日革命闘争で『台湾革命』を首謀した羅福星《ラフシン》を記念し、神社を忠烈祠として建て替えたものである」とある。

往時の苗栗神社
（提供：苗栗県文化局）

かつての将軍駐馬之碑

　戦後、暫く経った一九八一年に苗栗神社跡地に現在の忠烈祠が建立されるが、それまでは神社社殿が忠烈祠として使用されていたのであろう。一九七七〜一九七八年頃まで本殿や社務所は確実に残っていた。

　公園内に際立った神社遺物はないが、「追遠」という涼亭の歩道沿いに、割れた石碑の上部が残っている。「将軍駐馬之碑」の一部である。

　能久親王率いる近衛師団が台北に一ヶ月半ほど滞在した後、台湾の西部の桃園《とうえん》・中壢《ちゅうれき》・新竹《しんちく》を経て後壠《こうろう》（現在の苗栗県後龍鎮）に八月一三日から二一日まで滞在している。この時、苗栗指令所をこの将軍山に置いて討伐の指揮を行った。明治三三年（一九〇〇）五月に苗栗守備隊が、この将軍山にあった苗栗指令所に標柱《ひょうちゅう》を立てて御遺跡を表示したものを、大正三年（一九一四）に新竹庁長家永《いえなが》泰吉郎の提案で記念碑に建て替えられた。その記念碑には「将軍駐馬之碑」と題し、新竹神社社司吉野利喜馬により撰文《せんぶん》されたものである。現在残る石碑の一部は昭和二年（一九二七）に自然石に改められたものである。戦後、この碑は「丘滄海《チョウチャンハイ》先生紀念碑（注③）」にすり替えられたが、基壇はそのまま使用されている。

　苗栗郡に皇太子殿下の行啓記念として苗栗神社を造営することになったのが大正一二年（一九二三）五月。造営地は将軍山の山腹で、能久親王が苗栗指令所を置いた御遺跡とした。建築費と維持費で四万円が計上され、三ヶ年の継続事業とされた。恐らく造営費用に対する寄付が集まらなかったのであろう。最終的に一五年後の昭和一三年（一九三八）一一月四日に一四万郡民の守護神として太平山のヒノキが用いられ、総工費七万円が投じられた社殿が敷地面積一四・五ヘクタールの地に鎮座した。奉納行事の一環として行なわれた子供相撲は同境内にある由緒深い「将軍駐馬之碑」前であった。

《注釈》

① 天皇が幼少、女性、病弱、不在などの理由でその任務（政務や儀式）を行うことができない時、天皇に代わってそれを行なう（政を摂る）こと、またはその役職である。大正一〇年（一九二一）一一月、裕仁《ひろひと》皇太子が二〇歳の時、摂政に就任し、摂政宮と称した。

② 国民政府は正式には中華民国国民政府という。一九四九年一〇月の中華人民共和国成立によって崩壊状態に陥った南京国民政府を蒋介石が台湾に移転し、再編成して樹立した政府であり、国民

茶芸館 抗日運動の英雄・羅福星

羅福星は台湾で抗日革命を実践するために大陸より渡台し、少年時代を過ごした苗栗に居を構えた。この苗栗を活動拠点として本島人に中国革命思想を宣伝し、日本人を駆逐し、台湾を異民族支配から開放して祖国中国への復帰を熱心に説いた。羅福星が秘密結社中国革命党台湾支部の名称を掲げて党員の募集を開始すると、中国革命成功の余波に多くの人々が共鳴し、客家《はっか》（注④）を中心に入党希望者が殺到し、一時は数千人を超える盛り上がりを見せた。

革命党員や同志が増加してくるに伴い、活動拠点を苗栗から台北の大稲埕《だいとうてい》（現在の迪化街《ディホア》）に移し、支部組織は基隆・桃園・台中・彰化及び台南地域に拡大した。大正二年（一九一三）八月頃には党員数が数万人を超え、一大革命組織集団と変貌することになった。しかしながら同年一〇月に入ると、この集団の動きは警察当局に察知され、警察の内偵により事件の概要が発覚すると、首謀者の羅福星は島内全地域に指名手配される。

住民の通告により、首謀者の羅福星は淡水から中国大陸に逃亡するために潜伏していたところを逮捕された。一九五〇人が検挙され、大正四年（一九一五）に開設された台南法院の匪徒《ひと》刑罰令（注⑤）で有罪が決定し、羅福星以下四人に死刑が執行される。匪徒刑罰令で死刑判決を受けた者は八六六人。同年一一月一〇日に大正天皇即位恩赦令により、九五人が処刑された時点で、他の死刑囚は無期懲役処分となった。この事件は西来庵《せいらいあん》事件、または当時の台南庁噍吧哖《タパニー》（現・玉井）で起きたためタパニー事件と呼ばれた。

党政権とも呼ばれる。

③　本名は丘秉淵《きゅうへいえん》。別名、丘逢甲《ほうこう》または丘滄海《そうかい》。明治二八年、台湾が日本に割譲されることが決定されると、丘秉淵は割譲反対を唱え、義勇軍を結成し日本軍に抵抗した。しかし、圧倒的な軍事的優位を誇る日本軍に追い詰められ、同年一一月に広東へと逃れた。

④　主な居住地域は中国広東省・福建省・江西省など山間部であり、福建省中部から南部に住居する閩南人《びんなん》（福佬人《ホーロー》とも呼ぶ）より遅れて台湾に移住する。台湾では北中部の桃園市、新竹県、苗栗県などを中心に居住している。

⑤　台湾総督府により明治三一年（一八九八）一一月五日に発布された、総督府に反抗する「土匪」や「匪徒」を処罰するための刑罰法規であった。

昭和天皇御大典記念

大正天皇の崩御により昭和天皇（裕仁《ひろひと》）の御大典（即位の礼）は昭和三年（一九二八）一一月一〇日に行なわれた。この御大典を記念して五ヶ所で神社が造営された。なお、昭和天皇の「御大典記念事業」の趣旨で造営された澎湖神社は「県社」で取り上げる。

員林《いんりん》神社――聳え立つ大鳥居

鎮座日：昭和六年三月二九日　**祭神**：大国魂命、大己貴命、少彦名命、能久親王　**社格**：郷社　**現住所**：彰化縣員林市出水巷…員山公園～忠烈祠

員林街では昭和天皇の秋の御大典記念事業として同地の水源地胡水坑《こすいこう》の高台に員林神社を造営することを決定し、昭和三年（一九二八）六月二七日に台中州の認可を得た。総工費一万数千円が予算化され、昭和五年（一九三〇）秋から工事が開始された。そして、翌年の昭和六年三月に竣工する。台中神社から御霊代が分霊され、同年三月二九日に鎮座祭が執り行なわれた。そして、鎮座後一年経った一〇月二一日に員林社は員林神社に昇格した。

昭和九年（一九三四）から始まった神社造営ラッシュは昭和一四年（一九三九）に入っても衰えず、改めて台湾全地域で敬神観念を高め、国民精神作興の徹底を図るために神社造営計画が進められた。当時の員林郡においても一八万郡民に対して神社崇敬の念を涵養せしめ、かつ、「皇紀二六〇〇年記念事業」として、昭和一四年から三ヶ年継続で工事費二〇万円を計上し、員林神社の遷座が計画されたが、最終的に遷座しないで終戦を迎えたようである。戦況が激しさを増し、更なる「皇民化運動」が推進され、小学生や一般住民の神社参拝や宮城遥拝（注①）が求められだした昭和一七年（一九四二）一二月二八日、郷社に列格した。

往時の員林神社（出典：『敬慎』）

忠烈祠への石段

変形した鳥居

戦後の一九六〇年に本殿が取り壊され、洪然台と改築され、一階は涼亭、二階は忠烈祠となるが、一対の狛犬と修復された神馬《しんめ》が残った。また、忠烈祠への石段は当時の面影が残る。更に、員水路に面して聳え立つ変形した鳥居の傍に、明らかに員林神社と刻まれた社号碑の上から忠烈祠の文字に書き換えられているのが分かる。

斗六《とろく》神社――「赤兎《チーツ》追風《ツイフォン》」となった神馬《しんめ》

鎮座日：昭和四年一〇月二〇日　**祭神**：大国魂命、大己貴命、少彦名命、能久親王　**社格**：無格社　**現住所**：雲林縣斗六市民生路二二四號（斗六高中）

雲林県庁の所在地である斗六市の斗六高中（高校）校庭の奥まったところに神橋が残っている。本殿の位置は、この神橋の突き当たりにある中山堂であった。また、学校裏の善修宮《シャンシュゴン》に神馬が残っており、台座には関公《かんう》（注②）が乗る「赤兎追風」と刻まれている。よく見ると、神馬の神

往時の神社（出典：不詳）

善修宮に残る神馬

紋に「菊の御紋」が残されている。

昭和三年（一九二八）六月に昭和天皇の「御大典記念事業」として斗六郡に神社を造営することが決まった。陸軍から払い下げられた斗六尋常高等小学校南側の敷地約一・五ヘクタールとなり、総工費二万円のうち、七〇〇〇円が街庄寄付金、一万三〇〇〇円が一般からの任意寄付金として集められた。そして社殿建築様式は台中州の彰化神社と同じ神明造りとし、昭和四年（一九二九）一〇月二〇日に鎮座した。

「皇民化運動」が盛んになった昭和一二年（一九三七）、その年の六月二五日に斗六社は斗六神社に昇格し、同年一〇月二八日の例祭には社務所が竣工し、同時に神社昇格奉告祭が兼ねられた。この時、全街国旗と献灯を掲げ、神社の参道は献灯で飾られ、神輿《みこし》の渡御《とぎょ》も行なわれた。

昭和一六年から一七年にかけて、斗六神社の摂末社《せつまつしゃ》が九社造営された。なぜ、この斗六郡に限ってこれほど多くの摂末社が造営されたのであろうか。第二部の「皇民化運動」で取り上げる「林内神社」及び第三部の「台湾の神社への疑問」で一つの可能性を探ってみることにする。

新化《しんか》神社――残る社務所下の祭神避難所

鎮座日：昭和一八年九月二二日　**祭神**：天照皇大神、豊受大神、明治天皇、能久親王　**社格**：無格社　**現住所**：台南市新化區中興路四二巷（虎頭埤）

虎頭埤《ことうひ》は新化区虎頭山麓にあり、台湾で最も早くに出来たダムの一つであり、周囲七キロメートルにおよぶ湖や吊橋などの美しさで、故蔣介石は「小日月潭」と絶唱したようであった。日本統治時代の台湾一二景の名勝であり、この虎頭埤傍に新化神社が、また、湖中の小島には弁財天が祀られた。湖中に弁財天が祀られた例でいうと、嘉南ダムや桃園街（現在の桃園市）にあった弁天池の弁天島に祀られた豊満社があった。

往時の新化神社（提供：康文榮）

地下神殿入口跡

鳥居

大きな鳥居が中興路二八号に残っている。虎頭埤の管理職員の説明によると、戦後、国民政府が台湾に入ってきた時、数多くの神社遺構や遺物は破壊されたが、この鳥居には「養天地正氣　法古今完人（天と地のエネルギーを吸収して、昔の賢人のことを見習う。そして、自分を完璧に……筆者訳）」の張り紙があったという。この詩は孫文の揮毫《きごう》であり、国民政府の役人といえども「国父」と慕う孫文の詩が書かれた鳥居は破壊することが出来なかったようである。参道は民家によって遮られているが、中興路四〇号と虎頭埤風景区間の間を流れる小川に架かる神橋は今でも見ることが出来る。新化神社の社殿は虎頭埤入口の左側にあり、現在の広場奥となる。今でも神苑を取りまく玉垣から見ると中規模な神社であることが判る。

台湾師範大学の蔡錦堂《ツアイチンタン》教授より、台湾神宮に継いで新化神社にも「地下神殿」が残っているというので、二〇一三年三月に神奈川大学非文字資料研究センター海外神社班として調査を行なった。確かに、玉垣左奥下に入口の屋根があり、実際の調査から、この地下室は当時の社務所真下にあったことから、米軍の空襲に備えて、御神体を避難させる緊急避難場所であったものと想定された。

新化神社はもともと新化社として昭和四年（一九二九）六月一六日に昭和天皇の「御大典記念事業」として、寄付金一万四五五五円を得て、虎頭埤入口左奥に新社殿が造営された。昭和一三年（一九三八）に新化神社に昇格したが、その規模は非常に小さく、社務所・神饌所・祭祀庫・神職宿舎もなく、また拝殿も狭小であった。そこで新化郡民の守護神として相応しい神社を造営することになった。総工費約二〇万円を予算計上し、内苑及び外苑で一四・二ヘクタールの広さを持ち、昭和一八年（一九四三）九月二二日に祭神として従来の天照皇大神、能久親王に加えて明治天皇、豊受大神が増祀され、鎮座祭が執り行なわれた。そして、それまでの新化社は新化神社に併合されたのであろう。

《注釈》

① 皇居（宮城）の方向に向かって敬礼（遥拝）する行為である。

② 「三国志」の関羽として広く知られている歴史的人物で、関帝とも呼ばれる。その関羽が乗った馬が「赤兎追風」である。

国民精神作興一〇周年記念

国民精神の強化振興を目的として、大正一二年（一九二三）一一月一〇日に「国民精神作興ニ関スル詔書《しょうしょ》」が発布された。大正七年（一九一八）の米騒動を契機に民衆運動が組織化と高揚の時期を迎え、民本主義（大正デモクラシー）や社会主義などの思想と運動が広がるなかで、大正一二年九月一日、関東大震災が発生する。第二次山本権兵衛内閣は大震災後の混乱のなかで危機感を強め、民本主義や社会主義などの思想に対抗するため、大正天皇の名においてこの詔書を出した。詔書は「国家興隆ノ本ハ国民精神ノ剛健ニ在リ」とし、「浮華《ふか》放縦《ほうじゅう》ノ習」「軽佻《けいちょう》詭激《げき》ノ風」を排し、「質実剛健」「醇厚《じゅんこう》中正」の精神の確立と「忠孝義勇ノ美ヲ揚《あ》ケ」ることを国民に要求した。この一〇年後の昭和八年（一九三三）一一月一〇日を国民精神作興一〇周年記念日とすると共に、満州国樹立（昭和七年三月）による国際情勢の緊迫化に伴う国家非常時体制下において、敬神思想を更に涵養せしむるために神社の造営が推進された。

岡山《おかやま》神社——中山公園と廟になった神社跡地

鎮座日：昭和一〇年一二月九日　**祭神**：大国魂命、大己貴命、少

彦名命、能久親王、天照皇大神、明治天皇　社格：郷社　**現住所**：高雄市岡山區公園路四〇號…中山公園～壽天宮

昭和八年（一九三三）一一月に高雄州の北端に位置する岡山郡で「国民精神作興一〇周年記念事業」として神社造営の決議がなされ、総経費三万円が計上された。当初、敷地は岡山庄役場前に決定していたが、この辺一帯は低地であり、暴風雨の被害により雨水が氾濫するのは不適当であるとし、新たな候補地として岡山市街の東方、標高二五一メートルの小崗山麓が候補地となった。その後、岡山旧渓（現在の阿公店渓）の東方が適地とされ、神社造営計画から二年経った昭和一〇年（一九三五）一二月九日に台南州の原田技手の設計により、三万五四〇〇円を投じた岡山神社が鎮座した。

往時の岡山神社（出典：『高雄要覧』）

中山公園内の鳥居

天公廟内の神輿

昭和一二年（一九三七）から始まった「皇民化運動」を徹底するために郡下の寺廟整理（茶芸館参照）が断行された。岡山郡下の彌陀《みだ》庄では寺廟整理が一段落を告げたため、昭和一三年（一九三八）七月に敬神思想・皇民化精神を涵養せしむるために寺廟整理により捻出した資金二万円で岡山神社末社を造営する計画が持ち上がった。その後、総費用三万円を投じて「皇紀二六〇〇年記念事業」として具体的な計画が立案されたが、最終的に岡山神社末社彌陀神社は造営されなかったようである。

昭和一七年（一九四二）一月二四日に高雄州では潮州神社に次いで、台湾で二番目の郷社として、岡山神社は列格された。

現在の中山公園と壽天宮《ソウティエンゴン》一帯が岡山神社跡地である。境内の敷地面積が約四・七ヘクタールであったので、相当大規模な神社であったことが分かる。壽天宮前には一対の

狛犬が残されている。壽天宮裏の天公廟には黄金に輝く大小の神輿が祀られており、当時の神社の優雅さを偲ばせる。恐らく、昭和一七年（一九四二）の郷社列格記念として奉納されたものであろう。

東港《とうこう》神社——漁港の街の守護神

鎮座日：昭和一〇年一〇月一八日　**祭神**：天照皇大神、大国魂命、大己貴命、少彦名命、能久親王　**社格**：郷社　**現住所**：屏東縣東港鎮豊漁里豊漁街三四之二號（海濱國小）

当時の高雄州東港郡下には台湾製糖東港製糖所内に造営された企業神社があった。従業員や付近の住民の敬神の中心になっていたが、東港郡としての神社はなかった。そこで、国民精神作興一〇周年である昭和八年（一九三三）に神社造営に向けての具体的な活動が進んだ。設計は台南州土木課、総工費三万五〇〇〇円は谷義廉郡守以下官民による寄付募金活動によった。約三・五ヘクタールの敷地開削は同地の内地人官民が総動員され、また、一般保甲《ほこう》民（注②）の出役によっても行なわれた。竣工まで二年間かかった東港神社は昭和一〇年（一九三五）一〇月一八日に鎮座祭を執り行なった。「皇民化運動」が叫ばれ、時局の進展に伴い、戦勝及び国威宣揚《せんよう》、武運長久《ぶうんちょうきゅう》（注③）を神前に祈願するようになり、一般郡民の参拝が急増した。そして、昭和一七年（一九四二）一〇月三一日に郷社に列格した。

一九六二年に神社跡地に海濱国民小学が建設され、一九七三～一九七四年にかけて徐々に拝殿や鳥居などが排除された。そして、一九七五年に本殿跡に孔子祠が建てられた。

当時の参道の入口には神橋の一部を見ることが出来る。

往時の東港神社
（出典：『高雄要覧』）

孔子祠と灯籠

またコートそばの木の下に「一金壹千圓也　台湾製糖株式会社」、「一金貳千三百圓也　蔡朝取　蔡糞」また「一金壹千圓也　李開山」の記念碑があり、神社造営にあたっては、これらからの企業や豪富からの寄付が多かった。

昭和一一年（一九三六）六月二日に軍艦海門乗組将兵殉職記念碑の除幕式が行なわれた。谷元海軍大尉以下七人の殉職慰霊碑である。これは明治三〇年（一八九七）五月七日に東港沖合で沈没した乗組全員が殉職したことにより、昭和九年（一九三四）五月二七日の海軍記念日に建立された記念碑を改めて東港神社境内に建立したものである。ちょうど、本殿に向かって左手の手水舎《ちょうずしゃ》奥にあった。

戦局がますます悪化する昭和一九年（一九四四）初めに東港は南方及び西方における地勢上の重要な港であり、また、漁港の街であることから、海上守護神として総督府の許可を得て讃岐の金刀比羅《ことひら》宮を境内に摂社《せっしゃ》として造営した。神殿は金刀比羅宮を模し、台北市の木下信一郎に請負わせた。そして、終戦間近の昭和一九年二月二六日に鎮座祭が行なわれた。

鳳山《ほうざん》神社——城隍廟《じょうこうびょう》を守護する狛犬

鎮座日：昭和一〇年七月三一日　**祭神**：大国魂命、大己貴命、少彦名命、能久親王　**社格**：郷社　**現住所**：高雄市鳳山區經武路四二號…鳳山醫院～大東公園

大正九年（一九二〇）頃まで、鳳山は高雄州の行政の中心であり、市内には今も、当時の面影を残す建築物が多く残っている。また、清朝時代の鳳山県新城のあったところでもあった。

当時、鳳山郡には神社がなかったため、昭和八年（一九

往時の鳳山神社（出典：『高雄要覧』）

鳳邑城隍廟に残る狛犬と神轎

三三）一一月一〇日の国民精神作興一〇周年記念日を期し、田中賢三郡守の下、国家観念の喚起と神祇崇敬思想の涵養を図るために、総工費三万六〇〇〇円を計上して鳳山神社造営計画が立てられた。しかしながら、総督府当局からの認可が遅れ、工事着工は認可後の昭和一〇年（一九三五）一月一五日以降となった。神社造営費も五万五〇〇〇円となり、設計その他の工事一切を高雄州土木課に依頼した。敷地は当時の水源地、公園地帯の街所有地及び私有地を買収し、神社の敷地としては狭い一・二ヘクタールとなった。戦況が一段と悪化するなか、昭和一八年（一九四三）一〇月一五日、高雄州では最後の郷社として列格された。

鳳山神社は鳳山区經武路《ジンブル》にある市立鳳山病院の場所から大東公園の一部を神苑として造営された。神社が取り壊された後、一対の狛犬だけが鳳鳴路《フォンミンル》鳳明街にある鳳邑城《フォンイツエン》

茶芸館 寺廟整理

台湾は「神様の島」と言われるほど、至るところに寺廟があった。信仰の対象は儒教、仏教、そして、道教に至り、かつては数多くの神明会（同郷人が特定の神を祭祀する組織）や祖公社（同姓一族で共有地を持ち、収穫で先祖を祀る組織）などもあった。これらの中で、中国大陸の伝統的な民族宗教である道教は圧倒的な信仰を集めていた。一般に、当時の台湾に寺廟は三七〇〇ヶ所、祭祀団体は六二〇〇あったという。

廟に入ると立ち込める線香の煙のなかで、若い人たちも一心にお祈りを捧げている。廟内には数多くの神様が祀られており、中には仏教や儒教の神々も同居しているところもある。極言すれば「ご利益」信仰であり、「ご利益」があると信じられれば、どんな祭神でも信仰の対象となる。そして、祈願成就のため、凄まじい量の御供物が捧げられ、大量の冥《めい》銭（金紙）と呼ばれる金箔のようなものが塗られた紙の紙幣が燃やされる。あの世でもお金に不足することのないようにとのこと。

日本統治時代、「一街庄一社」神社造営の旗印のもと、各地に神社が造営されるようになるが、本島人の先祖代々から受け継がれ、生活に密着した身近な寺廟に対する信仰心とはとうてい比較のしようがなかった。ましてや、寺廟に祀られる祭神は神像であり、より大衆の身近にあって「見る」ことのできるものであった。例祭には、神像に扮して信者が街を練り歩く。内地から渡った神は見ることが出来ない。この点は本島人に神道の神々に対する信仰心を涵養する上でも大きな障害であったと容易に想像がつく。

更に、本島人にとって寺廟は娯楽の場所であり、またコミュニケーションの場所でもあった。これらの場所が一瞬として無くなったことは、戦後、本島人に大きな恨みを残すことになる。

明治維新後の明治三年～四年（一八七〇～一八七一）に神仏習合《しゅうごう》の廃止に伴い、日本国内では廃仏毀釈《はいぶつきしゃく》が起きた。この運動により数多くのお寺や神像が取り壊された。同じような現象が昭和一三～一五年（一九三八～一九四〇）の台湾で全盛期を迎えた。「皇民化運動」の一環としての寺廟整理であった。この寺廟整理は昭和一一年（一九三六）七月二五日、国民精神の作興と本島人の日本人への同化の徹底を図るために、総督府主催による「民風作興協議会」が開催されたことに起因する。この会議で民風作興に関する運動として、敬神思想の普及、皇室尊崇、国語（日本語）の普及常用、国防思想の涵養、国民的訓練、宗教並に演劇や講古《こうこ》（注①）の改善や隣保《りんぽ》扶助と協力一致などの運動が採択された。

その中に、「弊風《へいふう》打破に関する事項」があり、（一）迷信打破　地理師、巫覡《ふげき》、術士並に死霊に関する迷信を打破すること、（二）陋習《ろうしゅう》改善　聘金《へいきん》（結婚に際し、男性から女性側に支払う財貨であり、人身売買に近い高額な支払い）、媳婦子《そくふし》（自分の子の将来の妻となることを目的にして養う幼い女子）、殯斂《ひんれん》（死体を棺に収め一定の期間安置する習慣）、啼哭《ていこく》（死者と決別の号泣）等の陋習を打破改善すること、（三）生活改善　婚姻、祭祀、葬儀その他日常生活上に於ける弊風を打破改善することが方針として打ち出された。

これらの方針に基づき、各行政地区で個別の「民風作興協議会」が開催され、本島人の民族宗教上の旧慣習を改善することになった。ただし、この時点では寺廟整理（取り壊しと統合）に伴う神像の廃棄などは行なわれていなかった。台湾本島全体を巻き込んだ寺廟整理は昭和一三年（一九三八）に入り、高雄州岡山郡で最初に行なわれる。宮本延人の『日本統治時代台湾に於ける寺廟整理問題』によると、岡山郡の寺廟整理率は八一％であった。特に、台南州新豊《にいとよ》郡や斗六《とろく》郡では、郡下全ての寺廟が整理され、神像の昇天（神像を破壊もしくは奉焼し、寺廟の神々を神道の神々に移轉しようとするもの）がなされた。北門《ほくもん》郡や曾文《そぶん》郡、嘉義市や新化郡では八〇％以上の寺廟が整理されたとある。州単位でみると台南州（五六％）、高雄州（五四％）、新竹州（四〇％）、台中州（九％）及び台北州（七％）となっており、また、各州でも郡によって大きな差が有り、地元の郡守の判断によるものが大きかったのであろう。また、寺廟整理が行なわれた後の処置として、神社の造営、寺廟の統合や神仏の合祀、教化事業などに寺廟整理によって生じた財産が使用された。

台湾の寺廟整理は内地の議会でも深刻な問題として取り上げられ、第一八代総督長谷川清が就任した翌年の昭和一六年（一九四一）一〇月三日に総督府は寺廟整理凍結指令を交付する。

寺廟整理により、数多くの神像が破壊された。祭神を冒《ぼう》瀆《とく》するものであり、信者は神の怒りを恐れたのであろう。戦後、台湾人により神社が同じように取り壊されることになるとは誰も考えていなかったのであろう。

隍廟《ホワンミャオ》の入口に移された。城隍《じょこう》廟は犯罪に関する公正無私の、いわゆる「神判」を求める一般民衆の間で信仰心の厚い道教の城隍爺を祀っている。

また、灯籠が一基、国泰《グオタイ》路にある鳳山鎮南宮仙公廟《ナンゴンシャンコンミャオ》に残っている。現存する灯籠は一基のみであるが、仙公廟に庭園が出来る前は数多くの灯籠が五甲一路二一三巷に沿って立ち並んでいた。更に、陸軍軍営学校（鳳山市維武路一号）に銅馬がある。形から北斗神社のものであると見られていたが、高雄の文史研究家である廖《リャオ》徳宗《ダツオン》さんの考察で、鳳山神社の神馬《しんめ》であるという。狛犬と灯籠は寺廟の装飾品として、神社取り壊しの際に運び出されたのであろう。

二〇一六年一二月発行の『高雄文献』に廖徳宗さんが発表した鳳山神社に関する研究論文がある。同氏によると、鳳山神社には四基の鳥居と三対の狛犬があり、狛犬は前述した鳳邑城隍廟の他、澄清湖《ツエンチンフ》野球場傍の高雄市軍人忠霊祠《ツオンリンツ》前の石段に一対、更に国軍忠霊塔内の大殿に前に一対残されているとのことである。また、論文作成にあたり、城隍廟一帯で聞き取り調査した結果、城隍廟の狛犬は戦後まもなく地域の若者達により、鳳山神社から板そりのようなものに乗せて運び出されたとのこと。また、廟にある神《セン》轎《チャオ》（日本の神輿に相当）の屋根の部分の銅板は社殿の屋根や鳥居に巻かれた銅板とのことである。戦後、管理者がいなくなった神社本殿や拝殿の屋根から銅板が剥がされ、古物商に流れた。その古物商から銅板を購入して制作されたのが神轎の屋根の部分であった。一九五五年の事であったという。

旗《き》山《ざん》神社――鼓山公園の神社

鎮座日：昭和一一年一〇月三〇日　**祭神**：大国魂命、大己貴命、少彦名命、能久親王、安徳天皇　**社格**：無格社　**現住所**：高雄市旗山區華中街（鼓山公園）

製糖とバナナの街として知られた旗山街。この地に神社造営計画が具体化したのは昭和八年（一九三三）である。同年三月の国際連盟からの脱退により、日本を取り巻く国際環境が悪化するなかで、国民精神作興一〇周年の勅書が出された時代であった。これらに併せて、崇皇崇祖の念を高揚させるべく、同年一二月には神社造営委員会が組織され、総費用として二万円が見込まれた。しかしながら、昭和一〇年（一九三五）に入り、当初予定されていた神社規模を「一街庄一社」政策に追従すべく、それまでの「社」から「神社」として造営するように検討された。

旗山神社と命名された神社の基礎工事は旗山街の細川清一、本殿や拝殿の造営は名古屋の浅草屋（現在の浅草工務店）が請負い、総工費三万円を投じ、昭和一一年（一九三六）三月頃から着工した。旗山神社は当時の地方の有力な財界人によって造営された無格社であったが、その立地条件の良さ、また大鳥居の規模たるや目を見張るものがあったという。

往時の旗山神社
（出典：『高雄要覧』）

修復された参道

明治三七年（一九〇四）に出来た鼓山公園（現在の中山公園）は、「台湾一二勝」にもなり、領台初期に開発された公園であった。本殿跡地は、その公園奥にある高雄県孔子廟の手前左側の広場辺りであった。巨大な鳥居をくぐり、公園入口から続く参道を上り詰めると社殿が建ち並んでいた。

以前、神社の遺物である灯籠三基が、蒋介石の立像が立つ石段の脇に残っていたが、現在は写真のように立像も取り除かれ、参道の石段に沿って並んでいる。しかし、これらは全て新しく作られたものである。石段を上り詰めると神社本殿が壁画に描かれている。面白い表現である。

祭神として安徳天皇が祀られている。航海・漁業の神、水の神である。高雄州では水天社と旗山神社に祀られた。当時の旗山郡を流れる下淡水渓は毎年のように、雨季や暴風雨で氾濫し、大きな被害を与えたのであろう。

《注釈》

① 福建省南部の文化の中の一種で、民間の口承文学の芸術。閩南《びんなん》語の豊富な語彙を運用して、特有な韻律、ことわざ、歴史沿革、歌謡など、内容は大部分が長編歴史小説の物語。「皇民化運動」により、紙芝居や映画に取って代わった。

② 一八八五年一〇月に台湾が清朝の独立した省になったとき、初代の巡撫《じゅんぶ》（地方長官）に就任した劉銘伝《りゅうめいでん》が編成した制度であり、人口調査と治安対策を兼ねたものであった。日本統治時代の保甲

制度は戸口調査、出入者取締、風水火災土匪強竊盗の警戒捜査、地元保安林保護、伝染病獣疫害蟲予防、阿片弊害矯正、道路橋梁の小破修繕及び掃除、過怠処分及び褒賞、そして、経費の予算決定及び賦課徴収する機能を果たした。制度の単位は原則として一〇戸を一甲とし、一〇甲を一保とした。甲には甲長、保には保正をおいて住民を連座制のもとで管理するものであった。本制度は本島人に適用されてきたが、警察機関の充実と相まって昭和二〇年（一九四五）六月一七日に廃止された。

③　戦場に出征し、戦いでの幸運がいつまでも続くこと。

皇太子御生誕記念

昭和天皇の第一皇男子（明仁《あきひと》・今上天皇）が昭和八年（一九三三）一二月二三日に生誕する。唯一、豊原神社がこの趣旨で神社の造営を行なった。

豊原《とよはら》神社——改竄《かいざん》された神社遺物

鎮座日：昭和一一年三月二七日　**祭神**：天照皇大神、大国魂命、大己貴命、少彦名命、能久親王　**社格**：郷社　**現住所**：台中市豊原區南陽路四四〇號（南陽國小）

八仙山よりのヒノキの積出し基地として栄えた豊原は、大正九年（一九二〇）までは葫蘆墩《ころとん》と呼ばれ、葫蘆墩米の産地であった。この地は、もともと平埔族バゼツヘ族の居住地であり、先住民語でフルトンと呼ばれた。

明治四一年（一九〇八）四月二〇日に一〇年の歳月と二八八〇万円の工費をかけた南北縦貫鉄道で最後まで難関の箇所であった後里庄（現在の后里）・葫蘆墩間の線路が竣工し、台北と打狗《タカオ》（後の高雄）を結ぶ大動脈が完成した。このことにより、これまでの海上輸送に代わり、米の最大産地であった中部地方から鉄道による出荷が可能となった。

豊原神社は台中市豊原の南陽国小（小学校）一帯に造営された。グラウンド奥に四基の灯籠が蒋介石の銅像を取り巻いている。恐らく、この辺りに神社の本殿があったのであろう。灯籠からは歴史を示す記述は完全に消去されている。

往時の豊原神社（提供：種子田保夫）

南陽国小校庭内の灯籠

福徳祠の狛犬

台鉄「豊原站」前の中正路沿いを歩いてゆくと商店街の間に福徳祠への入口がある。この福徳祠に四基の灯籠と一対の狛犬が安置されている。灯籠には奉納者（張景順と黄老全）と「民国三十五年」の奉納日が、明らかに後付けのように刻まれている。終戦（昭和二〇年＝民国三四年）後の奉納となるが、色が塗られている竿の部分を良く見ると「□□十三年三月□日」の文字が浮かび上がってくる。従って、□□の部分は「昭和」となるため、間違いなく豊原神社の遺物であると断定出来る。一方の狛犬の台座にも「民国三十五年□□月□□日」と刻まれている。灯籠の例からすると、この狛犬の奉納された年月日も改竄《かいざん》されたと考えてよい。これらは、戦後、神社取り壊しの際に運び去られ、中華民国時代の奉納品であるとして、破壊または撤去から免れようとしたのであろう。

豊原神社の前身は、現在も残る葫蘆墩公園内に造営された遥拝所であり、この遥拝所の改築を機に、新たに神社を造営する計画が上がった。大正四年（一九一五）三月であった。その後、この計画が宙に浮いてしまい、昭和九年（一九三四）二月になり、豊原郡の宗藤大陸郡守、青柳・武山両課長が中心となり、郡下五街庄長及びその他の有力者の参集を求め、「皇太子御誕生記念事業」として豊原神社を造営することが協議された。その結果、昭和九～一〇年の継続事業として経費二万五〇〇〇円で豊原営林所北側の高原一帯約一・四ヘクタールに造営することに決定する。

昭和一〇年（一九三五）二月六日に地鎮祭が執り行なわれ、翌年の三月二七日に鎮座祭が執り行なわれた。

　終戦間近の昭和一九年（一九四四）五月一〇日に郷社に列格された。

皇民化運動

　昭和一一年（一九三六）九月に一七代総督として、予備役海軍大将の小林躋造《せいぞう》（任期：一九三六〜一九四〇年）が就任した。これまでの文官総督時代（第八代総督田《でん》健治郎以来の一八年間）が終わり、武官総督時代に入った。国家非常時体制が叫ばれた時期でもあり、小林総督は就任早々、台湾の「工業化」、「南進基地化」を提唱した。既に、内地では日中戦争勃発に伴い「国民精神総動員」が昭和一二年（一九三七）九月に発表されており、台湾では、これまでの「民風作興運動」を更に発展した「皇民化運動」が打ち出された。その「皇民化運動」とは、内台（内地と台湾）同化を一歩進めた同化運動であった。

　特に本島人に対する「皇民化運動」は国語（日本語）運動、改姓名、志願兵制度、宗教・社会風俗改革からなる、いわゆる、本島人の日本人化運動であった。特に、台湾の宗教や風俗は日本風なものに強制され、「寺廟整理」の下、数多くの寺廟が取り壊され、統合された。各郡・庄では皇民化運動に呼応するように神社の「一街庄一社」造営政策が唱えられ、各家庭には祖先の位牌や仏像に代わり、神宮大麻奉斎がなされた。

　これら以外、当時報道された社会風俗改革運動として、旧暦の使用禁止、正庁の改善と共に旧正月の廃止、寺廟での金爐《きんろ》（金銀紙幣を燃やす炉）閉鎖等があった。その一方で、武士道精神の涵養のため、公学校などに剣道部の新設も行なわれた。

往時の清水神社
（提供：水町史郎）

牛罵頭遺址文化圏区内の灯籠

清水神社《きよみず》——牛罵頭遺址文化園区の神社跡地

鎮座日：昭和一二年一一月二三日　**祭神**：天照皇大神、能久親王、大国魂命、大己貴命、少彦名命　**社格**：郷社　**現住所**：台中市清水區大街路（牛罵頭遺址文化園區）

大《ダ》肚《トウ》山の清水公園内に牛《ニョウ》罵《マ》頭《トウ》遺址文化園区がある。新石器時代中期文化の牛罵頭遺蹟があり、清水神社の鎮座した跡地でもある。

公園内の狛犬の石台には「奉納　祝皇紀二千六百年　大甲郡小公学校職員一同」の文字が削り取られずに残っている。神社が造営されたのは昭和一二年（一九三七）で、ちょうど、この年に日中戦争が勃発し、第一七代総督小林躋造が就任早々打ち出したのが「皇民化政策」「国民精神総動員運動」と「一街庄一社」政策であった。清水神社はそのような時代背景を持ち、敬神思想の普及を図るため、総工費六万七〇〇〇円を投じて大甲郡に造営された。

戦後、神苑は陸軍部隊の駐屯地となり、神社関連の建物は取り壊されたが、狛犬だけが司令台の前に残されたらしい。陸軍部隊の撤去後、この狛犬は台中市文化局で保管されていた。

昭和一〇年（一九三五）四月二一日に新竹及び台中州を襲った大地震は甚大な被害を及ぼした。特にこの地区の被害は甚大であり、打ちひしがれた中での神社造営であった。

太平洋戦争に突入した翌年の昭和一七年（一九四二）一○月三○日に郷社に列格された。

曾《そ》文《ぶん》神社——外省人の住宅地に残る神社遺構

鎮座日：昭和一三年九月一九日　**祭神**：大国魂命、大己貴命、少彦名命、能久親王　**社格**：郷社　**現住所**：台南市麻豆區南勢里南勢八五・二一號～警察廣播電台

柚城《ヨウツエン》写真史話（麻豆老照片的歴史故事）によると、大正四年（一九一五）一一月一日に当時の蔴荳《まとう》支庁（現在の台南市麻豆区）地方の有力者により、敬神思想普及及び涵養、そして、大正天皇の御大典を祝って寄付金が拠出され、蔴荳神社が造営されたとある。蔴荳神社は当初、蔴荳大埕堀の北東の隅に位置し、西向きに鎮座した。大正八年（一九一九）に蔴荳庄郭家の郭占花の息子（郭漢海）が蔴豆の富豪である林家の林氏梅と蔴荳神社で神前結婚を行なった。これは本島人では初めてのことであったとのこと。しかしながら、林氏梅は結婚後二年で逝去し、郭漢海は日本人官員の子弟と喧嘩沙汰で亡くなった。それゆえ蔴荳神社の風水が良くないと言われ始め、大正一二年（一九二三）に大埕堀の北側である麻豆一○三三番地に南向けに造営され、遷座したとのことである。

昭和一一年（一九三六）に国家非常時における国民精神作興及び敬神観念を涵養せしむるため、長友甚七郡守が中心となって委員会が設立され、予算七万円で新たに麻豆街に神社を造営することになった。そして、「皇民化運動」が更に推進される昭和一二年（一九三七）に東麻豆字南勢角（麻豆一五○番地）に曾文神社が造営された。そして、これまでの麻豆神社（大正九年には蔴荳から麻豆に名称が変わっている）は翌年の昭和一三年一○月一○日に廃祀の祭典が挙行され、同時に曾文神社へ遷霊の儀が執り行われ、麻豆神社は取り壊された。

戦後の一九四五年、曾文神社も取り壊され、神社跡地は中山公園として利用された。一九七四年頃には国民政府の軍隊が大挙してこの地に移り住むようになり、社務所は軍の施設として使用された。公園の一部には軍事情報局及び軍事放送局が建設され、一九九七年には現在の警察廣播電台に建て替えられた。

曾文神社の跡地はちょうど警察廣播電台の裏辺りである。この辺りは戦後、外省人が多く住んだこともあって、この地に神社があったことは知らないようであった。神社の石垣が民家を取り囲んでおり、神社の拝殿及び本殿は民家畑となっている。石段手前には拝殿の柱跡を見ることが出来きる。石段の上は柑畑になっており、残念ながら本殿の位置は確定することが出来ない。

なお、曾分神社の末社として六甲神社（昭和一五年一二月二○日鎮座）と下営《かえい》神社（昭和一六年）がそれぞれ、六甲

庄と下営庄にあった。一方、本社である曾分神社は昭和一九年（一九四四）五月二八日に郷社に列格された。

往時の曾文神社
（提供：詹評仁文史工作室）

神社基座と拝殿への石段

林内《りんない》神社——斗六に造営されたもう一つの神社

鎮座日：昭和一五年一二月二〇日　**祭神**：豊受大神、大国魂命、大己貴命、少彦名命、能久親王　**社格**：無格社　**現住所**：雲林縣林内郷林内公園…林内公園路～濟公堂

神社遺物は中正路沿いの変形した大鳥居から始まり、最初の石段を登った所にある鳥居と一対の大灯籠、そして二つめの石段途中にある参道型灯籠と濟公堂《ジゴンタン》入口にある一対の狛犬となる。石段途中の左側に記念碑が残っており、記念碑の裏側には奉仕作業延人員が六万二三〇〇人かかり、昭和一四年（一九三九）一〇月に起工され、翌年の四月に竣工されたと刻まれている。また、記念碑に刻まれている工事担当指導者氏名も明確に読み取ることが出来る。

二〇一五年には神社跡地の整備により、新たに手水《ちょうず》舎《しゃ》、神橋や灯籠もそれなりに再現された。これも町おこしの一つであろう。

日本統治時代、斗六郡の中心には昭和四年（一九二九）に鎮座した斗六神社があった。林内神社は斗六街の東方の林内に造営された。このことにより、郡と街に神社が造営されたことになる。「皇民化運動」が盛り上がるなかで斗六郡に、このあと紹介する斗六神社摂末社も含め、数多くの神社が造営された。昭和一四年（一九三九）一一月二〇日に郡守として就任した渡部政鬼がいる。昭和一七年（一九四二）八月までの任期であった。これだけの神社を造営せしめたのは、恐らく渡部郡守が熱心な信奉者であり、絶大な発言権を持っていたと考えざるを得ない。

往時の林内神社
（提供：林内国小）

中正路沿いに残る大鳥居

皇紀二六〇〇年記念

皇紀《こうき》とは明治政府が定めた日本独自の紀元（歴史上の年数を数える出発点となる年）で、明治五年（一八七二）に明治政府は神武天皇の即位した日を元年とした。昭和一五年（一九四〇）は神武天皇即位紀元二六〇〇年であったため、「紀元二六〇〇年」と言われた。満州事変や日中戦争と、日本が中国での戦争を推し進め、国家総動員法が成立し、正に国民総動員の軍国主義へと日本が突き進んで行った。中国大陸での戦局が膠着し始めた昭和一五年を「皇紀二六〇〇年」とも呼称し、時の近衛内閣は、これを機に天皇中心の国家神道体制を利用して国民の意気を高めようと考えた。そして、各地で盛大な式典が催され、数多くの記念事業が執り行なわれた。これに呼応し、「一街庄一社」を標榜し、数多くの神社の改築、造営または遷座が行なわれた。

昭和一一年（一九三六）末まで、既に「神社」が三八社、「社」が一三九社造営されていた。翌年の昭和一二年（一九三七）二月、皇紀二六〇〇年までに新たに造営される「神社」数として三一社が『台湾日日新報』報道されているが、これらの中、終戦までに鎮座しなかった神社として一〇ヶ所ある。台北州で三社（三峡神社、土城神社、鶯歌神社）、新竹州で四社（後龍神社、楊梅神社、芎林神社、龍潭神社）、台南州で三社（新豊神社、西螺神社、善化神社）であった。これらは、建築途中で終戦を迎えたか、または、財政難で竣工に至らなかったかである。

その他、各地でも神社の造営が検討された。台中州豊原郡豊原街には昭和一一年（一九三六）に造営された豊原神社があるが、豊原郡下の神岡、大雅、潭子及び内埔庄に、「皇紀二六〇〇年記念事業」として神社を造営することになっていたようであるが、これらは実現されていない。

更に、彰化郡においても、それぞれ寄付金二万円を募集し、鹿港街及び郡下の六庄（和美、線西、復興、秀水、花壇、芬園）ごとに神社を造営することが計画されたが、鹿港街と秀水庄に造営されただけであった。

北港《ほくこう》神社——本格的な神社造営の嚆矢となった神社

鎮座日：昭和九年一一月二六日　**祭神**：天照皇大神、大国魂命、大己貴命、少彦名命、能久親王　**社格**：郷社　**現住所**：雲林縣北港鎮文化路…北港游泳池〜中山運動公園

現在の北港遊泳池（プール）及び中山公園一帯に北港神社が鎮座した。遊泳池に向かう路の交差点には「浩氣凌《ハオチーリン》霄《シャオ》」と書かれた牌樓に変形した鳥居が残っている。更に、文化路一八五と二二四辺りに灯籠の一部が無造作に放置されている。手水舎《ちょうずしゃ》は北港公園内にある。また、北港鎮老人会活動中心の横を入ってゆくと民家から日本時代の建物の一部が見える。社務所であろう。

北港郡は毎年のように北港溪の氾濫による水害で甚大な被害を受けており、昭和八年（一九三三）初めに防水堤防工事が新設されることになった。これに伴い、堤防一帯を北港公園とし、ここに神社を造営することになった。同年一〇月、地方敬神の中心とすべく、阿部熊雄郡守が地元有力者三六人を郡役所に召集して、工費二万円を計上して北港神社を造営することを申し合わせる。五〇〇〇円は郡下各街庄で負担し、その他は郡下官民・製糖会社、または一般の寄付を募ることになり、場所は北港溪に沿った保安林約二・八ヘクタールと定められた。

日本を取巻く情勢が緊迫し始め、国家神道に基づく国民精神の涵養が唱えられ、昭和九年（一九三四）一一月二六日に最終的に工費三万七〇〇〇円、総人員五〇〇〇人を投入した北港神社が北港溪畔に鎮座する。「神社」として造営された中で、建功神社（昭和三年七月鎮座）以来六年ぶりであった。鎮座祭に先立ち、祭典委員長立川義男郡守と神職は台湾神社より御霊代を奉迎し、神社社務所に設けられた仮事務所に安置された。鎮座祭は午前五時から台南州知事今川淵《ふかし》が幣帛供進使《へいはくきょうしんし》として執り行なった。

北港神社は昭和一三年（一九三八）七月一一日に、それまでの無格社から郷社に列格している。同時に、「皇紀二六〇〇年記念事業」とし、七万円を投じて拝殿・社務所及

往時の北港神社（出典：『敬慎』）

北港公園内に残る手水舎

文化路の鳥居

び宿舎の移転拡張、中門祓殿《はらえでん》の新設、祭器庫・手水舎の改築、神橋の拡張、神輿の新調などが検討された。また、神社の外苑として保安林一帯及び神社西方約七・七ヘクタールの土地を併せて大規模公園の建設を行った。昭和一八年（一九四三）に総工費一五万円を計上して本殿を改築、同年四月一三日に假殿遷座祭が、そして、新装された本殿の鎮座記念祭が一一月二六日に執り行なわれた。

能高《のうこう》神社——台湾の「へそ」に造営された神社

鎮座日：昭和一五年一〇月六日　**祭神**：大国魂命、大己貴命、少彦名命、能久親王　**社格**：郷社　**現住所**：南投縣埔里鎮中山路一段四三五號（埔里高工）

台湾の「へそ」とも呼ばれる台湾地理中心碑が虎子《フーツ》山《シャン》（虎頭山とも呼ばれた）の麓にあり、台湾の地理中心地点とされている。この中心碑は明治三九年（一九〇六）一二月一三日に、台湾全体を測量するために三角点として建てたもので、この虎子山頂上に造営されたのが能高神社の前身である能高社であった。

大正一四年（一九二五）に一般郡民から集められた寄付により埔《ほ》里郡の守護神としての能高社が造営されることになる。そして、昭和二年（一九二七）三月、虎子山山頂に一〇〇〇坪程度の敷地をもって鎮座した。山頂からは埔里盆地を眺め、北に眉溪《ばいけい》、南に南港溪を控えた山水の美を備えた風光絶佳の地であった。しかしながら、唯一の難点は本殿まで連なる急勾配の長い四〇〇段の石段であった。

能高社も更なる敬神の念を高めるために、神苑の拡張が必要となった。そして、昭和一一年（一九三六）一〇月に

往時の能高神社（提供：埔里図書館）

醒靈寺に残る灯籠と狛犬

「皇紀二六〇〇年記念事業」の一環として釜田喜太郎郡守が造営委員長となり、造営委員二五人の参集を求めて新たに能高社敷地に、これまで以上広大な規模を持つ能高神社を造営することになる。この時、拡張と遷座が検討された。釜田郡守の転任により、大塚久義郡守が新たに委員長となり、昭和一三年（一九三八）三月三一日に崇敬者総代大塚久義郡守ほか五九人の連署をもって、総督府に能高神社造営許可出願を行ない、同年七月二〇日に許可が下りた。

最終的に遷座と決まった能高神社の遷座地は虎子山山麓となった。しかしながら、日中戦争（昭和一二年）により、資材の入手が極めて困難になり、工事は順調に進まなかった。工事着工から二年経った皇紀二六〇〇年にあたる昭和一五年（一九四〇）一〇月六日に工費八万六一〇〇円を投じ、神苑約四・五ヘクタールの広大な神苑を持つ能高神社が鎮座する。鎮座祭には台中州知事森田俊介一行により、台中神社から御霊代が奉戴された。そして、これまでの能高社は取り壊さず、能高神社の摂社として残った。終戦まで一年未満と迫った能高神社は昭和一九年（一九四四）九月二一日に郷社に列格した。

戦後の一九五三年に神社跡地に埔里農業職業学校（現在は埔里高級工業職業学校と改称）が建設され、社殿は中山紀念堂として使用された。当時まだ残っていた鳥居などは一九五四年に全て取り壊されたようである。その時、数多くの灯籠と一対の狛犬が醒靈寺《シンリンス》に運び出された。

鹿港《ろっこう》神社——港町の神社

鎮座日：昭和一四年一〇月一〇日　**祭神**：明治天皇、大綿津見神、事代主命、能久親王　**社格**：無格社　**現住所**：彰化縣福興郷橋頭村復興路七八號（鹿港國中）

往時の鹿港神社
（提供：彰化県文化局、
出典：『尋找彰化－彰
化縣老照片特輯』）

鹿港国中校門前の狛犬

鹿港は彰化県にあり、台湾海峡に面した小さな港町である。かつては「鹿仔港」と呼ばれ、清国から移り住んできた人々や貿易船の往来で非常に栄え、一府（台南）、二鹿（鹿港）、三艋（艋舺《ばんか》）（注①）と呼ばれた。日本統治時代には大陸との貿易が一時期途絶えはしたが、戦後、再び貿易が復活した。しかし、国民政府によって鹿港の港としての機能が停止され、多くの人が鹿港から外の土地へ流出し、街はどんどん寂しくなる。一九八〇年代から少しずつ観光地として鹿港が脚光を浴び、現在では観光地として台湾全土に知られ、海外からも人が訪れるようになった。旧市街地の九曲港《チョウジュガン》は名前のとおり狭く曲がりくねった路地が続き、映画の舞台にもよく使われている。道のうねっている理由について「海が近いので強い風が吹く。風が強く吹き付けるから、昔栄えた港も吹き寄せた砂で埋まってしまっている。だから、風の勢いを弱めるために、道がよく曲がっている」のようだ。

「皇紀二六〇〇年記念事業」として彰化郡鹿港街及び福興《ふくこう》庄民崇敬の殿堂たらしめるために総工費九万五〇〇〇円を費やして鹿港神社が造営された。昭和一四年（一九三九）一〇月一〇日の鎮座祭に台中州知事松岡一衛により、台中神社から御霊代が奉戴された。御霊代は唐櫃《からひつ》（注②）に納められ、そして本殿内に奉安された。鎮座祭の翌日は臨時奉幣祭が執り行なわれ、相撲大会・獅子舞・樽神輿などの余興がおこなわれた。

祀られた祭神は海に関する神々である。大綿津《おおわたつ》見神《みのかみ》は、日本神話に登場するイザナギとイザナミ二神の御子で、海を司る神であり、唯一、鹿港神社で祀られた。

復興路沿いの鹿港国民中学が、かつて鹿港神社の造営された跡地である。正門前の一対の力強い狛犬は鹿港国中を守護しているのであろう。

頭分神社《とうふん》——小学校となった神社跡地

鎮座日：昭和一五年二月九日　**祭神**：明治天皇、能久親王、豊受大神　**社格**：無格社　**現住所**：苗栗縣頭分鎮中正一路三九五號（僑善國小）

往時の頭分神社
（提供：詹評仁文史工作室）

現在の僑善國小

現在の僑善《チャオシャン》国民小学が神社の跡地である。遺構や遺物を示すものは何も残っていない。

当時、竹南郡頭分街には神社がなく、二万二〇〇〇庄民の敬神思想の涵養及び国民教育上問題視された。昭和一一年（一九三六）六月に神社造営が決定し、敷地三・三ヘクタール、総費用三万五〇〇〇円が予定された。設計は新竹州手島技師に依頼し、昭和一三年（一九三八）の完成を目標とされた。

当初の予定から大幅に遅れ、総督府よりの神社造営認可も漸く昭和一三年末に下りた。斗換坪《ほくかんつぼ》と呼ばれた丘上で、中港渓の清流を眼下に見下ろす風光明媚な場所が選ばれ、建築は堀内清作が請負った。そして、秋山久七庄長を中心として、庄民による奉仕作業・浄財寄付八万余円により造営着手に入った。一一・六ヘクタールの広大な外苑の一部をグラウンドに仕上げ、同庄で盛んだった馬産事業の将来のため、競馬場にも利用されることになった。

最終的に神社造営趣旨は「皇紀二六〇〇年記念事業」となり、昭和一五年（一九四〇）二月九日午後八時に鎮座祭が執り行なわれ、新竹州知事一番ヶ瀬《いちばんがせ》佳雄が御霊代を奉じて参向した。記念事業は二日間にわたって行なわれ、公会堂での祝賀会に始まり、樽神輿渡御や子供相撲、仮装行列、提灯行列、奉祝映画　各団体の参拝、公学校児童の旗行列や舞踊で賑わった。

竹南《ちくなん》神社——竹南郡に造営された二つ目の神社

鎮座日：昭和一五年一二月七日　**祭神**：能久親王、豊受大神、大国魂命　**社格**：無格社　**現住所**：苗栗縣竹南鎮大營路二一一號（中興高工）～竹南鎮衛生所

往時の竹南神社（提供：彰化県文化局　出典：『竹南老照片展』）

現在の中興高工（写真奥は竹南鎮衛生所）

一九六二年に開校した中興《ツオンシン》高級商工職業学校一帯が竹南神社跡地である。二〇〇八年頃までは隣の衛生所（日本の保健所）近くの民家に灯籠の傘の部分が残っていた。

当時、竹南郡竹南街には神社がなく、地方住民の敬神思想を涵養せしむる目的と「皇紀二六〇〇年記念事業」として、頭分に続いて竹南でも、内地の「村社」規模の神社を造営することになった。神社造営は昭和一二年（一九三七）初めから検討され、昭和一四年（一九三九）一月、造営費として四万円が予算化された。鳥居は竹南信用組合、常夜灯は帝国製糖、灯籠は有志から奉納されることになった。更に、地元の有志から神社用地の寄附があった。そして、昭和一五年（一九四〇）一二月七日に鎮座祭が執り行なわれた。このことにより、新竹州竹南郡頭分街と竹南街に神社が完成した。

戦局が悪化する昭和一七年（一九四二）末に皇民練成の促進と更なる敬神思想の向上を図るために、加村政治郡守が中心となって竹南神社の郷社列格運動が組織されたが、列格を見ずに終戦を迎えた。

戦後、台湾では、より実践的な人材を確保することが急務になる。そのため、新たに数多くの職業専門学校が創立された。この時の最大の問題点は土地の確保であり、学校の敷地としては申し分のない神社跡地が活用された。竹南神社跡地もその一例であった。

大湖《たいこ》神社――台中州最南端の神社

鎮座日：昭和一六年三月二五日　**祭神**：明治天皇、能久親王、大国魂命　**社格**：無格社　**現住所**：苗栗縣大湖郷民族路八〇號（大湖國中）

往時の大湖神社（提供：苗栗文化局）

法寶寺参道入口に残る灯籠

羅福星《らふくせい》事件（47頁参照）で亡くなった羅福星を祀る昭《ツァオ》忠《ツォン》祠から大湖国中一帯の約一・七ヘクタールが大湖神社跡地であった。戦後、社殿は忠烈祠として使用されたが、一九四六年に大湖国中（中学校）の前身である新竹県立大湖初級中学が建立される。本殿跡は校舎後方のバスケットボールコートの横であり、本殿の基座の部分が残っている。これ以外の神社遺物である灯籠は、法寶寺《ファバオス》参道入口に一対見ることが出来る。

神社があった辺りはもともと内地人の墓地のあった場所であり、大湖神社が造営されるまでは、それまでの大湖遥拝所が地元住民の参拝の対象であった。しかしながら、大湖郡に神社がなく、「一街庄一社」政策を推し進める上で問題視されるなか、神社造営の趣旨である皇紀二六〇〇記念事業として造営されることになった。新竹州大湖郡四万郡民の氏神である大湖神社竣工に伴い、昭和一六年（一九四一）三月二五日に台湾神社より御霊代が奉迎された。鎮座祭をはさんで二四日から二七日までの四日間、神輿渡御、演劇、児童、青年武者行列、旗行列、仮装行列、提燈行列、相撲、武道、柔道、剣道、大弓、映画、生花展示、野球、庭球などの余興で賑わった。

往時の秀水神社
（提供：彰化県文化局　出典：『尋找彰化 - 彰化縣老照片特輯』）

秀水国小校庭内に残る狛犬

秀水《しゅうすい》神社 ——職業学校となった神社跡地

鎮座日：昭和一六年一〇月一八日　**祭神**：明治天皇、大国魂命、大己貴命、少彦名命、能久親王　**社格**：無格社　**現住所**：彰化縣秀水郷福安村中山路三六四號（秀水高工）

一九七六年までは国立秀水高級工業職業学校産学合作中心（企業と学校の共同研究開発センター）辺りに社殿が西向きに残っていたと学校の職員に教えて頂いた。

秀水庄の神社造営は昭和一一年（一九三六）に決議された。経費二万とし、五年間の積み立てで昭和一五年（一九四〇）中に鎮座することとした。第一七代小林総督によって打ち出された「皇民化運動」の具体策としての「国語常用家庭」や「改姓名」許可制度が導入され、同時に神社参拝も盛んに行なわれた。このような状況下、最終的に「皇紀二六〇〇年記念事業」として二万庄民信仰の象徴たらしめるべく、また全秀水庄民を正しい信仰生活に導くために、秀水神社が造営されたとある。

鎮座祭は昭和一六年（一九四一）一〇月一八日、午後八時から執り行われ、台中州知事森田俊介が御霊代を奉戴し、本殿に安置した。そして、翌日は森田知事が幣帛供進使として参向し、臨時奉幣祭が執り行なわれた。

竹東《ちくとう》神社 ——新竹州最後の神社

鎮座日：昭和一七年一〇月二〇日　**祭神**：明治天皇、大国魂命、大己貴命、少彦名命、能久親王　**社格**：無格社　**現住所**：新竹縣新竹鎮大林路二號（竹東高中）

戦後間もなくの一九四六年五月に現在の国立竹東高中

往時の竹東神社
（提供：台湾協会）

現在の竹東高中

（高校）の前身である新竹市立新竹初級中学竹東分校が設立した。竹東高中は後方の山（鳳陽山《フォンヤンシャン》）麓を背に建立されているが、竹東高中が開校した当時は神苑の平地に校舎が建てられたと思われる。

高橋正己氏（注③）が台湾の神社跡地を調査した一九七七～七八年には、神門とともに数多くの灯籠が残っていた。現在は、正門入り口前の石段横の池の中に手水鉢《ちょうずばち》が残っているだけである。

神社造営に向けて、造営費は郡民の寄付によって賄うことができたが、敷地の選定などの理由により造営が遅れ、昭和一五年（一九四〇）に入って総工費一八万円をかけ、新竹州竹東郡シヤカローのヒノキが用いられ、「皇紀二六〇〇年記念事業」として着手することに決定した。御霊代は台湾神社より奉戴して、昭和一七年（一九四二）一〇月二〇日に鎮座祭が執り行なわれた。これにより、新竹州では、大渓郡を除くすべての郡下に神社（桃園神社、中壢神社、新竹神社、竹東神社、竹南神社、苗栗神社、大湖神社）が完成した。

魚池《ぎょち》神社——廟となった本殿跡地

鎮座日：昭和一八年一一月一〇日　**祭神**：大国魂命、大己貴命、少彦名命、能久親王　**社格**：無格社　**現住所**：南投縣魚池郷魚池村秀水巷三三號…魚池郷公所裏のテニスコート～瓊文書社

魚池神社跡地は魚池郷公所の裏側にある。そして、この公所の前が参道であったのであろう。現在は僅かな石段と二基の灯籠のみが瓊文書社《チョンブンシュシャ》前に残っている。その他、神社の狛犬が秀水巷の麒麟宮代化堂《チリンゴンダイファタン》に見ることが出来る。

魚池神社本殿の跡地

文昌帝君廟前のテニスコートに残る灯籠

一九七七年に郷公所がテニスコートを作るために神社を取り壊し、この地に文昌帝君廟《ぶんしょうていくんびょう》（科挙合格祈願の神である文昌帝君を祀った祠廟《しびょう》）を建てた。戦後の文昌帝君廟は信徒が多く、献金も多く、膨大な土地を所有していた。その後、信徒も少なくなり廟を管理する人もいなくなったため、魚池公所が文昌帝君廟の所有する土地を没収した経緯もある。

魚池神社は昭和一七年（一九四二）四月に総工費五万六〇〇〇円、第一代台中神社の旧社殿用材を譲り受けて起工した。そして、昭和一八年（一九四三）一一月一〇日に皇紀二六〇〇年を記念し、魚池庄全庄民の守護神として、台湾では最後の社格を持つ「神社」として鎮座した。

《注釈》

① 台湾で、清代に繁栄していた三つの場所を「一府、二鹿、三艋」という言い方をする。艋舺は後に萬華とも書かれた。現在では、台北市が台湾の政治・経済の中心地となっているが、その中でも特に萬華地区は古くから発展し、水運・商業の中心地として栄えた。

② 貴重な物や、重要な物を収めるための用具であり、四脚ないし六脚で、経巻、衣類、調度品などを入れ、蓋をかぶせて施錠できるようになっている。紐が取り付けられるようになっていて、ここへ棒を通して担ぐ。御霊代を運ぶ際に使用される。

③ 昭和四八年、皇学館大学を卒業し、渡台する。台北教育大学や台湾大学の教授を経て、現在、東呉大学の非常勤講師である。昭和五二年（一九七七）前後に神社跡地の調査を行なっており、本書では数多くの日本統治時代の神社絵葉書の提供を受けている。

一街庄一社と一郡一社

昭和九年（一九三四）九月に行政単位の隅々までに「神社」を造営し、敬神の念を涵養せしめようとする「一街庄一社」造営政策が唱えられた。各家庭での大麻奉斎と相まって全島で「神社」造営ラッシュが始まるが、総督府の神社造営政策は地方各地まで及ぶことはなかった。ましてや、神苑を確保するため、土地買収費を含めた神社造営費及び台湾特有の蟻害や暴風雨対策などの維持費には膨大な費用がかかり、地方財政に大きな影響を与えた。昭和九年以降、県社以下の郷社及び無格社の神社造営に要した平均造営費用は大雑把に六万円を超えた。これを現在の貨幣価値で評価するとおよそ二億円程度になったと想定される。

皇民化運動から引き続き、「国民精神作興」を基軸にした国民精神の高揚及び昭和一二年（一九三七）九月から始まる「国民精神総動員運動」のため、改めて神社を行政上、最終末端地域まで浸透させる「一街庄一社」運動にまで及ぶことになる。ただし、ここでの神社とは、既に述べた「神社」であり、「神社」以外の神社は含まれていない。この「一街庄一社」運動の最終目標は皇紀二六〇〇年である昭和一五年（一九四〇）までに、全ての街庄（終戦時で六七街、一九七庄、計二六四ヶ所）に神社を造営しようとする現実性のない、壮大な計画であった。日本統治時代の昭和二〇年（一九四五）時点で街・庄の上に位置する「郡」の数は五一ヶ所であり、官・国幣神社を含んだ「神社」の総造営数はなんとか全ての郡を網羅した六八社で終わった。

この後述べる淡水神社（昭和一四年）の造営は、「神社行政の大方針である一郡一社建立大方針に立脚した」と報道されている。従って、この時期になると、神社造営は、まず、「一郡一社」を達成することにすり替わったのであろう。

台北州

新荘《しんそう》神社——運び出された二基の神輿

鎮座日：昭和一二年一一月一六日　**祭神**：明治天皇、倉稲魂神、能久親王　**社格**：郷社　**現住所**：新北市新荘區明中街一〇號（和泰汽車新荘綜合園區）

新荘神社は台北市の隣の行政区である新北市新荘区中正路沿い和泰《フータイ》汽車新荘営業所の跡地一帯に造営された。戦後、毒蛇研究のための新興血清研究所として使用され、社殿は一九四九〜一九五〇年に取り壊され、一九六六年に現在の和泰汽車に払い下げられた。和泰汽車から多少離れた地蔵庵（中正路八二之一号）入り口に一対の狛犬が安置されており、台座には「新荘保甲民一同」と刻まれている。新荘

往時の新荘神社（提供：新北市新荘区公所）

大眾廟に残る神輿

地蔵庵の入口

郡の住民から奉納されたものであることが分かる。

　新荘郡においても郡民崇敬の中心たる氏神を造営することになり、昭和一〇年（一九三五）六月に神社造営に向けて敷地の選定に入った。翌年の七月一四日に地鎮祭が執り行われ、新荘街の小田心子と呼ばれた場所に約三・六ヘクタールの敷地を確保し、総工費約四万円を投じて造営されることになった。

　鎮座祭に先立つ昭和一二年（一九三七）一一月一五日に奉賛会会長林彌輔郡守などが台湾神社に参向の上、御霊代を奉じ、社務所仮殿に奉安された。鎮座祭の当日は藤田知事が幣帛供進使として参向した。

　戦況がますます悪化する中、台北州では海山郡中和区に造営された海山神社とともに昭和一九年（一九四四）一月一六日に新荘神社は郷社に列格した。

　地蔵庵左側の大《ダ》眾《ツオン》廟横に金箔を施した新荘神社の神輿《みこし》二基がガラスケース内に保存されている。特に右側の神輿の規模は大きく、これまでにはないものである。額束《がくづか》には「新荘神社」と書かれており、八〇年余りの歳月を経て再びその素晴らしさを現している。

　終戦とともに日本帝国主義のシンボルであった神社の取り壊しは急ピッチで行なわれた。幸いにも難を逃れて残った神社遺物は別の場所に移される場合もあった。しかしながら、誰がどのように運び去ったかについてほとんど情報は入手できていなかった。二〇〇九年、運良く地蔵庵で、近くに住む陳登波さんにお会いすることが出来た。この古老が二〇歳の時、神社の建物が血清研究所として使用される前に、仲間一二人で灯籠と神輿をこの地蔵庵に運び込んだとのことであった。神輿は新荘神社が鎮座した昭和一二年（一九三七）に新荘郡住民からの浄財として集められて購入されたものであるという。

その他の神社遺物を尋ねたところ、木彫りの鷹があるとのことで案内して頂いた。何年もの間、人が入らない地下倉庫に埃を被った木彫りの鷹が無造作に安置されていた。この鷹は前神街長が日本から持ち帰ってきたもので、神苑内の結婚式場（斎館）に飾られた。この鷹も陳さんが運び出したものだ。当時一二人いた青年も今や陳さんだけとなり、過去の思い出を回想しながらいささか寂しそうに話しておられた。

海山《かいさん》神社――板橋街と中和庄の神社

鎮座日：昭和一三年五月一三日　**祭神**：明治天皇、大己貴命、能久親王　**社格**：郷社　**現住所**：新北市中和區員山路四五五巷一〇號…中和市圖書館一帯

台北市中和区の連城路《リエンツエンル》と台新街の交差点近くにある員山公園への入口を登ってゆくと、右側に中和市図書館がある。この場所が海山神社社殿の跡地である。駐車場脇に鉄柵があり、鉄柵越しに石段が見える。石段の傍には鳥居の基礎の痕跡が、また、造営当時の面影を残す一部の石垣が城跡を示すかのように残っている。

昭和九年（一九三四）末に海山郡板橋街及び中和庄では大田修吉郡守が中心となり、敬神崇祖の観念及び国民精神を涵養せしむる目的で板橋と中和の中間点に海山神社を造営することが検討され、板橋街及び中和庄に管内実行委員が設置された。工事費一万五〇〇〇円、三ヶ年継続事業として進めることになり、鎮座地として板橋平原員山高台が選択された。神社造営にあたり、郡下の青年団、壮丁団、

茶芸館　盆踊り

台湾では、祝祭日や慶弔日には必ず台湾芝居と呼ばれる余興が行われた。一般に、舞台は寺廟の前が利用された。胡弓、月琴、琵琶、笛や笛などを使用し、歌唱や立ち廻りの際に囃す声は喧騒《けんそう》なること耳を塞がんばかりという。芝居の演目は三国志、水滸伝、西遊記等が多かった。

台北州新荘街では皇民化促進運動の一つとして、この台湾芝居の禁止を命じた。その代わりに日本情緒豊かな盆踊りを通じて皇民精神を体得させるべく、昭和一三年（一九三八）七月一五日のお盆に新荘神社境内で奉納盆踊りが行なわれた。

台湾芝居の様子（出典：『大日本地理体系』）

往時の海山神社（出典：『敬慎』）

社殿への石段

小公学校児童及び郡街庄職員、協議会員など一〇〇余人が連日開削及び整地の奉仕作業に従事し、昭和一一年（一九三六）八月二八日に地鎮祭が執り行なわれた。昭和一二年（一九三七）七月、日中戦争勃発による物価高騰の影響もあり、板橋街及び中和庄民からの寄付による造営費は当初の予算であった四万円を遥かに超えた。最終的に総工費八万三〇〇〇円を投じ、三・四ヘクタールの敷地を持つ海山神社の鎮座祭は昭和一三年（一九三八）五月一三日に執り行なわれた。

　海山神社は丘の斜面を切り開いて造営されたため豪雨の度に崖崩れがあり、玉垣の倒壊が発生し危険な状態であった。昭和一五年（一九四〇）一〇月に総工費三万円をかけ、内地では珍しい本殿、中門、拝殿間の渡り廊下の増設や崖仕切り工事が開始された。これも「皇紀二六〇〇年記念事業」の一環であろう。そして、昭和一九年（一九四四）九月一三日に無格社から郷社に列格された。

　戦後、神苑一帯に台新紡織工場が建設され、この工場の建設と同時に神苑跡地は整備された。現在はマンションが立ち並ぶ住宅地となっている。

瑞芳《ずいほう》神社——職業学校になった神社跡地

鎮座日：昭和一一年七月一〇日　**祭神**：天照皇大神、大国魂命、大己貴命、少彦名命、能久親王　**社格**：無格社　**現住所**：新北市瑞芳區瑞芳街一〇六號（瑞芳高工）

　瑞芳神社は台鉄「瑞芳站」後方にある瑞芳高級工業職業学校一帯に造営された。神社の中でも敷地面積は一・三ヘクタールと広くはなかったようである。ちょうど、参道は駅を降りて緩やかな坂道を上り、現在の校舎左裏側から校

往時の瑞芳神社
（提供：大村博教）

龍巌宮に残る狛犬

庭内の八田樓（注①）から春暉樓《チュンホエロウ》に向かっていた。ご近所の古老によると、本殿までの参道には一基の鳥居と両側に並ぶ灯籠と狛犬があったと、遠い記憶の中から呼び起こしてもらった。小さい頃は夏休みが始まる前の七月一四日に揃って集団参拝を執り行なったとのことであった。

昭和八年（一九三三）末に瑞芳庄長宮川三二のほか四〇人が中心となり瑞芳神社造営に関する検討がなされ、台北州当局に申請した。敷地となった瑞芳小学校の裏山約一・四ヘクタールは陳興化が寄付。工費五〇〇〇円で起工、翌春の二月一一日の紀元節（現在の建国記念の日）に地鎮祭、六月七日に竣工祭を行うことが決定された。当初は規模的に神社の規定を満たさない「社」としての瑞芳社を造営することで進められたが、「一街庄一社」政策推進のためであろう、社務所を造営して瑞芳神社として造営されることに決定し、氏子五〇余人の連署の上、郡を経由して台北州当局へ許可願いが提出された。

折から、明治三一年（一八九八）四月に建立された北白川宮殿下御遺跡地記念碑（注②）の建替えと相まって、瑞芳神社の地鎮祭が昭和九年（一九三四）八月二二日に挙行された。そして、二年後の昭和一一年（一九三六）七月一〇日に鎮座祭が執り行なわれた。神社造営に伴い、瑞三鉱業公司の李建興（240頁参照）が境内の敷地として五〇〇坪、台湾鉱業株式会社が大鳥居、また、基隆炭鉱株式会社が二〇〇〇円を寄付し、更に、昭和一三年（一九三八）一月に瑞芳庄龍潭堵《りゅうたんと》で開業医の黄則武が狛犬を奉納したとある。これが上に掲載した写真で、現在の龍巌宮（瑞芳区龍川里一坑路三〇号）にある狛犬である。

瑞芳神社は当時の基隆郡瑞芳庄（昭和一三年二月に街に昇格）に造営された神社であり、本島で最初の「庄社」であった。

羅《ら》東《とう》神社——時局の変化に応じた新社殿の造営

鎮座日：昭和一二年一一月二日　**祭神**：明治天皇、大国魂命、大己貴命、少彦名命　**社格**：無格社　**現住所**：宜蘭縣羅東鎮純情路二段と民権路角一帯

往時の羅東神社
（提供：片倉佳史）

昭和製糖二結製糖所が奉納した灯籠

台北州宜蘭郡羅東は太平山から切り出したヒノキなどの木材の集配センターとして栄えた街であった。しかしながら、当時この地に神社がなく、宜蘭神社への参拝となると相当な距離があり、余りにも不便であった。そこで街内有力消防組員などの熱烈な運動により、街内各種団体有志者から寄付を募り、あるいは奉仕作業により昭和二年（一九二七）五月二八日に羅東神社が鎮座した。これが第一代羅東神社となる。現在の中山西街辺りである。ただし、第一代羅東神社の鎮座日は『神の国日本』には表記されていない。

折からの時局の変動に伴い、敬神観念を涵養せしめ、国民精神作興を高揚するために、昭和一一年（一九三六）に小野田快雄郡守、街庄長及び土地の有力者の発起で、当時の羅東浮《ふ》崙《ろん》に約一・六ヘクタールの土地を買収し、四万二〇〇〇円が計上され、新しく羅東神社が造営されることになった。神社設計は台北州土木課から篠原武男建築技師を依嘱して行われた。神社規模としては台中州の豊原神社や台南州の北港神社程度のものとし、最終的な総工費九万円は郡民からの浄財で賄われ、昭和一二年（一九三七）一一月二日に鎮座した。そして、一キロメートルにわたる参道の両側には常夜灯一対、灯籠一二対、青銅製灯籠二対、狛犬一対、鳥居三基が各団体や企業から奉納された。

戦況が悪化の一途を辿りつつある昭和一七年（一九四二）七月に台湾を襲った大型台風で破損した神社の復旧の

ために造営奉賛会が組織され、翌年七月に太平山産のヒノキ用材の「御木曳初式《おきひきぞめしき》」が行なわれている。しかしながら、終戦までに神社が復旧されたかは定かではない。

第二代羅東神社は現在の純情路と中山路との交差点辺りに南向きに造営された。一九七九年に新しい交通道の建設により、神社は完全に取り壊され、遺物の一部は中山公園内に移設された。公園内の池中央と公園奥の灯籠、浩然《ハオラン》亭《ティン》階段手前の一対の狛犬、公園入口に立つ二基の青銅製灯籠がそれらである。更に、「忠烈碑」と刻まれた石碑は羅東神社の社号碑であったと古老から教えてもらった。

往時の文山神社（出典：『敬慎』）

忠霊塔と空軍烈士公墓

瑠公新店紀念大樓の手水鉢

文山《ぶんさん》神社 ── 新店の赤壁

鎮座日：昭和一四年四月七日　**祭神**：明治天皇、大国魂命、大己貴命、少彦名命、能久親王　**社格**：無格社　**現住所**：台北市新店區精忠路一二號（空軍公墓）

文山神社の跡地は台北市南部にある新店、碧潭《ビタン》の空軍烈士公墓である。本殿跡地の忠霊塔からは遠く広がる新店の街を見渡すことが出来る。

台北州文山郡民の敬神の観念を高め、かつ新店の一名勝とならしめる神社造営計画がなされたのは昭和九年（一九三四）頃であったが、最終的に昭和一一年（一九三六）七月に神社が造営されることに決まった。総経費四万円は文山郡下の深坑《しんこう》庄、石破《いしば》庄、坪林《へいりん》庄、そして、郡内の諸法人及び会社団体から寄付金を募集することになった。そして、台湾一二勝の一つとして知られた風光明媚な新店の碧潭《へきたん》傍に昭和一一年一〇月から造営に取り掛かることになり、最終的に新店街西側の碧潭山と東側の獅頭後山の二ヶ所が選択地となる。参道の便利さを重点に置いて考慮した結果、碧潭西側の坑安《こうあん》高台に約四ヘクタールの敷地面積で造営することに決まり、翌年八月に地ならしが始まった。郡民からの浄財六万円、そして、地ならしやその他の労働奉仕を合算すると実に一〇万円余りの寄付となった。

　三国志の「赤壁の戦い」の舞台となった赤壁溪谷にたとえられ、「新店赤壁」とも呼ばれていた新店碧潭の山麓に造営された文山神社の鎮座祭は昭和一四年（一九三九）四月七日に執り行なわれた。午前七時、山間に鳴り響く花火三発打上と同時に清祓《きよばらい》式に始まり、神殿祭・神門祭に続いて、夕刻の九時に御霊代が奉迎された。

　忠霊塔に向かう旧参道に沿って並ぶ夥しいコンクリートの礎石は灯籠の一部であろう。また、空軍烈士公墓入口手前の太平宮に狛犬が残されている。更に、手水鉢が地下鉄「新店站」前の瑠　公《リュウコン》新店紀念大樓の敷地内に見ることができる。正面には「奉献　瑠公水利組合（注③）」、側面には「昭和十四年二月建之」と刻まれている。戦後、神社取り壊しの際に奉納した瑠公水利組合が持ち去ったのであろう。

淡水《たんすい》神社——台湾一二景の景勝地

鎮座日：昭和一四年六月一日　**祭神**：明治天皇、能久親王、大物主神、崇徳天皇　**社格**：無格社　**現住所**：新北市淡水區油車里中正路一段六巻三一號（新北市忠烈祠）

台北市の北西部にあり、淡水河の河口に位置する淡水に大正八年（一九一九）にオープンした淡水ゴルフ場がある。その手前の坂を登ってゆくと、大きな門構えの忠烈祠がある。戦後、神社は忠烈祠として利用されたかは不明であるが、一九五三年に淡水神社跡地に忠烈祠が建立された時点で、神社は取り壊されたのであろう。現在の中国宮殿式忠烈祠は一九七四年に建て替えられたものである。

　国民精神作興一〇周年記念日の約一ヶ月前の昭和八年（一九三三）一〇月に、有志五〇人により神社造営の計画が纏まったが、当時の淡水街には神社を造営するための適当な敷地がなかった。運よく淡水小学校の移転により神社造営の用地として約〇・五ヘクタールが確保でき、当時の淡水街長多田栄吉より有志者に対して神社造営の提議がなされた。造営工費として一万円が計上されたが、その後、造営に向けて支障があったのであろう。三年後の昭和一一年（一九三六）一〇月に改めて淡水郡守星野力ほか官民六三人の発議に基づき、「六万郡民をして八《は》紘一宇《こういちう》の皇国精神に基づく敬神崇皇の誠を効《き》さしめる」べく、淡水神社造営鎮座奉賛会が組織された。これにより昭和一二年（一九三七）六月に造営地として淡水街西方、淡水ゴルフリンクスに至る道路に沿い、淡水街を一望に収め、更に大屯《だいとん》・七星・竹子《ちくし》の連山を望む台湾八景の一つである淡水の油車口《ゆしゃこう》が選定され、淡水神社が造営されることになった。星野郡守の後継である狩野正好郡守が就任し、境内の広さも約三・三ヘクタールに拡大し、総工費約一三万円をかけた淡水神社造営が開始された。同年五月三〇日地鎮祭、一一月二二日上棟祭が執行され、昭和一四年（一九三九）六月一日に鎮座祭が執り行なわれた。

現在の台湾高爾《ガオア》夫《フ》倶楽部（旧淡水ゴルフ場）の後方を南北に走る淡金路から東へ向かい、新林路に入ると忠山国民小学が見えてくる。この手前を左折してゆくと道教廟の行《シン》忠堂《ツォンタン》に辿り着く。廟の手前には大小の灯籠が立ち並ぶ。裏の仙洞《センドン》公園に入ると、更に多くの灯籠や手水舎、制札があり、灯籠には「台北　三巻俊夫（注④）」、「淡水中学校　淡水高等学校」、「淡水郡下水利組合」、「淡水郡酒類煙草　食塩小賣人組合　買捌《かいさばき》　一同」、「淡水郡庄役場職員一同」、「淡水組合」及び「淡水郡小公学校職員児童一同」など奉納者の名前が見られる。更に、公園内にある渓《シ》　秀《シュン》亭《ティン》は一九七七年八月に造営されているが、屋根の部分は淡水神社の手水舎である。一軒繁垂木《ひとのきしげたるき》の軒、そして、懸魚《けぎょ》が残る伝統的な建築様式である。また、公園奥にある制札（告知板）傍にある水盤の大部分は埋もれているが、地上に現われている部分には「奉獻」「□□縣」の文字を見ることが出来る。淡水神社の手水鉢である。これら神社遺物も、神社取り壊しの際に運び出されたのであろう。

往時の淡水神社（出典：『敬慎』）

行忠堂内の手水舎と常夜灯

蘇《す》澳《おう》神社——台北州最後の神社造営

鎮座日：昭和一五年二月八日　**祭神**：明治天皇、能久親王　**社格**：無格社　**現住所**：宣蘭縣蘇澳鎮中山路二段（蘇澳國中）～聖愛里福安街六八辺り

宜蘭県立蘇《ス》澳《アオ》国民中学内にある「継往開来《ジワンカイライ》（伝統を引き

往時の蘇澳神社
（提供：竹中信子）

蘇澳国中校庭に残る
社号碑と灯籠の一部

継ぎ、未来を創設する）」と刻まれた記念碑は当時の社号碑である。その記念碑を取り巻くように灯籠の一部が一〇基残っており、「奉献」や「昭和十五年二月八日」などの文字が刻まれている。これらの灯籠は神社取り壊しの際、いったんどこかに運び去られ、後に集中して集められたのであろう。また、近くの晋安宮《ブアンゴン》にも灯籠の竿の部分が残っている。この二ヶ所に「近江《おうみ》時五郎（注⑤）」と刻まれた灯籠の竿の部分が残っている。近江時五郎は台湾化成工業株式会社監査役、蘇澳合同運送株式会社顧問でもあった。

　神社跡地は、ちょうど蘇澳国中のグラウンド辺りの鳥居から始まり、ほぼ西方向へ延び、幸福花園区辺りに本殿があった。

　蘇澳郡における神社造営は昭和一一年（一九三六）一〇月に小島仁三郎郡守はじめ小辻宇吉庄長及び民間有志が中心になって検討された。そして、漁民が朝夕にも参拝するに最も便利な砲台山と七星山の二ヶ所が候補地として挙げられた。しかしながら、両候補とも近くに軍の要塞地があるため、軍との交渉が必要であった。

　小島郡守から代わった大塚正郡守は神社造営奉賛会を設置し、最終的に総工費三万五〇〇〇円をとし、七星山の高台が造営地として選ばれた。その後、突如、何らかの事情により、造営地が蘇澳庄糞箕湖《ふんきこ》字紅湖の紅湖山中腹に変更される。同庄の蘇氏番が神社及び参道用の敷地として約二ヘクタールの土地を寄付したためであったという。

　昭和一三年（一九三八）八月になってやっと設計図が出来上がるが、盧溝橋《ろこうきょう》事件などの影響により工事費が四万七〇〇〇円に跳ね上がってしまう。翌年三月竣工とされた計画も時局の影響を受け、工事が大幅に延期され、鎮座祭もたびたび変更を余儀なくされた。最終的に広大な敷地面積約五ヘクタールを有する蘇澳神社の鎮座祭は昭和一五年（一九四〇）二月八日に執り行なわれた。これにより台北州における「一郡一社」が完遂した。

昭和一七年（一九四二）七月一一日の暴風雨で蘭陽三郡は甚大な被害を受け、神社社殿は崩壊した。太平洋戦争中でもあるため、その後、神社の改築は行なわれたかは不明である。少なくとも、昭和一八年（一九四三）三月までに社殿は出来上がっていない。

新竹州

桃園《とうえん》神社――完璧に残る流造りの本殿

鎮座日：昭和一三年九月二三日　**祭神**：明治天皇、豊受大神、大国魂命、大己貴命、少彦名命、能久親王　**社格**：無格社　**現住所**：桃園市桃園區成功路三段二〇〇號（桃園市忠烈祠）

桃園神社は浄財三〇万円を投じ、日本統治時代の新竹郡新竹街東北に位置する標高二一二メートルの春日山《かすが》（現在の虎頭山麓で、当時は奈良の春日山に似ているためこのように命名された）の中腹を切り開き、南向きに造営された。神社建築様式は台湾で比較的早く採用された流造り式であり、社殿は全て特選のヒノキ材が使用された。

昭和一一年（一九三六）七月に神社造営にあたって当時の桃園郡守宮野為長がその造営を決断し、桃園郡民の賛成を得、郡民からの浄財五万円で造営しようとした。最終的に、総工事費二〇万円を投じ、総敷地面積約一八・四ヘクタールが神苑規模として確保され、設計は桃園郡役所庶務係吏員春田直信、監督は春田直信及び幸野千一によった。神社造営に伴い、昭和一三年（一九三八）二月上旬より桃園街の東門渓昭和橋（現在の大樹林橋、桃園市長安街三〇巷）を基点として全長二・五キロメートルの参道工事が着工された。

現在、石段を上ったところに変形した鳥居が一基残っているが、当時は街内篤志者《とくし》が鳥居を三基奉納しており、陳合発商行は神殿前、産業組合・共栄会は宮前橋前、そして、米穀協会が昭和橋前に、それぞれ建立された。

鎮座日当日の昭和一三年九月二三日に台湾神社の御霊代を迎え、午後九時より鎮座祭が執り行なわれた。翌日から行なわれた余興は一〇月二日までの一〇日間にわたり、桃園街は大いに賑わった。

昭和一七年（一九四二）頃、既に桃園神社は郷社としての扱いを受けているとのことで、築地憲治郡守、成瀬街長及び氏子総代が県社への列格陳情を行なうが、最後まで無格社であったようである。

一九四六年、桃園神社跡地は新竹県忠烈祠と改名され、台湾の英雄である鄭成功《ていせいこう》、劉永福《りゅうえいふく》、そして丘逢甲《きゅうほうこう》の肖像画及び抗日運動で亡くなった人達の位牌が奉られるように

往時の桃園神社（提供：台湾協会）

参道沿いの灯籠と本殿

なった。その後、一九四八年に桃園県忠烈祠と改名された。しかしながら、時代の流れとともに建物の老朽化が進んだため一九八六年二月から翌年の一月まで補修工事が行なわれた。このことにより、これまで台湾に残る神社の中でも最も保存状態が良く、また極めて完全な形で残っている。

忠烈祠への利用については論争があった。結局、日本の神社は唐の建築の流れをくむもので、貴重な文化財だという建築家の意見がとおり、神社の原形を保存して忠烈祠として保存された経緯がある。管理事務所になっていた元社務所は神社文化館となり、鳥居も復活し、現存する神職宿舎、倉庫や厠所と共に日本の神社との違和感がない唯一の神社跡地である。

平成二九年（二〇一七）二月にNPO法人「育桜会」により、旧桃園神社境内に一〇〇本の河津桜《かわづ》が植樹された。静岡県賀茂郡河津町に咲く桜で、日本で最も早く開花し、二月上旬頃から見られる。

中壢《ちゅうれき》神社――神社造営と寺廟整理

鎮座日：昭和一四年一〇月一五日　**祭神**：豊受大神、能久親王
社格：無格社　**現住所**：桃園市中壢區三光路一一五號（中壢高中）

桃園市第二の市で、市の南部に位置する中壢区に国立中壢高中（高校）がある。校庭中央に大きな松の木があり、その横に神馬《しんめ》が一頭、その雄姿を残している。この場所が中壢神社の鎮座した跡地である。本殿は校庭奥の松の木に囲まれた陶然亭《タオランティン》に取って代わっている。神社の参道は学校正門に向かって左側から始まり、鳥居をくぐり、守衛所辺りから北西に直角に曲がると本殿に繋がった。途中には

社務所・手水舎・拝殿があった。一九七〇年代頃までは鳥居が残っていたという。

中壢神社の特長として三つあった。その一は造苑先行であり、まず神苑六・六ヘクタールに二万本の造林を行なうことから始まり、そのうち一万本は松樹が植樹された。その二は流造り社殿の屋根に檜《ひ》皮葺《わだぶき》（注⑥）が使用されたことで、一般の銅板葺《どうばんぶき》とは異なり、島内でも唯一の神社でもあった。また、その三は三対の厦門《アモイ》産の花崗石による高さ約六メートルの常夜《じょうや》灯《とう》はあったが一般の灯籠がなかった神社でもあった。従って、まさに松林に囲まれた鎮守の杜《もり》の様子を呈していたのであろう。

往時の中壢神社
（提供：三森啓一）

中壢高中校庭内の神馬

昭和一二年（一九三七）三月に行なわれた中壢神社造営奉賛会の打合せで、神社造営の趣旨、奉賛会の規模及び役員についての説明が三上敬太郎街長よりあり、神社造営にあたって寄付金の徴収方法が討議された。神社敷地の確保には困難を極めたが、中壢街住民よりの寄付や土地買収により、中壢市街の北西一・五キロメートルの小高い丘に総工費一七万円を投入して神社が造営されることとなり、翌年の昭和一三年（一九三八）八月から約三万人を動員して地ならし作業が行なわれた。

中壢郡民一二万人の氏神たる中壢神社は昭和一四年（一九三九）一〇月一五日に鎮座した。翌日の一六日には臨時奉幣祭が執り行なわれ、鎮座祭の余興として樽神輿《みこし》、相撲大会、仮装・提灯《ちょうちん》行列、一七日は奉祝祭の後、子供相撲、仮装行列、舞踊が行なわれた。また、一八日には奉納陸上競技大会・舞踊大会と盆踊りが行なわれ、時局柄、街は余興で盛り上がった。

この時期になると「皇民化運動」がほぼ定着し、更に神社を中心に敬神崇敬の念を高めるために、総督府から具体的な行政指導が行なわれた。それが「寺廟整理」である。中壢街には多数の寺廟や宗教団体があり、中壢神社を造営するにあたり、これら多数の宗教施設が各街庄で合祀整理されることになった。「領台以降の寺廟も、既に八百万《やおよろず》の神々に包括される」とし、また、「中壢神社の祭神は神宮外宮《げぐう》に祀られる豊受《とようけ》大神であり、神社に参拝することは氏神を通して日本神界の総ての神に参拝することと同じである。故に中壢神社にお詣りすることは日本神界寺廟神にお詣りすることにもなる」として、鎮座日の前日である一〇月一四日に郡下各廟で一斉に昇天祭（注⑦）を行ない、祭神を寺廟から神社へ移轉する遷座祭も行なわれた。これらにより数百年の歴史に生きる民間大衆信仰であった寺廟、斎堂や神明会、祖公会などの伝統的な庶民の宗教施設一一九ヶ所（中壢街全体の九七％）が、中壢街から一瞬のうちに消えてしまった。ただし、この中で中歴街の仁海宮《じんかいぐう》が災難から逃れている。この場所は明治二八年（一八九五）七月三〇日に北白川宮能久親王が平定の戦いのため南下する際に、宿泊した舎営所であった。

台中州

南投《なんとう》神社——終戦間近の郷社列格

鎮座日：昭和一八年三月六日　**祭神**：天照皇大神、大国魂命、大己貴命、少彦名命、能久親王　**社格**：郷社　**現住所**：南投縣南投市建國路一三七號（南投高中）

台中州のほぼ中心に位置した南投郡、その中央山脈の麓に南投神社が造営された。

南投神社の前身であった南投社の造営計画は南投庁長石橋享時代の大正三年（一九一四）に遡り、大正九年（一九二〇）より二ヶ年計画で、建築費の寄付を管内より募集した。しかしながら、同年九月、廃庁（それまでの一二庁制が五州二庁となり、南投庁は台中州に編入される）により神社造営の案件は自然消滅する。改めて皇太子行啓後の大正一三年（一九二四）頃から神社造営の議論が進み、大正一五年（一九二六）一〇月二七日に台湾神社の祭神を迎え、総工費三七〇〇〇円をかけ、南投社が南投公園内の北東隅に鎮座した。神社としては小規模であり、敷地面積僅か五六三坪であった。

「皇民化運動」の流れに伴い、より一層の敬神精神の向上を図るために、昭和一三年（一九三八）に神社施設を充実し、南投社は南投神社に昇格した。南投公園内では敷地面積に限度があるため、昇格は将来の遷座を前提にしたのであろう。

昭和一七年（一九四二）に南投神社の遷座が決定し、南投街中南部高地（現在の南投高中）に約一九・四ヘクタールの広大な敷地面積を持つ南投神社が総工費二〇万円を投じて造営されることになり、翌年の三月六日に遷座した。そして、戦況が悪化する中で更なる国民精神高揚のため、昭和一九年（一九四四）一一月八日に、それまでの無格社から郷社に列格された。

　本殿は校門を入った突き当りで、活動中心前にあった。

往時の南投神社
（提供：郭人豪）

本殿の跡地

いつの時点で取り壊されたかは不明である。唯一、校史室に一対の狛犬が保存されている。

竹山《ちくさん》神社——震災で倒壊した社務所

鎮座日：昭和一三年二月二八日　**祭神**：明治天皇、大国魂命、大己貴命、少彦名命、能久親王　**社格**：郷社　**現住所**：南投縣竹山鎮公所路一〇〇號（竹山公園）

　雲林県斗六《トウリョウ》市から清水溪を超え、南投県竹山鎮に入る省道三号線上の内山公路辺りの公所路入口に変形した鳥居がある。ここから、緩やかな坂道を登り詰めると、南投県竹山鎮公所裏に竹山公園がある。この場所に竹山神社が造営された。当時、境内には蟹の形をした池の左右から水が流れ込んでいたという。また、この場所は風水のスポットであると教えて頂いた。

　この場所は南投県の山々や清水溪の景色が一望に見渡せるることができる。その崖沿いに多くの灯籠と一対の狛犬のほか、立派な大きめの二基の灯籠が残っている。「九二一大地震（注⑧）」までには残っていたという社務所は残念ながら見ることは出来ない。

　昭和一〇年（一九三五）四月に竹山神社を造営すべく中松乙彦郡守が中心となって計画を進め、総工費約六万円、面積約三・九ヘクタールで竹山庄竹圍子《ちくいこ》雲林《うんりん》城跡に造営さ

往時の竹山神社
（提供：社寮文化基金）

竹山公園内の
灯籠と狛犬

れた。鎮座日の昭和一三年（一九三八）二月二八日は泥古帯刀郡守が祭典委員長となり、台中州より松岡一衛知事が幣帛供進使として参向した。また、官民及び小公学校生外一〇〇〇余人が参列し、賑わった。終戦間近の昭和二〇年（一九四五）二月二八日に、台湾では最後の郷社として列格された。

この地は清朝時代の永暦《えいれき》一五年（一六五七）、鄭成功の武将・林圯が部下二〇〇余人を率いて竹圍子を拠点として、土着の先住民を駆逐し、この地方を開拓して駐屯した。しかしながら、その後、先住民の襲撃を受け、林圯は死亡する。林圯の高徳を讃え、この地を林圯埔《りんきほ》と呼ぶようになった。光緒《こうしょ》一二年（一八八六）に雲林県を設立することになり、当時の斗六門（日本統治時代の斗六街）の郊外にある雲林坪が県所在地となり、雲林城と名付けられた。その後、領台前の一八九三年、県所在地が斗六に移され、林圯埔は大正九年（一九二〇）に現在の竹山に改称された。

通霄《つうしょう》神社——蘇った拝殿

鎮座日：昭和一二年一月二三日　**祭神**：天照皇大神、能久親王
社格：無格社　**現住所**：苗栗縣通霄鎮通東里虎山路（虎頭山公園）

台湾海峡に沿って走る海線に「通霄《トンシャオ》 站」がある。通霄富士または山の形が虎の頭に似ていることから虎頭《ことう》山と呼ばれたこの山に虎頭山観測所があった。日露戦争（明治三七年二月〜三八年九月）勃発により、ロシアは急遽バルチック艦隊を派遣する。この虎頭山観測所が艦隊の台湾海峡通過第一報を伝え、これによって日本海軍は対馬海峡に万全の陣を敷き、戦況を有利に導いたとの逸話がある。日露戦争終結後、この地に記念碑が建立され、その後、「日露

戦役望楼《ぼうろう》記念碑」と改められたが、戦後、「台湾光復紀念碑」に書き換えられた。虎頭山散歩道を登りつめると見えてくる。

明治二八年（一八九五）八月二二日に能久親王率いる近衛師団が台湾の北西部海岸沿いの後壠《こうろう》（現在の苗栗県後龍鎮）から大甲に移動する行程で通霄にも舎営している。これが一般に言われている湯鴻文の建物である。昭和七年（一九三二）に、この土地の共有者の一人が御遺跡保存に寄付を申し出ている。この時、土地の全てを寄付してもらうように働きかけたのが飛鳥井忍（注⑨）であった。そして、昭和九年（一九三四）に御遺跡地が整理され、記念碑の建設に着手した。

この虎頭山中腹に飛鳥井忍ほかの有志により、総経費四万円を計上して神社造営の申請がなされ、神社造営に着手したのが昭和一〇年（一九三五）頃であった。そして、昭和一二年（一九三七）一月二三日の鎮座祭に新竹州知事赤堀鉄吉が御霊代を奉じて奉戴した。

通霄神社の鎮座祭が執り行なわれた当日に、「北白川宮殿下御遺跡記念碑」及び「日露戦役望楼記念碑」除幕式も同時に行なわれた。二二から二三日の両日は提灯行列、武者行列、旗行列、樽神輿、奉納学芸会、子供相撲、仮装行列、彰化花火、芝居、活動写真などの催しが行なわれた。

戦後、本殿は基壇のみを残して取り壊され、拝殿は一九四七年に鄭成功を祀る忠烈祠として装いを整え、一九九一年頃まで使用された。その後、忠烈祠は他の場所に遷移され、拝殿は地方財政の問題もあり、そのままの状態で放置される。その後の「九二一大地震」で更に傷んだが、苗栗県政府文化局により修復工事が行なわれ、二〇〇五年六月一九日に竣工落成式が執り行なわれた。神社跡地の整理も

往時の通霄神社（提供：苗栗県文化局）

修復された拝殿と廃墟に近い社務所

行なわれ、灯籠も復活した。

通霄神社の社務所が廃墟に近い形で残っている。これまで住居として利用されているため修復が進まなかったが、二〇一六年一月に苗栗県政府により社務所の修復が決定し、二〇一七年に修復工事に着工した。

東勢《とうせい》神社——水の神を祀った神社

鎮座日：昭和一二年七月三〇日　**祭神**：明治天皇、大己貴命、大山祇神、彌都波能賣命、能久親王　**社格**：無格社　**現住所**：台中市東勢區東崎街三一九號（旧東勢高工）

現在は廃校となっている国立東勢高級工業職業学校一帯が神社跡地であり、旧図書館辺りが神社本殿跡地である。旧本館横に石段があり、すぐ横に石碑があるが、石座の造りからして東勢神社と書かれた社号碑と思われる。この石段を登りきると左右に灯籠の一部があり、更に、広場をはさんで短い別の石段の上方に一対の形のよい狛犬がある。

東勢神社は総工費四万円が投入され、敷地面積約三ヘクタールの地に昭和一一年（一九三六）一〇月に造営に向けて起工された。そして、翌年の七月三〇日に鎮座した。鎮座地は、現在の石角溪《スーチャオシ》と中嵙溪《ツォングシ》の中間に位置した小高い丘にあり、郡の中央を貫流する大甲溪を見渡すことが出来る絶好な場所であった。この丘を三段に分け、上段は本殿、拝殿、中門及び玉垣、中段には手水舎・社務所・宿舎及び祭器庫、下段は駐車場に充てられた。下段に至る石段には大鳥居が設けられ、境内至るところには郡下各街庄や公共団体からの献木が植樹された。本殿・中門・手水舎の建築様式は全て伝統的な神明造りであった。

東勢神社に祀られた彌都波能賣命《みづはのみのみこと》は灌漑用水、すなわち

往時の東勢神社
（提供：高橋正己）

旧東勢工業職業学校に残る石段

水神としての神である。毎年氾濫する大甲溪を鎮めるために祀られたことは容易に想像が付く。

田中《たなか》神社——釋迦牟尼佛《しゃかむにぶつ》を祀る神社跡地

鎮座日：昭和一四年一〇月三〇日　**祭神**：明治天皇、能久親王
社格：無格社　**現住所**：彰化縣田中鎮中南路二段一八七號（鼓山寺）

往時の田中神社（出典：『敬慎』）

鼓山寺全景と旧祭器庫

彰化県の南端に位置し、東は南投県名間郷に接し、濁水溪に沿って街が形成されている。日本統治時代の田中庄（皇紀二六〇〇年の始政記念日である昭和一五年六月一七日に街に昇格）は塩水港製糖の製糖鉄道線により、北斗郡の主要地点を経由して、海岸に通じる鉄道の起点であった。

田中神社跡地は釋迦牟尼佛《しゃかむにぶつ》を祀る鼓山《グシャンシ》寺となっている。戦後、神社が取り壊され、鼓山寺が建立された。お寺として使用されたためか、神社の遺構や遺物もそのまま保存されている。まず、目に付くのは「田中神社造営費特別寄付　昭和十四年十月三十日鎮座祭執行」と刻まれた鎮座記念碑であり、五一人の寄付者を読み取ることができる。更に、鼓山寺に向かって両側に消防組組長、保坂監次郎以下の名前が刻み込まれた灯籠とその他の灯籠の残骸が三ヶ所に散在している。また、隣の鼓山幼児園外壁に灯籠の宝珠が飾られている。一九七五年代までは写真にある大鳥居が残っていたようである。

昭和一三年（一九三八）に入り、員林郡では員林神社（員林街）に続いて二つ目の神社が田中庄に造営されることになる。神社造営にあたって荒義助庄長（後の街長）が中心となって準備が進められ、総経費五万円を計上し、郡民からの浄財及び地元有志からの大口寄付により行なわれた。神社敷地の地ならしは公学校児童及び国語講習所生の勤労奉仕や一般民も奉仕作業に参加し、延べ三ヶ月以上を費やして整地されたという。そして、昭和一四年（一九三

九）一〇月二〇日に田中神社が鎮座した。

台南州

新営《しんえい》神社——蘇った神馬《しんめ》

往時の新営神社
（提供：望月孝）

新民小学校前の
公園に残る神馬

鎮座日：昭和一二年一一月二七日　**祭神**：倉稲魂命、大国魂命、大己貴命、少彦名命、能久親王　**社格**：郷社　**現住所**：台南市新營區信義街…南瀛緑都心公園～新営醫院

台南市新営区の民治路と中正路が交わる南瀛緑《ナンインリュ》都心公園一帯から新営病院は、かつての新営神社跡地であった。戦後間もなく神社の社殿は忠烈祠として使用された。一九七六年に忠烈祠に隣接した新営病院の建設と時を同じくして、忠烈祠は一九七六年に一対の狛犬と共に新化鎮虎頭埤（〇頁参照）に遷移されるが、忠烈祠として使用された神社社殿は一九七七～一九七八年頃まで残っていた。

一九八四年、新営病院の行政ビルが落成した。この建設の過程で唯一、神社遺物として残っていた一対の神馬《しんめ》（銅馬）が行方不明になってしまう。一九八六年に顔継《イエンジ》斌《ビン》が新営市長のときに、神馬の雄姿を再現させるために市民に当時の記憶を思い出してもらうよう働きかけた。念願が叶い、とある倉庫の中に埋もれていた神馬を見つけ出すことができたが一頭のみであった。顔市長は二頭の複製を作り、当時のままの一頭を交通台第一市場前の歩道に置き、複製したうちの一頭は市公所、もう一頭は神社跡地であった中山公園（現在の南瀛緑都心公園）内に置いたという。二〇〇五年一二月に、この情報に基づき新営市公所の李市長のご協力を得て市公所・新民小学校前の公園、そして、南瀛緑都心公園内にそれぞれの銅馬を見つけた。青銅の色から判断して、当時の交通台第一市場の前から新民国小（小学校）前の公園に移された神馬が原型であろう。

昭和一一年（一九三六）八月頃に新営神社造営懇談会が行なわれ、造営費を約一〇万円と見積もり、新営に本社を持つ塩水港製糖及び地元の有力者からの特別寄付、そして、一般郡民からの戸税をもって神社造営経費に充てる旨の決定がなされた。そして、一年後の昭和一二年（一九三七）一一月二五日に五・三ヘクタールの広大な敷地を持つ新営神社が竣工し、その二日後の二七日に鎮座した。台南州では北港神社に次いで二番目の神社となった。

太平洋戦争が始まった翌年の昭和一七年（一九四二）九月一八日に更なる国民精神と敬神崇皇の観念を高揚せしむるため、それまでの無各社から郷社に列格された。

東石《とうせき》神社——残る二基の鳥居

鎮座日：昭和一一年九月一〇日　**祭神**：天照皇大神、大国魂命、大己貴命、少彦名命、能久親王　**社格**：郷社　**現住所**：嘉義縣朴子市山通路…梅嶺美術館の横

嘉義県の西部に位置する朴子《プーツ》市内の芸術公園前に高く聳える大鳥居が見える。更に、公園内に進むと中鳥居、公園奥の本殿跡には「神社遺祉」と記されている。本殿前には一対の狛犬と鳥居が完全な形で残っており、狛犬の石台には「昭和十一年九月吉日　郡下聯合保甲」と刻まれている。珍しい例である。

戦後、神社跡地は国民政府に接収され、海巡部隊の駐屯地（海岸巡防営区）として管理された。一九八七年に軍隊が撤去した後、朴子鎮公所が管理し、現在は芸術公園とな

往時の東石神社（提供：楊燁）

いまも残る本殿前の鳥居と狛犬

っている。

東石郡における神社造営は田中保郡守が着任して以来、一四万郡民の信仰の中心及び精神的結合の源をなすものとして立案された。自ら建設委員長となり、昭和一〇～一一年（一九三五～一九三六）の継続事業とし、総工費七万五〇〇〇円の予算が計上された。そして、朴子《ぼくし》水源地隣接一帯とした神苑を持ち、昭和一一年（一九三六）九月一〇日に東石神社が鎮座した。

昭和一四年（一九三九）に時局の悪化に伴い、更なる郡民の団結力を向上せしめることになる。そして、翌年の「皇紀二六〇〇年記念事業」として、神社神苑傍に公園及び競技場の併設計画が盛られた。最終的に内苑二ヘクタール及び外苑含めて七・六ヘクタールの広大な神苑となったようである。終戦間近の昭和一九年（一九四四）七月二八日に郷社に列格した。

北門《ほくもん》神社——国交断絶と神社取り壊し

鎮座日：昭和一一年七月一五日　**祭神**：天照皇大神、大国魂命、大己貴命、少彦名命、能久親王　**社格**：郷社　**現住所**：台南市佳里區延平路（中山公園）

台南市の西部に位置する佳里《チャリ》区延平路《イエンピンル》沿いにある中山公園が郷社の社格（昭和一九年九月二九日列格）を持った北門神社跡地となる。当時、台南州北門郡には神社がなく国民精神涵養に神社造営は不可欠であるとし、江口幸市郎郡守が中心となって郡民各方面と折衝の末、各方面からの寄付金五万四〇〇〇円を投じて神社が造営されることになった。神社境内は約一・一ヘクタールの広さを持ち、佳里小

往時の北門神社（提供：高文宋）

学校の東側縦貫道路に面し、昭和一一年（一九三六）七月一五日に鎮座した。

公園内に残された遺構や遺物はない。台湾との国交断絶後の一九七四年に日本統治時代の名残を払拭するために取り壊され、現在は台湾文学及び地方文献の保存に貢献した呉新榮《ウシンロン》の銅像が公園中央に建てられている。

北白川宮能久親王率いる近衛師団が頻発する抗日運動にてこずりながら台南を目指して南下し、明治二八年一〇月二〇日に現在の佳里区安西里に入った。その時、林と名乗る庄民が義勇甲衣服を身にまとい、手には長竹の先に取り付けた鎌を持って榕樹の上から一行を待ち伏せていた。この時、瀕死の重症をおったのが能久親王であると言われている。この林と名乗る庄民の暴挙に対して、無差別に無関係な付近一帯の村人が虐殺され、住民がいなくなったため、この土地は台湾語で「消人」と呼ばれ、その後、発音の似ている「蕭壠《シャオロン》」と改称されたという説がある。一方、蕭壠はこの地に住んでいた平埔族シラヤ族（注⑩）シアウラン社の発音に似ているためそのように呼ばれたとある。現在、この地は大正九年（一九二〇）七月の地方制度改正により改正された「佳里《かり》」として、そのまま使用されている。

往時の潮州神社
（出典：『高雄州要覧』）

この奥に神社の社殿があった

高雄州

潮州《ちょうしゅう》神社——椰子の木が教える参道

鎮座日：昭和一一年五月二七日　**祭神**：天照皇大神、豊受大神、明治天皇、大国主神、能久親王　**社格**：郷社　**現住所**：屏東縣潮州鎮三星里三星路…中山公園～潮州鎮託兒所

潮州神社は現在の潮州市街東方に位置する中山公園を入った左側奥を鎮座地として、昭和一一年（一九三六）春から造営作業が始まり、総工費四万円を投じて同年五月二七日に鎮座した。鎮座祭の当日は富永藤平郡守を祭典委員長とし、幣帛供進使として高雄州知事内海忠司が参向した。また、鎮座祭典終了後の余興として高雄商工専修学校生徒の奉納「剣の舞」、潮州郡下五溝水《ごこうすい》女子青年団員の「榊《さかき》の舞」、そして郡下先住民青年男女の踊りなどが催された。

潮州神社が鎮座した年の一〇月一日に潮州庄は街に昇格し、昭和一三年（一九三八）九月一九日に高雄州では初めて郷社に列格された。そして、「皇紀二六〇〇年記念事業」として三・三ヘクタールの外苑の新設と惟神館《しんとうかん》が計画された。

中山公園に入ると多く成長した椰子の木が本殿までの参道を示すように立ち並んでいる。本殿はこの突き当たり奥の託児所辺りであった。僅かに、公園そばの民家に灯籠の傘と竿の部分が残るのみである。

里港《りこう》神社――彌都波能賣命《みづはのみのみこと》を祀った神社

鎮座日：昭和一〇年一二月二六日　**祭神**：天照皇大神、能久親王、彌都波能賣命　**社格**：無格社　**現住所**：屏東縣里港郷永春村永豊路一段三號…屏東警察局里港分局～中山公園

里港神社跡地は中山公園の右奥で、ちょうど屏東県警察局里港分局の裏にあった。境内面積は一・三ヘクタール程度であったので、神社としての敷地はそれほど広くなかった。

幸い、玉垣と基座の一部が残っている。警察局の入口左側に高く聳え立つ三本の杉の木は里港神社の名残かもしれない。当時の神社写真から、社殿は明神造りで、鳥居前に

往時の里港神社
（出典：『高雄要覧』）

社殿基座の一部

は狛犬を見ることが出来る。

祭神から見ると、彌都波能賣命《みづはのみのみこと》は灌漑用水、すなわち水の神様である。現在の荖濃溪《ラオノン》は洪水が発生したときは川の氾濫で大変であったと思われる。また、川の水を灌漑用水として利用するため大工事も必要とされたであろう。

往時の佳冬神社
（提供：佳冬国小）

本殿の基壇が現在も保存されている

佳冬《かとう》神社――揃った一対の狛犬

鎮座日：昭和一一年四月一三日　**祭神**：天照皇大神、大国魂命、大己貴命、少彦名命、能久親王　**社格**：無格社　**現住所**：屏東縣佳冬郷佳農街九號

台湾海峡に沿った台鉄「佳冬站《チャトン》」傍の大平路と佳和路の交差点の近くに天后宮《ティエンホウゴン》があり、その横に神明鳥居が聳え立っている。ここが佳冬神社への入口となる。

参道入口の小さな神橋を超えると、傍の民家に沿って灯籠の基礎の部分が規則正しく残っている。また、竿（柱）の部分も民家の前に散在しており、それらから「佳冬信用組合」、「佳冬公学校職員生徒一同」、「陸軍省被服本廠長主計監　矢部潤二（注⑪）」や「陸軍二等主計正　佐藤忠一」等の文字を読み取ることが出来る。その他、よく観察すると民家に組み込まれた鳥居の一部、灯籠の竿の部分、第三鳥居の亀腹などもある。また、小さな鳥居を備えた基壇もしっかり保存されており、本殿を囲む石柵も十分に遺構や遺物としての価値はある。

佳冬神社は当時の高雄州議会員であり、佳冬庄庄長であった蕭恩卿が建設委員長となり、工費一万円をかけて造営されたものであった。

調査当時、近所のご婦人から基壇の裏に人目を憚るかのように残っている狛犬を案内して頂いた。阿行《あぎょう》で非常に良い形をしている。以前は叶行《うんぎょう》の尾の部分があったというが、残念ながら、その部分は探し出すことは出来なかった。

二〇一一年の調査で、隣人の老婦人よりこれまで行方を晦ましていた狛犬（叶行）の居場所を教えられた。早速訪問してみると、国立佳冬高級農業職業学校の入口に、阿行と共に移設されていた。職員に伺うと、阿行の移設に伴い、叶行の行方捜査が行われ、運よく近所で発見されたようである。

今なお、このように狛犬が運び出され、ひっそりと保存されているものも多いではないかと思う。

恒春《こうしゅん》神社――西部最南端の神社

鎮座日：昭和一七年五月一一日　**祭神**：大国魂命、大己貴命、少彦名命、能久親王　**社格**：無格社　**現住所**：屏東縣恒春鎮網紗里恒北路一二五之四號の奥…貯水タンクの辺り一帯

この地は台湾の南端にあり、気候が温暖であるため、「恒《つね》に春の如し」との意味をとって恒春と呼ばれた。明治四年（一八七一）に発生した牡丹社《ぼたんしゃ》事件（318頁参照）に対する日本軍の出兵が明治七年（一八七四）に行なわれた。恒春市街北の社寮《しゃりょう》（現在の射寮）は、その時の上陸地点の一つであった。日本軍の侵攻に恐怖を抱いた清国は警戒を強め、事件後の一八八〇年に恒春の地に城壁を作り、恒春城を築城した歴史がある。

恒春神社の前身である恒春社は網紗三台山麓に昭和八年（一九三三）三月一五日に鎮座したと言われている。この三台山（標高五三三メートル）は恒春城東門の東方約三・

恒春神社社殿への石段

天后宮に残る狛犬

二キロメートルにあり、清朝時代には、恒春城を囲む山々を四霊（猴洞《ホウトン》山を中央の龍脈とし、南門正面の龍鑾《ロンルアン》山を左の青龍《せいりゅう》、西門正面の虎頭山を右の白虎、北門正面の三台山を南の玄武《げんぶ》、東門正面の西屏山を北の朱雀《すざく》）の一つとして城を守護した。

太平洋戦争が勃発し、改めて恒春郡民の敬神思想高揚を目指すことになり、また、参拝者がより参拝しやすい平地に遷座することで「神社」への昇格が検討された。そして、総工費六万円を投じて昭和一七年（一九四二）五月一一日に恒春神社として鎮座した。

神社が造営された場所は現在の三軍聯訓基地横で、綱紗里恒北路一二五之四号の奥。当時の神苑の広さは約五ヘクタールあったという。突き当りに貯水タンクがあり、貯水タンクまでの石段は本殿へのものであろう。唯一、狛犬が天后宮（福徳路一二六号）に残されている。一九六〇年にこの廟が改修されたときには既にこの廟にあったようである。外の廟と同じように、狛犬は廟の装飾品として、神社取り壊しの際に難を逃れて運び出されたのであろう。

《注釈》

① 烏山頭ダムの建設技師であった八田與一《はったよいち》は、昭和九年（一九三四）に財団法人土木測量技術員養成所の設立に寄与していた。現在の新北市立瑞芳高級工業職業学校は、当時の土木測量技術員養成所でもあった。この養成所から数多くの土木、建築、工業技師を輩出し、台湾の建設に寄与してきた。現在、「八田樓」と名付けられた棟があり、その前に八田與一の胸像がある。

② 明治三一年（一八九八）四月一五日に瑞芳守備第二中隊により、瑞芳での舎営地（その後の柑子瀬《かんしせ》瑞芳公学校）に建立された記念碑。明治二八年六月二日に能久親王が宿泊したときは、当時の砂金局の公館であった。

③ 現在の大安区一帯の盆地に水田化運動が起こり、米の収穫が増加するにつれて灌漑用水が必要となる。清朝の一七四〇年、郭錫瑠親子が灌漑用水路を切り開き、当時は「金順興圳《きんじゅんこうしょう》（水路）」と呼ばれた。住民は彼の功労を称え、水路名を瑠公圳に変えた。この水路は台北市の大部分がまだ水田だった頃、現在の基隆以南のほとんどの水田の灌漑を受け持つ重要な役割を果した。

瑠公圳の水源は最盛期には一二〇〇甲（一甲は約一ヘクタール）以上の農地を潤し、明治四三年（一九一〇）に台北市のいくつかの埤《ひ》（湿った低地帯）は瑠公圳の補修後、水量が豊富になり、収穫高が上昇しているのを知り、瑠公水利組合に次々に加入し、瑠公圳組合の灌漑範囲は台北地区全体に及び、最大の給水機能を発揮した。

④ 台湾でパブリック・リンクス（市民に公開された共同遊園地）を目指した台湾ゴルフ倶楽部の創設者の一人であった。倶楽部ハウスの新設、ホール数も六ホールから一八ホールとし、昭和三年（一九二八）、倶楽部を法人組織とする。

大正五年（一九一六）に台湾銀行を退職。台湾倉庫創設に伴い専務取締役に就任し、昭和一三年（一九三八）に同社長に就任する。この間、リンクス創始以来、昭和一二年（一九三七）に会長職を辞任するまでの二〇年間に委員、オーナリー・セクレタリー（名誉幹事）、専務理事としてリンクス発展と社会的地位の向上に努めた。

⑤　藤田組が瑞芳金鉱山を取得した際、当時内地の鉱山所長であった近江時五郎が訪台し、そのまま所長代理として鉱山運営に携わる。一度、内地に戻るが明治四〇年（一九〇七）に再度訪台する。

明治四五年（一九一二）、木村組の採鉱主任となる。基隆水産会社取締役を兼任し、大正六年（一九一七）には木村鉱業株式会社の取締役に就任する。木村久太郎が内地に戻るにあたり、社長を引き継ぐ。大正九年（一九二〇）基隆船渠株式会社を創設し、台北州協議員を兼任する。大正一三年（一九二四）には芳隆炭鉱合名会社を創設し、昭和四年（一九二九）台陽鉱業株式会社の取締役となる。昭和五年（一九三〇）には総督府評議員となる。その他、台湾化成工業株式会社監査役、蘇澳合同運送株式会社顧問も務める。

⑥　屋根葺手法の一つで、ヒノキの立ち木から剥いだ皮を成型した檜皮を用いて施工する。日本古来の伝統的手法で、世界に類を見ない日本独自の屋根工法である。多くの文化財の屋根で檜皮葺を見ることができる。

⑦　「御霊抜き」に近い儀式であり、神像から御霊を抜き、元の本尊に戻すこと。この場合、御霊は新しく祀られた神社の祭神に遷霊することを意味する。

⑧　一九九九年九月二一日に台湾中部の南投県集集鎮付近を震源として発生したマグニチュード七・六の大地震。死者二四一五人、負傷者一万一三〇六人、行方不明者二九人となった大惨事であった。

⑨　元台北州文書課課長。大正一五年（一九二六）に退官後、通霄に移り住み、食塩の貿易業を営む。昭和一〇年（一九三五）四月二一日に新竹及び台中を襲った中部大地震復興事業に大いに貢献する。

⑩　台湾先住民の一つであり、平埔族の一支族に分類される。主に台南、高雄、屏東に居住している。

⑪　旧日本陸軍部隊に支給する被服品の調達、分配、製造、貯蔵を担当した工場と、これを統括した機関の総称。明治二三年（一八九〇）三月に制定公布された陸軍被服条例により東京の赤羽に本廠が設置された。

招魂と護国

建功《けんこう》神社——台湾の風土に適した井出《いで》薫《かおる》の傑作

鎮座日：昭和三年七月一四日　**祭神**：明治二八年改隷以降台湾に於ける戦死者準戦死者殉職者準殉職者及受難者　**社格**：無格社
現住所：台北市中正區南海路四一號（國立教育資料館）

地下鉄「中正紀念堂站」南海路出口から南海路に沿って歩いてゆくと都会のオアシスである台北植物園がある。この植物園に融け込むように鎮座した神社があった。建功神社と呼ばれ、極彩色豊かな和・洋・中折衷建築様式は一見、インド北部アーグラにある総大理石造りの墓廟建築であるタージ・マハルを彷彿させた。この建築に携わったのが、台湾総督府営繕課に在籍していた井手薫であった。これまでの神社建築様式とは全く異なるコンクリートを主要材料として使用し、まさに「台湾版の神社」を作り上げた建築家であった。

コンクリートを使用した神社に対して、井手は国内の神社関係者から大きな批判を浴びることになる。建功神社の鎮座祭後、井手がなぜ伝統的な木造建築にしなかったかについて述べている。第一に「此神社に合祀される御霊には内地人の他に多数の本島人が在る。其等の人々の遺族が故人に親しみを持つために多少本島の様式を加味しては如何」、そして第二に「本島は気候風土其他地方色に於いても内地と趣味を異にするところ少なからず。之に調和を保たしめんがためには建築様式に就いては特に相当の工夫を

往時の建功神社
（提供：水町史郎）

国立教育資料館

要すべきに非ずや」。更に井手が強調する。海外に植民地を得た日本は、これまでのような北は北海道から南は沖縄ではなく、北は「樺太」から南は「南洋列島」まで延び、その気候風土と地方色は甚だ異にする。例として、日本の代表的な生活様式である紙張障子《しょうじ》と青畳で開放的木造建築は厳寒酷暑の地で何の工夫も施さないのは望ましくないと述べ、そして、このような考え方が海外発展を妨げているとすれば順応性に欠いているのではないかと警鐘した。ましてや、台湾にあっては白蟻及び台風の被害により、数多くの神社が修復、改築、再建または遷座していた。台湾神社もこの白蟻対策で頭を痛め、被害の補強、修繕でなんとか保たれていた。

建功神社は公務殉職者一般を祭神として祀った。そして迎える大正一四年（一九二五）の「始政三〇周年記念事業」として台湾神社の宮司である山口透の構想によるもので、工費約九万円をかけ、昭和三年（一九二八）七月一四日に鎮座した。祭神は陸軍軍人軍属軍夫、海軍軍人軍属、警察官、警察職員、官公署傭員職工役夫、消防組員、保甲役員壮丁団、殉難者にわたり、一万五三五〇人（鎮座翌年には、一六〇人が合祀される）が奉斎された。

戦後、建功神社は一九五五年に国立中央図書館の館舎に利用され、一九八七年に現在の国立教育資料館となった。建物外壁は改築されているが建功神社の面影を残す社殿のドームと神池は、ほぼ当時のままで見ることが出来る。ドームの外側に中国伝統的建築様式である攢尖《さんせん》式屋根が加えられ、室内には中華民国の国花である梅の花が漆喰でかたどられ、ドーム内側の中央部には国民党党章「青天白日」が色鮮やかに装飾されている。

台湾護国《ごこく》神社――基隆川沿いの護国神社

鎮座日：昭和一七年五月二三日　**祭神**：靖国神社の祭神にして本島に縁故を有する英霊　**社格**：総督府指定護国神社　**現住所**：台北市中山區大直北安路一三九（國民革命忠烈祠）

台湾神社跡地である圓山大飯店から基隆河に沿って北安路を進むと「忠烈祠」と書かれた巨大な牌楼《はいろう》が見えてくる。入口には直立不動の衛兵、正面には朱色を基調にした中国宮殿様式を採用した大殿が広い空間の奥に鎮座している。この国民革命忠烈祠には辛亥革命をはじめとする一連の革命、戦争で亡くなった英霊（三三万人）が祀られている。毎年、春と秋の慰霊祭が執り行なわれ、台湾総統が臨席する。

戦後、台湾護国神社は撤去される予定であったが、その社殿及び付属施設はそのまま台北圓山忠烈祠として利用された。一九六六年末に新たに国民革命忠烈祠の建設がきっかけとなり、それまで忠烈祠として使用されていた神社は取り壊された。新しい忠烈祠は中国北方宮殿様式に改築することが議論され、一九六九年三月に竣工した。現在の国民革命忠烈祠である。

　そもそも護国神社とは明治時代に日本各地に設立された招魂社（戦死者の慰霊碑）が、昭和一四年（一九三九）三月に公布された「招魂社ヲ護國神社ト改称スルノ件」によって一斉に改称して成立した神社である。日中戦争が激しさを増すにつれ、台湾においても昭和一四年度の予算により、招魂社が造営されることになり、二年継続事業として竣工することになる。最終的に造営工事は国費二〇万円、奉賛会での募集金額二六万円、合計四六万円が投じられた。神苑八・六（最終的には一二・七）ヘクタール、建築様式は木造流造り、外苑の造成は明治神宮、橿原《かしはら》神宮などに倣った。同年七月一五日に造営奉賛会発起人会が開催され、社名も台湾護国神社となり、台湾神社の東隣に造営されることになった。これにより、明治橋から基隆河沿いの広大な敷地は、総鎮守としての台湾神社と英霊を祀る護国神社の神域となった。

往時の台湾護国神社（出典：『鎮座記念　台湾護国神社』）

国民革命忠烈祠と二二八公園内の神馬

　ヒノキで出来た大鳥居右手には第一八代総督長谷川清の書による「台湾護国神社」の社号碑が建立された。この鳥居を過ぎると左側に社務所、石段を上がると手水舎、更に石段を上ると正面に拝殿があり、拝殿と本殿の中間に祝詞《のりと》殿《でん》が設けられた。祝詞殿の左側には神饌殿《しんせんでん》、本殿左側には仮殿が造営された。仮殿とは鎮座祭の当夜に降神の儀を執り行う所である。祭神は「本島に縁故を有する英霊」となっており、既に靖国神社に奉祀されている明治以来の台湾関係者の神霊約一万体を勅裁《ちょくさい》を仰いで移祀するほか、日中戦争による殉国者並びに建功神社よりも移祀されるとした。そして、最終的に台湾護国神社に合祀された祭神は九二二六柱となり、遠くは明治七年（一八七四）に牡丹社事件（318頁参照）に関わる台湾征伐の際の一二柱を含んだ。

昭和一七年五月二三日に執り行なわれた「鎮座の儀」では長谷川総督、安藤利吉軍司令官、山本弘毅馬公《まこう》警備府指令官など軍官民五〇〇余人及び遺族一〇〇〇余人参列のもと、夜八時に社殿左に設けられた仮殿内の斎庭《ゆにわ》（神を祭るために斎《い》み清めた場所で、神霊が降臨する場所）において降神の儀が行なわれた。「国の鎮め」のラッパ吹奏が基隆河から吹き寄せるヒンヤリとした空気に乗って、山間に響き渡った。御霊代を納めた御羽車《おはぐるま》（注①）の遷御《せんぎょ》行列が仮殿から本殿に入御する間、一切の灯火は消され、これに合わせて各家庭も三〇秒の消灯感謝祈念が行なわれた。再び「国の鎮め」のラッパ吹奏を合図に灯火が赤々と灯され、「鎮座の儀」が終了した。

唯一現存する神社の遺物は二二八公園に残る神馬《しんめ》であり、台湾清涼飲料水工業組合員一同が奉納したものであった。

《注釈》

① 御霊代の遷座に用いる神輿《みこし》に似た神具。檜の白木造りで、五メートル余の長柄をもち、白羽《しらは》二重《ぶたえ》、錦で覆った方形のもの。

国幣小社

官幣社に次ぐ社格の神社であり、古くは国司（地方行政単位である国の行政官として中央から派遣された官吏）から幣帛《へいはく》を奉り、明治以降は祈年祭（毎年二月一七日に行なわれ、一年の五穀豊穣などを祈る神道の祭祀）・新嘗祭《にいなめさい》（収穫祭にあたるもので、一一月二三日に、天皇が五穀の新穀を天神地祇《てんじんちぎ》に供えて感謝し、また、自らもこれを食して、その年の収穫に感謝する祭祀）には皇室から、例祭には国庫から幣帛料が供進《きょうしん》された。社格として大社・中社・小社の別があり、一般には、国土開発・地方開拓に功労のあった祭神が祀られた。

新竹《しんちく》神社——収容所に閉ざされた神社遺構

鎮座日：大正七年一〇月二五日　**祭神**：大国魂命、大己貴命、少彦名命、能久親王　**現住所**：新竹市北區崧嶺路一二二號（内政部入出國及移民署収容事務大隊新竹収容所）～聖德高中

新竹市北区中山路の奥に内政部入出国及移民署収容事務大隊新竹収容所という長い名前が付く施設がある。現在は東南アジアよりの不法労働者が収容されている。中には入

れないが、外からは当時の石柵に囲まれた社務所と斎館が見えるだけである。

二〇一一年九月に神奈川大学非文字資料研究センター海外神社班のメンバーとして、別名「新竹靖廬《シンツーチンル》」と呼ばれるこの収容所を訪問した。施設の特殊性から一部の研究調査

往時の新竹神社（出典：『新竹州要覧』）

当時の神楽殿と霊隠寺に残る常夜灯

以外には完全に門を閉ざしていた。社務所、斎館、神楽殿及び社庫は現在も使用されており、往時の建物の栄華さを思い知らされる。絵馬殿は再建築が待たれているようであるが、その改築修理費用の高額さに、そのままの状態で放置されているとのこと。

新竹神社も北白川宮能久親王と縁の深い神社である。能久親王率いる近衛師団が台北城に入城後、更なる南下進攻の途中で武装抗日勢力の抵抗に遭いながらも、当初の計画を早めて七月三一日に新竹に入城した。この時、当時台湾八景の一つに数えられた林達夫《りんたつふ》の邸宅である潜園《せんえん》の爽吟閣《きょぎんかく》に静養をかねて八月七日まで滞在している。その爽吟閣は大正七年（一九一八）に新竹神社造営の際、林達夫の子息（林榮初）が新竹神社に奉納した。

八月八日に爽吟閣を出発した近衛師団は新竹の東方にある枕頭山《ちんとうざん》の抵抗勢力を排除し、牛埔《ぎゅうほ》山（大正六年一〇月、それまでの牛埔山または尖筆《せんぴつ》山を松嶺《しょうれい》山と改称する）の丘陵地帯に天幕を張り、ここを露営地とした。この場所がちょうど収容所の裏手にある成徳《ツエンダ》高中（高校）の校庭である。

新竹庁長三村三平が中心となり、大正四年（一九一五）から始まった神社造営計画は翌年の五月、新竹庁下三三万人の敬神観念を涵養せしむるため、新竹街の松本徒爾《とじ》ほか四七人によって台湾神社の御分霊を祀る県社新竹神社造営申請が台湾総督府になされた。三村庁長の台中庁長への転属により、後任の高山仰《あおぐ》庁長により引き続き積極的に造

営計画が推し進められ、造営予定地は竹北一堡牛埔山と確定した。一方、総督府よりの神社造営許可は同年九月二六日に下り、神苑の広さは約一・五ヘクタール、阿里山のヒノキ用材を用いることになり、工事費三万円が予算化された。しかしながら、当初予定された牛埔山での位置は東北方面に面しているため暴風雨の際の被害が危惧され、設計変更の必要が生じた。また、爽吟閣は松嶺山御遺跡所とともに同神社内に移建し、記念造営物として永久に保存することに決定したため、当初の総工費は約六万七四〇〇円に増額された。造営工事は全て官庁の直営で、総督府営繕課技師の森山松之助及び助手八板《やいた》志賀助、手島誠吾の設計に依った。

大正七年九月一六日に上棟式、一〇月二五日に鎮座祭が挙行された。鎮座祭の当日、台湾神社宮司が奉戴した御霊代は高山庁長によって楊梅壢《ようばいれき》（現在の楊梅《ヤンメイ》）駅まで出迎えられ、新竹駅から新竹神社までは警衛員に護られて警務課長の先導のもと、白丁《はくちょう》（神社の祭礼で奉仕される白衣の人達）が捧げる御旗、御真榊《まさかき》、鉾《ほこ》、伶人《れいじん》など古式にのっとった行列で神社まで運ばれた。

鎮座二年後の大正九年（一九二〇）二月一七日に新竹神社は念願の県社に列格され、その統治上の重要性を増すことになった。

昭和一一年（一九三六）九月に第一七代総督に就任した小林躋造《せいぞう》は就任早々、「皇民化運動」の強化を表明する。第一代新竹神社の神苑規模が狭小であり、神社参道と鉄道路線及び縦貫道路と接近していたため、新たに社殿の造営が検討され、総工費約一七万円が投じられることになった。また、この時、台湾神社造営の件で訪台していた内務省神社局角南《すなみ》隆技師を招聘し、実地検分をしてもらっている。昭和一三年（一九三八）になり当初の計画を変更し、改めて「皇紀二六〇〇年記念事業」として新竹神社造営奉賛会が組織されることになった。そして、経費約五四万六九〇〇円を投じ、昭和一五年（一九四〇）に境内面積約三三・三ヘクタール、流造りの本殿を持つ社殿が完成し、同年一〇月二五日に遷座祭が行なわれた。現在の神社跡地である収容所は二代目新竹神社のものである。

この設計に携わった新竹州内務部土木課建築技師の手島誠吾は、新竹神社を設計するために内地へ戻り、数多くの神社を見て回った。そして、神社局角南隆技師及び総督府営繕課課長井手薫技師と討論の末、台湾の気候に合った神社を設計したため、新竹神社には日本にはない回廊・神門といった施設が設けられた。これは、それぞれの空間が一続きになっているため儀式の最中に猛暑や風雨の影響を受けないためである。この種の神社社殿設計はその後の台湾神宮、台湾護国神社、第二代台中神社、第二代嘉義神社、桃園神社、淡水神社等の神社でも見られることになった。

太平洋戦争の勃発と深まりつつある戦局の悪化により、更なる国民精神の高揚を加速させるために、台中神社や嘉義神社に先駆けて、新竹神社は昭和一七年（一九四二）一一月二五日に国幣小社に列格した。

灯籠の多くは新竹八景と称された青草湖《チンツァオフー》傍の霊隠寺《リンインシ》に運び去られている。灯籠のほか、岡山県産北木石《きたきいし》花崗岩で出来た常夜灯も完全な形で残っている。また、本殿左側には「紀元二千六百年　新竹州下学校職員児童生徒一同」と刻み込まれた手水《ちょうず》鉢《ばち》を見ることもできる。更に、新竹市立動物園内にも灯籠が残っている。

台中《たいちゅう》神社——台中公園に残る神社遺構

鎮座日：大正元年一〇月二七日　**祭神**：大国魂命、大己貴命、少彦名命、能久親王　**現住所**：台中市北區力行路二六〇號（台中市忠烈祠）

現在、台中公園内に台中神社の遺構として残っているのは第一代台中神社のものである。昭和一二年（一九三七）一一月二五日に第二代台中神社の鎮座祭が行なわれ、台中神社が国幣小社に列格した昭和一七年（一九四二）に第一代の社殿は取り壊された。第二代台中神社も一九七〇年に中国の伝統的な北方宮殿式の忠烈祠として建て替えられた時点で取り壊されるが、それまで台中神社は忠烈祠として利用されていた。

台中神社造営の具体的な計画は明治四三年（一九一〇）

茶芸館　牛埔山露営地

明治二九年（一八九六）三月に当時の新竹支庁長松村雄之助により、北白川宮能久親王の露営地である牛埔山に記念碑が建立された。現在の成徳高中の校舎南側の校庭である。戦後、この記念碑は蒋介石の銅像となる。また、露営所はこの記念碑の後方辺りであった。

教学大楼左側階段傍に、露営所で能久親王が詠った「追撃奏功休我兵　曲肱山坂待天明　日中炎熱全消盡　月下露營千感生」の記念碑がある。また、大正六年（一九一七）一〇月二三日に北白川宮成久殿下によって植樹された黒松が校門入口東側の花壇の中に残っている。

北白川宮成久殿下が植樹された黒松

能久親王の歌碑

一〇月頃に行なわれた。神社造営申請者は小畑駒三、小鹽《こしお》元太郎、山移《やまうつり》定政《さだまさ》、安土直次郎《あずちなおじろう》、坂本素魯哉《そろや》、林烈堂《りんれつどう》、呉徳功《ごとくこう》の地元名士七人により総督府に対して造営に関する出願がなされた。翌年の三月、総督府の認可が下りたことにより、寄付募金を三万八〇〇〇円と決定し、まず敷地の買収を行ない、直ちに工事に着手し、地ならし及び道路の開削などが行なわれた。

一方、神社の造営は愛知県知事経由で名古屋の宮大工伊藤満作に嘱託し、大正元年（一九一二）一〇月二八日の台湾神社例祭日まで落成する計画であった。建築材料のほとんどは内地より調達し、また一〇余人の大工も内地より渡台して建設の準備にあたった。工事も順調に進み、一〇月二七日の鎮座祭に向けて、小畑信徒総代並びに原神職が台北に赴き、御霊代を奉戴した。

台中神社造営の段階から総督府に対して申請していた県社列格は鎮座祭翌年の大正二年（一九一三）五月二九日に行われた。そして天長節（大正天皇の誕生日）の八月三一日に行なわれた列格奉告祭では市内の至るところに祝賀のイルミネーションが飾り付けられ、さながら光の祭典を醸し出したという。

大正元年の鎮座祭から一九年を経た昭和六年（一九三一）、白蟻の被害により腐朽も激しくなり、改築の提議がなされた。改築となると五～六万円を要するため、結局は三〇〇〇〇円をかけて修繕することになる。また、昭和一〇年（一九三五）に入り、境内が狭く、森厳さを保つには不十分であるとの理由で、台中市及び台中州で境内拡張及び改修計画が進められる。境内約一・六ヘクタールを拡張して約三・九ヘクタールとし、神殿・拝殿・中門・宝庫・神橋・瑞垣《みずがき》・内玉垣・外玉垣などが改築の対象となり、これらの改築計画として三五万円規模の総経費がかかるものと算出された。しかしながら、遷座案も根強くあり、遷座の場合は総工費四七万円を要し、場所も水源地公園一角が予定された。そして、この時点では拡張を第一案、遷座を第二案とした。

昭和一一年（一九三六）六月に本郷高徳博士を招いて神社造営座談会が開催された。博士は拡張と遷座の両論を述べたが、境内が狭隘《きょうあい》であり、神社と公園を混同する恐れがあり、境内を拡張し、神社裏手にあった斎場を取り壊しても敬神上不浄であるとの理論で、遷座論に傾いていた。最終的に同年一〇月に遷座と決定し、奉賛会が組織された。総工費五六万円を計上し、水源地裏手の約九・九ヘクタールを敷地とし、将来は国幣社に列格させることが想定された。設計は台中州土木課により、昭和一四年（一九三九）一月より第二代台中神社の造営に着手した。そして、昭和一五年（一九四〇）一〇月二三日の社殿竣工奉告祭、二四日の新殿祭に続いて二五日の遷座祭、そして二六日から二九日まで数多くの余興が執り行なわれた。太平洋戦争の勃発と、戦局の悪化により、更なる皇民化を加速させるために、新竹神社に続いて台中神社も昭和一七年（一九四二）一一月二七日に国幣小社に列格した。

第二代台中神社遺物は玉垣の一部のみであるが、第一代台中神社の短い参道の左右に多くの灯籠の竿の部分が残っている。本殿があった石座の中央に孔子像が立っており、手前には一対の神馬と狛犬がある。また、昭和四年（一九二九）に昭和天皇の「御大典記念事業」として敬神及び国民精神の向上を目的として、台中州下の酒煙草専売業関係者五〇〇余人により、工費一万五〇〇〇余円をかけた鉄筋コンクリートの大鳥居が奉納されることになり、台中州土木課三田技師の設計により、当時の表参道武徳殿前に造営された。

往時の第一代台中神社（提供：高橋正己）

第二代台中神社（提供：水町史郎）

第二代台中神社跡地（忠烈祠）

中山公園内に残る遺構

嘉義《かぎ》神社——鎮座方向を異にした第二代神社

鎮座日：大正四年一〇月二八日　**祭神**：天照皇大神、大国魂命、大己貴命、少彦名命、能久親王　**現住所**：嘉義市東區公園街四六號…嘉義公園～嘉義市忠烈祠

阿里山に向かう玄関口でもあり、昭和六年（一九三一）夏に甲子園球場で行なわれた第一七回全国中等学校優勝野球大会で準優勝した嘉義農林学校をテーマにした映画「KANO」で一躍有名なった嘉義市。その嘉義市の中心部に嘉義公園がある。公園に隣接する野球場の傍に当時の嘉義神社の参道があり、一対の狛犬が参拝者を待つかのように残っている。

戦後まもなく神社は忠烈祠として使用された。斎館と社務所までの参道の両側には数多くの灯籠があり、奉納者の記述がみられる。また、中ほどには忠烈祠の門がある。社務所の屋根は入母式《いりもやしき》で、ほぼ完全な形で残っており、当時の嘉義神社の優雅さを彷彿させる。斎館と社務所は、戦後、一九八七年まで国軍八二八医院として使用されていた。現在は史蹟資料館になっており、自由に参観が出来る。また、木目模様の祭器庫を過ぎると、正面奥に一九九四年四月に火災で焼失した忠烈祠に代わって射日塔が建てられている。この射日塔が第二代嘉義神社本殿の跡地であった。

嘉義神社造営計画は明治四五年（一九一二）一月に立案され、先に造営された台中神社を参考にして、造営に関する協議がなされた。造営費として総計二万六〇〇〇円が予算化され、本殿、拝殿、玉垣、神饌《しんせん》所、祭器庫、社務所、宿舎、掲示場、手洗所、鳥居、石垣及び灯籠に充てられた。大正元年（一九一二）一一月、嘉義街伊東義路ほか五人により神社造営申請が行なわれ、同年一二月二四日に総督府の許可が下りた。直ちに神社造営事務所が設けられ、嘉義庁長津田毅一《きいち》が造営委員長となった。大正三年（一九一四）に神社建築のために名古屋の宮大工伊藤満作が台湾に招かれた。本殿には当初予定された木曽檜ではなく、阿里《あり》山《さん》のヒノキ材が使用されることになったが、建築費の関係で拝殿・幣殿及び社務所は一部雑木材を使用するなど、神社造営に向けて当局と協議が行なわれた。伊藤満作はいったん内地に戻り、全ての準備を行ない、翌年春から神社造営に着手した。

第一代嘉義神社は現存する祭器庫の反対側で、鎮座方角を南とした。大正四年（一九一五）一〇月二〇日頃に竣工し、北白川宮能久親王の薨去日であり、また台湾神社の例祭日である一〇月二八日に鎮座祭が執り行なわれた。このために信徒総代、神職、神社関係職員が台湾神社に赴き、御霊代を奉迎した。現在は基壇と拝殿跡のみが残っている。

嘉義神社は早々と大正六年（一九一七）一〇月二三日に県社に列格され、この時点で、台湾での県社は開山神社、台中神社と並んで三社となった。

造営より二〇年が経過した嘉義神社の社殿は白蟻被害も激しくなる。折から、昭和一〇年（一九三五）七月に嘉義神社鎮座二〇周年を期して嘉義神社奉賛会を組織し、約八万円を嘉義市及び六郡の氏子から寄付を募集して神域の拡張及び社殿の改築を行なうことになった。翌年、内務省神社局嘱託の本郷高徳博士が招聘され、同年七月、神社隣接民有地約二〇〇〇坪を買収し、改めて予算二〇万円を計上し、社殿を市街に面する西向きとして改築することが検討された。新社殿は流造りとし、本殿の外、拝殿・帛殿・神饌所・祭器庫・神器庫・儀式殿・手水舎・職員宿舎など全て改築することになり、阿里山の紅檜《べにひのき》をふんだんに用材とした。

往時の嘉義神社（提供：郭人豪）

本殿跡に建てられた射日塔

嘉義公園に残る祭器庫と狛犬

改築工事は昭和一二年（一九三七）に着手し、「皇紀二六〇〇年記念事業」として、昭和一五年（一九四〇）に遷座祭が執り行なわれる予定であったが、一部設計の変更と資材の高騰による最終工事費が一五万円となり、また、工事も大幅に遅れた。そして、終戦間近の昭和一九年（一九四四）一月二四日に遷座祭が執り行なわれた。これに先立ち、昭和一八年（一九四三）に、かねて申請していた例祭日を皇大神宮（内宮《ないくう》）の神嘗祭《かんなめさい》（宮中祭祀の一つ。五穀豊穣の感謝祭にあたり、宮中および伊勢神宮で儀式が行なわれる）と同一日とし、翌年から、これまでの一〇月二八日から一〇月一七日に変更された。そして、新たに天照皇大神が増祀された。

戦況がますます悪化した昭和一九年（一九四四）二月二八日に敬神思想の更なる徹底を図り、神社尊重の念を涵養し、国民の精神意識の高揚を高めるため、新竹神社及び台中神社に次いで第三番目の国幣小社として列格した。

県社

県から幣帛を奉った神社で、当時の台湾では州や庁規模の神社となる。終戦の年である昭和二〇年（一九四五）まで、八社が県社として列格している。列格順で開山神社、花蓮港神社、台東神社、阿緱神社、宜蘭神社、高雄神社、基隆神社、澎湖神社となる。ここでは、開山神社、花蓮港神社、台東神社、宜蘭神社、高雄神社、基隆神社及び澎湖神社を紹介する。なお、阿緱神社は大正天皇御大典の項目で紹介する。また、拙書『台湾旧神社故地への旅案内』で桃園神社及び苗栗神社は終戦間近の昭和二〇年（一九四五）四月に県社として列格したとの情報もあるが、ここでは『神の国日本』の記載どおり「無格社」として取り扱う。

鄭成功を祀る開山神社と阿緱神社を除くと、神社は風光明媚な高所に造営された。現在、阿緱神社と澎湖神社のみが公園となっているが、戦後、多くの神社跡地は忠烈祠になり、今でも忠烈祠として利用されている。

開山《かいさん》神社――祭神として祀られた鄭成功《ていせいこう》

鎮座日：明治三〇年一月一三日　**祭神**：鄭成功　**社格**：県社　**現住所**：台南市中西區開山路一五二號（延平郡王祠）

「台湾の古都」と言われる台南。一五～一六世紀の大航海時代の荒波にもまれ、台湾の南部はオランダの東インド会社の拠点となる。有名なプロビンシャ城（現在は赤嵌楼《ツーカンロウ》と呼ばれる）が一六五三年に建造された。その八年後、清国との戦いで劣勢になった鄭成功軍は本拠地を廈門《アモイ》、金門から移し、戦力の立て直しを図ったのが台湾の南部であった。

この鄭成功とは近松門左衛門《ちかまつもんざえもん》の人形浄瑠璃《じょうるり》で、後に歌舞伎化された「国姓爺《こくせんや》合戦（注①）」の主人公である和唐《わとう》内《ない》（注②）のモデルであり、清朝に抵抗した明朝の遺臣《いしん》である。また、台湾に、東南アジア進出拠点を四〇年近く築いていたオランダを完全に駆逐した英雄として崇拝されている。

長崎・平戸を根拠地として活動した貿易商の父・鄭芝《ていし》龍《りゅう》と田川マツ（名は不明とも言われる）の子として、一六二四年に肥前国平戸《ひらど》に生まれる。幼名は福松。七歳にして、芝龍の故郷・福建省安南に渡った。徐々に才覚を表した森（名を福松から森に改名する）は芝龍の紹介により明朝の隆《りゅう》武帝《ぶてい》の謁見を賜り、国姓である「朱」姓と「成功」を賜わった。

清の攻撃により、明朝最後の皇帝・崇禎帝《すうていてい》が自殺するに及び芝龍も泉州城を明け渡し、清に降参する。「こんどは

往時の開山神社（提供：水町史郎）

延平郡王祠入口と延平郡王祠に祀られている鄭成功像

清朝に仕えよう」と誘う父の願いを無視し、鄭成功は「抗清復明（清に抵抗して明の復興を図る）」の旗を揚げて、本拠地を厦門、金門に置いて戦う。しかしながら、南京での戦いに敗北すると、徐々に清は勢いを増し、鄭成功軍は遂に台湾に本拠地を移し、戦力の立て直しを図る。その鄭成功もオランダ人を台湾から駆逐した翌年の一六六二年六月に明朝の再興を果たすことなく死去した。

鄭成功死去のあと、鄭成功を祀る開山王廟が建てられ、民衆の信仰を集めていた。鄭成功が亡くなった一〇〇年後の一七七〇年頃に廟の規模を拡大し、腹心の甘輝《かんき》及び張《ちょう》万礼《まんれい》将軍とともに英雄を祀る福州式建築廟となった。一八七四年に時の清国・欽差《きんさ》大臣（皇帝直属で、内乱鎮圧や対外重要問題などを担当）であった沈葆《しんほ》楨《てい》が台湾に視察に来た際、鄭成功の遺勲に対して宇堂を改築した。

日本統治が始まった翌年の明治二九年（一八九六）七月に台南県知事の磯貝静蔵が、それまでの開山王廟を神社とする申し立てを第二代総督桂太郎に行なった。この時の名称は「開台神社」、社格は最高位に属する「国幣社」であった。総督府は国幣社扱いを却下しつつも、「県社開山神社」と改める案を拓務大臣に示した。翌年二月に改称案が許可され、開山王廟は日本統治下における最初の社格を持ち、かつ県社開山神社として、明治三〇年（一八九七）一月一三日に鎮座した。

一八七四年の改築以来、特に大規模な修繕もなされなかった開山神社は、建物の老巧が激しくなり、明治四一年（一九〇八）五月に新たに拝殿と社務所が加わった開山神社に様相を変えることになった。そして大正四年（一九一五）五月八日に鄭成功の命日に新装された開山神社にて遷座祭が執り行なわれた。

蟻害が甚だしくなるとともに、廟様式を純神社式に改築すべきとの議論もあり、昭和一一年（一九三六）の県社列格四〇周年を機に二度目の大改築が計画された。最終的に社殿を多少東南向きに変更し、神苑の拡張が行なわれ、これまでの開山神社の境内の南側に隣接した。この時、氏子総代の間では、改築に伴い、将来的に国幣社への列格も視野に入れたようであった。そして、造営費二七万五〇〇〇円を投じた新社殿の鎮座式は昭和一六年（一九三一）四月二六日に執り行なわれた。これに伴い、これまでの開山神社は取り壊されず「記念物」として残った。

戦後の一九六三年、記念物として残された神社跡地に鉄筋コンクリートの中国北方式建築を取り入れた、現在の延《エン》平郡王祠《ピンジュンワンツ》が建立された。その際に、田川マツが「翁太妃祠」として祀られた。

神社となった開山王廟を第一代開山神社とすると、第二代が改築版となる。第三代は純日本式となり、昭和一六年に遷座した神社となる。現在、鄭成功文物館となっている場所が、日本統治時代の最後（第三代）の神社跡地である。

延平郡王祠の本殿中央奥に祀られている鄭成功像は一九六三年に改築された際、楊英風《ヤンインフォン》によって造られたものである。楊は日本統治時代の昭和元年（一九二六）一二月に宜蘭で生まれ、東京芸術学校（現在の東京芸術大学）でも学んだ。世界的にも有名な台湾の彫刻家で、一九五九年に中国と西洋のスタイルを融合した彫刻作品「哲人」で名を馳せた。一九七〇年の大阪万博の際、中華民国館前に設置された作品「鳳凰來儀（太平な世の中）」が有名である。

花蓮港《かれんこう》神社——米崙山の守護神

鎮座日：大正五年九月二二日　**祭神**：大国魂命、大己貴命、少彦名命、能久親王　**社格**：県社　**現住所**：花蓮縣花蓮市復興新村八一號（花蓮縣忠烈祠）

官営吉野村に代表される移民村の成功もあり、花蓮港街の人口も次第に増加するにつれて神社造営の機運が高まった。そして、官民間により神社造営の出願許可がなされ、工費一万数千円が投じられた。鎮座地は最終的に花蓮市の全景を眼下に、そして、遠くは台東の山野を見渡せる米崙《べいろん》山（現在の美崙山《メイロンシャン》）の南側山麓に選定された。大正四年（一九一五）八月に着工し、翌年九月二二日に鎮座した。鎮座祭に先立ち、台湾神社よりの御分霊は花蓮港民会長中村五九介を総代として台北より奉迎し、山口透台湾神社宮司とともに奉戴された。その後、大正一〇年（一九二一）三月二日に花蓮港庁の総鎮守として県社に列格する。

昭和六年（一九三一）六月に当時の神社境内が狭いため、本殿を奥に移動し、本殿のあったところを中門とすることにより、これまでより、約五倍の約六・五ヘクタールの広さとなった。

往時の花蓮港神社（提供：高橋正己）

花蓮県忠烈祠と忠烈祠内の神馬

この年の花蓮港街は特に賑やかだった。総額七〇〇万円を投じて行なわれる花蓮港築港祝賀会が駅北側にある花岡山公園（現在の花崗山運動公園）で一〇月二七日に執り行なわれた。また、花蓮港神社では新たに本殿や玉垣が造営され、稲住《いなずみ》有志による餅つき、神楽巫女《みこ》舞、稲住遊廓連の手踊りなどで賑わった。昭和八年（一九三三）には四〇〇〇円を計上して神社境内の拡張や神殿の新築などが竣工した。

一九八一年に、それまで忠烈祠として使用されていた社殿が取り壊され、花蓮港神社跡地は中国北方宮殿式建築の忠烈祠となる。その忠烈祠中門の右側に一頭の銅馬を見ることが出来る。神紋が消されて、中華民国の国旗に描かれている紋章である「青天白日」に代わっている。この神馬は昭和一一～一二年頃に東台湾無尽会社が奉納した神馬である。その他、拝殿や本殿に使用された石座の名残も見ることが出来る。

台東《たいとう》神社——台東の守護神

鎮座日：明治四四年一〇月二七日　**祭神**：大国魂命、大己貴命、少彦名命、能久親王　**社格**：県社　**現住所**：台東縣台東市博愛路鯉魚山（台東縣忠烈祠）

かねてより計画中の台東神社造営は当時の卑南《ひなん》街にあった台東庁舎前旧兵営跡の北に、総工費一万円を計上し、明治四二年（一九〇九）早々に基礎工事に着手し、明治四四年（一九一一）一〇月二七日に鎮座した。現在の中華路一段三七六巷辺りで、光明路の中正喜悦大樓裏地一帯であった。

大正一三年（一九二四）七月二三日に台東神社は台東庁の総鎮守として県社に列格した。当時、神社の位置が市街中央にあり、造営後一七年経過し、白蟻の被害を被っており、神殿・拝殿とも危険に瀕していた。折からの昭和天皇の御大典記念事業の一環として新たに移転・造営されることになった。そして、昭和五年（一九三〇）一〇月二七日に旧台東駅傍の鯉魚山《りぎょざん》山頂に経費三万二〇〇〇円を投じて新社殿が造営され、遷座した。昭和一七年（一九四二）末に神社拡張と増築が奉賛会で検討され、赤松街長及び神社総代が台東庁長山岸金三郎と懇談の結果、経費七万五〇〇〇円をもって宝物庫の増築・社務所及び一般参拝所の新築・忠魂碑の移転など、境内が一新された。

往時の台東神社（提供：高橋正己）

忠烈祠

現在、神社跡地の門前に黄と赤の極彩色に塗られた灯籠の柱が九基ほど見られる。本殿跡に造営された忠烈祠へ登る石段の両側には松の木が聳え立っており、神社の存在を示すものである。また、忠烈祠の左側に胡鐵花紀念碑がある。これは警察職員殉職者のための招魂碑であり、大正八年（一九一九）四月一日に除幕式が執り行なわれた。

戦後間もなくの一九四七年に、神社社殿は忠烈祠として使用されたが、一九六一年に現在の忠烈祠に建て替えられた。

宜蘭《ぎらん》神社——地域の安泰を願った西郷菊次郎

鎮座日：明治三九年六月二一日　**祭神**：天照皇大神、大国魂命、大己貴命、少彦名命、能久親王　**社格**：県社　**現住所**：宜蘭縣員山郷復興路…員山公園〜宜蘭縣忠烈祠

他の県社列格神社と同じように、宜蘭神社も忠烈祠とな

往時の宜蘭神社（提供：宜蘭県史館）

員山公園奥の忠烈祠と分昌廟に残る神馬

るが、神社は戦後間もなく取り壊される。その忠烈祠は一九五四年に竣工している。現在、当時の境内は員山公園となっている。忠烈祠内には当時の宜蘭庁の神社に関する資料センターにもなっており、貴重な情報が残っている。

忠烈祠に至る石段前には、神社遺物として狛犬、神馬《しんめ》などがオブジェのように多く残されている。特に石段前のブロンズで出来た狛犬は非常に珍しく、宜蘭神社以外では台南神社に残るのみであろう。恐らく、狛犬は宜蘭郡保甲協会が昭和一二年（一九三七）一〇月二五日に奉納したものと思われる。「奉献　台南製糖株式会社」、「奉献　宜蘭製酒株式会社」、「小松久吉（注③）」等と刻まれている灯籠も見られ、台湾の歴史の一端が分かるものである。

明治三四年（一九〇一）に宜蘭神社は宜蘭庁長であった西郷菊次郎（123頁茶芸館参照）が地域の安泰と民心の安定を願い、立石實信を氏子総代として総督府に神社造営の申請を行ない、同年の三月七日に許可を受けている。神社と言えるほどの規模でもなく、遥拝所として三大節（四方拝、紀元節、天長節）と祭日の式典を行なう程度であったという。

その四年後の明治三八年（一九〇五）に宜蘭庁長中田直温が天照皇大神及び台湾神社（能久親王と外一座）より御分霊を勧請して宜蘭公園（現在の中山公園）に造営され、翌年六月二一日に鎮座した。この時、天照皇大神が初めて台湾に渡って祀られたと思われる。社殿は全てヒノキ材を使用し、二基の灯籠の傍には噴水が設けられた。しかしながら、造営場所の問題で清掃が不十分であり、造営当初は行き届いた管理ができていなかった。そのため参拝者も少なかったようであった。

明治四四年（一九一一）に田中仙吉、永井重吉及び内田

勝次郎により一対の狛犬が奉納された。石材は紀州（和歌山）産を使用し、大阪の石工彫刻者の手によって作成された。台座には小松吉久庁長による「奉納」の文字が刻まれ、鳥居前に安置されたようである。また、大正天皇の御大典を記念して、大正四年（一九一五）一一月に宜蘭庁警察職員一同から阿里山材を用いた鳥居が奉納された。

本殿及び拝殿の老朽化が進み、また同市街の拡張に伴い、人家に接近し、社務所などの関連施設がなかったため、大正六年（一九一七）末に小松庁長が地元の有志の協力を得て、宜蘭街の西方三キロメートルの宜蘭河に沿った風光明媚な員山（現在の員山公園）に遷座することが協議された。この地からは宜蘭平野及び太平洋を、また遠くは亀山島をも望むことができた。総督府への申請も認可され、総工費四万五〇〇〇円をかけて新築工事が行なわれた。用材には太平山のヒノキが使用され、大正八年（一九一九）一〇月一七日に第二代宜蘭神社の鎮座祭が執り行なわれた。そして、昭和二年（一九二七）四月一八日に、これまでの無格社から台北州で初めての県社に列格した。

昭和一一年（一九三六）九月二日に第一七代総督小林躋造は就任訓示の中で「皇民化教育と練成の徹底を行い、日本精神の高揚を実践して土地の風俗、民間宗教を含めた生活習慣を日本式への改善を推奨する」とした。これに呼応するかのように、宜蘭郡守田中国一は敬神崇祖・日本精神涵養の普及徹底を図るために新参宮道路を完成させるとともに、毎月一日・一五日の両日には郡守はじめ郡役所全職員の早朝神社参拝を実施した。この頃、灯籠は宜蘭郡連合青年団や台湾勧業無尽株式会社から、また、同時期に、神馬《しんめ》が昭和製糖より奉納された。これが今なお、分昌廟に「馬到成功」として残る神馬であろう。

昭和一八年（一九四三）五月に宜蘭神社災害復旧造営奉賛会が蘭陽一市三郡の氏子によって設立され、造営費一一万七〇〇〇円が予算化された。おそらく、昭和一七年（一九四二）七月に台湾を襲った暴風雨で社殿の一部が破損したのであろう。

高雄《たかお》神社——金刀比羅神社から高雄の守護神へ

鎮座日：明治四五年二月五日　**祭神**：大物主神、崇徳天皇、能久親王　**社格**：県社　**現住所**：高雄市鼓山區忠義路三二號（高雄市忠烈祠）

高雄神社の前身は打狗《タカオ》金刀比羅神社であり、氏子総代古賀三千人《みちんど》（茶芸館参照）が中心となり明治四五年（一九一二）二月五日に讃岐《さぬき》金刀比羅神社の御分霊を迎え、高雄に住む日本の漁民によって寿山東麓（萬壽路一〇〇巷の第五海岸巡防総隊裏にあるバスケットボールコート一帯）に造営されたと、高雄に住む歴史研究者でもある廖徳宗《リャオダツォン》さんは考査している。当時の山下町であった。

茶芸館 隆盛の子・西郷菊次郎と「西郷堤防」

明治維新の元勲《げんくん》、西郷隆盛が沖縄に流罪された際に、愛《あい》加那《かな》との間に設けた子供が西郷菊次郎であった。

明治二八年（一八九五）、三四歳の時、台湾総督府参事官を命じられる。その後、台北県支庁長を経て、明治三〇年（一八九七）五月二七日に宜蘭庁長に就任する。西南戦争で右足に銃創を負って、その傷がもとで義足を強いられた。その義足を引きずりながら宜蘭河周辺を廻り、毎年繰り返される宜蘭河の氾濫を食い止める方策として建造したのが「西郷堤防」と呼ばれる宜蘭川堤防であった。長さ一六八一メートルにも及んだ。領台初期の時代、無謀とも言える工事計画と言われたが、西郷のひたすら地域の安泰を願うものであった。総工費三万九三〇〇円を投入し、明治三三年（一九〇〇）四月に着工、翌年九月に完成した。延べ人数八万人が関わったと言われている。八田與一《はったよいち》技師が嘉南平野を一大穀物地帯に変えた烏山頭《うさんとう》ダム（大正九年着工）より二〇年も前のことであった。

宜蘭河の遊歩道にある西郷菊次郎顕彰碑（西郷廳憲徳政碑）

西郷の宜蘭庁長退官後、大正一四年（一九二五）九月に堤防延長工事嘆願が当時の台北州知事吉岡荒造に提出された。そして、新たに三万円余りが投入され、第二期工事が翌年の大正一五年まで進められた。西郷の建設した第一期工事と合わせて、全長三七四〇メートルにも及ぶ治水工事により、蘭陽平野は台湾の米作の生産地として見違えるほどの発展を遂げることになる。

同年一〇月に台湾北部を暴風雨が襲った。蘭陽平野の被害は甚大であり、西郷堤防も決潰寸前であったようであるが、堤防によって囲まれた宜蘭街は崩壊から逃れることが出来た。

庁長在任中、西郷は第四代総督として就任した児玉源太郎及び後藤新平民政長官の強力な統治政策を受けて、住民の教育、治安の改善及び道路整備などを成し遂げた。教育では公学校の設立、治安では宜蘭地区を跋扈《ばっこ》していた土匪《どひ》（林火旺《かおう》以下三〇〇人及び陳秋菊《しゅうきく》）の帰順を成し遂げる。交通インフラでは坪林尾《へいりんび》街道が新たに開削され、当時は台北と宜蘭を結ぶ最短道であった。

明治三五年（一九〇二）に西郷は宜蘭庁長を依願免官し、明治三七年（一九〇四）、京都市長に就任し、約七年間勤める。その後、鹿児島に戻り、鹿児島県さつま町にあった永野金山の島津鉱山館長を約八年間勤めた。

大正九年（一九二〇年）五月八日に、これまでの大物主《おおものぬし》神《かみ》及び崇徳《すとく》天皇に能久親王を合祀することにより、地域の神社から打狗（後の高雄）の守護神とすべく、打狗神社と改称する許可が下りる。一方で、同年一〇月一日に新たな州制市街庄制が導入され、高雄州が設立された。これに伴い、一二月にこれまでの打狗神社から高雄神社と改名される。

往時の高雄神社
（出典：高橋正己）

高雄神社跡地
にたつ忠烈祠

明治四五年の造営から一五年経った社殿の老朽化に伴い、長い間の懸案であった高雄神社の改築に向けて造営奉賛会が組織され、大正一五年（一九二六）一月二三日の奉賛会で奉賛会長に高雄州知事三浦碌郎《ろくろう》が推薦された。そして造営予算費一三万円を計上し、神社敷地は約二・四ヘクタールの広さを持ち、昭和三年（一九二八）、寿山の山腹（現在の高雄市忠烈祠）に遷座し、同年一一月八日に、これまでの高雄神社との合祀祭並びに鎮座祭が執り行なわれた。

昭和六年（一九三一）から県社列格に向けての活動が開始され、翌年四月二二日に県社に列格した。高雄神社の県社列格に伴い、例祭日を台湾神社と同じ一〇月二八日に変更された。そして、これまでの例祭日である一一月一〇日は旧金刀比羅神社の大祭日として残された。

高雄神社の遺物は比較的多く残されている。旧参道の鳥居、狛犬、灯籠の一部、そして、圧巻は石段前の広場に残る「太平洋戦争完遂記念」「昭和十六年十二月八日起工」と書かれた二基の記念塔である。戦後、これらの文字は、いったん塗りつぶされたが、改めて再現されたようである。

神社は戦後まもなくの一九四六年秋、社殿の一部を修復して、忠烈祠に取って代わった。その忠烈祠も日本との国交断交（一九七二年）を機に神社施設は全て取り壊され、一九七六年に新たに現在の忠烈祠が竣工した。

茶芸館　古賀三千人

明治二九年（一八九六）一月に渡台する。明治三二年（一八九九）に澤井組の高雄支店長となり、その後、古賀組を設立する。土木、建築業の外、製脳、製糖、製氷等に従事し、高雄を中心に活躍する。また、昭和二年（一九二七）から、台湾商工銀行頭取に就任した。

古賀は敬神家としても知られた。台湾神社鎮座時に建てられた木造鳥居二基を建替える時、一基は明治四四年（一九一一）一〇月に土木業を営み、渡台一〇年記念として奉納した台北の高石《たかいし》組高石忠慥であり、もう一基は明治橋前派出所下にあり、大正三年（一九一四）一二月一〇日に古賀三千人によって奉納された。いずれも徳山産花崗岩で出来たものであった。また、亡くなる前、古賀は高雄の銀行内に神社を祀り、全行員と共に朝夕の参拝を行っていたとの逸話もある。

佛光普照入口傍に残る石辺

古賀の足跡を示すものが法興禅寺《ファシンチャンシ》（高雄市鼓山区興国路一二号）の佛光《フォグァン》普照《プツァオ》入口そばにある。入口前の石積には御影石《みかげいし》が多く使用されており、その中に、「施工　古賀」と「三千人」に分かれた石辺がある。戦後、この法興禅寺が建立される前、この場所に大正一三年（一九二四）一二月二二日に建立された児玉源太郎の石像があった所である。従って、この施工を受け持ったのが古賀三千人であったか、または金刀比羅神社の何らかの建造物を請負ったものと思われた。

古賀は、一方で信仏家でもあった。打狗の地に本山より布教師が派遣されたのが明治三九年（一九〇六）一〇月であった。明治四三年（一九一〇）三月には当時の布教所である寶船寺（後の本願寺布教所）が竣工した。この寶船寺に、大正元年に古賀三千人夫婦が梵鐘《ぼんしょう》及び鐘楼《しょうろう》を寄進した。その時、銘文の最後に「施主　古賀三千人　同歌子」と記された。この「施主　古賀三千人」の部分が、今なお、法興禅寺に残る石辺であると、前述の廖徳宗《リャオダツオン》さんが『高雄文献』第七巻・第二期（二〇一七年八月）で発表している。

基隆《キールン》神社──遷座しなかった神社

鎮座日：明治四五年三月九日　**祭神**：天照皇大神、大国魂命、大己貴命、少彦名命、能久親王、大物主神、崇徳天皇　**社格**：県社
現住所：基隆市中正區信二路二七八號（忠烈祠）～中正公園

戦後、間もなくの一九四六年に基隆神社は忠烈祠として使用される。現在の忠烈祠は一九七二年に建て替えられたものであり、それまでは神社社殿が忠烈祠として使用された。現在、神社跡地は中正公園と忠烈祠となっており、信《シン》二《アール》路沿いに当時の鳥居で出来た牌楼がある。更に、忠烈祠に向かう石段手前の幼稚園傍の庭園に大きな灯籠が一基残っている。二つ目の石段を上りきると両側に一対の狛犬が残っており、忠烈祠を守る中国風の白い獅子と一緒に忠烈祠を守護している。この一対の狛犬は大正八年（一九一九）六月三日に基隆硝船頭《しょうせんとう》街の吉岡・河合両氏より奉納されたものである。石材として台北士林《しりん》産の石造が使用された。

雨の街・基隆と言われた北の港町基隆は、最近ではその主役を宜蘭に譲ったようであるが、相変わらず雨の降る日が多い。その雨のため、基隆神社の例祭日も数度にわたり変更せざるを得なかった。

当初は基隆神社として神社造営が計画されたが、何らかの事情により、明治四二年（一九〇九）に讃岐金刀比羅《さぬきことひら》神社より御分霊を勧請《かんじょう》することになった。金刀比羅神社として当時の基隆港を見渡す基隆公会堂裏の金刀比羅山（または無線山と呼ばれた）の高台に三〇〇〇円の寄付で造営されることになった。神社敷地は、それぞれ石坂荘作《そうさく》（129頁茶芸館参照）が無償提供し、顔雲年《がんうんねん》が賃貸したとのこと。しかしながら造営許可にあたり、総督府より「将来、官において必要が生じたときは指定の期日内に自費を以って建物を除却すべき」との条件が課せられた。それだけこの場所は軍事防衛上重要なところであった。

基隆の名士である賀田金三郎、荒井泰治、澤井市蔵、佐藤一景、木村久太郎、木下新三郎（発起人総代）等の発案により造営されることになった金刀比羅神社は明治四三年（一九一〇）一一月、地鎮祭を終え、讃岐金刀比羅神社六〇〇年祭が執行された明治四五年（一九一二）三月九日に鎮座した。そして、将来、台湾神社の祭神（開拓三神と能久親王）と天照皇大神を増祀し、これまでの航海・漁業の神から基隆支庁の守護神とすべく、大正三年（一九一四）五月に基隆神社と改称された。

大正三年六月の大暴風雨により倒壊した拝殿も大正天皇の御大典前の落成を目指し、また、神苑及び祭具の整備が行なわれ、石段下の大鳥居も出来上がった。そして、翌年の大正四年（一九一五）一一月七日に式典実行副委員長木村久太郎、委員明比實平《あかひじっぺい》など、台北庁長加福豊次と共に台

往時の基隆神社
（提供：高橋正己）

石段前の旧鳥居

湾神社に参向し、御霊代を奉戴し、基隆神社として鎮座祭が執り行なわれた。この時に天照皇大神の御霊代も迎えられたようであるが、詳細は不明である。

　大正五年（一九一六）に基隆神社となっての最初の祭典はこれまでの例祭日である六月三日（北白川宮能久親王基隆攻略の日）ではなく台湾神社の例祭日と同じ一〇月二八日として執り行なわれた。しかしながら、この時期はまだ雨の日が多いため再度、基隆支庁長三上喜代蔵と官民有識者の会合で、そもそもの例祭日である六月三日に変更決議され、翌年の大祭は六月三日に挙行することになる。そして、一〇月二八日は中祭式が執り行なわれることになった。

　かねてから懸案事項であった社殿の改築は昭和五年（一九三〇）七月の暴風雨の被害により改築・改修が迫られ、翌年の昭和六年（一九三一）一月に総経費五万六〇〇〇円が予算化された。この時、石坂荘作と顔国年《がんこくねん》（顔雲年の弟）は氏子総代として、当時の加藤守道市尹《しいん》（市尹は当時の市長の呼称）と共に改築許可を総督府社会課に願い出ている。同時に、県社列格に向けて列格請願文が総督府及び州当局に提出された。

　そして、遂に昭和一一年（一九三六）三月二五日に、基隆神社は台湾で七番目の県社に列格された。列格に際し、再度大祭の日取り変更が氏子総代で協議された。過去一〇年間の統計により、最も雨の少ない日が調査され、これまでの大祭の一ヶ月遅れの七月三日と決定した。同時に港祭りも復活させ、基隆を宣伝する一大行事を執り行なうことになる。神社列格と二五周年記念祭の大祭を彩る神具として、本島では初めて新調された鳳輦《ほうれん》（注④）が内地より到着した。

　いったんは七月三日に決定した大祭日であったが、昭和一一年の大祭日は県社列格ならびに鎮座二五周年を兼ねた特別な処置であり、総督府はじめ監督官庁として、今後の大祭はこれまでどおりの六月三日とすべきとの意向もあり、結局、従来どおり、近衛師団による基隆攻略の日である六月三日に大祭を執行することになった。その代わりとして、市況繁栄の目的も加味し、七月三日はクールベ浜に神輿ご宿泊所を設け、神輿海上渡御《とぎょ》を執行、港湾会・公益社等共同主催の下に盛大な港祭りを行なうことに決定した。

昭和一八年（一九四三）七月に基隆神社移転に関して竹中憲二基隆市長と顔雲年の長男である顔欽賢《がんきんけん》の対談記事が『台湾日日新報』に掲載された。これによると、基隆市が基隆市寿町一丁目にある顔家所有の庭園一帯、約一四・四ヘクタールを一部買収、一部寄付で取得することになったとある。更に、庭園に続く裏山一帯一三・二ヘクタールを遷座地として二五万円で買収し、庭園一・一ヘクタール及び庭園の裏側に隣接する台湾銀行の所有地及び庭園内の木村御殿（注⑤）も併せて寄付を受けることになったとある。神社の移転は最終的に実現しなかったが、この背景には、当時の社殿の位置が高く、石段も急勾配であるため老幼婦女の参拝に不便であり、また境内地も狭かったためである。

澎湖《ほうこ》神社――馬公湾を見渡す澎湖島の守護神

座日：昭和三年一一月八日　**祭神**：大国魂命、大己貴命、少彦名命、能久親王　**社格**：県社　**現住所**：澎湖縣馬公市中華路…中正公園、澎湖縣立體育場～體育館

清国との間で下関条約が締結されると、澎湖列島は台湾と併せて日本に割譲された。日本は海軍少将田中綱吉（注⑥）を澎湖列島行政庁長官に任命して軍政を開始させるが、翌年、軍政が廃止されると澎湖庁と改称された。その後、高雄州澎湖郡と改称されるが、大正一五年（一九二六）に再び澎湖庁となり、台湾総督府直属機関となる。澎湖諸島の中心となる馬公には陸海軍の司令部や基地などがあった。また、終戦間近い昭和二〇年（一九四五）に第二四震洋隊（259頁参照）の基地が西嶼《せいし》庄にあった所でもある。

大正四年（一九一五）に内地人が増加し、街の発展も途に就いたが、未だかつて神社がないことを遺憾とし、時の澎湖庁長澤井瀬平が台湾神社の御分霊奉安のために総督府に申請を行なった。そして、神社造営予定地を馬公湾に面した公園とし、拡張及び植樹が行なわれた。その後、昭和二年（一九二七）一一月に増永吉次郎庁長により、昭和天皇の「御大典記念事業」としての神社造営が表明され、風光明媚な馬公湾の高台一帯三・七ヘクタールが神苑として選ばれた。翌年の昭和三年（一九二八）九月二九日に上棟式を終え、馬公重砲兵大隊により参道開削突貫工事も行なわれた。鎮座祭は台湾神社の例祭日と同じ一〇月二八日までには間に合わなかったが、同年一一月八日に増永吉次郎庁長を引き継いだ児玉魯一庁長が祭典委員長となり、仮奉安所から遷された御霊代が新しく造営された本殿に鎮座し

た。

昭和九年（一九三四）の「一街庄一社」の号令に基づき、同年七月二三日に、これまでの社から神社に昇格し、昭和一三年（一九三八）一一月二九日、軍港として重要な位置を占める澎湖諸島を守護する県社として列格した。

一般に現在の忠烈祠が神社跡地と思われているが、間違いである。戦後、一九四七年一二月に他の県社格の神社と同じように、神社跡地に忠烈祠が建立されるが、忠烈祠は一九八二年に現在の場所に移設した。神社の正確な跡地は現在の忠烈祠傍にある澎湖県立体育場及び体育館の辺りで、中正公園と呼ばれている一帯である。当時は馬公湾が神苑近くまで押し寄せていたようであるが、戦後、埋め立てが行なわれた。

ちょうど、現在の馬公湾から体育館までの中間に蒋介石の立像が建っている。ここから中正公園体育場に至る辺りに「澎湖縣忠烈祠」碑が残っており、傍の記念碑には現在の中正公園が神社跡地であると明記されている。また、近くのレストラン入口に澎湖庁教育会が奉納した灯籠の一部

茶芸館　基隆の聖人と呼ばれた石坂荘作

明治三六年（一九〇三）二月二三日に石坂の教育理念である「青年期における青年教育」を実践する。昼間学校に通えない基隆在住の勤労青年のため、授業料を免除した「基隆夜学会」の設立であった。修業期間を一年とし、哨《しょう》船頭《せんとう》曹洞宗布教所の一隅を借りて授業が開始された。幾度となく、運営資金・教師の確保や教育施設の問題などを乗り越え、修業期間や科目などの充実を図り、昭和一二年（一九三七）に私立基隆夜学校から私立基隆商業専修学校に、そして終戦間近には私立基隆商工専修学校と改称した。そして、この「基隆夜学校」を卒業した生徒数は一三〇〇余人にも達した。現在の私立光隆《グアンロン》高級家事商業職業学校の前身である。

明治四二年（一九〇九）に石坂は図書の不足を思い、台湾で初めて無料開放した個人の公共図書館「石坂文庫」を開設した。台湾島内はもちろん、遠く厦門《アモイ》や福州、沖縄県まで貸し出しを行なったという。大正一四年（一九二五）に石坂荘作は石坂文庫を基隆公益社に寄贈し、石坂文庫は私立基隆文庫となる。その後、昭和七年（一九三二）に当時の基隆市政府に寄贈され、基隆市立基隆図書館となる。現在の基隆市文化中心図書館である。

更に、石坂の社会事業は昭和八年（一九三三）に市民公園の造園まで及んだ。基隆神社裏山から哨船頭一帯にわたる高地は曹洞宗本山の所有地であったが、石坂の発意で市民の遊園地として開削された。一〇年以上にわたり自力で作業を行ない、松や楓などが植樹された。現在の中正公園である。

が残っている。

《注釈》

① 爺は御大や旦那の意味。国姓爺とは国姓（君主の姓）を賜った御大または旦那の意味。

往時の澎湖神社（提供：高橋正己）

「澎湖県忠烈祠」碑と記念碑

② 和唐内とは、「和（日本）でも唐（中国）でも内（ない）」という洒落である。

③ 明治三〇年（一八九七）、総督府総督官房文書課に就く。彰化庁長（明治四〇～四二年）及び宜蘭庁長（明治四二年～大正九年）を歴任する。大正一二年（一九二三）に台北州州協議会員となる。

④ 「屋根に鳳凰の飾りのある天子の車」を意味する言葉で、日本では古くから、天皇の正式な乗り物を意味する外、現代では神社の大祭などに使われる鳳凰の飾りがある神輿《みこし》を意味する。関東では、一般的な神輿に対して、関西では鳳輦《ほうれん》と呼ばれる異なった神輿が使用される。

⑤ 木村久太郎の所有した庭園であった。大正七年（一九一八）に木村が内地に帰る際に顔家に譲り渡したものである。当時、顔家の当主である顔国年は「陋園《ろうえん》」とした。当時は、板橋「林家花園」や霧峰「林家宅園」と並んで台湾の三大名園と呼ばれた。現在は顔家の宗祠となっている。

東龍宮の祭神（中央が田中綱常、右奥が乃木希典、左が北川直征）

⑥ 当時陸軍大尉であった田中綱常は、明治四年（一八七一）に発生した牡丹社事件（318頁参照）に伴う征伐に先立ち、現地での事前調査から、戦闘に加わる。

明治二三年（一八九〇）に和歌山県沖で遭難したトルコの軍艦エルトゥールル号の救助にあたり、生存者六二人をトルコに送り、トルコ皇帝から勲章を賜わる。明治二八年（一八九五）三月、澎湖列島行政庁長官に就任する。その後、台北県知事を務め、明治二九年（一八九六）九月に貴族院議員に勅選される。

屏東県枋寮《ファンリャオ》郷に東龍宮があり、この廟に乃木希典、北川直征と共に田中綱常が主神として祀られている。

摂末《せつまつ》社

『神の国日本』の中に、総督府より公認された摂末社として、摂社六ヶ所及び末社一〇ヶ所が記載されている。内訳は台北州汐止街・汐止神社の摂社（内湖神社）、台南州斗六郡・斗六神社（斗六神社摂末社参照）、台南州虎尾郡・五間厝神社の摂社（土庫《どこ》神社、西螺《せいら》神社）、台南州曾文郡・曾文神社の末社（六甲神社　下営《かえい》神社）、花蓮港庁花蓮市・花蓮港神社の末社（佐倉神社）及び花蓮港庁鳳林郡・林田神社の摂社（豊濱神社）となる。これらの摂末社は昭和一五年（一九四〇）末から終戦の年である二〇年（一九四五）までに造営されている。ただし、数ヶ所の摂末社の鎮座日に関する記載がない。『神の国日本』が発行されたのが、昭和二〇年（一九四五）二月であるので、果たして、終戦を迎えるまで造営されたかどうかは不明であるが、これまでこれら全ての摂末社跡地を訪問しているので、少なくとも神社は存在していたことは間違いないであろう。

神社本社に付属する関係深い社を摂社（御祭神と関係のある神を祀る神社）、こうした基準に当てはまらないのが末社であり、摂社は末社より上位に置かれていた。一般的に、本殿と鳥居からなる簡素な神社である。

前述したとおり、昭和一四年（一九三九）頃から、神社の「一街庄一社」造営政策が行き詰った。この事に対応するため、「一街庄一社」から、より現実的な「一郡一社」政策に切り替えざるを得なくなる。また、特に庄に於ける新しい神社造営がますます困難になったことで、量より質への展開が迫られた。従来の無格社を郷社へ列格するとともに、県社を国幣小社に列格することで対応した。一方で、一般的に神社の境内に造営される摂末社を神社の本社がある街や庄に造営した。このことにより、地域の末端行政地域である街庄、更には、その先まで敬慎の念を涵養せしむる国家神道の浸透を狙った。

　特に、台南州斗六郡と、これに隣接する虎尾郡に合計一一社の摂末社が造営された。この二郡では「一街庄一社」を越えた神社造営政策が実施された。

「国民精神涵養」及び「皇民化運動」の更なる徹底を図るため、台南州斗六郡斗六街斗六を中心に昭和一六年から一七年の一年間余りの期間に二ヶ所の摂社（崁頭厝《がんとうせき》神社、古坑《ここう》神社）と七ヶ所の末社（竹園子《ちくいし》神社、渓邊厝《けいへんせき》神社、石榴《せきりょう》班《ばん》神社、樹子《じゅし》脚《きゃく》神社、内林《ないりん》神社、大北勢《だいほくせい》神社、溝子埧《ごうしぐ》神社）が、斗六神社を中心に放射状的に摂末社が造営された。摂末社といえど、これらの神社造営には多分に当地の郡守の力が強く関わったと判断している。

　これら摂末社から二社を紹介する。

往時の崁頭厝神社（提供：永光国小）

校庭内の手水舎

崁頭厝《かんとうせき》神社——移設された神社遺構

鎮座日：昭和一六年一二月二六日　**祭神**：能久親王、豊受大神、大国魂命、大己貴命、少彦名命　**現住所**：雲林縣古坑郷光昌路（古坑郷農會珈琲加工廠）

崁頭厝神社は古坑《クケン》郷農会珈琲加工廠の裏手辺りにあった。

神社本殿は北西に向かい、本殿手前には団体参拝用広場、また、参道入口付近には手水舎もあったという。戦後の一九四五年、神社は取り壊され、一部は製茶倉庫、一部は農作物の畑となった。

この神社の遺構と遺物は永光《ヨンクワン》国民小学の校内に残されている。まず、校門を入ると灯籠の笠が乗っている時計台に出くわす。校舎の裏側には数多くの灯籠、更に四角亭と呼ばれる建物がある。これは当時の手水舎である。永光国小発行の『一〇〇周年慶紀念特刊　百年温馨情』によると、この手水舎は戦後、一度どこかの場所に移されたが第一代の校長に就任した呉《ウ》威禮《ツエンレイ》が任期中に、この校庭内に移したとのことである。手水舎の材木はヒノキである。

内林《ないりん》神社——写真が語る鎮座祭

鎮座日：昭和一七年三月八日　**祭神**：大国魂命、大己貴命、少彦名命、能久親王、豊受大神　**現住所**：雲林縣斗六市梅林里水源路二九～三一辺り（台湾自来水公司　梅林加壓站林内營業所）

『神の国日本』での鎮座地は「斗六郡斗六街内林一六一ノ一」となっている。やっとのことで探し当てた神社跡地は「梅林」にあった。戦後、この地は「内林」から「梅林」に変わっていた。

しかしながら、肝心の神社跡地を探し出せず、いろいろ訪ねた結果、やっとのことで地元の林宏亮《リンホンリヤン》さんに巡り会えた。現在の台湾自来水公司梅林加壓站林内営業所がその神社跡地である。また、林さん宅には一部のウェブサイトで紹介されている貴重な神社写真も残っていた。写真を撮られたのは林さんの父親で、日本統治時代、内林の里長であり、また保甲（59頁参照）書記であった。

往時の内林神社鎮座祭
（提供：林宏亮）

神社の跡地

遥拝所

『神の国日本』の中には五ヶ所の遥拝所が記載されている。中壢《ちゅうれき》（新竹州中壢郡）、大湖（新竹州大湖郡）、竹崎（台南州嘉義郡）、馬《ま》太鞍《たいあん》（花蓮港庁鳳林郡）、そしてチャカン遥拝所（花蓮港庁蕃地）となる。遥拝所とは遠く離れた所から神社を遥かに拝むために設けられた宗教施設であり、遥拝の対象は台湾神社または神宮（伊勢）であった。また、その他、澎湖、大雅（豊原郡守大雅庄）、南湖（大湖郡大湖庄）等、多くの遥拝所が各地に建てられた。その中から、総督府に公認された遥拝所二ヶ所を紹介する。

竹崎《たけざき》遥拝所——神社山と狛犬

現住所：嘉義縣竹崎郷竹崎村中華路（竹崎公園）

阿里山森林鉄道の沿線上に竹崎がある。傍の竹崎公園を上ってゆくと貯水タンクがあり、その右手の土手を散歩道に沿って歩いていくと多少広い空間に出くわす。ここに竹崎遥拝所が南向きに造営された。当時の資料によると、昭和一一年（一九三六）九月の時点では既に例祭らしきものが執り行なわれているので、遥拝所が造営されたのはこれより前であろう。また、この竹崎公園は小高い山となっており、ご案内を頂いた簡《ジャン》茂宏《マオホン》さん（もと竹崎国中〈中学校〉の教師）から、この山は日本統治時代に「神社山」と呼ばれていたとのことである。戦後、神社が取り壊された後、小さな祠である「神社宮」が山の反対側の中山路六巷

真武廟に残る狛犬

辺りに建てられた。また、真武廟（和平村坑仔坪一三九号）に残る狛犬も紹介して頂いた。

馬《ま》太鞍《たいあん》遥拝所——教会に変貌した遥拝所

現住所：花蓮縣光復郷大馬村中山路三段八九巻一四號（馬太鞍教會）

往時の馬太鞍遥拝所
（出典：『台湾日日新報』）

馬太鞍教会

馬太鞍はアミ族の部落名であり、光復郷馬錫山《マーシーシャン》の麓に位置しており、マタイアン（馬太鞍）と呼ばれていた。昭和一二年（一九三七）に上大和《かみやまとやま》と改められ、日本統治時代は太巴塱《たばろん》部落（富田）と並んで大きな集落であった。

馬太鞍遥拝所は現在の光復郷中山路三段にあった。戦後は台湾基督長老教会馬太鞍教会として変貌をとげた。教会でお会いしたアミ族の林樹木（日本名：上村勝義）さんによると、当時、ヒノキ造りの本殿の周囲は松の木で囲まれており、ちょうど現在の教会入口の門辺りには大きな鳥居があり、すぐ傍には一対の狛犬が配置されていたという。また、神苑の右手前には土俵があり、林樹木さん自身も小さい頃よく相撲を取ったようである。特にお正月の時の賑いは盛大で、出初め式でははしご乗りなどが披露されたようである。

なお、馬太鞍遥拝所は馬太鞍部落の頭目であるトゲルカロなどが造営発起人となり、昭和四年（一九二九）六月一六日に造営されたものである。

第二部　産業及び社会と神社

概説

台湾神社が創建される以前、既に台湾には神社が存在していた。一社は県社の社格をもつ開山《かいさん》神社であった。二社は遊廓《ゆうかく》（261頁参照）に造営された土地の氏神としての稲荷神社（台中稲荷社—明治三〇年九月、基隆の末廣稲荷社—明治三二年一〇月）である。そして、一社は金瓜石《きんかせき》金鉱山構内に造営された企業守護神としての金瓜石社（明治三一年三月）であった。ともに神社としての社格を持たないが、神社に準ずる「社」として総督府より公認された神社であった。

内地より最初の官営農業移民が台湾の東部である花蓮港庁に入った。吉野村に入植したのが明治四三年（一九一〇）であり、その吉野村に吉野神社が造営されたのが明治四五年（一九一二）。吉野村に続いて、豊田村や林田村に神社が造営されたのが大正四年（一九一五）であった。全く未開の慣れない土地で、ひたすら健康と安全を願う氏神として、日本統治時代の早い時期に造営された。その後、台東庁、台中州北斗《ほくと》郡、高雄州屏東《へいとう》郡、台南州斗六《とろく》郡・虎尾《こび》郡にも移民村が建設され、村守護神としての神社が造営された。

台湾の植民地産業として大きく貢献したのは、製糖産業である。明治三三年（一九〇〇）一二月一〇日に台湾製糖株式会社が創立されると、本島人による近代的製糖会社も続々設立されるが、最終的に内地の四大資本による戦略的合併と買収により寡占状態となった。これらの主だった製糖会社の製糖工場及び甘蔗《かんしょ》（サトウキビ）農場に、企業守護神が造営された。いったん、製糖工場が建設されると、工場を中心に街が形成され、企業神社の中には街または庄の氏神として「神社」に列格される神社も出てきた。

日本統治時代の、ありとあらゆる産業内に企業神社が造営された。前述した製糖業の外、林業、酒造業、樟脳《しょうのう》業、塩業、水力発電業、金鉱山業等である。特に、昭和九年（一九三四）に東洋一と言われた台湾中部の日月潭《にちげつたん》ダムが完成することにより、安価で豊富な電力の供給が約束された。このことにより、大量に電力を消費する日本アルミニウムが高雄に進出する。同時に、台湾の工業化及び南進化政策に基づき、金属や化学工業が港湾設備の整った高雄に集中した。これらの企業に守護神としての企業神社が造営されたが、中には、総督府より神社に準ずる「社」として公認される神社の他、崇拝者が限定された簡素な無願神祠《むがんしんし》（注①）と呼ばれた簡素な神社があった。

第五代総督佐久間左馬太による山地先住民に対する軍事

的制圧計画である「五箇年計画理蕃《りばん》事業（明治四三年～大正三年）」が終了する。「帰順（降伏）」した先住民は隠匿していた銃器や弾薬を供出し、山地での狩猟生活から強制的に下山（集団移住）させられ、警察の管理監督のもと、平地で農耕生活を営むようになる。

模範部落と言われた台中州能高《のうこう》郡霧社《むしゃ》で、昭和五年（一九三〇）一〇月二七日に「霧社事件（309頁参照）」が勃発する。これまでの理蕃政策（290頁参照）を覆す大規模な抗日事件であった。改めて、翌年の一二月、総督府は先住民に対する「理蕃政策大綱」を制定し、その第一項目で「理蕃は蕃人を教化し、真の生活安定を図り、一視《いっし》同仁《どうじん》の聖徳に浴せしむることを以て目的とす」と、懐柔策を記載し、生活改善を図り、先住民の精神構造の改革をすることになった。そして、昭和九年（一九三四）度から、それまでの山地居住地から大規模な集団移住が計画され、それぞれの移住地に、先祖代々の祖霊信仰に代わって神社が造営されることになる。このことが敬神の念の高揚を図り、新たに部落の至るところに祠《やしろ》（注②）と称された神社の造営が加速される要因となった。また、多くの部落では教育・行政・神社の三位一体政策がとられ、神社は重要な位置を占めた。一方で、先住民居住地を監視する駐在所（一般には高地山岳地域）にも神社が造営され、中には部落の神社となるところもあった。

昭和一二年（一九三七）の日中戦争の勃発により、皇室への忠誠及び日本人への同化を指導した政策である「皇民化《こうみんか》運動」が強化され、太平洋戦争の悪化により、数多くの先住民が、それまでの志願兵から兵役義務を課せられ、徴兵されるようになる。既に、この頃になると、先住民の祖霊を祀る祖霊祭や祭祀儀礼なども全て、国家神道に組み込まれるようになっていた。

前述した『神の国日本』によると、「神社」に準ずる「社」（注③）として一一四社が掲載されている。特に、「社」は植民地に於ける最高行政機関である総督府が公認した神社であった。朝鮮では、これらは神祠《しんし》と呼ばれ、植民地において敬神崇皇を推進する上での特例であった。

日本統治時代、台湾ではありとあらゆる場所に神社が造営された。調査を進めてゆくと、更に、二〇〇ヶ所程度の小規模地域、業種や目的を限定した多種多様な簡素な無願神祠が造営されていた。中には祠《ほこら》規模までのものがあった。

官営企業、民間企業から教育機関や庶民の生活空間に至るまで、その数は夥しい。官営産業で見れば、煙草工場（松山煙草工場）を除く全ての施設内に守護神としての企業神社が造営された。民間企業では製糖会社工場のほとんどに造営された。現在でも庶民の生活空間では一般的に稲荷神社が多いが、台湾では一部の製糖工場を除いて、特に内地人が集まる当時の遊廓に稲荷神社が多く造営された。また、漁業に携わる土地には金刀《こと》比羅《ひら》神社、樟脳関連事業所には熊野《くまの》櫲樟《くす》日命《びのみこと》、酒造工場には松尾神社、製油所には弥彦《やひこ》神社等の祭神が祀られた。そして、事業の発展、従業員やその家族、更には地域、住民の安全を祈願して造営された。これらは会社や地元の有志、または職員などによって造営された簡素な神社であり、中には総督府の公認が得られなかった無願神祠もあった。

本書では、たとえ本殿だけ、または、祠《ほこら》規模であろうが、なんらかの形で祭神が祀られ、崇敬者が参拝した神社も数多く取り上げている。日本統治時代の台湾のあらゆる生活に直接関係した神社がどのような背景で造営され、どのように社会及び民衆と関わったかを知るためである。

神社の存在は台湾に居住する内地人にとって当たり前であり、慣れない土地で神々の守護を受けようとするものである。それ故、神社の祭神として一般的であった台湾神社の祭神（開拓三神及び能久親王）とは異なり、日本の伝統的な祭神を祀る神社も多かった。

台湾では奉安殿や奉斎殿（注④）とともに、「校内神社（342頁参照）」が、多くの公学校（注⑤）に造営された。これら多くは、満州事変の勃発を期して、国民精神の涵養が叫ばれ、日中戦争を通じ、更なる国民精神の団結と敬神観念の徹底を図る「日本人化」を進める政策であった。この意味において、部落神社や校内神社は総督府の統治政策及び宗教政策と大いに関わった。一方で、特殊な神社として軍隊の兵営内に造営された「営内《えいない》神社」（254頁参照）もあった。また、刑務所、らい病療養所等の施設、一般庶民の台所としての市場（基隆富貴稲荷神社）や、変わったところでは百貨店（ハヤシ百貨店や吉井百貨店）や動物園（圓山動物園）にも神社があった。

《注釈》

① 総督府より公認された「社」以外の簡素な神社である。一般には、本殿と鳥居のみであった場合が多く、崇拝者や地域が限定された神社であった。また、「無願」とは、総督府に神社として願書を届け出て認可されなかった、または願書を届け出なかったことをいう。

② 大正一三年（一九二四）四月に総督府総務長官通達で、先住民部落に造営された神社（社）は、部落名を表す「社」と、神社を表す「社」が紛らわしい時は、「社」に代わって「祠《やしろ》」を使用することとされた。特に、東台湾の花蓮港庁及び台東庁の海岸線に沿って夥しい神社が造営された。ほとんどが「祠」である。従って、「祠」と称される神社は部落にあり、氏子または崇敬者の主体は先住民とされた。

③ 大正一二年（一九二三）六月、台湾総督府令五七号に「社ト称スルハ神社ニ非ズシテ公衆ニ参拝セシメル為神祀ヲ奉祀スルモノヲ謂フ」と規定しており、「社」の創建にあたっては崇敬者または氏子二〇人以上とし、その中の総代が神社に関する維持のための一切の事務を行なう義務を有した。社格をもたない神社ではあったが、総督府より公認を受けた神社であった。

日本統治時代の朝鮮にも数多くの神社が造営され、その中に「神祠《しんし》」と称される神社があった。この神祠とは台湾に於ける「社」と同じものである。

④　天皇と皇后の御真影と教育勅語を納めた建物である。一般の奉安殿は校舎外に独立して作られることもあった。奉斎殿は大麻奉斎殿の事であり、前述した大麻をお祀りした施設である。

⑤　日本統治時代の台湾に於ける本島人の子弟への第一段階の教育機関である。

樟脳

樟脳《しょうのう》は日本において、防湿、防虫、防臭、防腐剤に至るまで、幅広い用途をもっていた。ヨーロッパでは医薬品（カンフル剤）として利用され、「サツマカンフル」と呼ばれて珍重されていた。当時、ヨーロッパで使用されていた樟脳の大部分が薩摩藩製であったという記録もある。

時を同じくして、清国領の台湾においても樟脳が重要な輸出製品であった。日本統治が開始されるまで、台湾で生産された樟脳は厦門《アモイ》や香港経由イギリス、インドやシンガポールに再輸出され、イギリスからはヨーロッパ大陸各地及び米国へ、インドよりは西アジア、アフリカへ、そして、シンガポールよりはインドシナ半島へ出荷された。明治二八年（一八九五）に日本が台湾接収を行なった時点で、樟脳は日本産と台湾産で世界の総需要の八～九割を占める特産物となった。

一八六九年にアメリカのハイアット兄弟がセルロイドの製造を発明することにより、一九世紀後半、工業製品に一大革命を興す。セルロイドは一種の合成樹脂で、ニトロセルロースに樟脳を加えて、アルコールで混錬することで得られ、ありとあらゆる可塑製品が市場に出回り、巨大な樟脳の需要が創造された。また、樟脳は無煙火薬の原料として大量に消費され、無煙火薬であるため相手に居場所を探られにくいことで、世界中の軍隊で使用されるようになる。化学的に合成樟脳が可能になる一九二〇年代までは、樟《しょう》木《ぼく》（クスノキ）から抽出した天然樟脳はその市場を独占する。また、樟脳油から抽出される精製樟脳は医薬品や香料の原料として使用され、日本統治時代、唯一、世界を相手に貿易を成し遂げた産物であった。

本島の樟脳産地は先住民部落が点在する中央山脈に沿って繁茂する森林の奥深くにあった。特に大嵙《たいこ》崁《かん》地方（現在

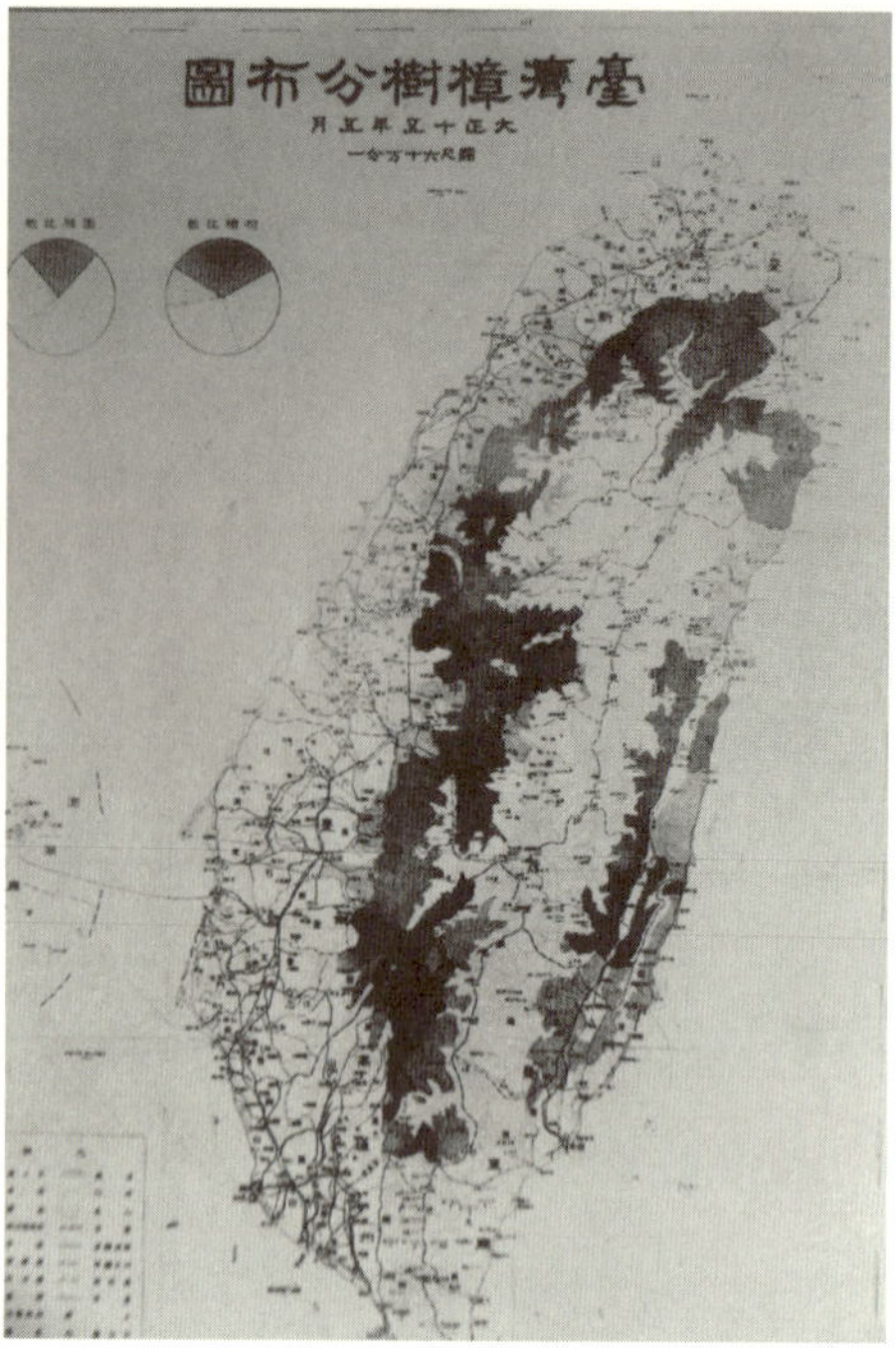

台湾樟樹分布図（出典：『久須之木』）

の大渓《タシー》）は巨木に富んでいたようである。そのほか、上図のとおり、宜蘭、苗栗、雲林、恒春、花蓮港（玉里）も樟木を産する所であり、同時に先住民の居住する地域でもあった。良質の樟脳は樹齢五〇年以上の樟木の根元付近から採取されるため、樹齢の古い樟木を求めて次第に山深くに入ることになり、これら先住民の生活空間で樟木を伐採するには頭目《とうもく》（部落の頭）の承諾を得なければならなかった。そのために、塩、布、牛、豚、火薬を伐採の報酬としていたが、特に、「出早《しゅっそう》」と呼ばれる首を狩る風習を持つ先住民との抗争は往々にして付きものだった。後に述べる理蕃《りばん》「五箇年計画理蕃事業」は多発する抗争から重要資源である樟脳の脳丁《のうちょう》（採取者）を守るためのものであったといっても過言ではない。

領台五ヶ月後の明治二八年（一八九五）一〇月三一日に総督府は「官有林野及樟脳製造業取締規則」を設定して樟脳業を総督府の許可事業とした。それほど「金の成る木・樟木」をして、一日も早く財源を確保しようとする初代総督樺山資紀《かばやますけのり》であった。これにより、清国時代の許可証を有する者以外の樟脳生産を禁止した。そして翌年三月には「樟脳税則」が発布され、更に、台湾総督府は明治三二年（一八九九）八月に「台湾樟脳及樟脳油専売規制」を施行することにより、樟脳の完全な専売制へ移行する。しかしながら、粗製樟脳（注①）の輸出については、明治四一年（一九〇八）にその商権が三井物産に移行するまで、英国

茶芸館　後藤新平と合成樟脳

明治三五年（一九〇二）六月に後藤民政長官は米国及び欧州視察の旅に出た。この時、同行者として選んだのが殖産局長として活躍していた新渡戸稲造《にとべいなぞう》であった。米国での滞在後、ベルリンに着いたのが九月。この地で、後藤新平は一つの案件を持っていた。それは独国シェーリング会社を訪問することで、同社は合成樟脳の開発に成功し、帝国公使（現在の在独大使館に相当）を経て、「日本政府樟脳専売上の利益の為会社と協商するの意あらば、相当の条件を以て協商をためすべし」との申し込みがあり、合成樟脳の見本が送付されていた。日本政府がその試験中、シェーリング会社の理事であるアントリックから、総督府に宛てて、「六月迄に協商に関し、日本政府の確答を得ざれば、会社は人工樟脳の販売を、随意に市場に試むべし」と催促があった。既に五ヶ国で特許を得、サンプルを提出した各セルロイド会社は、その成績が良好であると主張し、日本側の提示条件を求めるアントリック理事と、その開発の裏付けを取ろうとする後藤民政長官であった。結局、話の妥協点が見いだせないまま、日本政府は市場での価格対応性を強調し、敢えて妥協はしない旨を伝え、後藤長官はアントリック理事との会見を終了した。

サミュエル・サミュエル商会が競争入札で応札し、一手に販売権を独占した。

明治三四年（一九〇一）五月に阿片、塩などの独立した専売局を統合、新たに台湾総督府専売局が設立された。そして、明治三六年（一九〇三）六月には日本国内法に準拠した台湾専売法を公布し、製造販売の全てを専売事業として台湾総督府の管理下に置いた。

領台一〇年目の明治三八年（一九〇五）には念願であった台湾財政の独立がなされた。このとき、樟脳の収入は四二〇万円となり、総督府全体の総経常収入二四〇〇万円に対して約二〇％を占めるまでになった。

欧州大戦（大正三～七年）勃発以来、欧米においてセルロイド産業の勃興《ぼっこう》に促され、日本製樟脳は未曾有の活況を呈した。戦後は世界不況に陥りながらも、可塑性に優れ、色彩鮮やかで清潔感などの利点により、瞬く間に食器の取っ手、万年筆の筒、眼鏡のフレームやおもちゃ等、広く生活用品に利用された。明治三二年（一八九九）に樟脳専売開始当時の島内の精製樟脳年産額は僅か五一六〇トンに過ぎなかったが、大正五年（一九一六）には一万二八〇〇トンの記録を作る。そして、精製樟脳を内地有力企業に優先的に供給することになるが、大正七年（一九一八）には、大戦の影響で再び四〇〇〇トン台まで減少する。大正八年（一九一九）に台湾製脳業界の結束と合理化を目指して資本金一〇〇〇万円を投じて台湾製脳株式会社が台北に設立された。主だった株主は三井合名、台湾採脳、塩水港製糖、台南製糖、新竹製脳であった。

大正一一年（一九二二）に入り、経済界が漸く活況を取り戻し、セルロイド業界は欧米及び内地共に樟脳需要を激増させた。特に、米国でのセルロイド需要が旺盛になり、このような急激な需要に対応することはできず、翌年には内地及び本島での生産を七〇〇〇トン台まで上げたが、需要に追従できなかった。これに乗じて欧州大戦後、米国市場に出現したドイツ・シェーリング社によって開発された合成樟脳は品質において格段の進歩を遂げ、日本で製造された天然樟脳と遜色のないまでのレベルとなっており、ドイツ製合成樟脳に絶好の進出機会を与えることになった。

昭和六年（一九三一）に金輸出禁止を打ち出し、当時の若槻《わかつき》内閣は、結果として大幅な為替の下落を引き起こす。この事により国内のセルロイド産業の驚異的繁栄をもたらし、また精製樟脳の輸出も旺盛になり、内地及び本島の樟脳産業は再び活況を呈した。昭和九年（一九三四）七月、台湾唯一の製脳業者となっていた台湾製脳株式会社は総督府に買収され、台湾の製脳は完全に官営一本となり、昭和一一年（一九三六）年を頂点にして、空前の繁栄を享受することになる。その後も、常に需要と供給、そして、為替の変動により、樟脳産業は大きく左右されたが、所詮天然資源であったため、樟木の枯渇により、合成樟脳にその市場を譲ることになった。

この頃、内地では富士写真フイルムが昭和九年に設立された。政府よりの助成金交付や専売局よりの上質の樟脳の供給もあり、昭和一一年に初めて国産映画用のフイルムが市販された。昭和一三年（一九三八）頃には国内需要の五〇％は自給出来るようなり、その後も需要は旺盛で、富士写真のほか、小西六やオリエンタルも増産を行なう。カラーフイルムの誕生もあり、戦後も確実にその生産高を伸ばすが、素材の顕著な可燃性が問題となり、セルロイド製品の市場からの排除が起きた。そして、フイルムは昭和二八年（一九五三）に映画用フイルムから順次不燃性フイルムへと転換していった。

太平洋戦争初期に国内の物価は大暴騰し、大戦による供給不足を見越し、精製樟脳は再び高騰するが、その後樟脳産業は急速に衰退の一途をたどる。革新的な産業と時局の変化により、絶えず一進一退を繰り返した樟脳産業であった。

台湾の樟脳経営は戦後三年間、日本の統治時代と同じ専売制機構をとりつつ、改善もなされた。そして、国民政府からの助成金の交付、輸出保証制度など樟脳事業の維持及び育成のための諸般の行政処置が講じられた。しかしながら、独立採算制度を維持することが出来なくなり、一九四八年七月末、遂に専売制度は廃止される。

久《く》須《す》之《の》木《き》祠《ほこら》——樹齢一五〇〇年のクスノキ

鎮座日：昭和八年一〇月一日　**祭神**：熊野《くまの》櫲樟《くす》日命《ひのみこと》、大山祇命、大国魂命、大己貴命、少彦名命、能久親王　**無願神祠**　**現住所**：南投縣信義郷萬年神木村

往時の久須之木祠（出典：『久須之木』）

樹齢一五〇〇年の樟木

台湾には「ご神木」と呼ばれる巨木が一〇ヶ所ある。その第九番目に、広葉樹として、唯一、ランクされているのが、南投県信義郷神木村のご神木（樹高五〇メートル、幹周一五・七メートル、樹齢一五〇〇年）である。「萬年神木樟木公」と呼ばれ、管理委員会が置かれており、毎年、端午節、中元節、春節には式典が執り行なわれている。神木に近づくと、改めてその巨大さがわかる。幹の根元には赤い布が張られており、ここに福徳正神（土地公とも呼ばれる土地の神様）を祀っている。神木から発せられる樟脳の香りは、一面に漂い、清々しい気持ちになる。

専売局では大正七年（一九一八）から一三年（一九二四）までの七年間、全島に於ける樟木の調査を行なった。その時、毎木調査隊第二隊二班として勤務していた甲斐《かい》武人が大正九年（一九二〇）一二月二八日に台中州新高郡ホサ（和社）上流で大樟木を発見する。その後、正式に「神樟」に指定され、その周囲に仮柵を設け、しめ縄を繞らした。

製脳原料として、年々数多くの樟木が伐採され、それら樟木の霊を祀ると共に、将来の樟脳事業発展を祈る趣旨で、「樟木祭」といったものを挙行できないかとの検討が専売局でなされた。そして、粗製樟脳・樟脳油専売法施工日を記念して、昭和八年（一九三三）一〇月一日に台中州新高郡蕃地ホサ社の樟木傍に小さな社祠が造営され、鎮座祭が執り行なわれる。当日は平輝雄塩脳課長以下二〇〇人近くの参列者があり、毎年の例祭日（一〇月一日）には関係者

が集まり、盛大に催し物が執り行なわれた。
一九五九年八月七日より九日まで、台湾の中部を襲った台風（八七水災）は、各地に大規模な被害をもたらす。この時、久須乃木祠は土石流に流されたようである。幸い、鳥居は残っていたようであるが、日台断交が行なわれた年の一九七二年に取り壊されたとのこと。

久須乃木社《くすのき》——樟脳工場の守護神

鎮座日：昭和八年一〇月一日　**祭神**：熊野櫲樟日命、大山祇命、大国魂命、大己貴命、少彦名命、能久親王　**無願神祠**　**現住所**：台北市中正區南昌路一段（國立台湾博物館　南門園區）

「台湾総督府専売局台北南門工場」の一部が地下鉄「中正紀念堂站」傍の南昌路一段に残っている。南門工場の前身は数千人の従業員が携わる樟脳の精製工場で「台湾樟脳局樟脳製造工場」と呼ばれた。明治三二年（一八九九）八月五日に台湾樟脳専売制が施行され、官営工場建設のため、同年七月に南門外に約三・六ヘクタールの土地を買収して工場建設に取りかかった。これが、その後の南門工場の前身である。当時は木造平屋一棟であり、作業員の事務所、試験室及び倉庫として使用された。その他、樟脳倉庫、収納場、昇華作業場、仕上げ場及び汽缶室があり、明治三三年（一九〇〇）一月竣工、二月から作業が開始された。

明治三四年（一九〇一）五月に台湾総督府専売局制が発布され、樟脳局が廃止される。この時点で「南門工場」となる。専売局の管轄となった南門工場は、当初粗製樟脳の生産のみであったが、明治四四年（一九一一）六月、設備を増設し、樟脳油（注②）の再製工程も行なうようになり、大正九年（一九二〇）には芳樟油の再製工程も開始された。

大正一三年（一九二四）一二月に脳務課と塩務課を合併して塩脳課となり、南門工場は総督府専売局塩脳課の管轄となった。そして、樟脳事業は樟脳油再製、樟脳調理、副産物製造となる。本島唯一の官営樟脳加工工場であるだけではなく、その樟脳の生産量は世界一であった。昭和六年（一九三一）に台北南門工場と改称された。

戦後、国民政府の下、工場経営が継続されたが、合成樟脳が市場を席巻したことにより、一九六七年末、その歴史の幕を下ろす。現在は当時の敷地規模の約八分の一まで縮小しているが、台湾産業史博物館の指定を受け、台湾博物館南門園区となっている。一般に「小白宮」と呼ばれる物品倉庫は石造建築で、現在の博物館南門園内で最も古い建築物であるとともに、台湾で僅かに残存するアヘン産業の建築物であると紹介されている。一方のレンガ造りで「紅樓」と呼ばれる樟脳とアヘンの完成品を貯蔵する樟脳倉庫は大正四年（一九一五）三月に竣工した。

昭和八年（一九三三）一〇月一日、ホサ社の久須乃木祠の分霊を祀り、この南門工場にても久須乃木社の鎮座祭が執り行なわれた。鎮座場所は工場内の「四百石の池」の東側、石造り倉庫の北側に鎮座した。当時の神社の模型が博物館内に展示されている。

往時の久須之木社（出典：『久須之木』）

四百石貯水池の奥に神社が造営された

南門園区
（後方が小白宮、手前が紅樓）

高砂香料《たかさごこうりょう》（南木《なんぼく》社）――樟木で出来た本殿

鎮座日：昭和一一年二月九日　**祭神**：熊野橡樟日命、大山祇命、大国魂命、大己貴命、少彦名命、能久親王　**無願神祠**　**現住所**：台北市大安區信義路四段三〇巷辺り

昭和一〇年（一九三五）一〇月一〇日から五〇日間にわたり、台湾総督府の威信をかけた始政四〇周年記念台湾博覧会が執り行なわれ、台湾を代表する産物が展示された。陳列会場の施設には産業館、林業館、交通土木館、南方館

茶芸館　熊野《くまの》橡樟《くす》日命《びのみこと》

祭神の熊野橡樟日命とは、『日本書紀』に、「素戔嗚尊《すさのうのみこと》の第五子にあたり、熊野橡樟日命は素戔嗚尊の気吹《いぶき》の狭《さ》霧《ぎり》（吐いた霧）の中に誕生したとあり、誠に奇し（クスまたはクシ）であるため、その御名を与えられた」という、クスノキ（樟木）の祭神として祀られた。また、熊野とは地名であり、出雲国意宇《おう》郡の熊野であると『古事記伝』に表されている。

『日本書紀神代篇』に素戔嗚尊が船の木材を作るために眉毛を抜いて播き散らせ、それが「樟」となったものと書かれており、「樟」を熊野橡樟日命と関連付けている。

往時の南木社（出典：『久須之木』）

台湾博覧会専売館に祭祀された久須之木祠（出典：『始政四十周年記念　台湾博覧会誌』）

等の直営館と満洲館、日本製鉄館、三井館、東京館、専売館があり、その専売館に樟木で出来た久須乃木祠が祭祀された。博覧会が終了した後、社殿は高砂香料株式会社に下渡され、高砂香料台北支店工場の工場守護神として、本社創立一六周年記念日である二月九日を記念して、工場設立間もない昭和一一年（一九三六）二月九日に南木社として鎮座した。台北支店工場は現在の大安区信義路四段三〇巷辺りにあり、不確定であるが、神社跡地は四維公園（瑞安街二三巷）かもしれない。

高砂香料は本社を東京市蒲田に置き、台湾専売局からも樟脳副産物の払い下げを受け、加工していた。内地での香料産業の発展に伴い、昭和一〇年、台北市大安字龍安坡に台北分工場を建設した。事業内容は専売局から樟脳副産油である赤油《あか》、白油《はく》、芳油《ほう》、藍油《らん》等の払い下げを受け、これを香料原料にして本社に発送するというものであった。白油からは香料の原料であるシネオール、芳香テルペン油等が得られる。赤油からは医薬品の原料である抱水《ほうすい》テルペンやサフロールができる。サフロールは香料の原料で、ワニリンやヘリオトロピン等が作られる。ワニリンはチョコレート等の調味香料として、ヘリオトロピンは香水や化粧品用の香料として高額で取引された。

台湾での事業を拡大するため、昭和一三年（一九三八）七月に蒲田の本社を台湾に移転する。同時に、台北工場の拡大も行い、翌年の昭和一四年（一九三九）にこれまでの高砂香料から高砂化学と改称する。

戦後、高砂化学は国民政府に接収される。内地では、一九四七年三月、平塚工場を竣工させ、翌年の一九四八年に高砂香料が設立される。一九五一年二月に高砂化学と高砂香料を合併して、高砂香料工業に改称した。

昭和一三年（一九三八）一〇月一日に内地に残る高砂香料で、久須乃木祠の御分霊を、高砂香料発祥の地である蒲田に勧請して南木神社とした。一九九八年一二月に南木神社は本社ビル（東京都中央区）敷地内に遷座した。

〈註〉

① クスノキの根や幹、小枝の切片や葉（当時は樟木の幹の部分のみを利用した）を水蒸気蒸留すると樟脳原油とともに泥状結晶が留出し、これを濾取《ろしゅ》すると粗製樟脳が出来る。更に樟脳原油を分留すると再生樟脳が得られる。

台湾樟脳専売制実施以前、精製技術は日本で確立されてなかったため、台湾で生産された粗製樟脳は欧米に輸出され、精製業者により精製樟脳として再び日本に輸出されていた。

② 樟脳を分離した後の精油で黄褐色の液体。これを更に減圧蒸留し、赤油・白油・藍色油を得る。

水力発電

日月潭《にちげつたん》水力発電工事とは、濁水溪の上流、武界堰堤《ぶかいえんてい》（当時の姉妹ヶ原）付近に取水口を設け、海抜七二七メートルの高所にある日月潭に豊富な水を引き入れ、これを貯水池とし、この貯水池の水を更に水圧トンネルと鉄管を通じて門牌潭《もんはいたん》の第一発電所に落そうとするものであった。有効落差三二〇メートルにより、一〇万キロワットという世界最大の水力発電を起し、ここで得られた電力は、北は基隆、南は高雄まで供給する壮大な計画であった。

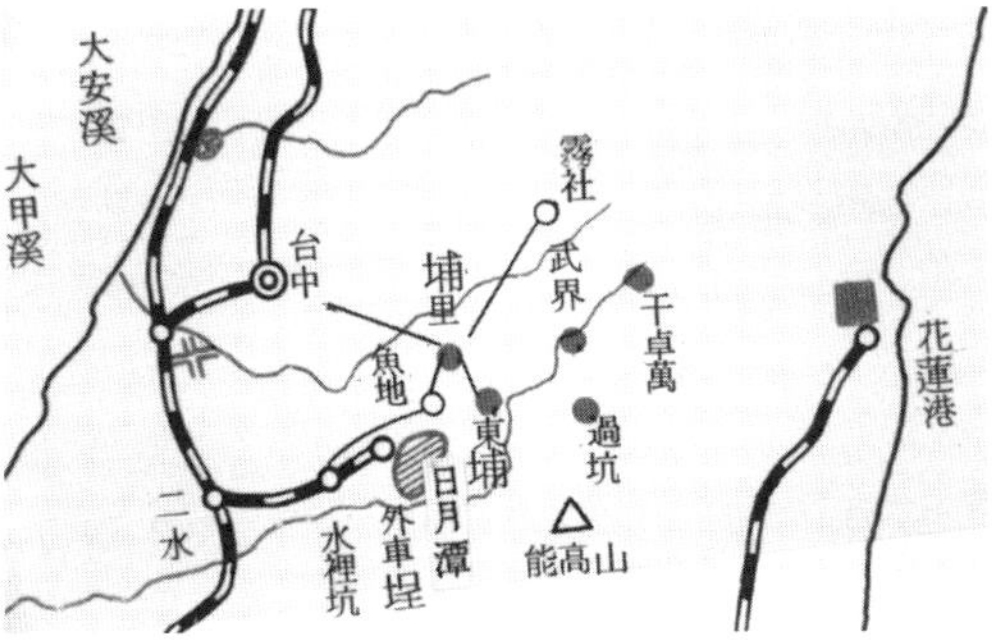

鹿島建設の施工工事区分図（提供：鹿島建設）

総督府はこれを官営事業とし、大正七年（一九一八）度の予算に工事費として四三五〇万円を計上し、財源を公債に求め、五〇年償還とした案で政府と交渉した。しかしながら、当時、シベリア出兵をもくろんでいた寺内内閣によって公債支弁を阻まれ、一年間延期を余儀なくされた。また、寺内内閣を引き継いだ原内閣は全額公債支弁という資金調達に難色を示し、計画は宙に浮いてしまった。

民政長官下村宏や土木局長角源泉《すみげんせん》を中心とする創立委員会により、大正八年（一九一九）四月に第七代総督明石元二郎は各公営・民営発電所の出資による半官半民の台湾電力株式会社を設立した。そして、医学博士であり、台湾総督府研究所長高木友枝が台湾電力株式会社の社長となった。折からの欧州大戦（大正三～大正七年）後の好景気により、物価や賃金の高騰及び工事設計の一部変更で工事費は当初予定の四八〇〇万円から一六〇〇万円も大幅にアップした。内地では大正一二年（一九二三）九月の関東大震災もあり、遂に大正一五年（一九二六）一二月七日、日月潭水力発電所計画は第一一代総督上山満之進により正式に工事打ち切りが決定された。

日月潭の水力発電所工事は中断するが、ますます電力需要は増加し、台湾電力は高雄及び松山火力発電所の二ヶ所の増設を行い、一万二〇〇〇キロワットを確保し、宜蘭濁水渓天送埤《てんそうび》水力発電所（六六〇〇キロワット）などの買収を行なう。これらにより、台湾電力の総出力は四万四一四〇キロワットとなった。その一方で、工事の再開を見直し、第一〇代総督伊澤多喜雄は米国ストン・アンド・ウェブスター会社による日月潭貯水池の適合性を決定するため、同社技師者の派遣を依頼した。

昭和三年（一九二八）八月に台湾総督府は日月潭発電事業の再興方針を決定した。そして、翌年三月に工事再興の決議がなされ、第五六議会において工事資金の他債元利支払い政府保証案が通過し、第一三代総督石塚英蔵は台湾電力に対して工事再開の調査を命じた。工事再開の決定を受けて、翌年の昭和四年（一九二九）一二月に東京都交通局の前身である東京市電気局長であり、また、山下汽船の副社長であった松木幹一郎が新社長に就任した。松木社長は事業計画に関する基本調査から開始した。

昭和五年（一九三〇）一〇月に日月潭ダム工事再開は決定したもの、この年に発生した世界恐慌により、予定していた米国よりの外国債による調達が困難になる。また、世界恐慌に追い打ちをかけるよう、日本政府による金輸出解禁により、日本経済はデフレに陥る。昭和六年（一九三一）に入り、米国フーバー大統領は財政危機のドイツを支援するため、西欧諸国の米国に対する債務支払い及びドイツの西欧諸国への賠償支払いを、いずれも一年間猶予を与えると発表する。六月二〇日であった。いわゆる、フーバーモラトリアムと言われるものであり、この一瞬を利用して、松木社長は大蔵省や拓務省との折衝により、モルガン商会を中心に二二八〇万ドルの外債を成立させた。そして、集められたドル資金は日本に送金され、日本銀行を始めとする国内の金融機関に預けられた。しかしながら、同年九月に勃発した満州事変により、日本政府は金本位制に見切りつけた。このことは一層の為替相場の悪化（円安）を招き、日月潭水力発電所計画は更なる困難に直面する。松木社長は為替を円安に再設定して経営計画を練り直し、工事に着手したのは昭和六年一〇月一日であった。

この時点で、総督府及び台湾電力の大きな壁は一〇万キロワットの膨大な電力の供給先であった。時をほぼ同じくして、昭和六年九月一八日に満州事変が勃発する。軍需用としての国産アルミニウムの需要が喚起され、これに呼応するように、内地で日本アルミニウムが昭和九年（一九三四）に設立を決定し、台湾に工場建設を決めた。このことにより、台湾電力は念願の大口需要先を獲得する。同時に、台湾電力は基隆方面の供給先にも触手を伸ばし、台湾電化（一万二〇〇〇キロワット）、金瓜石鉱山（一万二〇〇〇キロワット）、基隆炭鉱（二〇〇〇キロワット）を始め、大小の炭鉱の電化に伴う電力の供給を行なうことになる。そのため、二〇〇万円を投じて、新たに基隆の八堵《はっと》に八堵変電所を作り、中継点の台北と変電所間に一五万四〇〇〇ボルトの送電線を増設した。

大正八年に台湾電力が創設されて以来、一六年の歳月と六八〇〇万円を投じた大工事は、工事を短縮すること三ヶ月、工事費二〇〇余万円を節約し、昭和九年六月三〇日に竣工した。同年七月一八日、日月潭玉島神社前にて日月潭水力電気工事通水奉告式が執り行なわれ、七月三〇日に試運転が開始された。また、台湾神社例祭である一〇月二八日、台北鉄道ホテルで台湾電力の日月潭水力電気工事竣工祝賀会が執り行なわれた。

水力発電所には必ずと言っていいほど、事業守護神である神社が造営され、水の神である市《い》杵島姫命《ちきしまひめのみこと》が祀られた。『台湾電力株式会社発展史』の著者である林炳炎《リンピンエン》さんのご協力により、二〇一五年からの調査で、新亀山発電所（桂山発電所）に神社があったことが判明した。また、小祖《しょうそ》坑《こう》発電所傍の土地公が神社跡地ではないかとの指摘もあった。また、調査中に萬大発電所の土地公が神社であったことが判明した。発電所構内または傍にある土地公は神社跡地であるという仮説に立つと、北山坑発電所傍の土地公も神社跡地である可能性がある。

日月潭玉島《にちげつたんたまじま》社——湖上の神社跡地

鎮座日：昭和六年一一月二四日　**祭神**：市杵島姫命　**社**　**現住所**：南投縣魚池郷…日月潭拉魯島

日月潭玉島社は日月潭の中ほどにある玉島に西向きに造営された。ちょうど、大正一五年（一九二六）の工事打ち切りから一転、工事再興に着手し、請負人側の選定が行なわれた頃である。

そもそもこの島は水社石印化《せきいんか》蕃《ばん》（注①）と呼ばれたサオ族（注②）の居住地であり、日月潭の南西隅に位置し、水面上約一九メートル、面積約七・九ヘクタールあり、原住民人家や耕地があったという。島には小高い山があり、珠仔山と呼ばれ、サオ族の最も神聖な祖霊の宿る地であった。日本統治時代、玉島と呼ばれる前は、「中の島」と呼ばれた。日月潭水力発電の工事が順調に進められるよう祈願するために、湖中の「中の島」に清朝時代に作られた山頂の六角亭を取り壊し、三メートルほど土盛りをし、日月潭玉島社が造営された。戦後、玉島は「光華《クワンファ》島」と名づけられたが、南投県庁がサオ族に敬意を表すため、サオ族語である拉魯《ラルー》島と改めて名づけた。

往時の日月潭玉島社
（提供：高橋正己）

僅かに残る神社跡地

台湾電力が門牌潭《もんはいたん》に水力発電所を造営した際、日月潭をダムとして利用することとなったために水かさが増し、玉島は小さくなり、そして、一九九九年に南投県を中心に襲った「九二一大震災」で更に湖水に沈んでしまい、現在は僅かに山頂部が残っている。周囲からは神社の記念碑及び水面に沈んだ本殿への石段と石段傍の「加藤政一遭難の碑（注③）」と刻まれた小さな記念碑だけが見える。

祭神である市杵島姫命《いちきしまひめのみこと》は宗像《むなかた》三女神のうちの一神であり、厳島神社より日月潭玉島社に御霊代を勧請したものである。当時の『台湾日日新報』には左記のとおり表記された。

厳島《いつくしま》神社より移し奉り市杵島姫命の御霊代は一先ず電力会社の見張り詰所假奉安所に安置され、玉島の神殿に清祓《きよはらい》式を行ひ、夕方御霊代は假奉安所を出発し、夕闇漸くたれこめんとする中を松明の光、笙、笛の音も荘厳に神職・木下長官以下これに従ひ、四船で玉島に向った。

戦後、国民政府により、神社は取り壊され、湖中に投げ込まれた。そして、この場所に、「月下老人亭」という小さな廟が造営された。その月下老人亭は「九二一大震災」で被害を受け、その後、月下老人像は近くの水社村の龍《ロン》鳳宮《フォンゴン》に移される。この時、日月潭玉島社の狛犬一対も難を逃れて、現在、龍鳳宮内の水社村活動中心に保管されている。

往時の日月社（出典：『日月潭水力電気工事誌』）

発電所の導水管

門牌潭《もんはいたん》発電所（日月社）――日月潭ダムの発電所

鎮座日：昭和一〇年二月一二日　**祭神**：大山祇神《おおやまずみのかみ》、水波能賣神、大雷神　**無願神祠**　**現住所**：南投縣水里郷車埕村明潭巷七三號（大觀發電廠）

現在の大観《ダクワン》水力発電所は当時の台中州新高郡集集《しゅうしゅう》街門牌潭に建造された台湾電力の日月潭ダム第一発電所である。門牌潭に建設されたため門牌潭発電所とも呼ばれた。当時において電力発電規模（一〇万キロワット）はアジアで第三位を誇る発電所として昭和九年（一九三四）九月三〇日から台湾の南北に向けて発電を開始した。この門牌潭発電所から送電される電力により、台湾の工業化が約束された。

日月社は門牌潭社とも呼ばれ、大山祇神と供に火の神（大雷神《おおいかづち》）及び水の神（水波能賣神《みづはのめのかみ》）を奉祀する発電所の守護神として祀られた。当時は発電所入口から入った突き当り左手に従業員宿舎があり、神社は所長宿舎の裏側の高台辺りに造営された。

日月潭《にちげつたん》第二発電所（構内神社）――松木社長の挑戦

鎮座日及び**祭神**：不明　**無願神祠**　**現住所**：南投縣水里郷鉅工村（明潭發電廠鉅工分廠）

日月潭第二発電所構内神社
本殿への石段と灯籠の一部

鉅工発電所

第一発電所完成後、電力需要はますます旺盛となり、アルミニウム産業以外、特に電力を大量に消化する肥料、製紙、曹達《ソーダ》、繊維、製鉄・鉱業、窯業、セメント業、製粉、製氷及び冷蔵業等、様々な分野で大量の電力消費が求められだす。その一方、電力の不足が懸念され、昭和一一年（一九三六）二月の株主総会の席上、松木社長は「日月潭第二発電所の建設工事を進めており、第一・二区は大倉組に、第三工区は大林組に落札し、昭和一二年六月末完成予定である」と発表する。

これが水裡《すいり》坑《こう》の日月潭第二発電所（現在の鉅工《ジュゴン》発電所）であり、門牌潭発電所よりの放水を利用し、高低差一四〇メートルの水力で発電し、発電量は四万三〇〇〇キロワットであった。現在も明潭発電廠鉅工分廠として、現役で稼働している。

企業守護神として祀られた構内神社は発電所入口を入ってすぐ右側の小高い場所に造営された。石段は当時のものであろう。灯籠の一部も見ることができる。

萬大《ばんだい》発電所（構内神社）——発電所を見つめた守護神

鎮座日及び祭神：不明　**無願神祠**　**現住所**：南投縣仁愛郷親愛村高平路一九二號之二

台湾電力株式会社がより多くの電力を供給するため、濁水溪の支流萬大溪を水源に、高低差二七五メートルの萬大発電所が建設された。昭和一六年（一九四一）春に着工し、昭和一八年（一九四三）三月に発電量一万五〇〇〇キロワットを開始した。

太平洋戦争末期、門牌潭発電所が昭和一九年（一九四四）一〇月と昭和二〇年（一九四五）三月に、米国戦闘機による爆撃で屋外の発電所は破壊され、発電中止状態になってしまう。萬大発電所よりの供給で細々と賄わざるを得ない状態であった。

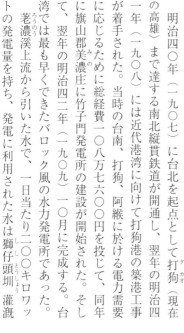

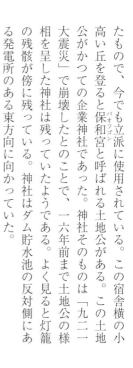

萬大発電所事務所から霧社溪にかかる萬大橋をわたると、日本式の宿舎が建ち並んでいる。昭和一六年頃に建てられたもので、今でも立派に使用されている。この宿舎横の小高い丘を登ると保和宮《バオフゴン》と呼ばれる土地公がある。この土地公がかつての企業神社であった。神社そのものは「九二一大震災」で崩壊したとのことで、一六年前まで土地公の様相を呈した神社は残っていたようである。よく見ると灯籠の残骸が傍に残っている。神社はダム貯水池の反対側にある発電所のある東方向に向かっていた。

土地公

萬大発電所

竹子門《ちくしもん》発電所（水天宮）——領台初期の発電所

鎮座日：大正一一年一〇月五日？　**祭神**：三官大帝、天照皇大神、水利功労者　**無願神祠**　**現住所**：高雄市美濃區獅山里竹子門（代天巡狩水徳宮）

明治四〇年（一九〇七）に台北を起点として打狗《タカオ》（現在の高雄）まで達する南北縦貫鉄道が開通し、翌年の明治四一年（一九〇八）には近代港湾に向けて打狗港の築港工事が着手された。当時の台南、打狗、阿緱に於ける電力需要に応じるために総経費一〇八万七六〇〇円を投じて、同年に旗山郡美濃《みの》庄に竹子門発電所の建設が開始された。そして、翌年の明治四二年（一九〇九）一〇月に完成する。台湾では最も早くできたバロック風の水力発電所であった。

荖濃《ろうのう》溪上流から引いた水で、一日当たり二〇〇キロワットの発電量を持ち、発電に利用された水は獅仔頭圳《ししとうしょう》　灌漑

1992年2月頃の水天宮
（提供：呉梅瑛）

代天巡狩水徳宮

用水によって出来た水路を使い、美濃や龍肚《りゅうと》一帯の田畑に供給され、肥沃な土壌とならしめた。現在は国家三級古蹟となっているが、今なお、細々と電力を供給している。

　獅仔頭圳灌漑及び水源地近くに建設する発電所工事のため、工事期間中には幾多の災害が発生した。竹子門発電所完成後、発電所入口手前の丘の上に水の神々を祀り、水天宮が造営された。神社造営に関する詳しい資料がないが、道教の神々である三官大帝（天・地・水の三界を司るとされている神々神の総称）、天照皇大神、水利功労者を祀ったとされている。

　二〇数年前に神社は取り壊され、廟に改築された。そして代天巡狩水徳宮と改められ、千歳王爺、五穀爺神農大帝及び清代にこの地を開墾した龍肚水利三恩公である涂百清、鍾丁伯、そして、蕭阿王を祀った。

　発電所構内には感電死、病死と取水池で作業中に転落、溺死した日本人三人の殉職碑を見ることが出来る。

鹿《か》島《じま》神社——鹿島組の守護神

鎮座日：昭和七年九月二日　**祭神**：大国魂命、大己貴命、少彦名命、能久親王　**無願神祠**　**現住所**：南投縣仁愛郷武界法治村（安寧宮）

　昭和六年（一九三一）に日月潭ダムの工事再興に伴い、請負人の選定が行なわれる。担当箇所により、第一工区から第七工区に分けられ、第一工区及び第三工区は鹿島組、第二工区は大林組、第四工区は今道組、第五工区は高石組、第六工区は鉄道工業、そして、第七工区は大倉組が入札の結果決まる。工期三年で工事総額四〇〇〇万円となった第一工区を請負ったのが鹿島組であり、その中に武界ダムの建設が含まれた。

当時の作業環境は最悪を極めており、工事現場と言っても全く未開の地に等しかった。特に熱帯雨林地域の台湾中部はマラリアの発生で、環境に慣れぬ内地人は瞬く間に感染し、数多くの職員や工夫が亡くなった。このダム工事現場だけでも鹿島組診療所、マラリア研究所の病院、台湾電力の病院も含めて五ヶ所あり、マラリア患者の治療やアメーバ赤痢、ツツガムシなどの被害の治療にあたった。

往時の鹿島神社（提供：鹿島建設）

神社の基壇が残る（提供：蔡世超）

武界ダム

工事着工一年後とはいうもの、まだまだ死と向かい合わせの環境の中で工事の安全を祈願し、神の守護を求めて、鹿島神社は昭和七年（一九三二）五月二日に能高神社の祭神をダムと放水路の間の小高い干卓蕃《かんたくばん》山頂に奉安した。そして、同年の九月二日に鎮座祭が行なわれた。当時の『台湾日日新報』には日月潭電力工事第一工区武界の鹿島組が北堤守護神として鹿島神社を造営したと報道された。

> 日月潭電力工事第一工區武界の鹿島組には此の度武界北堤に工事場濁水溪の右岸山上に鹿島神社の堂宇を造営したので、二日午後三時から埔里街の小池神官代理の手に依つて嚴粛に鎮座祭を行つた。向後は北堤守護神として工事の安全遂行に靈験いやちこであらうが完成後も、北堤ばかりでなく、蕃地武界方面の守り神として崇められることであらう

以来毎月二日を例祭日と定め、職員一同、工事の安全を祈願したという。なお、鹿島神社が造営された干卓蕃のほか、武界横坑と三工区にも鹿島神社の分霊が祀られたようである。三工区はこの後紹介する渡邊神社と思われる。

日月潭水力発電ダム工事は昭和九年（一九三四）六月三

○日に竣工する。ダム竣工と共に、鹿島神社の祭神は、もとの能高神社に遷霊された。社殿はその後どのように取り扱われたかは不明であるが、最近の調査により、当時の神社の基壇と鳥居の亀腹を見ることが出来る。

新亀山《しんかめやま》発電所（構内神社）——神社の存在を示す資料

鎮座日：昭和一六年二月以前　**祭神**：不明　**無願神祠**　**現住所**：新北市新店區桂山路三一號（桂山發電所）

新北市の南部にある新店《シンティエン》から烏来《ウライ》に向かう途中、萬年橋をわたると桂山《グイシャン》発電所がある。今なお、現役で稼働している。この発電所は新亀山発電所と呼ばれ、旧第一発電所（明治三八年八月稼働）を引き継いで昭和一四年（一九三九）に完成し、発電を開始した。発電装置は昭和一四年に製造された日立製作所製であり、タービンは一秒間に三〇〇回転して一六トンの水を排出するという。

萬年橋をわたり、旧宿舎方面に上がるとアイスキャンディーで有名な桂山冰品部がある。この前にバスケットボールコートがあり、神社はちょうど、この裏手にある桂山発電所活動中心辺りに造営された。職員の記憶では、それほど遠くない時期まで灯籠が残っていたという。

現在の台湾電力に残る構内図資料（昭和一六年二月）によると、既に神社が記載されている。したがって、神社造営はこれ以後となる。また、右のデザイン図は黄俊銘の「日治時期台湾電力之研究（修士論文）」に掲載されているものであり、以前は台湾電力新荘倉庫にあったもの。現在、この資料は行方不明となっている。図から見ると、屋根の鰹木《かつおぎ》（棟に直角になるように平行して並べた部材）は五本、千木《ちぎ》（屋根の両端で交叉させた部材）の形から、祭神は男神となる。

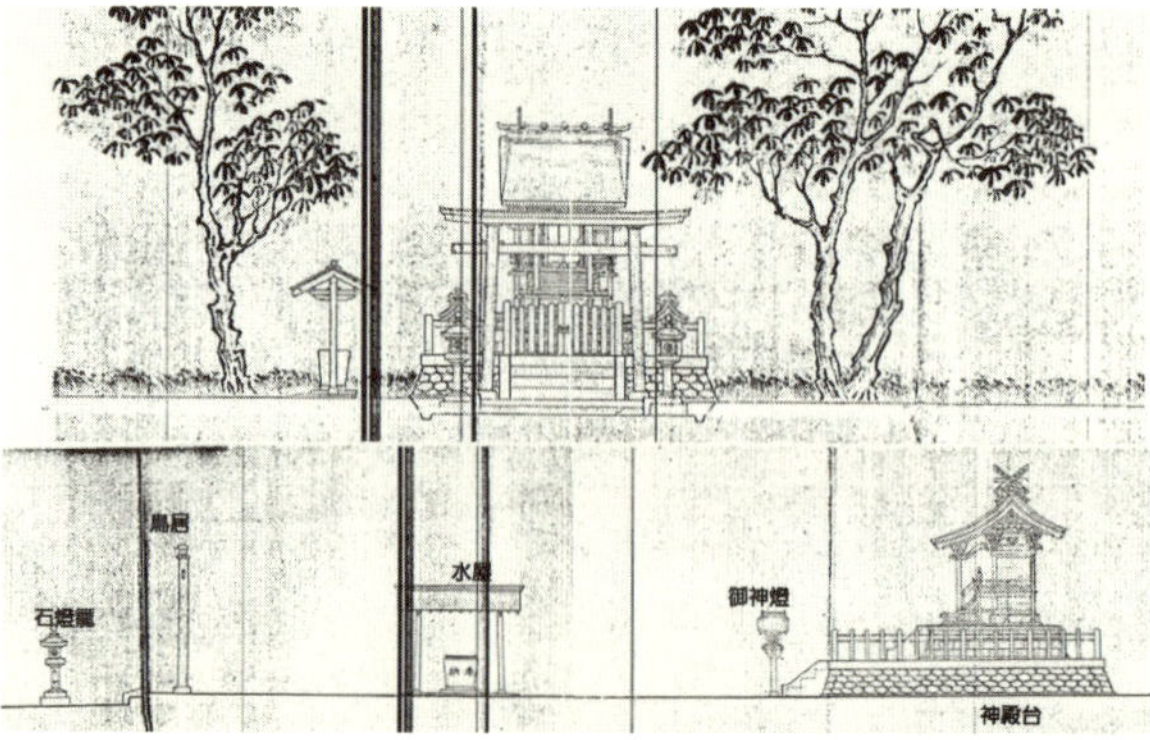

往時の神社デザイン図（出典：『日治時期台湾電力之研究』）

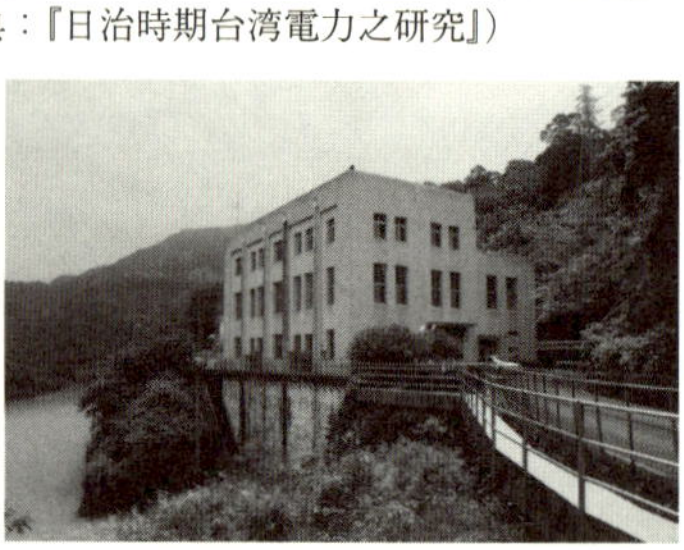
桂山発電所

渡邉《わたなべ》神社——渡邉組の守護神

鎮座日：不明　**祭神**：大国魂命、大己貴命、少彦名命、能久親王
無願神祠　**現住所**：南投縣仁愛郷武界

鹿島建設に残されている鹿島ダム写真集に渡邉神社がある。これは鹿島組が請負った第三工区内に渡邉治作率いる「渡邉組」守護神として造営された神社である。鹿島組と同様、劣悪な環境での守護を求め、また、工事で亡くなった作業員を弔うものであったのであろう。鹿島神社の分霊を祀った神社であり、昭和九年（一九三四）九月の工事竣工後、祀られた祭神は能高神社に遷霊されたのであろう。なお、よく見ると、幟には「奉納　山神宮」と書かれている。残念ながら、上掲の神社写真にある第三工区過坑が武界のどの場所にあたるかは探し出せていない。

往時の渡邉神社（提供：鹿島建設）

《注釈》

① 昔、日月潭「中の島」の東方にあった部落の前に水面約一・八メートル、長さ一四・五メートル、周囲四四メートルほどの巨岩が横たわっていた。この形が湖上に印を押した様であったため、「中の島」を石印島、その地に住む先住民を石印化蕃と呼んだ。化蕃とは熟蕃でもなく、生蕃でもなく、どちらともいえないと意味であった。

② 南投県の日月潭に分布し、人口約三〇〇人で、先住民の中でも最も少ない。伝承によれば一頭の白鹿を追って阿里山を越え、日月潭を発見し、一族を連れて移住したと伝わる。以前はツォウ族の支族と見做されていたが、文化人類学的に差異が認められ、二〇〇一年に内政部より独立した少数民族として認可された。

③ 明治三三年（一九〇〇）六月二〇日に凶悪犯の匪首である石阿老ほか数人が日月潭の卜吉方面に脱走したことを察知し、北旦警察官史派出所に勤務する加藤正一は、陳訓巡査と独木船で追跡しようとした。匪徒の頑強な抵抗に遭い、しかも暴風雨で独木船が転覆し、溺死する。その後、この二人の警官の殉職を称えて「日本警察殉職記念碑」が玉島に造営された。

ヒノキ

大正元年（一九一二）九月二一日に上野公園不忍池《しのばずのいけ》畔で開かれた拓殖博覧会。この中の台湾館に熱帯、亜熱帯の動植物の展示がなされ、台湾館の入口には阿里山《ありさん》の紅檜《べにひのき》で出来た門があった。この紅檜は明治三四年（一九〇一）に植物学者である松村任三《じんぞう》（注①）により、新品種、学名「チャメーシパリス、フォルモセンシス Chamaecyparis formsensis」として世界に発表された。この時、「紅檜」、「阿里山」の名前が国内外で注目され始めた瞬間であった。

阿里山

「万古の初めより斧《ふ》斤《おの》未だかつてその林に入らず、実に無尽蔵の宝庫」と言われた阿里山。と言っても「阿里山」という名前の山岳があるのではなく、新高山《にいたかやま》（現在の玉山《ユーシャン》）を中心にした高山連峰の総称である。山岳一帯はツォウ族の居住地であった。

領台後、台湾総督府は殖産部に林務課を設立し、台湾の森林及び資源調査に乗り出した。明治三二年（一八九九）二月に嘉義弁務《べんむ》署第三課勤務主記石田常平が阿里山南西部にあるタッパン社（現在の阿里山郷達邦村）に出向いていたとき、見事な棺桶用の割材を背負って運び出す本島人に度々出逢うので、これらの者に何処から搬び出すのか尋ねたところ、知母嘮社《ちぼろう》（現在の特富野社《タフイエ》）の奥に巨木が群生している深山があるという。先住民を引き連れて知母嘮社より東北方面に七キロメートル踏査すると、広大なヒノキやサワラ樹林等の針葉樹（注②）を発見する。これが阿里山森林との最初の出会いであった。

シェー式28トン蒸気機関車（出典：『営業所の事業』）

時をほぼ同じくして、総督府鉄道部は清朝時代に敷設された既設路線の改良と新線の敷設に着手することになる。北は基隆から南部の打狗《タカオ》（後の高雄）の縦貫鉄道である。しかしながら、肝心の枕木や橋梁を造る資材さえ十分なく、全て内地よりの移入に頼らざるを得ない時代であった。阿里山と呼ばれだした大森林の発見は鉄道部に朗報をもたらした。技師長の長谷川謹介は早速、阿里山の調査と木材搬出の難度を調査するために飯田豊二技手を派遣したが、渓流に沿って河川を利用した「河流し」では出来ないと結論づけた。鉄道部は大倉組（現在の大成建設）や林業家土倉《どくら》龍治郎に森林開発を依頼するが、挫折する。それだけ阿里山からの伐採した木材の搬出は困難であった。

明治三五年（一九〇二）一〇月に独国シェーリング社との合成樟脳の交渉を終えた後藤民政長官はボスニアに滞在し、当時オーストリアで留学し、林学を学んでいた河合鈰《いち》太郎《たろう》（注③）とウィーンで会う。この時、後藤はボスニアの林業を視察しており、台湾のような嶮岨《けんそ》な森林での林業の難しさと同時に、大規模開発の必要性を認識したという。その翌年の明治三六年（一九〇三）、オーストリア及びドイツの留学先から帰国し、東京大学農科教授となった河合を待ち受けていたのは、後藤民政長官からの特命「台湾総督府民政長官よりの依頼に依り学術上取調べのため同島へ出張を命ず」であった。河合は早速、翌年一〇月から鉄道と森林の調査を始め、翌々年五月に終了する。結果、「伐木の搬出方法は河流しで出来るものではない。やはりボスニアやアメリカで採用している鉄道を敷設することが必要である」と結論づける。

総督府の阿里山森林開発に対する期待感も日増しに高まり、鉄道部及び殖産局でそれぞれ調査を分担し、明治三七年（一九〇四）夏に、①材積：針葉樹約四六八万立方メートル、広葉樹約一一七万立方メートル、②森林鉄道（注④）：嘉義より阿里山まで六七・六キロメートル、③収支計画：年々四万九五〇〇立方メートルを搬出し、一五〇万円の収入、営業費として七五万円、差引純益七五万円の森林経営案が出された。

これらの調査が終わった一〇月、後藤民政長官、長谷川技師長、祝財務局長ら総勢一一人と、これに嘉義から河合林学博士、嘉義庁長岡田信興などが加わり、総勢一一〇余人で阿里山の視察を行なう。この時、祝杯を挙げて、万歳三唱したことにより命名されたのが「萬歳山」である。この事により、同山の開発は台湾に於ける一大事業として認定され、総督府の官営事業として開発が考案される。しかしながら、当時の日本は明治三七年二月に勃発した日露戦争の最中であり、財政上の余裕はなく、これを官営と出来ない事情があった。このような状況下、三井、三菱、住友などの財閥を勧誘したが、色よい返事はなかった。明治三九年（一九〇六）二月に、遂に児玉総督は合名会社藤田組の創始者である藤田傳三郎を勧誘し、事業経営を任せることになる。

早速、藤田組は鉄道部長谷川技師、河合博士を招聘し、藤田組副社長藤田平太郎を総督府との契約当事者として、嘉義出張所長とした。正に阿里山森林開発は平太郎の初陣であった。この時、農商務省後藤房治を林業課長、総督府より菅野忠五郎を鉄道課長として招聘している。そして、阿里山森林の測量、毎木調査及び宿舎の建設や林道の開設等が開始される。調査員は阿里山児玉村の檜御殿（阿里山作業所事務所）を拠点とし、宮城や福島地方よりの木挽《こびき》、木曽や秋田より調査人夫が招かれた。同年五月には鉄道敷設のための測量が進められ、順次第一工区（嘉義～竹頭崎）を吉田組、第二工区（竹頭崎～樟脳寮）を吉田組及び大倉組、第三工区（獨立山スパイラル〈注⑤〉線）を大倉組、そして、第四工区（紅南坑～梨園寮）を鹿島組に夫々請負に託した。

阿里山事業開始から二年も経過しない明治四〇年（一九〇七）一一月に藤田組は突然、阿里山森林の開発中止を発表する。表向きの理由は、日露戦争後、財界の不況に加えて、当初の針葉樹の実際の数値は一六五万立方メートル少ない三〇三万立方メートルであり、一方、広葉樹は予算より非常に多かったためとある。

更に、藤田組の主張を優位に進める事態があった。それは、阿里山のほか、宜蘭庁蕃地に棲蘭山《せいらんざん》の森林が発見され、総督府は三井合名会社に開発の依頼を検討する。これに対して、藤田組と児玉総督の間で結ばれたという密約である、「将来この付近に更に好山林が発見され、この経営を他人に引き受けさせ、しかもその山林が阿里山の如く大資本を投ずるの必要なくしてその伐採が容易に搬出される場合、これが経営を合わせて藤田組に一任すべし」に反するというものであった。戦後、藤田組の屋台骨を支える銅の価格は大幅に下落し、これ以上鉄道建設費に巨額な投資継続は大きな財政負担になることが真相であったのかも知れない。当時、藤田組小坂鉱山より得る一年間の利益は五〇〇万円程度であり、この分を流用してもまだ足りずと想定されたためでもある。

明治四一年（一九〇八）二月に藤田組は関係者一同で解散式を行い、下山する。このことにより、工事請負人、内地人七〇〇人（家族含む）と本島人一三〇〇人が解雇された。藤田組の阿里山森林開発からの撤退により、阿里山森林開発は総督府の官営事業となり、切詰めた四九〇万円の投資により、明治四三年（一九一〇）以降、三ヶ年継続計画が策定された。改めて針葉樹：二九五万立方メートル、広葉樹六〇七万立方メートル、伐採期間三五年にわたる阿里山森林の開発に着手することになる。一方、総督府では巨大な国費を投じた「五箇年計画理蕃事業（290頁参照）」が進行しており、当時の日本は財政的にも厳しい頃であった。

明治四四年（一九一一）八月及び大正元年（一九一二）六月に豪雨の襲来あり、不慮の大災害を蒙ったが予定どおり、その年の一二月に嘉義と二万平《にまんだいら》（六六・六キロメートル）間の森林鉄道が竣工し、直ちに木材の運搬を開始するが、またしても大正二年（一九一三）八月に豪雨の影響で甚大な被害を受ける。総督府の中では工事を中止すべきとの声も出るほどであった。営業らしき営業が出来たのは大正三年（一九一四）一一月であった。沼の平（現・沼平）

まで延伸工事が完成し、現在の本線部分が全線開通した。この間、橋梁一一四ヶ所、隧道（トンネル）七二ヶ所、停車駅二五ヶ所が設けられた。

台湾ヒノキは長大であるため、神社の鳥居や社殿の用材として重宝された。代表的な所では、乃木神社の拝殿、箱崎八幡宮・橿原神宮の鳥居用材や外拝殿、明治神宮の本殿及び社務所以外の建造物、湊川神社の大鳥居、東大寺大仏殿の垂木、東福寺などである。また、昭和五年（一九三〇）、本郷富士見町から駒場に移転した加賀百万石の前田邸の和館や、関東大震災後、上野に新たに新店舗を新築した松坂屋も内部は台湾ヒノキを用いたとのことである。このように、高級建築用長材の代名詞ともなった台湾ヒノキは大いに内地で採用された。また、その特徴と安価さにより、内地への移出が増え、関西は鈴木商店大阪支店、関東は野澤組が一手に販売を取り扱った。更に、海軍及び商船の甲板は海外産のチーク材に代わり、戦艦長門甲板木板は扁柏《へんぱく》を使用した。また、扁柏は水湿乾燥に耐えて、腐敗干《ひ》割れ及び材料の伸縮がなく、工作上曲従《きょくじゅう》に耐えた。用途的には甲板材や軍艦のマスト及びヤードの類であった。

大正元年末から開始された木材の運搬も二〇年経た昭和六年（一九三一）までには約一三九万立方メートルになった。平均の伐採量も毎年四万五〇〇〇立方メートル以上となり、神木駅の東側一帯を除き、大方伐採された。そして、その跡にはヒノキ、亜杉（福州杉）などの造林が行なわれた。ちょうど、植林が開始されて約九〇年経った現在、本来ならば見事に成長したヒノキ林が見られる時期であったのであろう。戦後、無秩序な伐採により、ヒノキ林は再現しなかった。

阿里山ヒノキ森林の伐採期間も残すところ一五年となった、昭和三年（一九二八）頃から日本の造園家である林学者田村剛博士を招き、阿里山の植林計画と国立公園にする計画が具体化する。最終的に隣接する新高山と一緒に新高阿里山国定公園として昭和一二年（一九三七）一二月二七日に認定される。

終戦間近の昭和一七年（一九四二）九月に官営阿里山営林事業は廃止され、その後の台湾拓殖会社林業部嘉義出張所に移管され、木材の伐採は植松木材株式会社、櫻組や南邦林業会社の民間会社に委託された。

阿里山《ありさん》神社——大自然の神を祀った神社

鎮座日：大正八年四月二五日　**祭神**：大山祇命、火具津智命、彌都波能賣命、科津彦命、大国主命、大国魂命、少彦名命、能久親王　**社格**：無格社　**現住所**：嘉義縣阿里山郷香林村二鄰西阿里山—香林國小横の孫文記念碑一帯

総督府による官営事業となり、幾多の自然災害による復旧工事も終わり、やっと森林鉄道による最初の木材運搬が

往時の阿里山神社
（提供：水町史郎）

孫文の記念碑に
変わった本殿跡

行われた大正三年（一九一四）頃から神社造営の計画があったが、実際に神社造営が開始されたのは大正七年（一九一八）一〇月になってである。ヒノキ林の一部を切り拓いて児玉村（注⑥）に造営された。総工費一〇四五円は有志の寄付により、建築用材は全て営林局の寄付によって行なわれた。翌年の大正八年（一九一九）四月二五日に鎮座祭が執行され、三日間にわたり祭典が行なわれた。内地人、本島人及び先住民三〇〇〇余人で賑わったという。

　大正一三年（一九二四）一二月に神社の要件を満たす神苑の規模などから阿里山神社は阿里山社または阿里山祠と改称すべしとの通達が総督府からあったようである。最終的に氏子一同の懇願により、改めて「神社」として創立許可を出願し、大正一四年（一九二五）に創立許可指令を得ている。

　この場所に神社があったと実証できるのは、本殿跡に建立された孫文の記念碑へ続く参道前の石段と石垣の一部である。当時の神社配置図から見ると、参道には二基の鳥居があり、第二の鳥居手前右には社務所があった。また、社殿右奥は土俵広場であった。

　鎮座当時の祭神は大山祇命《おおやまずみのみこと》、彌都波能賣命《みずはのめのみこと》、科津彦《しなつひこの》命《みこと》及び火具津智命《ひのかぐつのみこと》の四柱だったようである。大山祇命、科津彦命及び火具津智命は山岳関係の祭神であり、彌都波能賣命は水・川に関する祭神である。全て大自然を司る祭神であった。

太平山

阿里山森林開発当時より、既にその可能性は知られていたが、残念なことに、この地域は瘴《しょうき》気に溢れて、その上、

茶芸館 **阿里山の桜**

毎年三月上旬になると阿里山国家森林遊楽区では、毎年「阿里山桜フェスティバル」（阿里山桜花季）が行われる。日本統治時代に植えられた「桜王」と呼ばれる早咲きのソメイ吉野が見頃を迎え、大勢の花見客から人気を集めている。

台湾嘉義林業管理処によると、阿里山の桜は大正七年（一九一八）に初めて移植され、その後、ソメイ吉野、八重桜、山桜などが次々と移植された、とあるが、実際に阿里山に桜が植樹されたのは、大正二年（一九一三）頃になる。大正元年の頃、嘉義の西門街（現在の中正路と民生北路付近）にあった遊廓の新高楼でお客を呼ぶために、内地桜を庭内に移植して、内地気分を漂わせたという。しかしながら、気温と湿度の関係で平地に花が咲くのは一年限りであるため、林務局のアイデアで新高楼の桜は場所を変えて阿里山に植えつけられた。そうすると、翌年にも花が咲き、その後阿里山を桜の名所とすることが検討され、二年苗を一九〇〇本内地より購入し、倶楽部、官舎、神社、阿里山寺、小学校の道の両側から眠月線（阿里山駅と石猴駅まで結んだ森林鉄道）の眠月《みんげつ》まで植えつけたという。従って、現在の阿里山の桜は百年以上の歴史を持つことになる。

台湾では一番の凶蕃と称されたタイヤル族で溪頭蕃《けいとう》（当時の濁水溪上流に沿って居住）と南澳蕃《なんおう》（大濁水溪に沿って居住）が占拠しており、外部の人間がその生活空間に入り込むことを拒絶していた。従って、阿里山とは異なる、「万古の初めより斧《ふ》斤《おの》未だかつてその林に入らず、実に無尽蔵の宝庫」の言葉が実に当てはまる原始林であった。

明治三九年（一九〇六）に警察局理蕃課の警察が当時の宜蘭庁東部に位置する梵梵山《ぼんぼん》の隘勇路《あいゆう》（291頁参照）を通った際、濁水溪（現在の蘭陽溪）側に高い古木を発見する。暫くは「棲蘭山《せらんざん》森林」と呼ばれ、この事により台湾総督府がこの森林資源を重視し始める。

大正三年（一九一四）までには、ほぼ理蕃政策（290頁参照）が成功した。先住民が順次「帰順」するに及んで、同年一〇月、総督府営林局は中里正技師、矢田英輔技手、宜蘭庁庁長小松吉久、警務課長金子憲教、武装警察吏員等二〇人からなる調査隊を派遣し、豊富な森林資源の全貌を発見する。更に、同年一二月に中里技師らは、小松庁長、金子警務課長をはじめ、警察吏員を従え、濁水溪多望社《たぼう》に赴き、溪頭社と南澳社の先住民一〇〇〇数百名を召致し、ヒノキ伐採に対する佐久間左馬太総督の趣旨を訓達し、「同事業に対する傭役《ようやく》の利益と内地人伐採人夫との間に誤解なきよう訓誨《くんかい》を与え、恵與品《けいよひん》と酒食を給し、先住民等は喜んで訓誨に伏せんことを誓い……」と当時の報道は伝えている。そして、八仙山の開発着手に遅れること僅か四ヶ月の

源インクライン（出典：『営林署の事業』）

大正四年（一九一五）一二月、正式に森林開発に着手する。

太平山の特徴として、まず、森林規模が阿里山の三倍弱であり、阿里山は六〇〇〇尺（一八一八メートル）以上でなければ針葉樹はないが、太平山は三五〇〇尺（一〇六一メートル）から繁茂していた。また、阿里山の扁柏《へんぱく》に対して太平山の扁柏の比率が八五％と圧倒的に高く、樹齢五〇〇～二〇〇〇年の青年期であるのも大きな魅力であった。

「宜蘭濁水渓の森林」の新天地を目指して、木曽・紀伊・土佐及び九州地方から樵夫《しょうふ》や杣夫《そまふ》と呼ばれたキコリが続々台湾に渡った。森林開発は加羅《から》山区、三星山区、棲蘭山、拳頭母《けんとうぼ》山などを施業林、予備林として南湖大山区、上流北岸区、そして、大南澳区があり、最初に斧斤が入った場所が多望渓西南岸の上流に沿った加羅山地区である。一般に言われる旧太平山であった。

太平山の伐採作業は阿里山とは全く異なり、最小限の費用により、木曽式集材と呼ばれた。伐採された木材は木馬《きんま》（注⑦）を使用せず、手押し軌道により運材し、修羅《しゅら》（注⑧）や桟手《さで》（注⑨）を使用し、濁水渓の上部に運び、雨期になり、濁水渓が氾濫する時期に、ここから一気に河流しにより員山《いんざん》貯木場に搬出された。こうした太平山の最初の出材は大正五年（一九一六）末になされた。

その後、太平山森林開発を大規模に進めるためにはどうしても、森林鉄道の採用が不可欠と考えられ、大正一三年（一九二四）一月二七日に太平山山麓から員山貯木場に代わって羅東《らとう》貯水場までの森林鉄道三六・九五キロメートルが完成した。しかしながら、同年八月、台湾の北部を襲った暴風雨により、森林鉄道は復旧不可能な状態に落ち込む。内地では大正一二年（一九二三）九月一日に発生した関東大震災復旧作業として建築用木材が急務な時期でもあった。

幾多の災害を克服し、森林開発事業開始以来二二年で針葉樹を伐り尽くし、新たな作業地域へと移ることになる。新しい作業地域は蘭陽渓上流となり、約一二五万立方メートルの材積は扁柏七〇％、紅檜三〇％の割合で、樹齢四〇〇～五〇〇年のものとされた。

戦後の一九四六年に太平山林場は太平山分場となり、一九六〇年には蘭陽林区管理処傘下の太平山工作站となった。そして、旧太平山での伐採作業が開始されてから、六七年経った一九八二年に太平山の生産は終了し、蘭陽林区管理処は羅東林区管理処となる。そして、現在は太平山国家森林遊楽区と名前を変え、森林を愛する人達で週末は賑わっている。

加羅山社《からさん》——昭和天皇御大典記念

鎮座日：大正七年一〇月一日　**祭神**：天照皇大神、大国魂命、少彦名命、大己貴命、能久親王　**社　現住所**：宣蘭縣大同郷太平村太平山國家森林遊楽區（鎮安宮）

標高一五〇〇メートルの旧太平山に大正七年（一九一八）一〇月一日に営林所が中心になり加羅山の旧林場に加羅山社が鎮座し、台湾総督府の始政記念日である六月一七日を例祭日とした。ちょうど、旧太平山より最初の木材搬出が行なわれた頃である。その後、昭和三年（一九二八）の昭和天皇「御大典記念事業」として職員一同の計画により改築工事が執り行なわれ、翌年の昭和四年（一九二九）一一月三日の明治節を記念して遷座祭が行なわれた。

森林資源の枯渇に伴い、昭和一二年（一九三七）三月に森林の伐採も三星山方面の原生林である新太平山に移った。新たな作業地への移転に伴い、小学校、駐在所関係者を合わせて五〇〇戸 一二七〇人がそっくり、昭和一二年四～五月に移転することになる。これに伴い、役所・小学校・病院及びお寺も新太平山に移った。加羅山社での最後の例祭は昭和一一年（一九三六）六月一七日に盛大に行なわれ、功労者の表彰、余興、活動写真、日本舞踊、相撲や運動会等の催し物で賑あった。加羅山で生まれた湾生《わんせい》（台湾で生まれ育って、戦後内地に戻った内地人）の喜久《きく》四郎さんによると、神社の社殿は火事や原住民の住家になることを危惧して取り壊され、神苑にヒノキの苗木を植えた後、御神体だけが生活環境の移動と共に、昭和一二年に新太平山に遷座したという。台湾ヒノキの最上材を用いて神社は造営され、神社も太平山神社（第二代加羅山神社）とも呼ばれた。第一代加羅山神社に比較すると境内が狭く、小学校児童八〇名で一同に整列すると拝殿前がいっぱいになったそうである。現在の神社跡地である鄭成功を祀る鎮安宮を見ても、その境内の狭さがよくわかる。また、急斜面の石段から見上げる場所に造営されたため、現存する神社の写真がない。

二〇一五年に入り、登山グループが加羅山で第一代加羅山社の遺構を発見し、インターネット上に紹介されだした。筆者も調査の計画を立てたが、ガイドが見つからなく断念せざるを得なかった。この度、台湾の古道の調査とその歴史、日本統治時代の原住民部落や林業の歴史に興味を持っておられる林佩琪さんのご好意によりその時の写真を左記

往時の第一代加羅山社（提供：喜久四朗）

第一代加羅山社本殿跡（提供：林佩琪）

鎮安宮（第二代加羅山神社跡地）

に掲載する。

太平山のヒノキは数多くの神社に鳥居や社殿用の用材として供給された。主な納入先は東郷神社、関東神宮（大連）、台湾神宮、橿原神宮、湊川神社、春日神社等であった。

八仙山

台中州北東部を流れる大甲渓沿岸の先住民の部落事情も平穏となり、大正三年（一九一四）五月に改めて阿里山作業所の総督府技師綱島正吉及び久保技師一行が、台湾中部に位置する八仙山及び白姑《はっく》大山の調査を行なう。その結果、ヒノキ樹林は標高五〇〇〇尺（一五一五メートル）から八五〇〇尺（二五七六メートル）地帯にわたって密生し、その他の場所には赤松、姫小松、五葉松等の針葉樹が見られることが判明する。また、ヒノキ樹林は阿里山のように老齢の巨木は少なく、直径二〇尺〜二四尺（六〇〜七三センチメートル）程度であった。また、その森林規模は阿里山の四分の一と推定され、阿里山のヒノキと比較しても扁柏と紅檜の比率が阿里山の各々半分ずつに対して、八仙山は扁柏の比率が七五％と高かった。また、阿里山の紅檜に比較し、光沢有り、木肌は赤身がなく色白く、内地産に似ていることで評価され、建築材に最適とされた。

大正五年（一九一六）一二月には、八仙山出張所及び土《ど》牛《ぎゅう》貯水場が出来上がり、内地よりは樵夫《きこり》一〇〇人が青森、木曽、紀州各地より集まり、本島人労働者一五〇人が携わった。これにより、針葉樹約八九万立方メートル、広葉樹約一六〇万立方メートルと積算された八仙山森林伐採事業は毎年九九〇〇立方メートルの搬出計画を立て、森林開発期間を五〇年として開始された。

　八仙山開発は阿里山の機械的作業と異なり、一部の軌道運材の他、もっぱら原生林を相手に人力によって作業を行なうことになる。そして、木曽地方に依った「八仙山方式」とも称される独特の集材方法が適用された。伐採された木材は修羅、桟手と木馬により麓の久良栖《くすら》まで運材し、大甲溪を木曽式管流方法と呼ばれた河流しで、下流まで運材し、葫蘆墩《ころとん》（現在の豊原）の土牛《どぎゅう》貯水場に運ばれた。

4トンガソリン機関車　（出典：『営林所の事業』）

　最初の出材は大正五年（一九一六）三月中に行なわれ、大いに期待された八仙山森林であった。更に、木材の品質を高めるために、河流しから軽便手押し車を採用しようとしていた矢先の大正八年（一九一九）にタイヤル族の居住する北勢蕃（次高山《つぎたかやま》と呼ばれた現在の雪山西麓で大安溪流域に居住）で悪性の感冒が発生した。この地域のサラマオ蕃の先住民は、この理由を日本人が森林の木を伐採したことに因るとした。このことにより、出草（首狩り）が発生し、遂に、翌年九月に駐在所の警官が殺害される「サラマオ蕃事件」（注⑩）が発生する。この事により、八仙山営林局作業所も襲われ、一時作業を中断せざるを得ない深刻な状態に陥る。一方で、欧州大戦後の恐慌が世界を襲い、阿里山は風水害で森林鉄道が不通となる。そのような時代であった。

　大正一〇年（一九二一）に入り、先住民との抗争も収まるが、切り詰めた予算による工事設計には無理が生じ、その後も発生する大自然の災害に対しては余りにも不十分であった。

　大正一二年（一九二三）三月に大甲溪による河流しに代わり、内地の森林で採用されたインクライン（注⑪）が竣工した。これは森林鉄道を敷設できない場所に設置された索道で、傾斜鉄道とも呼ばれた。これより、八仙山林場基地である佳保台《かほだい》北東に位置するビヤワイ溪（現在の馬崙溪と思われる）に集積された木材は、第一インクラインから第二を経て、更に第三インクラインにより全長一〇三〇メートル、高低差五〇三メートルにより、佳保台まで運ばれた。ここからは山地軌道（山地に敷設された鉄道線）で麓の久良栖まで、そして久良栖より土牛までの平地軌道により、木材の搬出がなされた。

　昭和一三年（一九三八）に、これまでの旧八仙山地区で

往時の八仙山社
（提供：林務局東勢林区管理処）

尋悠亭

の開発に終止符を打ち、新八仙山（馬崙山、標高二三〇五メートル）の森林資源の開発に移行した。
現在、当時の八仙山林場基地は八仙山国家森林遊楽区となっている。

八仙山《はっせんざん》社——台湾八景の地

鎮座日：大正一二年一一月一四日　**祭神**：大山祇神、少彦名命、大国主命、大国魂命、能久親王　**社　現在地**：台中市和平區東關路一段二〇〇—一一號（八仙山森林遊樂區）

木材の伐採に伴う危険性は高く、数多くの死傷者、また、災害による死傷者も出した。これらの亡くなられた作業員の安霊を祀るものとして神社が造営された。ちょうど、これまでの河流しからインクライン方式によって木材の搬送を導入する時期であった。

戦後、山火事により本殿及び昭和天皇の「御大典記念事業」として神社境内に植樹された桜六〇〇本も焼けてしまい、基壇のみが残った。八仙山森林遊楽区が出来るようになってから、神社の本殿の基壇跡に涼亭が建設されたが、「九二一大地震」で全てが崩壊する。現在は真新しい涼亭としての尋悠亭《シンヨウティン》となっている。唯一神社の面影を残すのは、尋悠亭前に残る鳥居の亀腹と参道の石段のみである。なお、地形的に拝殿の場所はなく、石段と上ると鳥居があり、すぐに本殿であったと思われる。

八仙山社は佳保台神社とも呼ばれた。ちょうど、十文溪と佳保台溪の間にあったためにそのように呼ばれたようである。

望郷山

望郷《ぼうきょう》神社——山奥に残る流造りの本殿

鎮座日：昭和一八年一一月八日　**祭神**：不明　**無願神祠　現在地**：南投縣信義郷望美村（林務局望郷工作站）

日月潭から陳有蘭《チェンヨウラン》溪に沿うようにして省道台二一号線を南下する。十八重溪橋近くの警察局信義分局郡大検査所から険しい郡大林道を車で登りきること二三・五キロメートル、標高二三六二メートルに位置する台湾省林務局南投林区管理所の望郷工作站入口に到着する。突然視野に広がるのが赤い布に巻かれた神木と、その下に南南西に向き、極彩色で彩られた完全な形で残る流造りの祠がある。

　僅かに見える社殿の柵から内部を覗き込み、墨で書かれている「昭和十八年十一月八日　設計者　上棟式　作　謝先安　呂雲南」の文字を発見する。

　昭和一〇年（一九三五）に材木商である櫻井組は総督府営林所より新高山に近い望郷山のヒノキ材の払下げを受ける。山上に製材所を設け、同年二月より伐出しを開始し、島内及び内地に出荷した。望郷山は海抜三二四一メートルにあり、これより毎年約七〇〇〇〇立方メートルのヒノキの切出しを行う予定であった。

　夏門攝影企劃研究室から提供を受けた写真がある。この写真は昭和一八年（一九四三）一一月九日に撮影されたものである。発見した本殿内の記載から、写真が撮影されたこの日が櫻井組の守護神である望郷神社の鎮座した日であろう。

　現在は道教の神を祀る小堂になっているが参拝をする人がいるのか、灯された線香の跡があった。

往時の望郷神社（撮影：張阿祥
提供：夏門攝影企劃研究室）

今も残る社殿（2007年撮影）

《注釈》

① 植物分類学者。生涯にわたり一五〇種以上の新植物を発見し、これらに学名を与えた。ドイツに留学し、東京帝国大学で教鞭を取り、その生涯を日本の植物の調査に尽くす。ソメイヨシノやワサビの英文名には松村の名前が記されている。

② 葉が針のように細長いマツやスギなどの裸子《らし》植物であり、松・杉・檜・樅《もみ》などの種類がある。広葉樹の対義語である。

③ 林学博士。ドイツやオーストリアに留学後、明治三八年（一九〇五）に東京帝大の教授となる。阿里山森林の開発に携わり、木材を搬出する森林鉄道の敷設に尽力する。昭和六年（一九三一）に亡くなった後、関係者により、昭和八年（一九三三）二月に阿里山神社傍に「琴山河合博士旌功碑」が建立される。「琴山」とは河合の雅号《がごう》である。

④ 伐採された木材の運搬に使用された鉄道は軽便鉄道といい、一般の幹線鉄道一〇六七ミリ対して軌間七六二ミリの規格のものであった。この種の鉄道は製糖会社等の甘蔗《かんしょ》（サトウキビ）運搬にも使用された。

⑤ 途中の独立山では三重のスパイラル（螺旋状）に廻り、更にスイッチバック（Z字状）で上り詰めた。

⑥『神の国日本』での鎮座地は「ララチ社」となっている。現在の阿里山郷来吉村がララチ社であり、阿里山神社の鎮座地は児玉村の間違いではないかと思われる。

⑦ 木馬運材は明治の初期、土佐で創始された。木馬は樫材で作られた「ソリ」で、木馬の滑りを良くするため搬出路に枕木状に敷き並べる盤木《ばんぎ》と呼ばれる樫材の小丸太が使用された。また、急勾配の部分には割盤木を使用して、その摩擦係数を大にした。

⑧ 運搬用のソリの一種。

⑨ 滑道の一つであり、底面に厚材、両側に防材を設置し、木材などを滑らせて運搬する装置。

⑩「サラマオ蕃事件」が発生する前の大正八年（一九一九）一一月と一二月に、台中州能高郡管内のサラマオ蕃が長坂及び大保久駐在所に勤務する所員を狙撃し、巡査以下五の死傷者を出す。翌年の九月一八日、サラマオ蕃の襲撃を受け、合流駐在所（霧社より約九里）及び桾岡《くぬぎがおか》駐在所（サラマオ駐在所より約二～三里の奥で、霧社より約一三～一四里）の長久保栄左衛門警部補及びその家族を含む所員二〇人が被害（斬首九人、即死三人、負傷七人、行方不明一人）に遭う。これに対して、総督府の命令を受けた霧社分室は、マレッパ社、白狗蕃をはじめ、セデックの各蕃をいわゆる味方蕃として討伐に参加させる。この事件は昭和五年（一九三〇）一〇月に発生した霧社事件（309頁参照）の前兆であった。

⑪ 傾斜面にレールを敷き、動力で台車を動かして貨物を運ぶ装置。

茶芸館　台湾のヒノキで出来た明治神宮の鳥居

大正四年（一九一五）五月一日に官幣大社明治神宮を創建することが内務省告示で発表され、これに基づき、社殿を含む全ての建造物の建築に着手された。明治神宮造営局では、本殿は木曽檜、社務所は木曽檜と台湾の檜（扁柏《へんぱく》）の混用をもって造営することになったが、それ以外の建造物（本殿を囲む四基の玉垣鳥居及び参道鳥居四基、玉垣、祭器庫、祓舎《はらえしゃ》、手水舎、守衛舎）は全て扁柏を使用することになった。

この内、参道鳥居に関する当時の調書によると、対象となる阿里山扁柏は東鳥居、西鳥居、表参道鳥居、裏参道鳥居の四基であり、柱長さ二四尺（七・三メートル）～四二尺（一二・七メートル）、太さ二～三・三尺（〇・六～一メートル）、笠木長さ三〇～五七尺（九・一～一七・三メートル）であった。特に、南参道と北参道の出合い口のところに大鳥居（第二鳥居）の笠木《かさぎ》の長さが五七尺（一七・三メートル）であり、森林鉄道のトンネルを通過できないために二分割にした二丁接にしたという。最終的に、神宮から出された調書に近い形で調達され、大正七年（一九一八）一二月、台湾から出荷が行われた。なお、第二鳥居の島木《しまぎ》（鳥居の笠木の下に渡す長い横木）の重量は二五トンもあり、基隆や打狗（後の高雄）にこれだけの重量を処理するクレーンがなく、結局は軍艦で運んだようである。

鳥居の据付から約五〇年経過した昭和四一年（一九六六）七月二二日に落雷により第二鳥居の右側（北側）の柱が損傷した。鳥居の老巧化も進み、新しく鳥居の建替えを検討していた矢先であったが、国内に、これだけの大きな鳥居を造る檜が存在していなかった。この事を聞いて、昭和四四年（一九六九）に、東京で材木商を営む川島康資《やすもと》氏が奉納を願い出た。そして、大鳥居を造る扁柏を探し出すため、台湾に何度も足を運んだ。そして、遂に丹大《タンダ》山《シャン》（標高三二四〇メートル、台湾中央山脈の中段に位置し、南投県信義郷と花蓮県万栄郷の境にある）に樹齢一五〇〇年の扁柏の巨木を見つける。この時、この丹大山の木材伐採権を持つ振昌《ツエンチャン》興業の孫海董事長の了解を得、また、当時の台湾省主席陳大慶より、伐採の承諾を得た。

深山からの搬送路の開発から始まって、トンネルの掘削、特殊運送トラックの準備で約一年費やす。昭和四六年（一九七一）八月に東京湾に着いた扁柏は神宮の北池に水乾燥され、有井建設により造営工事が行われ、昭和五〇年（一九七五）一二月二三日に工事竣工奉告式が執り行なわれた。

当時、明治神宮の技師で、現在、日本建築工芸設計事務所の川村昭二会長の話によると、戦後、第二鳥居以外は、

北参道鳥居

貫と笠木は平成二年、台湾扁柏で交換

西参道鳥居

昭和四一年九月、台湾扁柏で建替え

東西玉垣鳥居

昭和四〇年一〇月、台湾扁柏で建替え

となっており、唯一、南参道鳥居が補修されながらも、戦前に据付けられた当時の台湾扁柏がそのまま使用されていることになる。

役目を終えた旧第二鳥居は大宮氷川神社、西参道鳥居は白山比《しらやまひ》咩《め》神社、そして、東西玉垣鳥居は福島稲荷神社へ移譲され、それぞれ第二のお役目に立っている。

現在の明治神宮南参道と北参道の出合い口に立つ第二鳥居

酒造

専売制度開始直前に於ける台湾の酒類は米、糖蜜《とうみつ》（注①）、高粱《こうりゃん》、甘藷《かんしょ》（サツマイモ）等を主な材料とし、これに台湾独特の白粬《ペーカ》（白麹《こうじ》のようなもの）を加えて発酵させ、蒸留して得られる蒸留酒が主であった。これらは米酒《べいしゅ》、糖蜜酒、高粱酒、甘藷酒と言われた。更に、再製酒という、米酒に紅麹《あんかあ》と粳米《うるちまい》を加えた紅酒《あんちゅ》があり、醸造酒として清酒、紹興酒、蒸留酒にも焼酎、泡盛があった。

欧州大戦（第一次世界大戦）の終結は日本経済に好景気をもたらしたが、その後の景気後退は徐々に日本経済にボディーブローのように効いてきた。総督府が主管する専売事業である阿片、樟脳、煙草や塩も、その財政を潤す財源が大きく枯渇し始めた時期でもあった。そのような時、第八代総督田健治郎時代の賀来佐賀太郎《かくさがたろう》総務長官が秘かに推し進めていたのが、世界にも希な酒専売事業であった。

大正一〇年（一九二一）に下村宏総務長官の後を引き継いで、賀来は総務長官となる。周到な調査に基づき、田総督に酒専売の必要性を具申する。「酒専売制度実施に確信があるなら、異議なきも一度、原総理大臣に話して、その内諾を得るように」との提案を田総督より得る。原総理大臣からは、「わかつた、君の云ふとおりに大丈夫か。大丈夫ならやりたまへ。秘密にすることは然るべきも、高橋蔵相だけには是非話して同意を求め置く必要あり」との快諾を得、高橋蔵相からも賛同を得る。台湾に戻った矢先、肝心の原総理大臣が暗殺されるニュースがもたらされた。

重要な後ろ盾を失った賀来は複雑な思いで上京し、予算編成会議に出席する。貴族院の公正会での詰問は厳しかった。台湾で酒専売に対する暴動が起こることへの懸念であった。要は、「事前報告が無かった」ことに対する議員からの不満であった。勿論、そのような批判をする中には酒造家の議員もいた。

翌日の衆議院予算会議では何事もなく酒専売案が通過する。この時の総理大臣は、原内閣時代の蔵相で、酒専売案の説明を受けた高橋是清《これきよ》であった。「台湾に酒専売制度を実施することについては原首相が承諾を與へられ、この高橋もその時から承知していたのである」とのことだった。

そして、大正一一年（一九二二）四月一日に酒専売が導入された。台湾総督府の財政を安定させ、かつ、酒造衛生面での改善に基づくものであるとされた。従来の民営酒造所約二〇〇ヶ所に対して酒造を禁止し、総督府の監査により二一工場が選定された。そして、これら選定された民間の酒造工場は全て専売局の管理となり、名称も台湾総督府専売局となった。この時、製酒業者に対して「禁業交付金」が支払われている。この計算基礎は製酒用に使用されている建物・土地・機械設備に基づいて行なわれ、これらの徴収（強制的な取り立て）または賃借を行なった。総督府は専売局嘉義工場の開設とともに基準に合格した一二ヶ所の民間酒造業者に専売局指定の酒造を認可して生産させた。そして、これらを最終的に五支局（台北支局、台中支局、台南支局、花蓮港支局、神戸支局）、一二出張所（基隆出張所、宜蘭出張所、新竹出張所、豊原出張所、埔里出張所、嘉義出張所、高雄出張所、旗山出張所、屏東出張所、恒春出張所、膨湖出張所、台東出張所）とし、新たに独自工場（樹林酒工場）の設置が行なわれた。

往時の酒専売局ラベル

　酒専売開始当時の大正一一年度、酒収入は六四八万円であったが、昭和五年（一九三〇）には二倍を超え、昭和一四年（一九三九）には三六八九万円となり、酒専売は専売総収入の四四％、総督府の総歳入の一二・八％を占めるまでになった。台湾総督府の財政難を救った一大プロジェクトであった。

　昭和六〜七年（一九三一〜一九三二）頃から、これまでの米酒製造工程を変える画期的な製造方法が導入された。これは、従来使用されてきた白粬に変えてアミロ法と呼ばれる培養技術を採用したもので、総督府専売局の神谷俊一技師が、昭和三年（一九二八）にフランス領であったサイゴン（現在のベトナム・ホーチミン）郊外で、砕米を原料とする酒蒸留工場を視察した際に、アミロ法で製造されているのを見たことに始まる。これは、米、水に加えて塩酸を副原料として用いるものであった。この製造過程により、大幅な歩留まりの向上と季節を通じて安定的な品質が確保された。

　これら蒸留酒に加えて、一部島内で清酒も生産されたが、依然として内地より清酒が移入された。専売制度導入前の大正一〇年度では、圧倒的に兵庫県よりの白鹿、白鶴や菊正宗が好まれ、移入清酒全体の六一・五%を占めた。

昭和一六年（一九四一）に発行された『台湾酒専売史』に「専売局においては、酒工場を有する支局及び出張所には全て神社が造営された」とある。従って、酒工場のあった各専売支局及び出張所、更には麦酒工場の全てに企業神社があったことになる。祭神として大山咋《おおやまくい》神《のかみ》と市杵《いちき》島姫《しまひめの》

松尾大社の神泉舎（亀ノ井）

命《みこと》の二神を祀った。京都松尾大社の主祭神である大山咋神は社殿裏の大杉谷《おおすぎだに》の霊泉《れいせん》で酒を醸《かも》したといい、現在でも境内の神泉舎《しんせんしゃ》（亀ノ井）にはこの霊泉が引かれており、酒造家はこの神泉を持って仕込みにかかるという。このように松尾神社の祭神は「お酒の神様」として崇《あが》められている。市杵島姫命は北九州の宗像神社の祭神でもあり、弁財天と同一とされ、水の神とされている。

戦後、全ての専売工場は国民政府に接収され、台湾省専売局として専売事業を継承した。二〇〇二年、台湾は世界貿易機関（WHO）の加盟国になり、同時に一〇〇年近く続いた酒たばこの専売制度が廃止され、新しく「酒たばこ管理法」と「酒たばこ税法」が施行された。そして、同年七月一日、公売局は民営化され、「台湾菸酒《イエンチョウ》股份有限公司」となる。

現在もなお、酒工場として使用されているのは宜蘭工場と埔里《プーリ》酒工場の二ヶ所である。二〇〇二年に台中酒廠が台中市政府によって文化遺産と認定されたことから、この工場エリア一帯を台湾の建築、デザイン、芸術の発信地とする動きが強まり、現在は工場の建物を利用し、様々な芸術やデザインの展示、また音楽のパフォーマンスや各種イベントなどが開催される「文化創意産業園区」となった。同じように、台北酒廠、花蓮港酒廠や嘉義酒廠も文化創意産業園区となっている。「Creative Taiwan」を将来の施政目標とビジョンとしているとのことである。

台北酒工場（松尾《まつお》神社）——「胡蝶蘭」のブランドを持つ清酒

鎮座：大正一三年一〇月一日　**祭神**：大国魂命、大己貴命、少彦名命、能久親王、大山咋神、市杵島姫命　**無願神祠**　**現住所**：台北市中正區八德路一段一號（華山1914創意文化園區）

往時の松尾神社
（出典：『専売通信』）

華山1914創意文化園区

大正一一年（一九二二）に台北の旧町名を廃止し、この区域が「樺山町」と名付けられる。華山1914創意文化園区の「華山《ファシャン》」という名称は初代台湾総督「樺山資紀」の名前を取り、「1914」は園区内の最古の建築物がこの時期に建てられたことによる。

大正二年（一九一三）一〇月に阿部三男及び松村鶴吉の共同経営により、資本金二五万円を投じ、芳醸合名会社（大正四年、日本芳醸株式会社となる）が設立する。当時の三板橋《さんばんきょう》大竹圍《だいちくい》である。同社の目的は冷蔵式により清酒を四季醸造することにあった。台湾での醸造技術は完成しておらず、それまで、熱帯地域に於ける製酒の醸造は失敗してきた。同社が採用したのは、冷蔵式醸造法であり、大蔵省所管王子醸造試験所で好成績を得たものであった。そもそも、この事業は藤本鐵治が総督府技師として在官中に研究調査したもので、事業を阿部三男及び松村鶴吉に譲り、三者の組合事業として発足した経緯がある。

清酒醸造に必要なボイラー（八〇馬力）、冷却能力二五トンの冷蔵機、精米機及び洗米機等は高田商会経由で調達された。当時は内地からの移輸入酒に対して一石（一八〇リットル）一六円の税金がかけられていた。また、内地よりの清酒には、腐敗を防ぐサリチル酸が含まれていたため、現地製の清酒は大いに期待された。

満を持して売り出された「胡蝶蘭《こちょうらん》」は大正三年（一九一四）一一月に鉄道ホテルで開業披露宴の際、来賓に振舞われた。移入酒に比較して多少風味において幾分遜色があるが、防腐剤を使用していない点が大いに評価され、売り上げを伸ばした。清酒醸造の傍ら、米酒や紅酒などの本島古来の醸造も手掛けるが、清酒製造過程における有害微生物の繁殖をもたらす。このため、製造し易い米酒や紅酒に設備を換えていった歴史がある。

台湾総督府による酒専売が開始された後、名称も台北支局台北酒工場となるが、工場設備は専売局に年間四万円で賃借された。最終的に、昭和四年（一九二九）七月、日本芳醸の提示額である五五万円に対して三九万九〇〇〇円で専売局による買収額が決定された。

大正一三年（一九二四）一一月一日に、外の酒工場に先んじて、これまで事務所内に奉安されていた祭神を、昭和一二年（一九三七）四月一日に新たに造営した社殿に遷座した。祭神は松尾神社及び台湾神社の祭神であった。

樹林《じゅりん》酒工場（太平神社）——工場所在地から取った神社名

鎮座日：昭和一〇年九月七日　**祭神**：大国魂命、大己貴命、少彦名命、能久親王、大山咋神、市杵島姫命　**無願神祠**　**現住所**：新北市樹林區博愛街二三八號（立暮電子）

大正一一年（一九二二）の台湾酒精令により、当時の海山郡鶯歌《おうか》庄彭副字樹林にあった樹林紅酒株式会社も専売局の管理となり、名称も台湾総督府専売局樹林酒工場となる。戦後の一九五七年に台湾菸酒公売局樹林酒廠と改称される。その後、紹興酒を製造する台北市の華山酒工場、紹興酒と黄酒（穀物を麹で糖化して醸造する酒をいう）の板橋酒工場及び紅麹酒の樹林酒工場が合併し、現在の桃園酒廠となる。

昭和一六年（一九四一）八月に作成された樹林酒工場建

往時の太平神社（出典：『専売通信』）

樹林酒工場倉庫

物配置図によると神社は紅酒倉庫裏で医務室横辺りにあった。現在、この場所はIT会社の建物となっているが、当時の工場の一部が台湾菸酒股份有限公司新北営業處の倉庫として樹林区鎮前街一六三号に残っている。

昭和一〇年（一九三五）五月に工場内に神社造成が決定し、七月から起工され、九月五日に竣工した。神苑は二〇坪程度であり、こぢんまりとした企業神社であった。太平の名は工場所在地名を取り、命名されたものであった。

宜蘭《ぎらん》酒工場（構内神社）――現在も残る酒工場

鎮座日：昭和一二年三月二九日　**祭神**：大山咋神、市杵島姫命、大山祇命、熊野橡樟日命　**無願神祠**　**現住所**：宜蘭縣宜蘭市舊城西路三號（宜蘭酒廠）

明治四一年（一九〇八）に林春雲が蘭陽製酒公司を創設し、現在の「紅露《ホンロ》酒《チョウ》」の元になる「安渓紅老酒《あんけいこうろうしゅ》」を市場に出し、大いに名声を博した。その後、林春雲を筆頭に三四人を株主とする本島人出資会社とし、明治四三年（一九一〇）に資本金二六〇万円で宜蘭製酒公司が設立された。宜蘭及び頭圍《とうい》に工場を有し、主製品は米酒、紅酒であった。専売制導入前の大正九年（一九二〇）四月、宜蘭製酒株式会社となる。

専売局宜蘭支局構内に全職員の精神的結合と事業繁栄の守護神として、昭和一二年（一九三七）三月二九日夜半に酒醸造の守護神である京都の松尾神社とクスノキの霊を祀る新高郡蕃地ホサの久須之木祠の分霊を奉じて鎮座祭が執り行なわれた。ここでいう久須之木祠の分霊とは大山祇《おおやまずみの》命《みこと》と熊野《くまの》橡樟《くす》日命《びのみこと》をいう。

現在は台湾酒公司宜蘭観光酒廠となり、週末には多くの観光客が訪れる場所でもある。この工場内の甲子蘭文物館左手奥の倉庫が神社跡地であった。

宜蘭観光酒廠

倉庫奥が神社跡地

埔里《ほり》酒工場（松楠《しょうなん》神社）——事業並びに従業員の安泰と発展を祈願した神社

鎮座日：昭和一一年四月二三日　**祭神**：大山咋神、市杵島姫命、大山祇命、熊野橡樟日命　**無願神祠**　**現住所**：南投縣埔里鎮中山路三段二一九號（埔里酒廠潮流館）

往時の松楠神社（出典：『専売通信』）

神社跡地

埔里酒廠潮流館（旧埔里酒工場）

埔里酒工場の前身は埔里社酒造株式会社であり、大正六年（一九一七）に許道南、杉山昌作、松本志魯雄、竹崎早苗等の本島人一六人、内地人六人の出資（出資金五万円）による株式会社として設立された。当時の製造規模は小さかったが、同地方は交通が不便であるため、同地での需要を賄うために専売工場として徴収され、清酒、粳米酒や米酒などが製造された。専売局時代は専売局埔里出張所となり、埔里酒工場と呼ばれた。特に、良水に恵まれ、皇室御用達の「萬寿酒」が製造された。現在は埔里酒廠として良質の紹興酒を製造しており、紹興酒といえば、埔里といわれるほど有名である。

事業並びに従業員の安泰と発展を祈願すると共に、敬神の念を充実させ、心を清らかにして敬虔な雰囲気の中で、事業に精進するため、木原甚一所長の発案により松楠神社と命名された企業神社は、昭和一一年（一九三六）四月二三日に鎮座した。松尾神社と久須乃木祠の祭神を祀り、神殿、玉垣、鳥居、灯籠その他の付属品は台中支局からの奉納であったようである。

神社は構内の事務所、雑品倉庫及び包装材料倉庫を背に西北向きとした。現在の旧工場のあった本館側で、埔里酒廠潮流館裏に造営された。

上掲の神社跡地は二〇一四年の写真である。その後、神社跡地は取り壊されて見ることが出来ない。

なお、例祭日は毎年七月一日（専売実施日、製脳官営実施記念日）であった。

台中《たいちゅう》 酒工場（松尾神社）——文化創意産業園区に変わった酒工場

鎮座日：昭和一一年以前　**祭神**：大山咋神、市杵島姫命、熊野橡樟日命、大山祇命　**無願神祠**　**現住所**：台中市南區復興路三段三六二號（台中文化創意産業園區）

往時の松尾神社（出典：『台湾専売』）

神社跡地

本社を台南州斗六郡斗六街に置く大正製酒株式会社は、そもそも台湾製酒株式会社と赤司製酒公司を合弁したもので、大正五年（一九一六）一一月に資本金一五〇万円で創立された。台中工場の他、彰化工場、斗六工場、北港工場、嘉義工場及び阿緱工場を所有した。台中工場は酒精及び再製酒を主に製造していたが、専売後は清酒を専門に製造した。製造された清酒は台湾の中部を中心に販売されたが、人気の面では内地産にとうてい及ばなかった。

昭和一一年（一九三六）一〇月一五日に構内の中ほどに松尾大社の祭神を祀る松尾神社が遷座したとある。そうすると、第一代の神社は専売局台中支社のどこかに造営されていたことになる。第二代松尾神社は北東向きに造営され、神苑入口には鳥居があり、小さな池の橋をわたって本殿となっていた。戦後、神社が取り壊された後、神社跡地は従業員用の事務所となり、現在は広場に残る樹木が神社跡地を示している。

三輪幸助専売局長が昭和一五年（一九四〇）七月一七日に、この台中酒工場の巡視に来ており、この時、松尾神社に参拝している。それが上掲の写真である。

嘉義《かぎ》酒工場（稲尾神社）——移設された神馬と狛犬

鎮座日：不明　**祭神**：大山咋神、市杵島姫命　**無願神祠**　**現住所**：嘉義市西區中山路六一六號（嘉義創意文化園區）

現在、嘉義創意文化園区となった嘉義酒廠の前身は大正製酒株式会社嘉義工場であり、大正五年（一九一六）に赤司初太郎が創立した。工場の大部分は木造建築であり、建坪二九四五であった。専売制導入後、当初は専売局台南支局に属していたが、大正一三年（一九二四）に嘉義支局に昇格する。嘉義酒工場は縦貫鉄道の敷地にあり、台湾で唯一、高粱酒を生産する工場でもあった。太平洋戦争の昭和一八年（一九四三）には米軍の空襲を逃れ、阿里山山麓に二万坪の分工場を建設して清酒を醸造した。

戦後、国民政府に接収され、製造を続けた嘉義酒廠も一九九九年二月にはその操業を停止する。現在は高粱酒を製造する嘉義観光酒廠が民雄郷福楽村にあり、工場内の稲尾神社に奉納された神馬と狛犬が移されている。

昭和一四年（一九三九）に市区改正のため、一時境内を取払い、祭神は旧嘉義庁舎裏の弓道場内に仮安置された。そして、「皇紀二六〇〇年記念事業」として、嘉義専売支局員及び関係業者により遷座奉賛会を組織し、同年六月三〇日に遷座祭が執り行なわれた。外苑内には土俵、弓道場、テニスコート等の体育施設が整備された。

旧嘉義酒工場

嘉義酒廠の神馬

茶芸館　斗《と》六《ろく》の赤司と呼ばれた赤司初太郎

領台間もない明治二八年（一八九五）一〇月に渡台。明治三五年（一九〇二）四月までの六年間、当時の台中県竹山において軍御用達として活躍する。その後の事業家赤司初太郎の事業基盤となった。後に雲林の斗六に移り、「赤司の斗六か、斗六の赤司か」と言われるほどになる。そして、北は基隆、台北から台中や高雄へと御用達の物資買い入れに飛び廻る。また、斗六の荒賀直順庁長から、斗六・虎尾《こび》西部に跨る開墾地数一〇〇甲（一甲は約一ヘクタール）の開墾許可を得る。その後、この土地は濁水《だくすい》渓南岸の肥沃な耕地として大日本製糖がその製糖原料である甘蔗採取畑とする。この耕地の売却で、赤司は大きな利益を上げる。

欧州大戦以来、欧米においてセルロイド産業の勃興《ぼっこう》に促され、赤司は大正五年（一九一六）七月に台湾採脳株式会社を創立する。新竹州大湖、台中州東勢や埔里、台南州嘉義方面の事業を一手に収め、台湾第一の製脳会社となる。更に、大正八年（一九一九）四月に全島の粗製樟脳業者を糾合して台湾製脳株式会社を創立する。そして、製脳事業が専売局直営になるまで同社社長を務めた。一方で、製糖事業にも参入した。昭和二年（一九二七）に世界的な金融恐慌により経営不振に陥った台南製糖（212頁参照）は昭和製糖と合併する。昭和九年（一九三四）に昭和製糖が新竹及び沙鹿《しゃろく》製糖と合併して資本金七〇〇万円の会社となったとき、赤司は社長となる。また、大日本製糖に買収される前の新高《にいたか》製糖にも取締役として活躍した。

斗六の三太郎（赤司初太郎、森川静太郎及び木村繁太郎を指す）と呼ばれた一人の森川静太郎は糖蜜を原料とする森川製酒工場を斗六に設ける。その原料を大日本製糖虎尾工場から一手に引き受ける交渉を赤司初太郎が行なった。いったん引き受けたが、斗六の工場だけでは処理できず、台南に糖蜜販売の会社を設立し、全島の製酒業者に働きかけた。当時、本島人の間では蒸留酒及び再製酒が好まれ、蒸留酒である糖蜜酒もよく飲まれた。森川製酒工場の業績も良くなり、台中、彰化、嘉義、屏東に工場を設ける。そんな矢先の大正三年（一九一四）六月に工場のボイラーが破裂し森川は重傷を負い、亡くなる。

時をほぼ同じくして欧州大戦が勃発する。戦争需要に沸く日本。糖蜜から酒精《しゅせい》（エチルアルコール）を発酵させ、大量の酒精が製造、欧州に輸出された。酒精は軍需物資として使用され、取引額も一躍大幅に伸び、当時、内地での酒精の民間需要は三万石（一石は一八〇ミリリットル）であり、赤司が経営する大正製酒株式会社は四万石の醸造高を持ち、砲兵廠への納入を一手に引き受けるほどであった。その大正製酒は台湾製酒株式会社と森川製酒工場を引き継いだ赤司製酒公司を合併させ、東京から湯本善太郎を社長に迎え、大正五年（一九一六）一一月に資本金一五〇万円で創立されたものであった。

大正五年に当時の専売局長賀来《かく》佐賀《さが》太郎《たろう》が酒専売制を提案するが、この時点では時期尚早であった。改めて、総務長官となった賀来は酒専売制の導入を図る。いち早く、この情報を入手した赤司初太郎は彰化工場を閉鎖し、屏東工場を台湾製糖に売却する。そして、生産高の縮小を図り、債権回収で損が出ないような状態にして、大正一一年（一九二二）七月一日の酒専売制度の実施に備える。結果、台中、斗六、嘉義と北港の四工場が専売局の直営下に移された。台湾で成功した実業家の一人であった。

屏東《へいとう》酒工場（構内神社）――皇紀二六〇〇年記念の遷座

鎮座日：昭和一五年以前　**祭神**：大山咋神、市杵島姫命、大国魂命、大己貴命、少彦名命、能久親王　**無願神祠**　**現住所**：屏東縣屏東市民生路二五五號裏の駐車場

大正一二年（一九二三）一〇月に酒専売に基づき、屏東酒工場が新設され、屏東支局となる。主製品は米酒であり、アミロ方式により、いち早く米酒を製造した工場であった。

専売関係者の敬神観念の涵養を図るため、構内に既に祀られた企業守護神を「皇紀二六〇〇年記念事業」として、従業員及び官内専売事業関係者から浄財約四〇〇〇円を集めて改築された。そして、遷座祭が昭和一五年（一九四〇）三月一七日に行なわれた。

一九八七年に当時の酒工場は内埔工業区に移設され、現在、その跡地は駐車場になっている。

花蓮港《かれんこう》酒工場（松尾神社）――写真が語る優雅な社殿

鎮座日：昭和三年一二月一五日　**祭神**：大山咋神、市杵島姫命
無願神祠　**現住所**：花蓮縣花蓮市中華路一四四號（花蓮文化創意産業園區 a-zone）

中正路と中華路の合流点に花蓮文化創意産業園区がある。

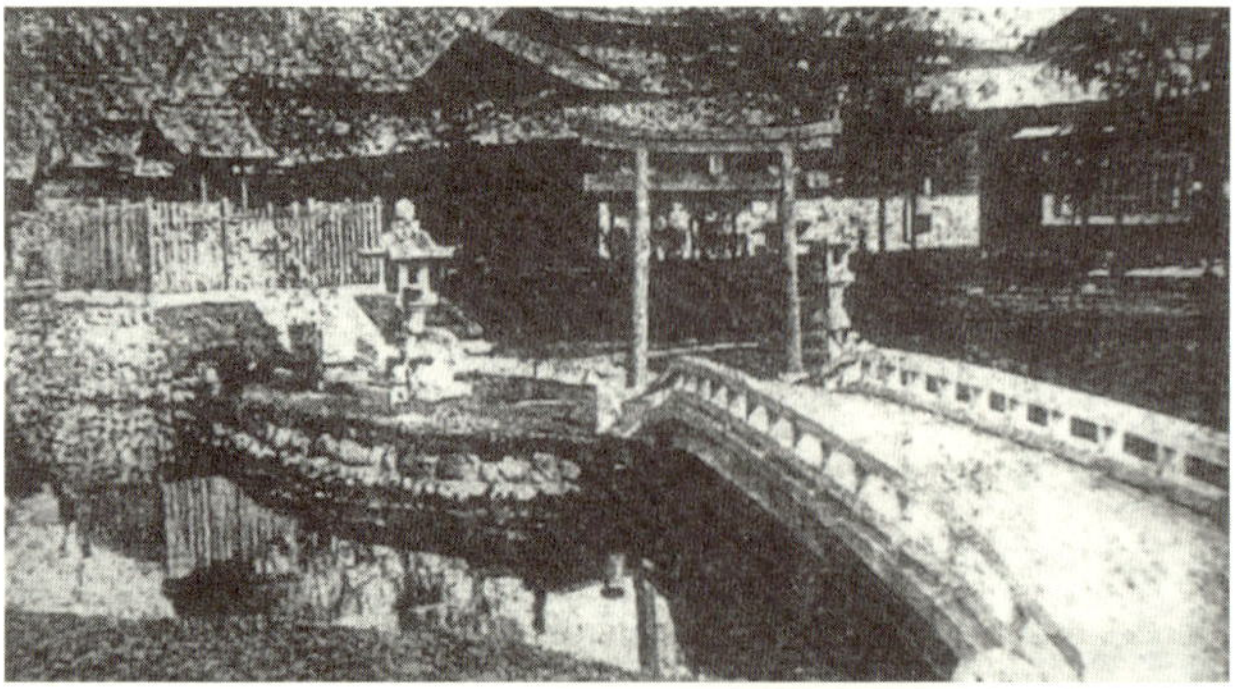

往時の第二代松尾神社（出典：『台湾日日新報』）

第二代松尾神社跡地

当時の花蓮港酒工場である。現在、当時の職員宿舎が復元されている。これらの施設や当時の工場を利用して、花蓮出身の芸術家の作品が展示され、文化創意産業園区として甦った。

宜蘭振拓株式会社花蓮港工場は大正二年（一九一三）に

花蓮港街に設立された。以来、紅酒や米酒を主に生産した。酒専売制の導入により、工場設備としては不十分であったが、交通の関係上、東部における需要を満たすために専売工場として選出された。

昭和三年（一九二八）一二月一五日に鎮座した松尾神社は、当時の工場敷地中央辺りに造営された。構内増築のために、いったん仮安置されていた祭神は昭和一三年（一九三八）二月一九日に遷座祭を迎えている。場所は、現在の正門入口左となる。従って、終戦まであった企業神社は第二代となる。

戦後、花蓮港支局に造営された神社は取り壊され、「増産報国碑」に建て替えられる。一九七一年にはまだ社殿前の池と橋が残っていたという。

台東《たいとう》酒工場（構内神社）——東台湾の酒工場

鎮座日：昭和一八年一〇月一〇日　**祭神**：大山咋神、市杵島姫命
無願神祠　**現住所**：台東縣台東市大同路一〇三號（台東兒童故事館）

米酒及び糖蜜酒を生産した台東酒工場は台東庁東街に位置し、増永三吉工場ともいわれ、増永三吉の個人経営によるものであった。工場自体はそれほど整備されたものではなかったが、専売制の導入と共に地域の需要を満たす工場として徴収された。

台東市大同路に台東児童故事館がある。ここは花蓮港支局台東酒工場の局長宿舎と招待所が修復されたものであり、恐らく、この敷地内に企業神社が造営されたのであろう。

当時の酒工場は現在の平等街沿いにある台湾電力台東区営業所の一部となっている。

修復された台東酒工場の局長宿舎

《注釈》

① 糖蜜とは砂糖を精製する時に発生する糖分以外の成分も含んだ粘状で、黒褐色の液体であり、英語ではモラセスまたはモラッセスという。台湾で分密糖業が開始されると、糖蜜はその廃棄物として、なんの利用価値もなかった。欧州大戦の勃発と共に、化学工業の発展により糖蜜を原料にした酒精工業が興り、台湾製糖の橋子頭製糖所（明治四〇年）、阿緱製糖所（明治四四年）や明治製糖の蒜頭《さんとう》製糖所が製造工場を設置した。

台湾酒精令で、酒精とは酒精分九〇度以上のものであり、製糖会社に於ける酒精の製造及び当該販売に限って総督府の酒専売制から除外され、もっぱら海外へ輸出、または内地に移出された。

製塩

日本統治時代の初期、台湾の製塩業は清朝時代の専売制を踏襲せず、民間に自由に製造販売させた。しかしながら、この政策により、塩業に携わる業者は自ら製造から販売まで独自で行なわなければなり、また、資金援助もなく、もはや利益の出る産業とはならなくなった。このことにより、塩田の荒廃を招いた。

明治三二年（一八九九）四月に総督府は財政収入を改善するため、阿片に次ぐ塩専売制（内地に於ける専売制の導入は明治三八年六月一日）に踏み切る。総督府は民間に自由に塩田の開発を奨励し、生産された塩の買い取りと販売を受け持った。専売制が導入される前の塩田は僅か三五四甲（一甲は約一ヘクタール）であった。塩田を経営する本島資本家として辜《こ》顕栄《けんえい》（鹿港）、陳中和（烏樹林）及び林熊徴《ゆうちょう》（蚵《か》寮《りょう》）があり、内地資本家として最初に投資したのが布《ほ》袋《てい》塩田の野崎台湾塩行（注①）であった。これらによる塩田開発により、瞬く間に塩田規模は一〇五七甲となる。

当時、日本で大手商社であった鈴木商店（226頁参照）は独特の経営手腕により数多くの分野に進出する。製塩業もその一つであった。明治四二年（一九〇九）四月に台湾塩専売制当初より、台湾からの移出販売を一手に引き受けて

現在の七股塩山

いた小栗銀行の傘下にあった小栗商店を小栗銀行破綻により鈴木商店がその権利を継承し、東洋塩業株式会社（後の台湾塩業株式会社）が設立される。その後、内地で関東州塩を取り扱う大日本塩業株式会社の経営権を握ることによりことで、鈴木商店は関東州塩及び台湾塩を取り扱う移入業者となった。更に、大正六年（一九一七）に台湾塩業と東亜塩業を大日本塩業株式会社に合併した。

　欧州大戦後、好景気の波を受けた日本経済は潤い、また、化学工業と遠海漁業が発展したため、工業用塩と魚類の塩漬保存用食塩の需要が激増する。ちょうど、本島最南端の鵝鑾鼻《がらんび》で捕鯨漁（369頁参照）が開始された頃である。そのため、塩田の拡大とこれまでの個人経営から台湾製塩株式会社が大正八年（一九一九）七月に設立され、台南州北門郡七《なな》股《こ》庄に約四〇〇ヘクタールの台湾最初の純工業用塩田の開発に着手した。これが台湾塩業の近代化の一歩となる。特に、レーヨン等の再生繊維である人絹《じんけん》及び人繊《じんせん》工業の発達は化学工業に必要とされるソーダの需要量を激増させた。

　一方、食料塩不足に直面した日本は、地中海沿岸及びアフリカ方面から工業用塩を輸入することになった。しかしながら、日中戦争に伴い、将来的な資源の供給停止を危惧し、これまでの海外からの輸入を停めて、台湾を含む植民地及び勢力圏内での塩の増産に政策を変更した。昭和九年（一九三四）七月に電力の需要を満たすために、日月潭《にちげったん》発電所が稼働する。この豊富で低価格な電力を求めて進出した各種産業において工業塩から造り出される「にがり（注②）」は重要な役割を果した。

　昭和一二年（一九三七）一二月に大蔵省では昭和一六年（一九三一）度までに国内工業用塩需要量を二〇〇万トンとし、これを全て植民地である台湾、関東州、満州国、北支山東（青島）方面から補給することとし、生産拡充四ヶ年計画を策定し、塩田開発計画に着手した。この生産目標を達成するため、大日本塩業、台湾拓殖、日本曹達が共同して昭和一三年（一九三八）六月に資本金一〇〇〇万円で南日本塩業株式会社が設立される。ちょうど、日本の工業化と南進政策により、軍需用としてのソーダ用塩の需要が求められる時であった。また、日本化学工業株式会社が翌年に設立され、「にがり」からマグネシウムを抽出すると共に、副産品である工業塩をさらに精錬し、苛性ソーダ（水酸化ナトリウム）を生産することになる。このことにより、食塩・工業塩・マグネシウム・苛性ソーダの生産体制が確立した。

工業塩はソーダ製造時に不可欠な原料だけでなく、その副産品である「にがり」も鉱工業、医薬用品の製造原料であり、更には軍需原料にもなる。また、結晶過程に抽出される硫酸石灰はセメント工業の重要原料でもある。この他、石鹸、歯磨き粉、胃腸薬、味の素、染料なども大量に塩を必要とした。

日本統治時代の台湾には六ヶ所の塩場があり、烏樹林、布袋、北門、七股、鹿港及び台南塩場であった。

台湾製塩（武津社《ふっ》）――塩竈《しおがま》神社の祭神

鎮座日：昭和一七年一月二八日　**祭神**：天照皇大神、大国魂命、大己貴命、少彦名命、能久親王、武甕槌神、経津主神、塩土老翁神

無願神祠　**現住所**：嘉義縣布袋鎮新厝里六五號（布袋國小校門左）

昭和一六年（一九四一）四月に総督府の指導の下、台湾塩業の経営合理化を目指し、民間五社の製塩会社（鹿港、大和、掌潭《しょうたん》、塩埕《えんてい》及び烏樹林《うじゅうりん》製塩）は全て台湾製塩株式会社に買収された。これに伴い、従来の布袋《ほてい》、掌潭、虎尾《こび》寮《りょう》の三塩業組合も解散する。同年六月一日は専売局開庁四〇周年であった。この記念事業として神社の造営が計画され、組合幹部が神社造営に伴い、残余財産の一部を寄進している。神社造営工事は職員一同により、翌年の昭和一七年（一九四二）一月二八日に竣工する。工事費は寄進浄財約二九五〇円を要し、神社境内には池が設けられ、貯水量三〇〇石（約五万四〇〇〇リットル）を誇り、消火用水を兼ねたという。

武津社は宮城県塩竈市一森山にある塩竈神社の祭神である武甕槌神《たけみかづちのかみ》、経津主神《ふつぬしのかみ》、塩土老翁神《しおつちのおじなのかみ》の内、武甕槌神の「武」と経津主神の「津」を取って社名とした。塩竈神社

往時の武津社（提供：行政院文化建設委員会）

台鹽實業公司生技三廠入口の狛犬

の由緒によると、武甕槌神と経津主神の二神が塩土老翁神を嚮導《きょうどう》（道を先導する）して諸国を平らげ、塩竈地方に来たという。そして、塩土老翁神のみがこの地に留まって、住民に生業を授け、特に煮塩法を教えたとされる。

武津社の唯一の遺物である狛犬は台鹽實業公司生技三廠入口左に置かれている。形は小ぶりではあるが非常に力強い狛犬である。事務所の案内で布袋国小校門入口左側にあったという日本統治時代の事務所跡に行ってみた。神社はこの事務所傍に造営されたのであろう。

修復された当時の台南支局

《注釈》

① 内地で最大の製塩家であった野崎武吉郎が設立した企業であり、現在のナイカイ塩業株式会社である。

大正八年（一九一九）と九年（一九二〇）に連続して暴風雨が台湾を襲い、南部の塩田は壊滅的な被害を受けた。また、満州事変（一九三一）以降、日本での工業塩の需要が旺盛となり、台湾塩田の拡張と増産が要請されるようになる。これを機に野崎台湾塩行は利益率の低い台湾塩田経営から撤退し、昭和一二年（一九三七）二月に同社が所有する布袋塩田（台南州東石郡 一七五甲）は五〇万円で大日本塩業に売却された。

② 海水から食塩を製造するとき、濃縮して食塩を結晶化させて取り出したあとの液をいう。苦汁《くじゅう》ともいう。塩化マグネシウムを多く含み、苦味があるのでこの名がある。

茶芸館

専売局台南支局の守護神・南昌社（口絵参照）

台鉄「台南站」からすぐ傍の距離に台湾総督府専売局の台南支局があった。

大正一一年（一九二二）四月に酒類専売令が発令され、それまでの台湾出張所内に新たに台南支局が設置され、食塩、酒及び煙草の専売事務を所轄した。昭和一一年（一九三六）時点での従業員と職員職工合計は一七三人であり、事業並びに従業員の安泰と発展を祈願して南昌社が造営された。社殿は前台南支局長出澤鬼久太の発案により、神殿の造営は支局工手《こうしゅ》（土木建設や電気・機械などの工事をする職員）によった。造営は同年三月に着工され、九月に竣工した。そして、九月二五日に鎮座した。

奉祀された祭神は天照皇大神、能久親王、武甕槌神、経津主神、岐神《ふなどのかみ》、大山咋神及び中津島姫命《なかつしまひめのみこと》（市杵島姫神の別名）で、酒造及び製塩の神様であった。

製糖

日清戦争後の経済好況の反動で、明治三〇年（一八九七）頃から経済恐慌・財政窮迫が現われ、台湾財政の国庫補助金も四〇〇万円に削減された。このような状況下で第四代台湾総督に児玉源太郎が就任した。児玉総督に任されたのは台湾財政の健全化及び独立であり、台湾財政を支える強力な産業の振興であった。そこで、目を付けたのが製糖産業であった。

明治三三年（一九〇〇）三月に大蔵大臣を辞任した井上馨《かおる》が日本精製糖株式会社を視察した際、専務取締役の鈴木藤三郎（茶芸館参照）が井上に問われるままに日本の製糖業について抱負を述べた。以前から台湾の糖業について関心を持っていた井上は大変感動し、また、その有望なることを確信した。そして、台湾糖業の開発のために一大会社を創立する決意を行ない、当時の児玉総督にこのことを話した。児玉も以前からその必要性を考えていたらしく、すぐに三井物産の専務理事益田孝《ますだたかし》に相談する。益田は日本精製糖の鈴木藤三郎と同社社長長尾三十郎に意見を求めた。両氏ともこれに賛成しただけではなく、鈴木は単に在来のものを改良するなどの程度に止めず、更に資本金を増加し、糖汁搾出よりこれを精製するまでの段階に達せしめるべきであるとの積極的な意見を出した。

時をほぼ同じくして、明治三三年一月、民政長官後藤新平は米国滞在中の新渡戸稲造《にとべいなぞう》（注①）に諸外国の糖業に関する施設の調査依頼を行なった。台湾に渡った新渡戸は半年かけて全島を巡り、「殖産興業の要は製糖業にある」と確信する。調査終了後、欧米諸国を視察するとともに、植民地での糖業事情をつぶさに調べ、これらの調査を基に、翌年「糖業改良意見書」を総督府に提出した。

更に、同年一〇月に製糖産業を台湾の基幹産業にすることへの自信を深めた後藤の依頼により、三井から製糖業への投資のために実地調査に送られた鈴木藤三郎、ドイツ帰りの農業学者山本悌次郎、三井銀行から三井物産に転出した藤原銀次郎ら一行は、打狗（現在の高雄）を中心に調査を行うが、鈴木はこの調査を通じて橋子頭《きょしとう》に製糖所を建設すると決めていたという。

一〇月一四日に基隆を出発し、台南から打狗を廻り、一一月半ば過ぎに台北に戻った一行は、早速、総督府を訪ねた。鈴木と山本は児玉源太郎に事業そのものは、技術的にも農業的にも有望であるという詳しい調査報告を行なった。この報告書により、新しい製糖事業は五年間、損益の如何に関わらず、総督府より年六分の投資に対する補償金の負担を受けることになる。これにより、三井財閥が大株主となった台湾製糖株式会社の設立にこぎつけ、台湾製糖は日本最初の新式甘蔗《かんしょ》（サトウキビ）分蜜製糖（注②）会社として、明治三三年一二月一〇日に創立された。

明治三五年（一九〇二）六月一四日に律令第五号により「台湾糖業奨励規則」が発布され、新渡戸稲造は殖産局長に任命された。そして、本島及び内地より新式製糖産業に対する資本投下が矢継ぎ早に行なわれた。折から、日露戦争後のにわか景気に沸き、明治三八年（一九〇五）に陳中和など台湾の有力者五人により資本金二四万円で鳳山（現在の高雄市鳳山）に新興製糖を興し、また、阿緱《あこう》（現在の屏東県屏東）では蘇雲梯《そううんてい》などが六万円を投じで南昌製糖を興した。同年六月には「製糖場取締規則」が公布され、原料甘蔗採集区域制が確立された。これは製糖会社の原料採取区域を指定し、その区域内の甘蔗農家は総督府の許可なくては指定区域内の会社にしか甘蔗を売ることができなくなった。また、製糖工場はその区域内の甘蔗を相当代価で一定期間内に全部回収する義務を負うものであった。これにより、煩雑を極めた原料の需要供給関係が統制されるに及び、製糖業者と甘蔗農民相互の悩みは解消された。これらの投資環境が整備され、内地の資本家も台湾での製糖事業の有望性に着眼し、明治三九年（一九〇六）には明治製糖、翌年の明治四〇年には塩水港《えんすいこう》製糖及び東洋製糖が設立された。また、少し遅れて明治四二年（一九〇九）には新高製糖、林本源《りんほんげん》製糖、大日本製糖、翌年には帝国製糖や中央製糖など主要な製糖会社が設立された。

現在も稼働する虎尾總廠（旧虎尾製糖所）

台湾の製糖産業を更に発展させる出来事として、明治四四年（一九一一）七月に改正された関税制度があった。日本国内で消費される海外からの輸入粗糖にこれまで以上に高関税が課せられた。このことは本島の製糖（粗糖）業者への追い風となり、内地の製糖業者に供給する確固たる生産体制が確立することになる。

規模の拡大による生産性向上と投資効率を上げるため、内地の企業により本島人が経営する製糖会社が買収・合併され、生産経営規模が拡大された。更に、昭和二年（一九二七）の金融恐慌や昭和六年（一九三一）の満州事変を契機に大型合併が行なわれ、製糖産業の寡占体制に拍車をかけた。

昭和一四年（一九三九）四月から実施された砂糖の公定価格により、これまでの分蜜粗糖に対して、耕地白糖（注③）の価格が引き上げられた。このことにより、既に耕地白糖を製造していた塩水港製糖を筆頭にして、その他の製糖会社でも耕地白糖の生産が行なわれるようになった。当時、耕地白糖を生産するためには、蔗汁を清浄濾過する必要があり、その過程で石灰を加え、炭素ガスを吹き込む炭酸法が用いられていた。しかしながら、時局の悪化に伴い、石灰石の産地である大分県津久見産石灰石が台湾に出荷出来なくなり、台湾での耕地白糖生産に影響を与えた。公定価格によって糖価が低く抑えられ、かつ、石灰石の供給で製糖生産量が大幅に減少することになり、昭和一四～一六年にかけて大日本製糖による昭和製糖の買収や台湾製糖の新興製糖との合併が行われた。

砂糖生産高も、領台前には年間約五万トンだったのが、昭和一一年（一九三六）から翌年の最盛期には年間一〇〇万トンを超え、最高生産量は昭和一三年（一九三八）から翌年にかけての約一四二万トンであった。そして、最終的に三井系の台湾製糖、三菱系の明治製糖及び塩水港製糖、そして、藤山系の大日本製糖（昭和一八年に日糖興業と改称）の四大製糖会社となった。

太平洋戦争が勃発した昭和一六年（一九四一）に、内地では霜害《そうがい》に続いて夏場の低温と日照不足が農作物の成長に大きな影響を与えた。また、台風による被害が加わり、病害虫の大発生もあり、稲作は凶作となった。その結果、食糧確保のため、稲作が優先され、台湾の製糖産業は更なる拡大が抑制されることになった。

一方、太平洋戦争の影響により、従来米国に依存していた航空機燃料であるイソオクタンの輸入が杜絶する。このことにより、台湾の製糖会社で発酵ブタノール（プチアルコール）からイソオクタン製造が行なわれた。いわゆる、昨今のバイオ燃料であった。台湾の製糖会社では早い時期から酒精工場が創設され、飲料用及び工業用または薬用としての用途の他、昭和一二年（一九三七）頃より無水アルコールが自動車用燃料としてガソリンに代わって利用された歴史があった。終戦間近の昭和一八年（一九四三）の資料によると、食用に充てられた製糖の比率は僅か二八％であり、その他は燃料用となっている。太平洋戦争時代の台湾は食糧確保のための米作か、燃料確保のための甘蔗畑かに、大いに揺れた時代であった。

戦後、四大製糖会社は全て国民政府に接収・合併され、台湾糖業公司となった。

台湾製糖

明治三五年（一九〇二）一月一五日に橋子頭《きょしとう》工場（操業当時は製糖能力二五〇トン）が操業を開始し、同年五月二五日に最初の製糖が終了した。この時の歩留りは僅か四・三二％であった。

日露戦争後の景気も続き、製糖業も景気の恩恵に預かることになる。そして、明治三九年（一九〇六）に製糖（圧搾《あっさく》）能力四五〇トンを持つ橋子頭第二工場が竣工した。阿《あ》緱《こう》（後の屏東《へいとう》）の阿緱製糖所を合併により取得すると、後《こう》壁林《へきりん》製糖所（明治四〇年）、車路墘《しゃろけん》製糖所（明治四三年）、三《さん》崁店《がんてん》製糖所（明治三九年、怡記《いき》洋行の三崁店製糖所を合併）、東港《とうこう》製糖所（大正一〇年）と、立て続けに工場を設立し、明治四二年（一九〇九）には台南製糖会社（注④）湾裡《わんり》製糖所を合併した。更に、昭和二年（一九二七）に塩水港製糖より旗尾《きび》製糖所及び恒春《こうしゅん》製糖所を買収する。

大正九年（一九二〇）に、これまでの橋子頭製糖所から本社を阿緱に移し、阿緱製糖所を本社とした。

往時の橋子頭社（提供：橋子頭神社案内板）

中山堂

中山堂前の灯籠

橋子《きょし》頭《とう》製糖所（橋子頭社）——三井財閥が投資した台湾初の新式製糖工場

鎮座日：昭和六年一一月二日　**祭神**：天照皇大神、豊受大神、能久親王　**社　現住所**：高雄市橋頭區糖廠路二四號（高雄台糖橋頭廠中山堂）

当時の台湾製糖橋子頭製糖所は現在の台糖公司高雄廠に変わっているが、この橋子頭工場の構内に地域住民も自由に参拝できる企業守護神として造営されたのが橋子頭社である。昭和六年（一九三一）八月に職員及び従業員の敬神観念を涵養せしむるために四〇〇〇円の工費をかけて神社が造営され、祭神を天照皇大神《あまてらすすめおおかみ》、豊受《とようけ》大神、能久親王とし、一一月二日に鎮座した。

現在、神社跡地には中山堂が建っており、入口の石段脇に一対の狛犬が残っている。向かって右側の狛犬の石台には「橋子頭製糖所婦人會有志」、左側の石台には「昭和十年十一月三日」の文字を読み取ることが出来る。

二〇〇五年一一月に橋子頭製糖芸術村アーテスト・イン・レジデンス・プログラムの境内復元プロジェクトによ

り、新たに中山堂前に二基の灯籠、社号碑、手水《ちょうず》鉢《ばち》が配置され、神社関連遺物が整理された。

構内の工場長宿舎傍に、「黒銅聖観音像」が工場の方角を見つめて立座している。この観音像は橋子頭工場が操業を開始した年の明治三五年（一九〇二）八月一八日に初代社長鈴木藤三郎が製糖所の守護神として奉納したものである。鈴木の自社工場である鈴木鉄工所で鋳造させたもので、過酷な作業現場と生活環境の中にあり、工場の安泰と無事故を祈り、従業員の人身救済と安心をもたらす観音信仰であった。ブロンズ像制作の大家・大熊氏広《うじひろ》により原型が造られたもので、眉間の白毫《びゃくごう》は自らの金のカウスボタンを鋳潰して入れたようである。また、説明板に、この観音像は奈良薬師寺東院堂聖観音立像と同じような風格をもつものであると書かれている。

後壁林《ごへきりん》製糖所（後壁林社）――昭和天皇御大典記念事業

鎮座日：昭和三年一一月二三日　**祭神**：天照皇大神、倉稲魂神
社　現住所：高雄市小港區平和路一號（小港國小）

後壁林製糖所は明治四二年（一九〇九）に建設され、製糖能力一〇〇〇トンの工場であった。工場の構造は橋子頭第二工場と大差はないが、更に作業管理を容易にするために、機械その他の配置を改良した。将来、二〇〇〇トンに拡張すべき構想のもとに設計され、日本統治時代は世界屈指の工場とされた。昭和九年（一九三四）からは耕地白糖製造工場に改められた。

後壁林社は昭和三年（一九二八）一一月に行われた昭和天皇の御大典を記念し、従業員の寄付により、他の工場と同時期に造営された。昭和三年五月に起工され、同年一一月二三日に鎮座した。神社の所在地の確認に手間取ったが、元後壁林製糖所の職員であった古老の案内で、神社は現在の小港国小（小学校）敷地内にあり、本殿の跡地はちょう

往時の後壁林社（提供：水町史郎）

茶芸館 鈴木藤三郎が求めた「報徳」

製糖王・発明王と呼ばれた鈴木藤三郎が製糖産業を国家産業の柱とすべく、明治二九年（一八九六）七月から翌年七月まで、製糖機械の購入並びに最新の砂糖製法技術習得のためにアメリカとヨーロッパの製糖産業視察旅行に出た。帰路、ジャワ（インドネシア）、シンガポール、香港に立ち寄った後、新領土になった台湾にも寄っている。これらの視察を終え、鈴木はますます最新式製糖機械の導入により、産出高の倍増が可能と喝破している。また、台湾では、気候ならびに土壌が甘蔗の栽培に適しているにもかかわらず、砂糖の収穫がジャワに比較すると三分の一であったことは、製糖政策を大胆に変革することにより巨大な産業を創生することを見越していた。

明治九年（一八七六）、鈴木が二一歳の時、一冊の本（天命十箇条）に出会った。「報徳」を唱える二宮金次郎（尊徳）の教えが書かれたものである。「報徳」とは、尊徳が説き広めた道徳思想であり、経済と道徳の融和を訴え、私利私欲に走るのではなく社会に貢献すれば、いずれ自らに還元されると説く。

初代台湾製糖株式会社の社長となった鈴木は「報徳」の訓えに沿って、明治三四年（一九〇一）一二月に「両得農業法」を発案した。原料となる甘蔗は自社の甘蔗畑で栽培するもの以外、一部は付近の農民より買い入れなければならなかった。

しかしながら、当時の台湾南部では各地に大地主があり、旧式な機械で細々と製糖を行なっていた数多くの零細製糖工場は、いずれ自分達の生活が脅かされるのではないかとの危機感で、密かに、台湾製糖に対して甘蔗の納入妨害を行なった。これに慌てた藤三郎が考えだしたのが「両得農業法」であった。

①会社所有地の三分の一を毎年甘蔗畑とする、②甘蔗畑は会社の直轄農場とし、従来の小作人に小作料を定めて、これを請負させる。ただし、肥料と種子は会社負担とする、③種子は紅、ロー（ローズバンブー）等最良品を支給する、④甘蔗畑以外の三分の二の耕地は、従来の小作料で農民に自作させる、⑤耕作料は月割で会社が支払う、⑥一定の請負額のほかに、耕作人奨励法を設ける、⑦会社の農業係員に指導監督させる。

この方法により、農民と会社の双方が、旧来より多い利益を得ることが出来たという。まさに、両者が得をする「報徳」を実践した鈴木であった。その後、製糖産業においてこの方策が広く採用されたのは言うまでもない。

鈴木は明治二八年に日本精製糖株式会社を設立し、社内に鈴木鉄工部を設置し、自前の設備を設計製造し、開発部を設け、常に、海外の技術に頼らず、自社開発を基本とした。荻原製作所創業者の畠山一清など数多くの人材がここから育ったという。

ど学校校門を入って右奥で北東に向いていたことが判明した。戦後も基壇はあったようである。

阿《あ》緱《こう》製糖所（海豊《かいほう》産土《うぶすな》社）——今村農場の守護神

鎮座：大正九年三月三日　**祭神**：天照皇大神、倉稲魂神、猿田彦命、大宮能賣命、安徳天皇、建礼門院、二位局、建御雷神、経津主神、塩土神、大国魂命、大己貴命、少彦名命、能久親王、日本武尊、外二柱
社　現住所：屏東縣屏東市海豊街九一巷二〇號の前

大正九年（一九二〇）に、これまでの橋子頭製糖所にあった本社を阿《あ》緱《こう》に移した。この地には明治三六年（一九〇三）に屏東の名士である蘇《そ》雲梯《うんてい》や李仲義などにより、資本金六万円で創設された南昌《なんしょう》製糖株式会社があった。製糖能力（一日当たりの能力）僅か六〇トンであった。台湾南部の広大な甘蔗畑の獲得を目指す台湾製糖は、明治四〇年（一九〇七）三月に台湾製糖のダミー会社である大東製糖株式会社を設立し、その翌年には、その大東製糖を台湾製糖に合併させ、台湾製糖阿緱製糖所とした。製糖能力は一二〇〇〇トンであった。大正一二年（一九二三）四月に皇太子殿下が摂政宮《せっしょうのみや》として台湾を行啓した際、台湾製糖の本社となった阿緱製糖所を訪問している。

日本統治時代の海豊《かいほう》街一帯は、台湾製糖阿緱製糖所の土地であり、海豊産土社はこの阿緱製糖所宿舎内に造営された企業神社であったとの話を近所に住む古老から聞いた。『屏東要覧』によると、海豊産土社は大正九年（一九二〇）に屏東郡海豊に鎮座した神社であり、同地区の今村農場の今村繁三が同農場の守護神として造営したもので、大正一四年（一九二五）一一月に台湾製糖が甘蔗農場を継承し、神社名を海豊産土社に改めたとなっている。

現在、神社跡地には住宅が立ち並び、当時の面影を残すものは何もない。また、今村農場を引き継いだ台湾製糖海豊農場は戦後、西海豊《シーハイフォン》農場となり、甘蔗以外の作物を収穫しているようである。

なお、阿緱製糖所構内に企業神社はなかった。これは、数キロ先に阿緱神社があったためであるとの説明を元職員から聞かされた。

車《しゃ》路《ろ》墘《けん》製糖所（虎山《こざん》社）——十鼓文創園区により目覚めた神社跡地

鎮座日：昭和八年六月七日　**祭神**：天照皇大神、豊受大神、能久親王　**社　現住所**：台南市仁徳區成功里虎山一街五〇號—進修館一帯

街道または大通りのほとりの意味を持つ車路墘は台南の南部に位置した。

現在の仁徳《レンダ》糖廠（一九六九年に車路墘糖廠から仁徳糖廠に名称変更）を過ぎて左側の道を登って行くと阿弥陀佛亭が見えてくる。奉納者が刻まれた玉垣や狛犬らしき石獅子も

あるため、調査当初はここが神社跡地であると判断してしまった。しかしながら、往時の神社の全景写真を見ると周りの風景が異なっており、この場所が神社跡地と異なるのでないかとの疑問を思っていた。

二〇一六年末に嬉しい情報が高雄の友人から届いた。虎山社に関する情報で、神社跡地は阿弥陀佛亭の北側にある進修館（図書館）一帯と判明した。また、音楽のテーマパークとして変貌したこの地に出来た十鼓《スーク》文創園区のウェブサイトに掲載されている神社の写真も添付されていた。昭和一七年（一九四二）一一月の祭典時の写真で、それが掲

茶芸館 後壁林製糖所と林少猫《りんしょうびょ》

領台後、台湾総督府は数多くの抗日運動に出くわす。北部の簡大獅《かんたいし》、雲林の柯鐵《かてつ》と共に抗日の虎、「三猛」と呼ばれた林少猫の勢力が台湾南部で猛威を振るっていた。明治三〇年（一八九七）に林少猫が高雄州下の鳳山、潮州一帯の弁務署や憲兵駐屯所などの施設を襲う事件が多発した。

当時、納税監督に対する厳しさと、地方税の徴収に伴う不平があったことなどが、抗日運動への起爆剤になったようであった。また、そのような状況下で、庶民の不満をうまく利用したのが林少猫であった。

明治三一年（一八九八）、宜蘭で行なわれた陳秋菊《しょぎく》の帰順の際に適応された招撫《しょうぶ》容納（敵を呼び寄せ安心させ、帰順させる。そして、安心して生活ができるように計らうこと）策を講じ、翌年の明治三二年（一八九九）一月に帰順処理法が制定された。この頃、南部では雲林の柯鐵、張呂赤、頼福來、黄才、嘉義の黄国鎮、林添丁があり、前大埔に阮振《げんしん》、鳳山の林少猫が土匪の首魁《しゅかい》であった。林少猫を除く首魁はことごとく帰順したが、唯一最後まで抵抗したのが林少猫であった。その林少猫も遂に明治三二年五月一二日に帰順式に臨んだ。総督府は後壁林庄（現在の小港）に林少猫が居住を構え開墾、酒造、製糖の特権を付与する招撫策を実施した。そして、二〇〇人余りの部下を従えた林少猫は鳳山庁一帯（後壁林庄）の原野三〇〇〇余甲（一甲は約一ヘクタール）に淡水渓の上流より水を引き、後壁林庄に貯水池を造成して開墾地の灌漑に提供したという報道がされている。なお、林少猫が根城としていた後壁林地区は、その後の台湾製糖会社後壁林工場一帯であった。

しかしながら、林少猫は後壁林から抜け出し、武装して阿緱に入り、示威《じい》を行ない、また、阿緱弁務署から銃器を盗むなどの悪行のため、総督府は遂に林少猫を討伐することを決定する。そのための手段として、林少猫がアジトとする後壁村で伝染病が発生したとのデマを流させ、村を混乱に陥れ、真夜中に軍隊と警察隊を派遣した。相互の激戦となり、林少猫は後壁村郊外で一命を落とす。明治三五年（一九〇二）五月三〇日、享年三七であった。

往時の虎山社（提供：高井雄三）

本殿跡の進修館（図書館）

載のものであり、写真提供者の高井雄三（旧姓飯島）氏から本書への掲載を快く了解して頂いた。八七歳になられた高井氏からいろいろな情報を得、二〇一七年二月に改めて虎山を訪問した。

明治四三年（一九一〇）一月に創立された車路墘製糖所は製糖能力一五〇〇トンを持ち、白糖生産が行なわれた。二〇〇三年七月に廃業となった仁徳糖廠は二〇〇五年一二月に太鼓を中心とする十鼓撃楽団の演奏練習場として貸出された。その後、十鼓撃楽団の演奏練習場は十鼓文創園区となり、創園区を経営する謝十《シエスー》氏の熱意により新たに太鼓をまじえた音楽のテーマパークとして、国際芸術村に変身した。現在、仁徳糖廠の製造ラインや倉庫の部分は修理が施され、約二〇人の従業員で運営されている。謝十氏の夫人である張靜芬さんによると、当時（二〇〇四年頃）、神社跡地は草薮に覆われ、誰もこの場所が神社跡地であると判断できなかったようであった。その後、二〇一二年に入り、「旧製糖工場保存運動」や「加油！　男孩（少年頑張れ！）」の撮影ロケで仁徳糖廠が使用され、旧仁徳糖廠が保存されることになり、この地を歴史的遺蹟として残す努力を行なった張靜芬さんは車路墘ゆかりの人達と連絡を取り合った。高井雄三さんもその一人であった。そして、虎山社についても資料が集まった。

虎山社は、この車路墘の地に事業の発展と従業員の健康を願い、職員及び工員の浄財によって当時の所内購買部付近に造営された。昭和八年（一九三三）六月七日に鎮座した。発案者は当時の製糖所所長糸井益雄であり、神紋の作成や鎮座祭執行に関わる全ての行事を取り締まったとのことである。

三崁店《さんがんてん》製糖所（三崁店社）——台南市に残る神社遺構

鎮座日：昭和六年五月二〇日　**祭神**：天照皇大神、豊受大神、能久親王　**社**　**現住所**：台南市永康區三民里—三民街と仁愛街交差点傍

三崁店社遺構

製糖工場跡地は可成科技と新竹貨運台糖永康《ヨンカン》物流となっており、工場の痕跡を残すものもないが、神社遺構は三民街と仁愛路との交差点を仁愛路側にちょっと入った所にある。本殿に向かって両脇には灯籠の基礎の部分、参道の中間には鳥居の柱跡が見られる。また、手水《ちょうず》鉢も残っている。本殿の基壇がほぼ完全な形で残っているのは台南市ではこの神社だけである。また、玉垣も不完全ながら非常によい状態で残されており、奉納をした方々の名前が刻まれている。

神社と相撲は切っても切り離すことが出来ないくらいに重要である。この神社にも例外ではなく、参道右奥に土俵があった。

三崁店社は国民精神の涵養たらしめるべく、氏子を三崁店製糖所勤務者とし、製糖所員一同で工費二八〇〇円を投じて、昭和五（一九三〇）年一〇月二五日に起工し、翌年の五月二〇日に鎮座した企業守護神であった。

茶芸館　英国資本の製糖会社

英国資本系の怡記《いき》洋行（The Bain & Company）は砂糖貿易業から砂糖製造業に転じ、当時の台南庁三崁店にあったThe Formosa Sugar & Development Company Ltd.の製糖工場（能力三〇〇トン）及び鳳山の製糖工場（能力八五〇トン）を所有していた。前者は明治四五年（一九一二）一月に台湾製糖に買収され、後者は明治四四年（一九一一）に台湾製糖と怡記洋行が合併後設立した怡記製糖が鳳山製糖工場の事業を継承したが、その後、台湾製糖が怡記製糖と合併することにより、台湾最大の製糖工場となるスプリングボードとなった。

東港《とうこう》製糖所（溪州《けいしゅう》社）――基壇が残る神社跡地

鎮座日：昭和五年一一月二日　**祭神**：天照皇大神、豊受大神、能久親王　**社　現住所**：屏東縣南州郷溪北村永安路一號（南州觀光糖廠）

溪州社の基壇

溪州社は東港製糖所構内に鎮座した。台湾製糖のこの時期に造営された企業神社の造営主旨から、この企業神社も昭和天皇の「御大典記念事業」として計画がされたものと考えられる。

現在、東港製糖所は台糖南州観光糖廠となっており、市民がバーベキューなどを楽しむことが出来るリクレーションセンターである。神社跡地はこの憩いの場所の奥まった所にある。本殿の基壇が残っており、基壇の上には赤い線香が供えられており、今でも参拝に来る人がいるのであろう。基壇前の永安宮右横に常夜灯と刻まれている灯籠の一部、また、一見単なる水道の蛇口と見えるがよく見ると鳥居の一部と思われる円筒状の物が残っている。「奉獻　新楽真吉　昭和五年十一月吉日」の文字が刻まれている。

戦後、神社の前辺りは野菜畑であったが、なかなか良い収穫が得られなかったため、関公・五穀仙帝・二府千歳及び鄭成功を祀る永安宮が造営されたという。なお、神社の本殿は一九七八年の台風で破壊されたとのことである。

湾裡《わんり》製糖所（湾裡社）――昭和天皇御大典記念事業

鎮座日：昭和五年一〇月二〇日　**祭神**：天照皇大神、明治天皇、能久親王　**社　現住所**：台南市善化區溪美里二四五號（善糖國小）

湾裡社は当時の湾裡製糖工場内に企業守護神として昭和

五年（一九三〇）一〇月二〇日に鎮座した。従って、当時の湾裡製糖所の第二工場が建設された翌々年で会社業績も上り調子の頃である。戦後、神社は取り壊され、本殿跡に勵學亭《リシュエティン》が建てられた。そして、神苑には善糖小学校が設立された。その時、狛犬だけが難を逃れて工場内の奥に移されたのであろう。石台には「奉納」「昭和十三年」の文

往時の湾裡社（提供：前畑常男）

本殿の跡地

字が判読出来る。また、傍の文物資料館前に灯籠の一部が残されており、「奉献　中島與市　昭和十四年七月二十四日」と刻まれていたのが印象的である。

企業守護神としての湾裡社は湾裡製糖所勤務者一同を氏子とし、昭和天皇の御大典記念事業として造営計画された。造営費用は従業員よりの寄付金で賄われた。灯籠に刻まれた中島與市は工場長であり、また、氏子総代の一人であった。

戦後の一九四六年には台湾糖業公司第二分公司湾裡糖廠となったが、湾裡糖廠の名前と行政地区としての地名である善化と一致せず、また台南市の湾裡と間違いやすいので、一九六八年に善化糖廠と名称を変えた。

仁武《じんぶ》社（仮）――取り壊しから逃れた本殿

鎮座日及び祭神：不明　**無願神祠**　**現住所**：高雄市仁武區仁福里横山二巷一號の裏（福徳宮）

この神社の発見は文史工作者の林勝童さんであり、二〇〇四年八月に台湾の新聞に掲載された。誰がなんのために造営したものであるかは不明であった。

神社跡地は福徳宮となっており、ちょうど、本殿の後半分が土地公廟に付け加えられた形となっている。戦後の取り壊しから難を逃れるために、あえて社殿の一部を廟に造

り替えられたのであろう。福徳宮前と内部に鳥居がある。廟前の鳥居はもともと木造の鳥居であり、その後コンクリートに建て替えたのであろう。少なくとも廟内の鳥居は当時のものであり、形から稲荷を祀った神社であろう。

二〇一五年に改めて高雄の文史研究者廖徳宗さん及び高雄市旧城文化協会理事長郭吉清さんの案内で、この地を訪問した。その結果、この神社は日本統治時代の鳳山郡仁武庄前埔厝《ぜんほせき》と呼ばれた台湾製糖橋子頭工場の農場に造営された企業守護神であることが判明した。近くには總都埤《そうとひ》（現在の観音湖）と呼ばれた貯水池があり、甘蔗用の灌漑用水として使用されており、その重要性のためにこの地に神社が造営されたのであろう。

土地公となった仁武社

当時、甘蔗用灌漑用水は非常に大切であった。後に紹介する塩水港製糖新営工場の甘蔗畑用としての尖山埤《せんさんひ》貯水池にも神社があった。

大日本製糖

明治三八年（一九〇五）三月に鈴木藤三郎は台湾製糖株式会社の社長を辞任し、内地に戻った。明治三九年（一九〇六）に鈴木久五郎による日本精製糖株式会社株の買い占めにより、鈴木は日本精製糖からの辞任を強いられる。このことにより、鈴木藤三郎は日本精製糖と日本精糖との合併を画策し、巨大な大日本製糖株式会社が設立された。そして、同年一二月、大日本製糖は斗六《とろく》庁下の五間厝《ごけんせき》庄に製糖工場進出を決めた。

五間厝に進出した大日本製糖は一六〇〇トンの粗製工場を建て、明治四四年（一九一一）に一六〇〇トンの製糖能力を持つ第二工場の竣工で三二〇〇トンの製糖能力となる。また、東洋最大と言われる酒精工場も増設した。これらは大日本製糖台湾工場と呼ばれた。後の虎尾《こび》製糖所である。

明治四二年（一九〇九）に呉克明と王雪農が赤糖を生産する能力三〇〇トンの斗六製糖会社を設立するが、翌々年に内地人により買収され、斗六製糖株式会社となった。その斗六製糖も大正三年（一九一四）に東洋製糖と合併し、東洋製糖斗六製糖所となる。金融恐慌が起こった昭和二年（一九二七）七月に大日本製糖はその東洋製糖を合併する。更に、昭和一〇年（一九三五）一月に新高製糖（嘉義工場）を合併した。これらの合併により、大日本製糖の業務形態は内地製糖から本島粗糖生産と変貌を遂げていった。

その後も積極的な合併政策を進め、昭和一二年（一九三七）には台南製糖を継承した昭和製糖、そして、昭和一五年（一九四〇）に帝国製糖を合併する。これらの新しい投資先は、北部の米作、南部の糖業といわれた当時の産業地域分布に対して、台北州、新竹州や台中州など、台湾の北部に位置した製糖工場と甘蔗採収であった。このことが、その後の企業経営に影響した。昭和一七年（一九四二）四月、内地では大東亜共栄圏経済建設の審議が進められ、農林省もこれに呼応し、朝鮮及び台湾では米穀の増産に主力を注ぎ、内地に対し相当量の米を供給出来るよう増産計画の遂行を求めた。このことにより、大日本製糖は二結製糖所（台北州羅東郡）、竹南製糖所（新竹州竹南郡）、崁子《がんし》脚《きゃく》製糖所（新竹州中壢郡）及び沙鹿《しゃろこ》製糖所（台中州大甲郡）を順次閉鎖する。そして、昭和一八年（一九四三）一一月二五日に大日本製糖は日糖興業と改称した。

虎尾《こび》製糖所（五間厝《ごけんせき》神社）——企業守護神から地域の氏神への変貌

鎮座日：大正五年五月二五日　**祭神**：天照皇大神、大国魂命、大己貴命、少彦名命　**社格**：無格社　**現住所**：雲林縣虎尾鎮安慶里民主路…安慶國小一帯

昭和二年（一九二七）に東洋製糖株式会社と合併後、それまでの大日本製糖台湾工場は大日本製糖虎尾製糖所となった。

五間厝神社は工費二万円を投じて、その大日本製糖台湾工場内に大正五年（一九一六）五月に大正天皇の「御大典記念事業」として造営された企業守護神であった。

昭和一二年（一九三七）より始まった「皇民化運動」の一環として、国民精神の涵養と敬神崇祖の観念鼓吹の必要性から虎尾郡下二街四庄（終戦間近の行政区分は、虎尾街、西螺《せいら》街、土庫《どこ》街、二崙《にろん》庄、崙背《ろんはい》庄、海口庄の三街三庄）に神社を造営することになる。この時、大正五年（一九一六）に造営された虎尾街の大日本製糖虎尾製糖所企業神社である五間厝神社を虎尾郡に移管して郡社にすることになった。そして、この時、「社」から「神社」に昇格したのであろう。更に、戦況の悪化に伴い、国民精神の高揚を図るため、虎尾郡に五間厝神社の摂社（土庫神社と西螺神社）が造営

された。西螺神社の上棟式は昭和一九年（一九四四）一月に執り行われているが、土庫神社の情報はない。いずれにしても、当初予定されていた虎尾郡下二街四庄に「神社」を造営する案は消え、摂社の形で土庫神社（昭和一二年）と西螺神社（昭和一九年以降）が、それぞれ土庫街と西螺

往時の五間厝神社
（提供：水町史郎）

虎尾製糖廠入口の灯籠

街に造営された。

神社跡地は現在の雲林県虎尾鎮安慶国小付近となっているが、具体的には安慶小学校の左側一帯であり、参道は校舎裏あたりまで伸びていたようである。また、境内に末社として稲荷神社及び弁財天も祀られていた。

拙書『台湾旧神社故地への旅案内』で戦後三〇年たった神社跡地の写真や日本統治時代の神社絵葉書の提供を頂いた高橋正己氏が一九七七〜七八年頃に撮影した写真には、安慶国小付近に神橋が残っていた。現在、神社遺物はほとんどないが、唯一、藤山雷太社長が奉納した灯籠が製糖工場入口に残っている。

斗六《とろく》製糖所（大崙《だいろん》社）——皇太子行啓記念

鎮座日：大正一二年六月三〇日　**祭神**：天照皇大神、大国主命、應神天皇　**社**　**現住所**：雲林縣斗六市崙峰里糖廠五五號（斗六糖廠内の斗園奥）

明治四二年（一九〇九）に斗六の名士である呉克明と台南市の富豪である王雪農《おうせつのう》によって斗六製糖会社が創設され、明治四五年（一九一二）に製糖能力（圧搾能力）三〇〇トンで赤糖《あかとう》（注⑤）の生産を開始した。その後、内地人に買収され、斗六製糖株式会社となり、能力五〇〇トンの新式工場となった。大正三年（一九一四）に斗六製糖は東洋製

糖と合併し、社名も東洋製糖斗六製糖所となる。しかしながら、東洋製糖は樟脳事業をも拡大したことにより、経営不振となり、昭和二年（一九二七）七月に島内での覇権をもくろむ大日本製糖に吸収され、社名も大日本製糖株式会社斗六製糖所となった。

大崙社は斗園奥に鎮座した

大崙社は東洋製糖時代の斗六製糖所に造営された企業守護神であった。大正一二年（一九二三）に下阪藤太郎社長が退任し、後任の山成喬六《きょうろく》が新社長に就任した。折しも、昭和天皇が皇太子の時代に摂政宮として台湾に行啓された年であり、この行啓記念事業として神社造営が着手された。工費六六五円余りは社長交代記念寄付金と社員の共同出資によった。

過去の隆盛を極めた姿は今なお残る旧斗六製糖所内の施設に見ることが出来る。この工場に働く職員子女の小学校、工員宿舎、娯楽施設や公園などである。戦後、娯楽施設は招待所となり、公園は斗園と呼ばれた。現在、招待所は廃墟となっているが、斗園は造園技術を駆使して作られ、工員の憩いの場でもあった。雑草が茂って神社のあった場所までは辿り着くことが出来ないが、高く聳える杉の木で神社跡地は判断できる。唯一、神社遺物は正門から招待所に向かう曲がり角にある灯籠の一部と、蒋介石銅像そばの宿舎敷地内にある鳥居の一部である。

月眉《げつび》製糖所（月眉社）――地震で崩壊した神社

鎮座日：大正一二年一二月二一日　**祭神**：天照皇大神　**社　現住所**：台中市后里區甲后路八六四號（台糖月眉観光糖廠）

台中市后里区にかつての台湾糖業・月眉《ユエメイ》製糖工場がある。

后里インターチェンジの西側にあり、現在は月眉観光糖廠と呼ばれている。

明治四二年（一九〇九）に小松楠彌《くすや》が台中庁後里庄に大甲製糖所を創立した。ちょうどこの頃、日本国内では日糖事件（日本製糖汚職事件）の判決が言い渡された。日糖事

月眉観光糖廠入口

件により新たに大日本製糖の社長に就いたのが藤山コンツエルンを創立した藤山雷太であった。台湾での製糖産業に進出し、台湾南部の五間厝《ごけんせき》に工場を建設するが、積極的な工場拡張も行なえず、堅実経営を強いられた。

虎視眈々と台湾での製糖業進出を伺う鈴木商店（注⑥）の金子直吉に千載一遇のチャンスが訪れた。いち早く、同じ虎尾《こび》地区に製糖能力一〇〇〇トンの工場設立を総督府に申し出、翌年、同じ土佐人で旧知の関係にある小松楠彌の経営する大甲製糖所を合併させ、北港製糖株式会社を設立した。そして、大甲製糖所は北港製糖月眉《げつび》製糖所と呼ばれた。この北港製糖の設立にあたり小松楠彌は創立委員長を務め、社長として就任する。勢いに乗る金子直吉は、その後も、南靖《なんせい》と烏樹林《うじゅりん》に工場を持つ東洋製糖の大株主となり、矢継ぎ早に大正三年（一九一四）に斗六製糖、次いで大正四年（一九一五）に北港製糖を合併した。これにより、東洋製糖は台湾における五大製糖会社の一角を占めるまでの規模となった。

台湾製糖界における覇権を目指した東洋製糖も、昭和二年（一九二七）の世界経済大恐慌には勝てず、鈴木商店の倒産と共に、同年一二月にライバルであった大日本製糖に業務を継承され、月眉製糖所は大日本製糖月眉製糖所となる。

戦後、台湾糖業公司の第一分公司として引き続き砂糖の生産を行うが一九九九年、その九〇年の歴史に終止符を打

つ。製糖業界の変貌の一端を見ることができる場所である。

昭和一〇年（一九三五）四月二一日に新竹州及び台中州を襲った大地震の際、月眉社の灯籠などが倒壊した記録がある。神社に関しての資料はほとんどないが、鎮座日から大嵙社と同じように、皇太子殿下の台湾行啓記念として造営されたのであろう。

月眉観光糖廠の入口を入ると事務所があり、その前に小ぶりであるが形のよい一対の狛犬（一説に、この狛犬は月眉社のものではないという）が安置されている。旧工場内をとおり抜けてゆくと日本統治時代の月眉小学校（現在は従業員宿舎）がある。この横をとおり、小川をわたると安南路となっている。安南路と馬拉湾楽園に向かう道との角の左奥一帯が神社の跡地であったと、湾生の集まりである前台中会会長である播磨文夫さんから教えて頂いた。

烏日《うじつ》製糖所（烏日社）——ビール工場になった神社跡地

鎮座日：昭和二年一〇月二二日　**祭神**：天照皇大神　**社　現住所**：台中市烏日區光華街一號（台湾菸酒　烏日啤酒廠）

台鉄「烏日《ウズ》站」近くでお会いした古老は収穫された甘蔗《かんしょ》を運ぶ機関車の運転手であった。遠い青年時代の過去を思い出すかのように語ってくれた。当時の製糖産業は地方の街を呑み込むほどであり、製糖工場の繁栄そのものが街の繁栄でもあった。戦後、烏日製糖所は台湾糖業公司の一分工場になるが、その操業は一九六〇年に停止した。

企業守護神は東洋製糖が大日本製糖と合併する直前の東洋製糖烏日製糖所に造営されたもので、当時の烏日庄の庄神社でもあった。

烏日啤酒廠

民家に横たわる灯籠

現在、烏日製糖所は台湾菸酒《イエンチョウ》烏日啤酒《ビチョウ》廠となっており、神社は既に倉庫に形を変えているらしいが、本殿・鳥居・狛犬・灯籠をもつ立派な神社であったとのことである。

古老のご案内で平等路三〇号の民家横に横たわった状態で灯籠の一部が残っているのが判明した。灯籠の竿の部分には「奉獻　永井清次」「昭和十年十月二十一日建之」と刻まれている。永井清次は大日本製糖取締役で、台湾支社の理事であった。この遺物も、神社取り壊しの際に運び出されたのであろう。

彰化《しょうか》製糖所（金刀《こと》比羅《ひら》社）――内地から遷座した企業神社

鎮座日：大正五年一〇月一〇日　**祭神**：大物主神、崇徳天皇　**社**

現住所：彰化縣和美鎮糖友里二段六五巷辺り

和美《フメイ》鎮の名前の由来は「卡里善」であり、平埔《へいほ》族（注⑦）の巴布薩（Babrza）族語である。寒さと暖かさが交差し、気候が温和な場所であるという意味である。和美が開拓される前は、全て半線（Babura）社と阿束（Asock）社の土地であり、その後「和美線《わびせん》」と呼ばれるようになり、大正九年（一九二〇）に和美庄となる。

明治四三年（一九一〇）に新高製糖株式会社彰化工場が操業を開始すると、この土地一帯はいわゆる製糖産業地域となった。企業神社として、金刀比羅神社も造営されるに及んで、台湾の民俗祭典行事の日程も日本式となった。その例として、媽祖《まそ》（注⑧）信仰に伴う祭礼日がある。台湾での媽祖信仰は非常に深いものがある。天上聖母とも称される媽祖は漁民の守護神で、最も尊敬されている中国神の一つであり、媽祖の誕生日である旧暦三月二五日には、台湾各地の数百の媽祖廟で盛大な行事が行なわれた。しかしながら、当地では、媽祖の誕生日を祝う日は必ずしも外の台湾の地区と同じではなく、勤労感謝の休日である五月一日であった。これは媽祖の誕生日が労働日でなければ製糖生産作業に問題が生じないための方策であった。

新高製糖株式会社は資本金五〇〇万円で、明治四二年（一九〇九）に創立し、台中州中寮《ちゅうりょう》に彰化第一及び第二工場、台南州嘉義郡大林にも工場を持ち、酒精工場も有していた。昭和一〇年（一九三五）一月に大日本製糖株式会社と合併し、全ての事業は大日本製糖の経営の下に行なわれるようになった。彰化工場は彰化製糖所と呼ばれるようになり、製糖量も一五〇〇トンとなる。

新高製糖株式会社の東京事務所は当時の東京市芝区琴平町（現在の港区虎ノ門）にあった。この琴平町にあった金刀比羅神社を台湾の本社である彰化郡美和庄中寮字園子一〇一に遷座したとの説明が昭和一〇年発行の『新高略史』に神社の写真とともに掲載されている。したがって、神社名に「金刀比羅」が付いた。これは、この後紹介する大林金刀比羅社も同じであった。

往時の金刀比羅社（出典：『新高略史』）

徳美公園入口の狛犬

神社の狛犬は戦後、台糖公司の招待所前に安置された。その後どのような経緯を辿ったかは不明であるが、一九九四年に和美の建業公司が南投県の国史館台湾文献館に寄贈した。和美鎮の住民が国史館で見つけ、最終的に長年の間行方が分からなくなっていた狛犬であることが判明し、国史館台湾文献館の同意を得て二〇〇五年四月に現在の徳美公園入口に安置されたと説明書にある。

現在、神社跡地は住宅街となっており、社殿の位置関係が全く特定できない。道端の古老に尋ねて、糖友里糖友二段六五巷一、三、五及び一〇、一二、十六号辺りにあったことが確認できた。

大林《おおばやし》製糖所（大林金刀《こと》比羅《ひら》社）——大正天皇御大典記念

鎮座日：大正五年一一月一〇日　**祭神**：大物主命、上筒男命、中筒男命、底筒男命　**社**　**現住所**：嘉義縣大林鎮大糖里二鄰

大林製糖工場前の職員宿舎は保存状態がよく、いまだに多くの宿舎が残っており、遠い昔の映画に出てくる街並みにタイムスリップしたような感じがする。

二〇〇七年四月に近所で神社について伺ったところ、おせじにも流暢とは言えない日本語で、「ここの神社は金刀比羅神社」と言って早速オートバイで案内して頂いた。ご案内頂いた黄清山さんによると、神社は北西向きに造営され、鳥居をくぐった後、手水舎で口をゆすぎ、手を洗い、鈴を鳴らし、柏手を打って参拝したとのこと。

黄清山さんの父親は新高製糖の社員であり、黄清山さんご自身は大日本製糖の社員であった。いわゆる根っからの製糖工場家族ということになる。製糖工場からは古くなった家の立ち退き要求が出ているらしいが、立ち退く理由が

往時の大林金刀比羅社
（出典：『新高略史』）

神社跡地

ないと頑として断っていると自慢げに言っておられた。

大林金刀比羅社は、台湾で造営された企業神社の中でも早い時期である大正五年（一九一六）一一月に造営された新高製糖嘉義工場の企業守護神である。大正天皇の御大典記念事業として工費一四四八円を投じて大正四年（一九一五）六月に起工された。工費は全て新高製糖の寄付によった。

戦後、神社は取り壊され、跡地は幼稚園として使用されたようであるが、その建物も今や廃虚となっている。唯一、神社遺物は建物の横に取り残されている記念碑である。石碑の表面からは文字の判読は出来ないが、昭和天皇の即位を記念して「御大典記念」と刻まれていたようである。この碑はちょうど正面鳥居に向かつて右斜め前に位置していた。

祭神の上筒男命《うわつつおのみこと》、中筒男命《なかつつおのみこと》、底筒男命《そこつつおのみこと》で、住吉三神が祀られており、神社造営にあたって住吉神社（本社は大阪府）を信仰する氏子がいたのであろう。

苗栗《びょうりつ》製糖所（苗栗稲荷社）——資料から消えた神社

鎮座日：昭和三年一〇月一五日　**祭神**：豊受比賣神　苗栗神社に統合　**現住所**：苗栗縣苗栗市恭敬里聯大一號…聯合大學裏の恭敬路沿い

この神社は当時の新竹製糖株式会社の本社である苗栗工場に造営された。新竹製糖は大正六年（一九一七）に台湾新聞社社長松岡富雄が苗栗製糖組合を創立したもので、製糖能力が三〇〇トンの黒砂糖製糖所であった。当時は欧州戦争の真っただ中で、好景気に便乗して近隣の銅羅《どうら》、三湖と樹杞林《じゅきりん》などの三ヶ所の黒砂糖製糖所を買収、この四ヶ所

苗栗稲荷社本殿跡

参道への入り口

の製糖所を合併させ、会社名を松岡拓殖会社に改め、処理能力五〇〇トンの新式工場に改造した。更に地方の有志者と協議して資本金七五〇万円の新竹製糖株式会社とし、苗栗工場を本社に定めた。そして、昭和八年（一九三三）に昭和製糖及び沙轆《しゃろく》製糖と合併し、昭和製糖株式会社と組織を改め、本社を宜蘭に置いたが、交通などの便利性が悪いため、改めて本社を苗栗に移した。しかしながら、その後、昭和製糖は昭和一四年（一九三九）に大日本製糖株式会社と合併し、それまでの苗栗工場は大日本製糖苗栗製糖所となった。

　神社跡地は聯合大学裏の恭敬路沿いにある。神社跡地を清掃していた古老に伺うと、当時は神輿《みこし》を担ぎながら、この石段を上り下がりしたものだと話してくれた。稲荷神社であったため、今なお残る石座には狛狐があったのであろう。本殿跡には「神社遺址」と書かれており、神社に関する説明もある。

　この神社は、これまで神社資料として使用してきた台湾総督府文教局社会課の発行した『台湾に於ける神社及宗教』（昭和一八年三月発行）に掲載されていたが、『神の国日本』からは消えている。この地に苗栗神社が造営されたため、「神社」に準ずる「社」であった苗栗稲荷社は苗栗神社に統合されたのであろう。

二《に》結《けつ》製糖所（二結稲荷社）——帰趨な運命をたどった製糖工場

鎮座日：大正一〇年五月一〇日　**祭神**：猿田彦命、大宮能賣命、五十猛命、抓津姫命、倉稲魂命、大己貴命、大屋津姫命　**社現**

住所：宜蘭縣五結郷二結西河路六五號

本島人の経営する永興《えいこう》製糖会社の事業を継承した台南製

糖（注⑨）は大正元年（一九一二）に噍吧哖《タパニー》（後の玉井）と呼ばれた新化郡玉井庄に本社を置いた。そして、虎視眈々と新たな製糖工場の進出をもくろんでいた。既に、台南の各地は、既に他の大手製糖会社が地盤を固めており、台南製糖が事業を拡大する余地は少なかった。

往時の二結稲荷神社（出典：『十周年記念特輯號・若葉』）

萬應廟前に残る灯籠

大正五年（一九一六）に台南製糖はこれまで大手製糖会社が見向きもしなかった宜蘭の合名会社宜蘭製糖所の傘下にある七張《ななちょう》庄製糖所の事業を継承した。その後、宜蘭製糖所を羅東郡五結庄二結（現在の二結郷）に移設し、同時に本社をそれまでの噍吧哖から移転する。大正七年（一九一八）一二月には甘蔗のバガス（搾汁後の搾りカス）を利用して製紙工場を建設し、翌年の五月に操業を開始した。そして、昭和八年（一九三三）七月に、新たに台湾紙業株式会社として設立された。昭和一〇年（一九三五）に内地の王子紙業株式会社が五結庄四結に台湾興業株式会社を創設し、台湾紙業は合併され、台湾興業羅東工場となる。

一方、順調に進んだ製糖事業も、欧州大戦（大正三～七年）後の世界恐慌による糖価暴落及びその後の事業拡大で資金調達が出来なくなり、遂に大正一四年（一九二五）に破産宣言を行なった。そして、台南製糖は昭和二年（一九二七）、新たに誕生した昭和製糖株式会社に事業が継承される。

その昭和製糖は昭和八年に新竹及び沙轆《しゃろく》の製糖会社と合併し、本社をそれまでの宜蘭から台中州の苗栗《びょうりつ》に移すが、昭和一四年（一九三九）に大日本製糖株式会社と合併し、宜蘭工場は二結製糖所と呼ばれることになった。目まぐるしく変動する業界で、昭和一七年（一九四二）に米作への作付け転換を推進する総督府の要請により、工場の閉鎖を余儀なくされている。製糖工場の設備機材は全て船で南シナ海北部の海南島に移す予定であったが、途中で米軍の攻撃により海底深く沈没した。

二結稲荷社は当時の台南製糖宜蘭製糖所内に造営された企業神社であった。現在、この土地には全く新しい工場が建てられており、神社遺構や遺物を残すものはない。

昭和製糖株式会社が昭和一二年（一九三七）に発行した『十周年記念特輯號・・若葉』に二結稲荷神社の写真が掲載されている。また、同年に発行された『昭和製糖株式会社十年誌』に「当社は従業員に敬神の念を涵養せしめんがため、各製糖所構内に神社を祀り、毎年二期祭典を執行して荘厳なる神気の中に極力心身の修養に努め居れり」とある。

したがって、昭和製糖の宜蘭製糖所以外の玉井・苗栗・沙鹿製糖所及び竹山・大湖・大崗山工場にも企業神社があったことになる。竹山、大湖及び大崗山工場に関する情報はないが、これら製糖所にも稲荷神社の祭神が祀られたと推定される。

この宜蘭製糖所の稲荷神社の鎮座地が確定できていない。五結郷上四村福徳路九七の萬應廟《ワンインミャオ》前に二基の灯籠が残っており、この場所が神社跡地であるとの説がある。一方、西河路にある薛長興化工廠である情報もある。祀られた祭神が樹木に関する祭神（大宮能賣命《おおみやうめのみこと》、五十猛命《いたけるのみこと》、抓津姫《つまひめの》命《みこと》）であるため、台南製糖の製紙工場内に鎮座されたものであると考えられる。

明治製糖

欧米で糖業研究を学び、明治三七年（一九〇四）に台湾総督府臨時台湾糖務局技師となり台湾で糖業指導の任にあたっていた相馬半治《そうまはんじ》は男爵渋沢栄一、森村市左衛門などの賛助により、明治三九年（一九〇六）一二月に三菱財閥の台湾投資会社として明治製糖株式会社社長に就任した。そして、水利及び交通の便を詳細に調査し、塩水港庁下の蕭壠《しょうろん》及び嘉義庁下の蒜頭《さんとう》を製糖工場の候補地とした。これらの地は台湾屈指の甘蔗畑に適していた。

当時の塩水港庁安業《あんぎょう》庄に、明治三七年に本島人により設立された蔴豆製糖合股《ごうこ》会社があった。明治製糖蕭壠工場区域近くに優良な甘蔗園を持っており、当時の民政長官祝辰巳の仲介により、明治四〇年（一九〇七）八月に、これを買収した。

更に翌年一二月、佳里《かり》に蕭壠製糖所（粗糖及び白糖の生産）を設立したのを最初として、明治四三年（一九一〇）六月に維新製糖合股会社を買収し、同年一一月に蒜頭に蒜頭製糖所（粗糖の生産）の建設を行なった。当時の製糖産業は隆盛を極め、甘蔗の作付面積も急速に増えた。その後、大正二年（一九一三）に中央製糖株式会社を合併し、大正七年（一九一八）には蕭壠製糖所を耕地白糖製造工場に改造し、大正九年（一九二〇）一〇月には辜顕栄《こけんえい》（注⑩）が所有する大和製糖株式会社を合併して、渓湖《けいこ》製糖所と改称した。

昭和二年（一九二七）七月、主要株主であった鈴木商店の破綻により、経営危機に陥った東洋製糖は大日本製糖と合併するが、所有する四工場（月眉《げつび》、烏日《うじつ》、南靖《なんせい》、烏樹林《うじゅりん》）のうち、南靖工場と烏樹林工場は分割して明治製糖に売却することになる。当初、売却金額で折り合わず、結局は同年八月、新明治製糖を新たに創立し、これら二工場を買収させる方策をとった。その後、新明治製糖は明治製糖にその経営を依託した。このことにより、隣接する蒜頭工場と甘蔗を共通し、製糖作業の効率に大きく貢献することになる。

總爺《そうや》製糖所（總爺社）——明治製糖本社の地

鎮座日：昭和五年一〇月三一日　**祭神**：天照皇大神、大国主命、大宜都比賣神　**社**　**現住所**：台南市麻豆區南勢里總爺一〇四號（總爺國小）

日露戦争（明治三七年二月〜三八年九月）後の好景気に支えられ、台湾の製糖産業は大いに発展する。蕭壠製糖所だけでは製糖能力を賄いきれなくなり、明治四三年（一九一〇）九月に同地区に製糖工場の増設計画を行なった。当初、麻豆工場を拡張する予定であったが、交通不便なため、現在の台南庁溝仔《こうし》墘《かん》庄總爺に工場建設を着手し、同時に、本社を置く麻豆街に事務所、修理工場、駐車場、郵便局、医療所、娯楽所、宿舎など計七六棟の施設を完成させた。そして、明治四五年（一九一二）一月に製糖能力一〇〇〇トンの製糖能力を持つ總爺工場として操業が開始した。

現在、旧麻豆總爺《ツオンイエ》糖廠は南瀛《ナンイン》總爺芸文中心となり、敷地内には当時の社長宅も保存されている。明治製糖が飛ぶ鳥も落とす勢いで隆盛を極めた歴史を垣間見ることが出来る。そのような明治製糖總爺工場に崇敬の中心とし、かつ、会社の社運と従業員の安泰を祈願するため、昭和五年（一九三〇）五月に当局の許可を得、直ちに神社造営工事に着手した。そして、同年一〇月三一日に鎮座祭が執り行なわれた。時期的に見ると昭和天皇の「御大典記念事業」として造営されたと思われる。

祭神の大宜都比賣神《おおげつひめのかみ》は粟国（阿波）を開いた祖神で五穀養蚕の神として古代から農耕を守り、生命の糧を恵み続けている。徳島県名西郡神山町には上一宮大粟神社、また、同じ徳島市一宮町には一宮神社があり、ともに大宜都比賣神を祀っている。台湾において大宜都比賣神は唯一、この總爺社で祀られており、神社造営にあたっては徳島県と縁のある人達が関わったのであろう。

戦後の一九四七年に神社は取り壊され、その跡地に製糖会社で働く社員の子弟のため、現在の總爺国民小学の前身である台湾公司第十小学が建設された。その時、一対の狛犬だけが校庭の隅に放置されていたが、二〇〇二年に総爺小学の校長になった謝耀宗《シェヤオツォン》が校庭を美化するために、狛犬を事務室の階段前に安置した。現在は黄土色に色を変えた小ぶりの一対の狛犬を小学校前の庭に見ることが出来る。神社がどの場所に造営されたかは不明であるが、小学校左側に杉の木があることから、位置的には小学校裏であると考えられる。

往時の總爺社（出典：『明治製糖株式会社三十年史』）

總爺国小校庭内の狛犬

蒜頭《さんとう》製糖所（構内神社）――整備された神社跡地

鎮座日及び祭神：不明　**無願神祠**　**現住所**：嘉義縣六腳郷工廠村一號（蔗埕文化園區）

明治製糖の第二の自社工場として蕭壠《しょうろん》製糖所と同時期に建設を予定していたが、日露戦争後の経済不況により、起工が明治四二年（一九〇九）末まで延期された。そして、明治四三年（一九一〇）末に製糖能力一一〇〇トンの蒜頭工場が操業を開始した。同時に、工場内に糖蜜を利用して酒精製造計画を立て、翌年の明治四四年より生産を開始した。

大正一〇年（一九二一）及び昭和一四年（一九三九）に拡張工事が行なわれ、同製糖所の製糖能力も三二〇〇トンまで到達し、台湾でも有数の近代的な大工場となるが、太平洋戦争で米軍機よりの爆撃の被害を受けた。戦後、台湾糖業（股）の蒜頭廠として操業を続けたが、二〇〇二年に九〇年にわたる生産の幕を降ろした。

この企業神社調査当時、鳥居の一部はちょうど製糖工場で使用されていた汽車の前辺りに土で覆われていた。土を取り除くと「昭和〇年五月」と刻まれた文字が現われた。その後、二〇〇八年八月に嘉義区處文資小組によりこれまで土の中に埋もれていた鳥居は改めてその姿を現わし、灯籠も建てられ、神社の様相を呈した。

南投《なんとう》製糖所（南投稲荷社）——操業間もない企業神社造営

鎮座日：大正元年一〇月二七日　**祭神**：倉稲魂神　**社**　**現住所**：南投縣南投市三和二路六〇號（南投縣南投地政事務所一帯）

明治四三年（一九一〇）五月に南投庁に製糖能力八四〇トンを持つ中央製糖株式会社が創立された。製造設備は新

蒜頭製糖所構内神社跡地

高製糖や東洋製糖と同じ最新機械であった。

初年度の製糖生産高も僅かであり、大正元年（一九一二）八月には暴風雨による大被害を受けた。翌年期においては更に減産となり、経営危機に陥る。折から、明治製糖は、より自然災害に強い、優良な甘苗供給地を求めていた矢先のことであった。明治製糖の販売代理店であった増田商会で、同社の中央製糖の役員を通じて、大正二年（一九一三）七月に明治製糖と合併し、明治製糖の南投製糖所となった。南投製糖所として、最終的には製糖能力一五〇〇トンとなるが、一九六八年に、その生産の幕を下ろした。

鎮座日から見ると、中央製糖の工場が創立されてすぐの企業神社の造営である。ちょうど、鎮座するその年の六月及び八月にに大型台風が台湾北部を襲っている。操業を目前にして、企業経営の安定を願っての守護神であろう。また、同年九月には台風により二水《にすい》から南投までの軽便鉄道が破壊されるほどの甚大な被害受けた。大自然の驚異をまざまざと知らされた時であった。

現在の神社跡地は南投県南投地政事務所一帯となっており、神社遺構や遺物を示すものは残されていない。

南靖《なんせい》製糖所（南靖神社）——水上庄の氏神となった企業守護神

鎮座日：大正一三年一一月三日　**祭神**：天照皇大神、大己貴命

社格：無格社　**現住所**：嘉義縣水上郷靖和村二鄰—南靖國小の裏

台湾製糖界を代表する名士で、台南の王雪農《おうせつのう》が明治四二年（一九〇九）に呉克明と共同出資して南靖製糖工場を設立した。しかしながら六年後の大正四年（一九一五）に東洋製糖株式会社に吸収される。また、昭和二年（一九二七）九月に明治製糖は新明治製糖を創立し、東洋製糖南靖製糖所及び烏樹林製糖所を買収し、前者を南靖工場、後者を烏樹林工場とした。当時の嘉義地区は気候的にも土壌的にも甘蔗の栽培に大変適しており、南靖製糖所はイギリス製の設備を導入し、製糖能力一〇〇〇トンを持つ工場となった。そして、大正一〇年（一九二一）頃からは耕地白糖の生産を始めた。昭和一三年（一九三八）には工場の拡張を行ない、最大三二〇〇トンの製糖能力を持つまでになる。

往時の南靖神社
（提供：南靖製糖工場）

社殿への参道

　太平洋戦争中、特に台湾の基幹産業であった製糖工場は米軍の集中的な空襲を受けた。南靖工場も例外ではなかった。戦後も長い間稼働していたが、製糖事業は二〇〇九年三月で終わり、約一〇〇年の製糖産業の歴史に幕を下ろした。

　南靖神社は東洋製糖南靖製糖工場の守護神として、総工費一万五四九八円を計上し、当時の重役であった大賀《おおが》基作《きさく》ら五九人が中心となって造営された神社であった。大正一三年（一九二四）一一月三日に鎮座祭が執り行なわれ、鎮座祭後の余興としては芸者手踊り、素人相撲、台湾芝居などが奉納された。

　企業守護神であるが、「神社」として水上庄の氏神に昇格したものであり、非常に珍しい事例である。神社造営の趣旨は不明であるが、造営時期から見ると皇太子行啓記念と関係があるかもしれない。

　南靖神社はちょうど南靖国民小学の裏側の少し奥まったところにあった。当時の灯籠に代わって、椰子の樹が参道に沿って生え繁っている。

塩水港製糖

塩水港《えんすいこう》製糖は台南市の富豪である王雪農《おうせつのう》により、明治三六年（一九〇三）一二月に当時最も進んだ新方式製糖会社として資本金三〇万円を投じ、当時の塩水港庁岸内《がんない》庄に創設された。日露戦争後、台湾の製糖業が大いに発展した明治四〇年（一九〇七）に経営不振の塩水港製糖に台湾貯蓄銀行が支配人として派遣した槇哲《まきてつ》ほか一五人が発起人となり、資本金五〇〇万円の株式組織として旧会社の事業を継承した。同時に人事の一新が行なわれた。

それまでの工場は拡張され、製糖能力が五五〇トンになり、明治四四年（一九一一）には第二工場が建設され、製糖能力が七〇〇トンとなる。岸内の第二工場建設に先立ち、新営に新たな工場が明治四一年（一九〇八）に稼働し、同時に本社が岸内から新営に移った。

明治四三年（一九一〇）に高砂製糖株式会社、そして、大正三年（一九一四）に台東拓殖株式会社と合併し、社名も塩水港製糖拓殖株式会社となった。同社は主に台湾東部の花蓮港一帯の開発に努め、大和工場と寿工場を有し、大正九年（一九二〇）には再度社名を塩水港製糖株式会社に戻している。

昭和二年（一九二七）二月に世界恐慌により、同年四月に鈴木商店が破綻する。このことにより、最大の出資銀行であった台湾銀行が休業に追い込まれる事態が発生した。これに先立つ同年二月二一日に塩水港製糖より、明治四二年（一九〇九）に林本源《りんほんげん》製糖合名会社として創立した林本源製糖（大正二年一二月に組織変更）を一二〇〇万円で買収することが発表された。この背景には、林本源製糖の抱える負債の低減と、林本源が独占する台中州濁水溪流域を巡っての覇権争いでもあった。虎尾工場を持つ大日本製糖や溪湖《けいこ》工場を持つ明治製糖が争奪戦を繰り広げる中、台湾中部地区に製糖工場を持っていなかった塩水港製糖の槇哲が最終的に林本源製糖の買収に漕ぎつけた。その後の塩水港

茶芸館 林本源《りんほんげん》と林本源製糖会社

明治四三年（一九一〇）一二月に台中州北斗郡溪州庄（現在の彰化県溪州郷）に資本金二〇〇万円、製糖能力七五〇トンの林本源製糖合資会社による粗糖を製造する分蜜製糖工場が竣工した。社長は林鶴壽《かくじゅ》、副社長は林爾嘉《じか》と林熊徴《ゆうちょう》であった。この製糖会社設立に関わった人物と林本源について、当時の『台湾日日新報』の報道「林家の内情」から見てみることにする。

そもそも、林本源は個人名称ではなく、祖先の名前を襲

名した「家号」であり、三房（血族関係に結ばれた家族）より構成された。当時の第一房は林熊徴《ゆうちょう》が主人。第二房は林維源《いげん》一家であり、林爾嘉《じか》、林景仁《けいじん》、林祖壽《そじゅ》、林松壽《しょうじゅ》、林柏壽《はくじゅ》、第三房は林維源の義弟である林維濂《いれん》一家で林彭壽《ほうじゅ》、林鶴壽《かくじゅ》、林嵩壽《すうじゅ》であった。そして、最年長であった林維源が林本源一族を統率していた。日本による領台が開始されるや否や、林本源一家は枋橋（現在の新北市板橋区西門街九号）の邸宅に雇人のみを残して厦門《アモイ》に逃れた。明治三〇年（一八九七）五月に総督府が台湾及び澎湖の住民に対して最終的な国籍の選択（清国または日本）を行なった際、林維源は、まず第三房の林鶴壽と林嵩壽を渡台させた。

林維源は清国（満州を除く）の名門であり、李鴻章《りこうしょう》（当時の欽差《きんさ》大臣）とも親しかった。下関条約の際、李鴻章は伊藤博文内閣総理大臣に対して、林家の保護を切に依頼したともある。また、後藤民政長官が明治三三年（一九〇〇）五月に厦門地方を巡視した際、林維源は自宅で宴を設け、「我林家一族の子弟は皆不肖にして殊に幼年者なるを以て我が百年の後は誠に憂慮に堪えず閣下願くは寛仁なる庇護と教訓とを垂れ玉へ」と伝え、後藤長官も快諾して林家のために力を尽くすとした。

領台以降も厦門に留まった林維源が明治三八年（一九〇五）に死去するや、残された財産を巡ってお家騒動の状態に陥る。この相談役として台湾銀行頭取柳生一義、台北庁長佐藤友熊や生沼《おいぬま》弁護士が推薦された。後藤民政長官の内地への転任にあたり、林家改革を元三角湧《さんかくゆう》（現在の新北市三峡区）弁務署長里見義正に任命した。

林本源の所有する田園の時価は約六〇〇～七〇〇万円とも言われ、多く見積もると一五〇〇万円とされた。これだけの財産を三房及び財産分配方式である六記号（永記主《えいきしゅ》、益《い》記主、訓眉《くんび》記主、租椿《そちん》記主、松柏《しょうはく》記主及び彭鶴嵩《ほうかくすう》記《き》）に分かれ、更に細分化された。複雑さを加えた財産処理は民政長官祝辰巳から引継いだ民政長官大島久満次《くまじ》と林本源を代表する林爾嘉《じか》との間で新合約字がなされた。林維源死去の当時、この合約字に基づき、上海の香上銀行から台湾銀行に鞍替えさせられた林鶴壽名義の預金額は二二四万元あった。この資金で、本島人による唯一の製糖会社を興すことを勧められ、経営者の人選を託したのが新渡戸《にとべ》稲造《いなぞう》であり、当時の民政局殖産課技手の小花《こはな》和太郎（明治二二年札幌農学校予科中退）がその候補となった。

一方で林家大改革の基礎となるべき総弁《そうべん》（全体管理者）は第一房の林熊徴《ゆうちょう》となり、逓信《ていしん》大臣となった後藤新平を訪問している。この時、林家大改革の整理及び顛末を報告し、後藤長官在任中の指導訓示に感謝の意を表示、更に製糖会社設立の由来、動機、事業現状及び将来の事業計画について詳しく説明している。

林本源製糖の原料である甘蔗は製糖会社の採集面から北斗街と渓州庄が候補になり、最終的に渓州が選択された。なお、この渓州甘蔗畑の土地を巡っては、強制的な買収が行なわれ、これに対して農地所有者らの激しい抗議があった。この引責辞任に追い込まれたのが大島民政長官であった。

製糖渓湖製糖所である。

この時、総督府の中で大きな関心事となったのが、清朝時代から台湾を代表する「林本源（茶芸館参照）」であった。当時の社会情勢は台湾文化協会（245頁参照）に代表されるように本島人の政治に対する意識が高まっていた頃であり、台湾統治政策上の危惧さえ想定された。この事もあるのであろう、槇哲は林本源の当主であり、林本源製糖の社長である林熊徴《りんゆうちょう》を塩水港製糖の取締役として就任させた。昭和二年（一九二七）三月の臨時株主総会で槇哲社長が「総督府としては台湾を治めて行く上から言ふと、折角拵へたものを内地人の会社に合弁さるる買収さるると云ふことになると、三五六万の台湾人に対する統治上の意向がどうあらうか、これは治者として相当考慮し心配もした（注⑪）」と述べた内容に、その苦心の一端が表現されていた。

翌年の昭和三年（一九二八）八月に塩水港製糖を巡る新たな火種が起きる。鈴木商店に関わる一億円の欠損と鈴木商店に対する不当貸付が三〇〇〇万円あったにも関わらず、株主をごまかすために一割五分の配当を行なっていたとの報道がなされた。このことにより、役員背任、横領、詐欺、私文書詐欺の嫌疑が槇哲社長にかけられる。最終的に、その一ヶ月後に捜査は突然打ち切られた。これ以上の報道はないが、鈴木商店の倒産は塩水港製糖にとって大打撃であった。窮地に追い込まれた塩水港製糖は同社の旗尾《きび》及び恒《こう》春《しゅん》工場を台湾製糖に売却する。いったんは引責辞任を行なう槇哲ではあったが、昭和八年（一九三三）一一月に再び社長に就任し、「増産十箇年計画」を策定し、事業の再生に取り組み、見事に業績の回復を図った。

戦後、塩水港製糖は国民政府が接収し、翌年台湾製糖公司を設立し、塩水港製糖は第四分公司となり、新営、岸内、渓州、花蓮港、玉井及び台東糖廠の六工場を管掌した。その後、組織の変更もあったが、新営工場は一九八二～三年の製糖量三七三五トンの最高記録を出した。しかしながら、その後、国際的な糖価の低迷は続き、遂に新営工場は二〇〇一年に操業を停止した。

岸内《がんない》製糖所（岸内社）——塩水港製糖発祥の地

鎮座日：昭和一〇年前後　**祭神**：不明　**無願神祠**　**現住所**：台南市鹽水區岸内里新岸内九六號（岸内國小）

岸内製糖所は塩水港製糖の発祥の地である。第一工場は明治四〇年（一九〇七）に操業を開始した旧塩水港製糖であり、その後生産規模を拡張し、製糖能力五五〇トン、第二工場は七〇〇トンを持つ工場として明治四五年（一九一二）に生産を開始した。操業当時より、他の製糖会社に先駆けて両工場とも耕地白糖工場を稼働させた。また、この地域は従来、看天田《かんてんでん》（注⑫）と呼ばれた土壌及び海岸に面する塩分を含んでいたが、土壌改良が進み、甘蔗生産増をもたらした。

戦後、両工場とも製糖能力を拡大し、一九七三年には二八〇〇トンにまで達するが、一九九四年に操業を停止した。

神社跡地は現在の岸内国小（小学校）内にある。この神社はもともと塩水港製糖の岸内工場内に造営されたもので

往時の岸内社
（提供：郡山艶子）

槇哲が奉納した灯籠

あったが、戦後、本殿は取り壊され、製糖工場で働く子弟の小学校として一九四七年九月に私立台糖第五小学が創立された。その後、塩水鎮塩水国民学校代用分校となり、一九六八年には岸内国民小学と改称された。

神社の本殿はちょうど、現在の校舎がある場所にあったと教師が言っておられた。校庭内には灯籠と一対の狛犬が保存状態よく残っている。当時の鳥居は狛犬の更に奥の方にあったとのことである。灯籠の一つに奉納者「槇　哲」と刻まれている。

上記写真から、屋根上にある鰹木《かつおぎ》が三本なので、祭神は天照皇大神ではなく、男神と考えられる。また、写真から判断できないが、拝殿（口絵参照）もあった企業神社であった。

手巾寮《しゅきんりょう》　天満宮——農場に造営された天満宮

鎮座日及び祭神：不明　**無願神祠**　**現住所**：高雄市旗山區農場街二一號

以前、当時の塩水港製糖会社に関係のあった人達の会合である甘辛《あまから》会（二〇一五年に解散）に参加した際、お借りした写真集の中に塩水港製糖の旗尾製糖所手巾寮《しゅきんりょう》農場内に造営された手巾寮天満宮があった。塩水港製糖の旗尾製糖所は昭和二年（一九二七）一二月に台湾製糖に買収され

ている。従って、この天満宮が塩水港製糖手巾寮農場のものだとすると、神社の造営は昭和二年前となる。

二〇〇八年九月、同地にお住いの古徳福《クダフ》さんの案内で、この場所を訪問した。現在、神社跡地は台糖公司高雄区處金瓜農場となっているが、実際には使用されてはいない。神社跡地は事務所右奥のガソリンスタンドの辺りである。

往時の手巾寮天満宮

神社は奥の給油所の辺りにあった

尖水埤《せんすいひ》神社（仮）——尖水埤を見守る神社

鎮座日：昭和一三年前　**祭神**：不明　**無願神祠**　**現住所**：台南市柳營區旭山里六〇號（尖山埤江南渡假村）

新営工場の所在地であった新営街から東方へ一二キロメートルの山奥の柳営区旭山里、山仔脚に尖山埤ダムがある。塩水製糖株式会社によって建設された灌漑用の貯水庫であった。現在、この辺一帯は、台湾製糖公司が開発した尖山埤江南渡暇村（江南リゾート）となっている。

尖山埤貯水池は塩水港製糖が新営製糖所第二工場増設に伴う製糖用水（機械装置の冷却用）と同社直系の会社である新日本製糖工場（後の塩水港パルプ株式会社）のパルプ工場へ用水を供給するために、昭和一一年（一九三六）一〇月より、太田組が請負った工事であった。

ダムの設計は烏頭山水庫を設計した八田與一の弟子である永野幸之亟と本島人技師の洪石であった。総工費一〇〇万円が投入され、昭和一三年（一九三八）一〇月に竣工した。総貯水量は設計時最大六三三万トンの人造湖であったが、尖山埤ダムの土砂堆積状況が深刻になり、現在は灌漑用水を供給出来なくなっている。

当時、用水は昭和一四～一五年初めにかけて新営と岸内

尖水埤の神社跡にたつ観音像

の両製糖所に年産五万石（九〇〇〇〇キロリットル）の無水酒精工場を建設する計画があり、このために利用され、また、両製糖所の看天田の土地改良にも利用された。

この人造湖の北西方向の高台に、工事の安全を祈念して企業神社が造営された。ちょうど、遠翠樓《ユエンツイロウ》裏となる。参道の石段や基壇には間違いなく、神社の遺構であると分かる。案内板によると、「遠翠樓辺りに鳥居と手水舎があり、石段両側には灯籠六基があった」と書かれている。現在は基壇の上にの高さ五～六メートルほどの観音像に取って代わっている。

祭神は水及び灌漑の神である彌都波能賣命《みづはのめのみこと》であったのであろう。

その他関連施設

大南蔗苗養成所（大南八幡社《だいなんはちまん》）——甘蔗苗養成所内の神社

鎮座日：昭和七年一一月二六日　**祭神**：譽田別命《ほんだのわけのみこと》、大帯姫命《おおたらしひめのみこと》、比賣命《ひめのみこと》　**社**　**現住所**：台中市新社區大南村興中街四六號（種苗改良繁殖場）

大南八幡社は現在の行政院農業委員会種苗改良繁殖場内にあった。お会いした古老のお話によると、この辺は甘蔗苗を育てていたところであり、この土地で育てられた苗は台湾中南部の甘蔗畑に送られたという。

台湾は毎年大型の台風の襲来を受け、その被害たるや莫大な損失となった。明治四四年（一九一一）八月及び大正元年（一九一二）八月二八日に襲来した台風は未曾有のものであり、その被害は甚大であった。この台風の影響で甘蔗畑も大きな被害を受け、製糖産業が根底から覆されるほどであった。このような天災に対応するため台湾総督府と製糖会社が協力して、甘蔗苗の供給と耐風性の強い優良品種の養成を目的として大正二年（一九一三）に大南庄（台中州東勢郡）及び大正三年（一九一四）に後里庄（台中州豊原郡）に甘蔗苗養成所を設置した。大南庄が甘蔗苗養成所として選ばれたのは、この辺一帯は比較的高台にあり、病害虫を防ぐ事が出来、また、気温が比較的低く、風が弱い等の格好の条件が揃っていたためであった。明治三七～八年（一九〇四～五）頃に、民政長官後藤新平と新渡戸稲造博士が甘蔗苗の最適地として実地踏査した地域であった。

当時の東勢郡には林業営業所構内の八仙山社しかなく、交通の便が悪く、国民精神及び敬神の念を涵養せしむるためにも甚だ不便であった。そこで、昭和七年（一九三二）一〇月二日に本所職員一同の出役により神社の造営に着手し、いわゆる八幡三神を祀り竣工したのがこの大南八幡社であった。

大南八幡神社は、いまだ残る当時の宿舎の奥まった場所にあり、現在は一九五〇年一月一九日に建てられた復光紀念碑に姿を変えている。

往時の大南八幡社（提供：種苗改良繁殖場）

神社跡地

白水蔗苗養成所（水分《すいぶん》社）——水の神を祀った神社

鎮座日：昭和一一年五月一二日　**祭神**：彌都波能賣神、大国魂命、大己貴命、少彦名命、能久親王、譽田別命、大帯姫命、比賣命

無願神祠　**現住所**：台中市和平區天輪里東關路二段三民巷

この神社は台湾総督府蔗苗養成所『二十年回顧』（昭和一八年一一月）に掲載されている。白水蔗苗養成所は東勢郡における大南庄蔗苗養成所の一つとして白水部落内に作られたものであり、水分社はここに造営された。

従来、この場所の土地は乾燥しており、灌漑の設備もなかったが、灌漑工事の完成により甘蔗苗の供給基地として機能を発揮するようになった。また、水稲を初め各種作物の栽培が可能になり、この恩恵に報いるために水の神、台湾神社及び八幡神社の祭神を祀ったとある。台湾では、先

郵便はがき

100-8077

62円切手を
お貼りください

東京都千代田区大手町1-7-2

潮書房光人新社　行

お名前《フリガナ》	
性別　男・女	年齢　10代 20代 30代 40代 50代 60代 70代 80代以上
ご住所　〒 （TEL.　　　　）	
ご職業　1.会社員・公務員・団体職員　2.会社役員　3.アルバイト・パート　4.農工商自営業　5.自由業　6.主婦　7.学生　8.無職　9.その他(　　　　)	
・定期購読新聞 ・よく読む雑誌	
読みたい本の著者やテーマがありましたら、お書きください	

書名　台湾に渡った日本の神々

このたびは潮書房光人新社の出版物をお買い求めいただき、ありがとうございました。今後の参考にするために以下の質問にお答えいただければ幸いです。抽選で図書券をさしあげます。

●本書を何でお知りになりましたか？

□紹介記事や書評を読んで…新聞・雑誌・インターネット・テレビ

媒体名（　　　　　　　　　　　　　　　）

□宣伝を見て…新聞・雑誌・弊社出版案内・その他（　　　　）

媒体名（　　　　　　　　　　　　　　　）

□知人からのすすめで　□店頭で見て

□インターネットなどの書籍検索を通じて

●お買い求めの動機をおきかせください

□著者のファンだから　□作品のジャンルに興味がある

□装丁がよかった　□タイトルがよかった

その他（　　　　　　　　　　　　　　　）

●購入書店名

●ご意見・ご感想がありましたらお聞かせください

（ご回答いただいたご意見・ご感想は広告等で使用させていただく場合があります。）

に紹介した仁武社や塩水港製新営工場の灌漑貯水池傍の尖山埤神社のように、灌漑と神社は密接な関係があり、灌漑施設があった場所には必ず神社が造営していたのではないかと推測している。

神社跡地は和平区天輪里東関路二段三民巷に架かる天《ティエン》輪《ルン》白冷《バイレン》吊橋（三民吊橋）をわたり、三民巷一二を左折し、直進すると何かに使用された石座がある。この手前を大甲渓発電所方面に向かって左方向に入ってゆくと、小ぶりな基壇が見えてくる。戦後、基壇上の本殿は取り壊され、現在は「白冷圳回水灌漑工程竣工紀念碑」に取って変わっている。

白冷圳回水灌漑工程竣工紀念碑

《注釈》

① 盛岡生まれ。農業経済学であり、教育者。明治一〇年（一八七七）に札幌農学校（北海道大学）入学。明治一七年（一八八四）東大を中退し、欧米の諸大学で特に農業経済学及び統計学を学び、その間札幌農学校助教授になる。明治三四年（一九〇一）に台湾総督府に招かれ、製糖業により経済的基礎を確立した。帰国後、京都帝国大学教授、第一高等学校長、東京帝国大学教授、国際連盟事務次長を歴任。大正七年（一九一八）に東京女子大学初代学長、東京女子経済専門学校長として女子教育に尽くす。日米関係和解のため昭和七年（一九三二）に渡米、翌年太平洋会議に出席後カナダのヴィクトリアで病死。主著『武士道』（一八九九）は数ヶ国語に訳され、広く世界に日本を紹介した。

② 甘蔗の絞り汁をそのまま加熱し煮詰め、不純物を取り除いた後、一度結晶させて遠心分離機にかけたものを原料糖にして、更に精製して製品にしたもの。精製度が高いほど白い砂糖になる。

③ 砂糖産地では甘蔗から絞った糖液を濃縮結晶させ、糖蜜と粗糖とに分けて出荷する。これに対し生産地で直接に白砂糖を作り、粗糖製造の清浄工程の他に脱色を加えて製造する精糖をいう。粗糖とは甘蔗の原料の絞り汁のアクを抜き、不純物を沈殿させ、上積みを煮詰めて作る砂糖で、原料糖ともいわれる。明治四二年（一九〇九）一二月に、台湾では塩水港製糖が最初に耕地白糖の精糖に成功した。

④ 明治三七年（一九〇四）も王雪農などの本島人により湾裡に設立された製糖工場であった。台湾製糖は明治四二年（一九〇九）

に同社の事業を継承した。なお、この台湾製糖が継承した台南製糖と大日本製糖の紹介で出てくる台南製糖とは異なる製糖会社である。

⑤ 含蜜糖で、砂糖結晶と糖蜜分を分けずに結晶砂糖と一緒に固めるものである。黒砂糖も含蜜糖に含まれる。

⑥ 鈴木商店はかつて存在した日本の財閥であり、大手商社であった。欧州大戦後の鈴木商店は三井や三菱を凌ぐ世界的な貿易商社に成長する。台湾に於ける事業は樟脳業、糖業、塩業を中心に石炭業や木材業とありとあらゆる分野に及んだ。樟脳業では、他業者に先駆けていち早く後藤新平民政長官に接近し、総督府が公布する樟脳専売制度に賛同すると共に樟脳油の六五％の販売権を獲得する。糖業については北港製糖の設立から始まり、東洋製糖をして五大製糖会社の一社とならしめた。また、塩水港製糖に於ける主要株主となり、生産から販売に至るまでの多角経営に従事する。更に、製塩業においては明治四一年（一九〇八）に東洋塩業（後の台湾塩業）の設立により、本島より内地への台湾塩の移入を独占した。

　林業分野では台湾ヒノキの内地での販売に携わる。また、顔雲年が経営する台陽鉱業に投資し、その販売権を獲得し、三井が大株主である基隆炭鉱に対抗した。

　欧州大戦が終結すると一時的に好景気が到来するも一転して長期不況に陥る。株式を上場せずに銀行からの借り入れのみで運転資金をまかなっていた鈴木は大きな打撃を受け、資本金一億三〇〇〇万円に対し借入金が一〇億円を超え、また、鈴木の関係会社の業績が大きく落ち込み、鈴木本体の財務状況に深刻な影響をもたらす。鈴木商店のメインバンクであった台湾銀行も遂に窮状を支え切れず、台湾銀行の融資打ち切りにより鈴木破綻が決定的となり、昭和二年（一九二七）四月五日に鈴木商店は事業停止・清算に追い込まれた。

⑦ 台湾先住民のうち平野部に住む種族を指す総称である。清朝の統治下と日本統治時代には「平埔蕃」、「熟蕃」などの蔑称が用いられ、山地に住む先住民（生蕃）と区別された。もともとは、台湾の平野部全地域に居住していた。しかし、明朝以降、特にオランダが漢人を労働力として台湾へ移入させてから、漢人との通婚や漢化が進んだ結果として、純粋な平埔族は減少していった。

　台南地区での主な平埔族の部落は新港社、大目降《だいもくこう》社（現・新化市）、蕭壠社（現・佳里、七股、将軍一帯）及び麻豆社（現・麻豆）であった。

⑧ 天上聖母、通称「媽祖」は一〇世紀頃福建省に実在したという女性である。非常に強い霊力を持ち、その力で人々を救済したと伝えられている。その彼女にあやかった「媽祖像」を供えた船は海難を避けたという逸話から大陸沿岸地域の人々とともに航海安全の女神として祀っている。

⑨ 大正二年（一九一三）に新本金三〇〇万円にて台南製糖株式会社が創立する。大正四年（一九一五）に勃発した西来庵《せいらいあん》事件により、現地での労働力を失う。更に、地理的に不便であったため、自社の軽便鉄道の敷設ができず、雨季には鉄道の橋梁を流失する。折からの欧州大戦後の糖価高騰で、大正五年（一九一六）に鈴木

商店系の宜蘭製糖所を併合し、七張庄製糖所の事業を継承し、そして、宜蘭製糖所と改称し、本社を玉井から宜蘭郡二結庄に移転した。

⑩ 台湾の実業家、政治家。台湾の中部にある鹿港《ろっこう》に生まれる。日本統治に積極的に関与した台湾の代表的人物であり、明治二八年（一八九五）六月に混乱を極めた城内の秩序を回復するために日本軍の台北城入城に尽力した人物として伝えられている。
樟脳の製造と販売の許可を日本当局から受け、後には塩田開設やアヘン、煙草販売の特権も認められ、台湾の代表的な資本家として台湾五大資産家に名を連ねる。大正九年（一九二〇）に台中州協議会員、翌年には台湾総督府評議会員に任じられる。そして、昭和九年（一九三四）七月に、台湾で初めての貴族院議員に勅選される。

⑪ 中央大学　久保文克教授の商学論纂　第五五巻第一・二号（二〇一三年一〇月）『「塩水港製糖株式会社の失敗と再生（Ⅱ）」』から引用している。

⑫ 雨季には洪水に襲われ、乾季には干ばつになり、水分が少なく、作物の生産はその年の天候に左右される土地を意味した。領台当時の甘蔗作付けもこのような土地で行なわれていた。その後、土地改良および品種改良により看天田も一大甘蔗畑と変貌してゆく。

金鉱

日本統治が始まる四年前の一八九一年に台北と基隆を結ぶ鉄道が敷設された。台湾巡撫《じゅんぶ》の地位にある劉銘傳《りゅうめいでん》（一八三六～一八九六年）の時代であった。

七堵《しちと》駅付近の基隆河での架橋工事の際、橋の基礎工事のために工夫が基隆河に入った。その時、川底にキラキラする砂金粒を偶然に見つける。一八九〇年夏のことであった。砂金が発見されるやいなや、今まで静かだった小村落が一夜にして慌しくなった。一攫千金を夢見る土民達でごった返し、淘金《ゆりがね》（土砂にまじっている砂金を水中で揺すって選び分ける方法）に携わる者は一時期三〇〇〇人に達したとも言われている。採取地域も基隆河の上流の四脚亭《しきゃくてい》、深澳《しんおう》坑《こう》を経て三貂嶺《さんしょうれい》麓の坪林《へいりん》付近まで達した。

当局は乱採取を禁止する法令を公布するが効果がでず、翌年採取者に対して徴金制度を導入した。いったいどれだけの砂金が採取されたかは不明であるが、一説に一八九一年一〇月一五日からの八〇日間の間、淡水税関を経由して輸出された量は四五貫一九〇匁（約一六九キログラム）とある。そして一八九三年九月に砂金採取が上流を更に遡り九份山に至り、遂に金瓜石の岩嶂《がんしょう》に金鉱床《きんこうしょう》が発見され、翌年、金瓜石《きんかせき》、大租坑《だいそこう》、小租坑《しょうそこう》、大竿林《だいかんりん》などの鉱床が発見されるにあたり、一段と活況を呈するようになった。

領台の翌年である明治二九年（一八九六）九月に台湾総督府は台湾鉱業規則の制定を導入した結果、金鉱の開発を更に煽ることになる。そして、台湾各地で激しい抗日運動が起こっていることもあり、鉱山は一時閉鎖される。台湾総督府は基隆山を東西の境界線で分け、金瓜石鉱山を田中長兵衛《ちょうべえ》率いる田中組に、そして、西側の瑞芳《ずいほう》（のちの九份《きゅうふん》）鉱山は大阪の政商・藤田伝三郎に任せた。同年一〇月であった。

金瓜《きんか》石《せき》社——台湾最大の金鉱山に祀られた神社

鎮座日：明治三一年三月二日　**祭神**：大国主命、金山彦命、猿田彦命　**社**　**現住所**：新北市瑞芳區金瓜石金光路

金瓜石の鉱床は一二〇年以上前の一八九四年五月に発見された。当時、金瓜石は本山露頭と呼ばれ、大きな円筒型の岩嶂《がんしょう》が瓜の形をしていて、多分に金を含んでいたので「金の瓜の石」、すなわち金瓜石と呼ばれて地名となった。

田中長兵衛は責任者に技師長の小松仁三郎を任命し、内地から多数の技師を招聘して鉱山の運営に力を注いだ。金瓜石鉱山は目覚しい発展を遂げ、明治三五年（一九〇二）頃に採金量は約七五〇キログラムを越すまでになる。明治四五年（一九一二）五月、木村久太郎（茶芸館参照）の牡丹《ぼたん》坑《こう》鉱山採掘権返還（一説には二六万円で売却したとも言われている）に伴い、安定的な金の産出を行なったが、欧州大戦後の不況で大正七年（一九一八）頃から不振に陥った。田中長兵衛は、当時の技師長・田中清や後宮《うしろく》信太郎（茶芸館参照）と共に田中鉱山株式会社を創立するが、田中鉱山の末期には金瓜石の金脈はおおかた掘り尽され、生産量は下り坂となる。欧州大戦後の不況に加えて、関東大震災による内地本店の焼失などが重なり田中鉱山は大正一三年（一九二四）に経営破綻をきたす。翌年の大正一四年（一九二五）一一月、後宮信太郎により買収され、金瓜石鉱山株式会社が創立された。先進的な機械設備と採掘方法により生産量は飛躍的に伸びた。一方、新しい鉱床も開発され生産量も向上し、昭和五年（一九三〇）には約一・二トンを記録した。

その後、海外の鉱山経営に触手を伸ばしていた久原《くはら》房之助が経営する久原鉱業（後の日本鉱業）が、昭和八年（一九三三）に金瓜石鉱山を二〇〇〇万円で買収し、東洋一を誇る台湾鉱業株式会社が設立された。そして、その台湾鉱業はその後、親会社の日本鉱業に吸収合併される。昭和一一年（一九三六）から昭和一六年（一九四一）までの六年間は鉱山の最盛期であり、昭和一一年の採掘量は金五トン、銀一五トン、銅一万一〇〇〇トンであった。全盛期の従業員数も九五〇〇人となり、家族を含めると一万五〇〇〇人という膨大な数に膨れ上がった。

一般に金瓜石鉱山というと金や銀の産出だけと思われるが、同鉱山の長仁坑《ちょうじんこう》には稀有の大銅鉱床を有していた。

太平洋戦争の末期に近づくと鉱山の生産量も減り、昭和一八年（一九四三）以降、金の生産は中止され、翌年には銅の生産も中止となり、栄華を誇った金鉱山は一時閉山される。

往時の金瓜石社（出典：『金瓜石鉱山写真集』）

拝殿跡

本殿跡

黄金《こがね》神社と呼ばれた金瓜石社は明治三一年（一八九八）三月に田中組によって造営された。『基隆郡瑞芳庄要覧』によると「明治三十年金瓜石鉱山事業開始當時ハ土匪出没ノ為一般就業者ハ常ニ不安ノ念ニ驅ラレ居リタルヲ以テ人心ヲ安定セシムベク神社建立ヲナスコト」となっている。その後、神社は日本鉱業時代の昭和一一年（一九三六）四月頃に、従業員の浄財一万五〇〇〇円で、対面に茶壺山や基隆山を望む金瓜石山の中腹に改築された。

現在、社殿への参道途中にある一対の灯籠が訪問者を出迎えてくれる。さらに登って行くと鳥居が見えてくる。本殿のあったところまで登り詰めると拝殿に使用されたローマ時代のパンテオン宮殿を思わせるコンクリート製の拝殿柱が目の前に現われてくる。拝殿前の鳥居には「奉納」、「金瓜石鉱山事業所職員一同」及び「昭和拾貳年七月吉日」と刻まれている。

瑞芳社《ずいほう》——金山を摑んだ顔雲年《がんうんねん》

鎮座日：明治三九年五月二八日　**祭神**：金山彦命、金山姫命　**社**
現住所：新北市瑞芳區崙頂路一四五號…九份國小の裏山

藤田伝三郎は明治政府の軍の輜重《しちょう》（軍隊の糧食・被服・武器・弾薬など、輸送すべき軍需品）用達で急成長し、明治一四年（一八八一）に藤田組を創設、汽船・鉄道・紡績など幅広い経営を行なった。巨大な富を築くと共に、日本最大の銅山であった小坂鉱山を政府払い下げで手に入れた。日清戦争後、小坂鉱山の資源枯渇もあり、新たな資源確保を目指したのが瑞芳鉱山であった。一般に言われる九份《きゅうふん》鉱山であり、九份、大竿林《だいかんりん》、小租坑、大租坑の四坑があった。日露戦争後、藤田組の屋台骨を支える銅の価格は大幅に下落し、阿里山森林開発も明治四〇年（一九〇七）末に中止するなど、藤田組にとって自社での金鉱山開発は大きな財政負担になったのであろう。このためか、明治四三年（一九一〇）辺りから顔雲年《がんうんねん》（茶芸館参照）に対して賃貸採掘をさせていた。

その後、経営不振などが原因で、最終的に金鉱の採掘権を顔雲年に委譲する。第一次ゴールドラッシュが起こった大正六年（一九一七）の翌年に顔雲年は瑞芳鉱山の経営権を掌握するようになった。

九份の街も大いに繁栄し、昭和一三年（一九三八）の第二次ゴールドラッシュには九份鉱山の金産出高は最大の一・七トンの採鉱量を記録した。しかしながら節度のない採金により鉱脈は枯渇する。戦後、台陽公司と社名を変えた台陽鉱業は一九七一年に操業を中止し、黄金の歴史は幕を閉じることになった。閉山後、九份の街は衰退の一歩をたどったが「悲情城市」の映画で再び一躍有名になった場所である。特に賑やかな基山老街及び豎崎路《シュジル》の細長い道と石段に沿って所狭しと建て並ぶ商店街と、その狭間に見られる茶屋は九份の街が華やかなりし頃の歓楽街の一部である。

二〇〇九年、台陽股份有限公司の江 兩 旺《ジャンリアンワン》さんにお会いすることが出来た。江兩旺さんは二〇〇七年に日本の映画

茶芸館 金鉱山を経営した木村久太郎と後宮信太郎

①武丹坑《ぶたんこう》金鉱山を射止めた木村久《きゅうた》太郎《ろう》

明治四五年（一九一二）五月に金瓜石鉱山の持主である田中長兵衛にその採掘権を譲渡するまで、武丹坑（後の牡《ぼ》丹坑《たんこう》）金鉱山と呼ばれたもう一つの金山が金瓜石鉱山の南方にあった。『木村久太郎伝』より見てゆく。

領台間もない明治二九年（一八九六）、木村久太郎が渡台する。

基隆とその東方にある頂双《ちょうそう》溪（現在の雙溪）を結ぶ線上に、武丹坑金山と呼ばれた狭い鉱区があった。既に金瓜石鉱山は相当な金を産出していたが、武丹坑の金山は資本不足と土匪の襲撃により産金成果がほとんど得られない状態であった。このことを知った木村は採掘業者に防衛用の鉄砲と弾薬を斡旋した。このこともあり、武丹坑では久々に二六三グラムの採金ができた。こうしたことより、木村は、これまでの土木業から金鉱業に身を投じることになる。

明治三二年（一八九九）に新規の事業を開始してまもなく三三八グラムの金が取れた。当時の造幣局の納入規定では、一〇〇匁《もんめ》（一匁は三・七五グラム）以上でなくては銀行で買取ってくれないため、身に付けていた時計の鎖などを処分して一〇〇匁にして買い取ってもらったという。この時の金額が四〇〇〇円であった。翌年の明治三三年に五九三三グラムを産出するが、到底従業員七〇人近くを養うことのできる量ではなかった。

明治三四年（一九〇一）九月に金瓜石や瑞芳《ずいほう》（後に九《きゅう》份《ふん》と呼ばれる）金山の景気を横目で見つつ、根気よく探鉱作業に取り組んでいた所、偶然に現場員が鉱区境の山腹の道端に光るものを発見する。手掘りを初めて数時間後、「金があったぞッ。大直利《なおり》（良質な鉱脈）だッ」の大歓声が金山にこだまする。武丹坑のゴールドラッシュの始まりであった。なんと産金量が二六二五グラムに達したという。

この金鉱脈が隣鉱山である金瓜石金山方向に伸びていることを確信した木村は、早速、未開拓鉱区である約一一五ヘクタールの採掘許可を総督府殖産局に願い出た。この時の殖産局局長が新渡戸稲造であった。「いずれの鉱区より見ても木村のが一番近い。当然許可になるから心配せずに待つがよろしい」と口約して外遊に出た。この年の産金高が約一四二キログラムという驚異的な数字を出している。武丹坑を牡丹坑と改称した時期であった。

これからが大勝負と気持ちを引き締めた矢先、新渡戸稲造が外遊の際、藤田組からも同地区の採鉱許可願いが出され、最終的に藤田組が横槍を入れて取得した。帰国した新渡戸も対応に苦慮するが、決定事項を覆すこともできず、木村は民政長官の後藤新平に事態の対処を願い出る。後藤自身もどう対応していいか困っていると聞かされた時、「アァそうですか。個人の問題で総督府にそんな手数をかけるというのは誠に恐縮だ。それなら木村自身はどうなっても構わない。今のお願いは撤回しますからいか様にでも処置して頂きたい」と出た。

このことに後藤は非常に感動し、その年の暮に後藤が上京する時に、木村も同行し、金瓜石鉱山を所有する田中長兵衛と協議の結果、三ヶ年の間、金瓜石への接続鉱区の採鉱が認められた。その月は二六・二キログラム、立て続けに翌月は三四・五キログラム、翌々月には四八・八キログラムと記録を塗り替えていった。

明治三九年（一九〇六）には、同金山の最高産出量である六〇〇キログラムを採鉱し、その後、徐々にその産出高が減少してゆく。そして、明治四五年（一九一二）五月に金瓜石鉱山の田中長兵衛に経営権を返却し、金鉱山事業より撤退した。

木村久太郎は炭鉱事業にも進出しており、大正元年（一九一二）に顔雲年《がんうんねん》（茶芸館参照）との合資で久年《きゅうねん》炭鉱を設立する。「久」は久太郎、「年」は顔雲年及び顔国年から取ったもので、この鉱区は両兄弟が所有していたものであったものを、一部の権利を残して買収した。その後、久年炭鉱は顔雲年に譲渡され、最終的に基隆炭鉱株式会社と合併してゆく。その後の木村久太郎は近江《おうみ》時五郎（103頁参照）に事業を全て委託し、内地での新天地を目指した。釧路の安田炭鉱を買収、木村釧路炭鉱を設立し、大正九年（一九二〇）に三井鉱山別保坑炭鉱と合併して太平洋炭鉱を設立した。「太平洋」の由来は、鉱脈が海中に向かって進んでいる関係から、将来どしどし洋上に発展する意味を含めて、木村久太郎が命名したもの。現在の釧路コールマイン株式会社の前身である。

②一〇〇〇万円長者となった後宮《うしろく》信太郎

明治二八年（一八九五）に渡台する。鮫島商工に入社し、煉瓦《れんが》の生産販売を始めた。大正二年（一九一三）に台湾煉瓦株式会社と社名を変え、社長として活躍するが、経営は火の車で、多額の借金を抱えていたようであった。また、好況時代に船舶業に進出するが不成功に終わる。

後宮信太郎を台湾の富豪にならしめる最大のチャンスがあった。田中長兵衛率いる田中鉱山は大正一三年（一九二四）に経営破綻をきたした。後宮信太郎は二代目田中長兵衛の後を継いだ田中長一郎より田中鉱山を一六〇万円で買収し、資本金二〇〇万円で金瓜石鉱山株式会社を創立した。この時、専務取締役として田中清（田中鉱山時代の技師長）や取締役に中辻喜二郎（元台湾銀行頭取）が就任した。

昭和五年（一九三〇）一月の金解禁後のインフレ景気により、金相場が暴騰し、世界経済が停滞している中、金瓜石鉱山は大いに利益を出す。これに触発されたのが住友で、前台湾銀行頭取であった中川小十郎を通じて後宮に接触する。当時の住友は四国に大規模な精錬所を持っていたが、採算上の問題もあり、金瓜石の鉱石を買い入れ、製錬手数料で儲けようとしていた。一方の久原房之助が経営する久原鉱業（後の日本鉱業）は所有している鉱山から鉱石もあまり産出せず、大部分は他の鉱山より購入していた。住友は鉱石の購入だけでは久原に対抗できないと悟り、金瓜石鉱山そのものの買収を画策し、買収の値踏みを行なう。住友は以前、田中長兵衛経営の時、八〇万円で買収しようとして失敗しており、失敗を繰り返さないため、当初七〇〇万円まで値段を付けたようであるが、双方の駆け引きにより、倍の一四〇〇万円まで値段が吊り上がった。金山の経営に自信がなかったのか、これ以上の値段は付けられず、住友は争奪戦から手を引く。

一方の久原は長年同鉱石を購入していた関係で、金瓜石鉱山の価値を知っていた。金瓜石鉱山買収交渉を開始するやいなや、日本鉱業の技術者一行一〇人を渡台させ、金鉱脈調査を開始した。その結果、買収交渉は二〇〇〇万円で成立した。五〇〇万円は現金、一五〇〇万円は日鉱株二万株であった。後宮は強運の持ち主である。その後、日鉱株は上昇し、株の売却で二〇〇〇万円の利益をもたらした。昭和八年（一九三三）四月のことであった。このことにより、後宮信太郎は台湾一の一〇〇〇万円長者になった。

台湾での事業は煉瓦事業のほか、製紙、酒造、鉱山、製壜《びん》、銀行、土地建物、自動車、製糖、船渠《きょ》、肥料、軌道、製塩、拓殖、瓦斯、倉庫、電力等の分野で多角経営を行ない、日本統治時代の一財閥といわれた。

会社クリエイティブ21によって作製・上映されたドキュメンタリー映画『風を聴く〜台湾・九份物語』の主人公でもあった。思いがけない出会いに驚きながら、鎮座地が不明であった瑞芳社についてお聞きした。すかさず、瑞芳鉱山の地図を取り出し、瑞芳社の鎮座地である「焿仔《こうし》寮《りょう》一六

吉原先生記念碑の奥に瑞芳社が造営された

三番地」は当時の九份公学校裏あたりと指差した。間違いなく焿仔寮一六三番地は地図上にあった。日本統治時代、九份と呼ばれる前の地域であった。

瑞芳社は九份国民小学礼堂の後方にある「吉原先生記念碑（注①）」の奥で、神社の遺構や遺物を示すものは一切残っていないようである。本殿・鳥居及び一対の灯籠からなる規模は小さい神社であったという。祭神は冶金《やきん》の守護神としての大国主命、金山彦命そして猿田彦命であり、冶金とは、鉱石からの金属の抽出（精錬及び製錬）と金属の加工に関する技術のことである。

《注釈》

① 瑞芳国校土地公坪分校で教鞭をとる。大正三年（一九一四）に襲来した台風の際、校舎が倒される中で、机や椅子を搬出したが、この時、大怪我をし、それがもとで腹膜炎を患う。その後、分教場は九份公学校となり、吉原末太郎は初代校長となる。

九份国民小学に残されている「学校沿革史」によると昭和元年（一九二六）二月に暖暖《だんだん》公学校に赴任するが、怪我の後遺症がもとで昭和三年（一九二八）三月に亡くなる。昭和四年（一九二九）三月二六日に九份公学校同窓生により記念碑が建立された。

石炭

台湾炭の炭層は炭層が短く、平均して一～二メートル弱であり、九州や北海道の炭層のように連続していなかった。一般に炭質は良くはなく、内地の移入炭と対抗できるのは基隆の四脚亭《しきゃくてい》炭と田寮港《でんりょうこう》炭ぐらいであり、これらは海軍の二種炭に合格し、船舶の燃料に利用された。その他はいわゆる沿道炭と称される二等炭であった。当時、四脚亭炭鉱は、その品質及び炭量において台湾一を称されていたが、海軍所管の予備炭田であるため、一般の採鉱は禁止されていた。大正三年（一九一四）になり、四脚亭炭鉱一帯は、海軍所管から鉄道省に移管されると共に、翌年になると、一部の採炭制限枠も解除された。

この頃、台湾全体での鉱区数は二二〇区、鉱業人一一六人とされており、炭鉱採掘会社は四脚亭炭鉱の賀田金三郎（276頁参照）と木村久太郎《きゅうたろう》（後の木村組）の田寮港炭鉱を双璧とし、新たに進出した芳川寛治が経営する台湾炭鉱の金包里《きんぽうり》炭鉱と藤田組と顔雲年《がんうんねん》の合同経営である台北炭鉱の四大炭鉱が台湾の炭鉱市場を支配していた。これら四大炭鉱を巡って、覇権争いが繰り広げられた。

明治四四年（一九一一）一月に顔雲年は四脚亭鉱区を荒井泰治、賀田金三郎より借区した。欧州大戦の終わりつつある大正六年（一九一七）二月に、これまでの荒井泰治に代わって新しく四脚亭炭鉱の所有者となった賀田金三郎率いる賀田組の経営不振に乗じて、瑞芳金鉱山で独特な下請事業にあり、その活動範囲を広げてきた顔雲年は、賀田組と六年間の四脚亭採炭請負契約を行う。採炭された四脚亭の産炭は、全て三井物産経由にて販売委託された。この頃から、顔雲年と三井との関わり合いが出来た。また、芳川寛治の所有する台湾炭鉱も顔雲年に買収され、顔は台湾炭鉱の筆頭株主となる。これら一連の結果として、大正七年（一九一八）三月に資本金二五〇万円の基隆炭鉱株式会社が設立され、基隆に本社を置いた。発行株式は五万株とし、三井系が三万株（三井鉱山と三井物産で折半）、顔雲年が二万株を取得した。この正式調印を受けて、顔家は所有する五九ヶ所の鉱区全てを新会社へ提供し、資本金は五〇〇万円に増額される。三井鉱山株式会社より牧田環《たまき》が社長として就任し、三井系が販売、顔雲年が採炭の業務分担とされた。

ちょうど、欧州大戦の反動を受けて、各産業の復興が始まり、活況期に入ろうとする頃であった。炭価の高騰に伴い、前年度の産出高は三〇万一〇〇〇トン、金額五六万一〇〇〇円を記録したという。

一方、着実に経営基盤を拡充しようとする基隆炭鉱株式会社に対して、対岸向け輸出に石炭の販売を手がける大倉商事と売炭提携を結んだ木村久太郎率いる木村鉱業（大正五年、木村組から改称）があった。海外での販売を伸ばすが、大正八年（一九一九）七月、基隆炭鉱と木村鉱業が合併し、資本金一〇〇〇万円の大型企業が誕生した。そして、基隆炭鉱の取り扱い高は台湾における石炭業界の七五％を占めることになり、三井は株式の過半数を掌握することになった。この事により、台湾の炭鉱業は完全に基隆炭鉱が独占するようにみえたが、当時、企業の総取扱高で三井を凌駕せしめんとする勢力として鈴木商店の抵抗もあった。

大正七年、藤田組が所有する石碇《せきてい》堡《ほ》炭鉱（後の平溪《ピンシー》郷の石碇炭鉱）と顔雲年との共同で設立した台北炭鉱は大正九年（一九二〇）三月に発生した世界恐慌のあおりを受け、企業経営に大打撃を受け、事業規模の縮小に追い込まれた。そして、賀田金三郎、木村久太郎一派によって買収される。その後、台北炭鉱の増資により瑞芳金山を合併し、台陽鉱業株式会社と改称された。この台北炭鉱が経営するのが、後の石碇炭鉱と呼ばれる優良炭鉱であった。

今度は、その台陽鉱業に対して三井による買収説が流布される。台湾における売炭権の獲得を目指していた鈴木商店は台陽鉱業の資金調達要請を受け、採炭の一手販売契約を獲得する。このことにより、台湾の炭鉱業界は、三井の基隆炭鉱と鈴木の台陽鉱業の二大勢力となった。しかしながら、鈴木商店と台陽鉱業の蜜月は二年三ヶ月しか続かなかった。主な理由は鈴木に対する販売価格設定であり、これまでの委託販売と基隆での売切りへの切替え問題にあったと言われた。業務提携解消後、大正一四年（一九二五）五月に台陽鉱業を閉鎖して業務一切を基隆炭鉱に委託することを決定した。このことにより鈴木商店は炭鉱業から完全に手を引いた。

一方、三井と鈴木の両壁に対して周再思の経営する海山炭鉱と徐紅番の鶯山《おうざん》炭鉱があった。これらに対しても買収しようと乗り出した三井であった。その背景には、日本を代表する海運業である山下汽船の台湾炭取扱いの開始と、炭鉱事業に後手を排していた三菱への牽制であった。当時、三菱はこの海山炭鉱の沿道炭を基隆石炭の取扱業者である熊本源吉を介在して三菱香港支店経由で販売しており、虎視眈々と台湾での炭鉱事業を狙っていた。そこで、三菱は周再思の顔国年（顔雲年の実弟）に対する負債三〇万円を肩代わりすることで、海山炭鉱の買収をもくろむが、一足早く顔国年は周再思との間で海山炭鉱株式会社の設立を成し遂げた。年出炭量一〇万トン規模であり、炭鉱業で三菱の地盤が確立できたかに見えたが、結局は不成功に終わり、昭和一〇年（一九三五）に海山炭鉱は台陽鉱業に取り込まれた。

数々の業界再編成と統合を繰り返し、大正一四年の台湾に於ける総産出高は一六六万トンのうち、八割にあたる一三三万トンは基隆炭鉱の抱える四脚亭、金包里《きむぼうり》、猴洞《こうどう》、崁《がん》脚《きゃく》などや、台陽鉱業の石碇、そして海山炭鉱などの優良炭であり、残りの三三万トン余りは二等炭であった。特に四脚亭炭は灰分が少なく、高熱量を発し、完全燃焼炭であるとの折り紙も付けられたほどであった。これら産出出荷先明細は輸出六二万トン、内地への移出一八万トン、台湾消費四六万トン、そして船舶用燃料四一万トンであった。

台湾での各種産業の発達に伴い、内地と本島間の移出入が盛んとなり、船舶用燃料炭の需要が急増し、同時に製糖産業の活況に伴う一般燃料炭も急増した。一方、対岸の中国に向かう船舶の供給地として台湾炭の需要は増加した。

昭和三年（一九二八）末に顔雲年の後継者となった顔国年が三井本社を訪問し、基隆炭鉱で委託経営してきた台陽鉱業の石碇炭鉱を改めて雲泉《うんせん》商会（明治三六年に鉱山業に関わる採掘、採取の請負や物品販売や労力提供等を業種として創立）に引継がせることとし、同社の直営とした。これにより、台陽鉱業が復活し、採掘方式は全て採掘請負とし、年出炭一五万四〇〇〇トン、純益五七〇〇〇余円と予算が設定された。そして、採掘された石炭は全て三井物産がその販売を引き受けた。

太平洋戦争に突入すると台湾における新炭田の開発は急務となった。特に、優良炭と称された四脚亭付近の鉱脈も先細りとなり、台湾の産業発展の障害となりえた。期待さ

茶芸館 金山王と石炭王となった顔雲年

藤田組によって経営された瑞芳鉱山で小租《しょうそ》坑《こう》金鉱区（九份の南東で、侯硐《ホウドン》との中間地点に位置した鉱山）の一部を下請採掘契約し、採金作業に従事した男がいた。瑞芳警察署の巡査補で、守備隊通訳を兼務していた顔雲年であった。顔は徹底した下請け作業を行うとともに、金瓜石、武丹坑（後の牡丹坑）や瑞芳の三鉱山向けに労力と物資を供給するなどで、鉱山経営に確固たる地位を確保した。

大正七年（一九一八）秋に藤田組より地価三〇万円で瑞芳鉱山全区の鉱業権を取得し、その後のゴールドラッシュで財を得る。

四脚亭炭鉱で細々下請事業を営んでいた、大正六年（一九一七）二月に四脚亭炭鉱を賀田金三郎より買収する。一般に、顔雲年は基隆の金山王と思われがちであるが、むしろ石炭王と言った方が良い。明治四二年（一九〇九）夏に木村組の近江時次郎が石炭は金山以上に有利であると勧誘した。そして、木村組の田寮港本坑の採掘請負を始めたのが、顔家隆盛の基盤を作り、顔雲年、顔国年、顔欽賢《きんけん》、顔恵民《けいみん》と続いた基隆を代表する顔家は二〇年間で資産八〇〇万円の富を築いたという。顔恵民は「もらい泣き」や「ハナミズキ」のヒットで知られる歌手の一青《ひとと》窈《よう》さんの実父である。

顔家は戦前隆盛を極めた「台湾五大家族」の一つであり、板橋の林家、霧峰の林家、高雄の陳家、鹿港の辜家に並ぶ名家であった。

れる石碇一帯の採掘可能炭量は三一〇〇万トンと想定され、その内優良炭は一五〇〇万トンを占めた。それゆえ、戦局の進展上、重視された燃料としての採炭量を確保するため、総督府による石碇線の買収が行われた。この鉱区は明治四一年（一九〇八）に優良な鉱脈が基隆渓の上流に発見されたが、採炭の搬出は困難を極めていた。そのため、大正八年（一九一九）に藤田組が二五〇万円を投じて鉄道路線を建設したもので、その後、台陽鉱業に引き継がれた経緯がある。現在の平渓《ピンシー》線と呼ばれるものである。この石碇線は宜蘭線の三貂嶺《さんしょうれい》駅と台北鉄道の景美《けいび》駅を結びつけ、三貂嶺から菁桐《せいどう》駅までの一二・九キロメートルの石炭運搬路線であった。これにより石碇は石炭採掘の時代へと突入し、大量に採掘され、線路を使って輸送されるようになった一九六九年に国際的な石炭採掘量の増加と品質の差異より、海外からの輸入石炭との価格競争に勝てなくなり、台湾の採炭事業はだんだんと斜陽産業となっていった。

基隆炭鉱崁腳《がんきゃく》　炭鉱所（崁腳山社）——手水鉢に刻まれた「小林寛」

鎮座日：大正一三年一〇月二五日　**祭神**：大山祇神　**社　現住所**：新北市萬里區崁腳里崁腳六〇號之一の裏

基隆市の北西部萬里区に位置する崁腳《カンチャオ》村がある。崁腳国小（小学校）正門左側に手水鉢《ちょうずばち》が残っている。正面に「奉納」、裏に「大正十四年　元旦　小林寛」の文字がある。近所の古老にこの奉納者の名前について尋ねると「基隆炭鉱の社長さん」と返ってきた。

欧州大戦の反動を受けて、活況期に入ろうとする大正七年（一九一八）に基隆炭鉱の設立に伴い、台湾の炭業の開発が一段と高まり、また、業界が目まぐるしく変動するなかで、三井は小林寛《ゆたか》を派遣した。小林は炭鉱業界を代表する三井田川鉱業所技師であり、三井田川炭鉱伊田坑主任、三井田川鉱業所主事、同鉱務主任を歴任後、大正九年（一九二〇）、基隆炭鉱へ取締役兼坑長として赴任する。日本最大の炭田である田川伊田竪坑《たてこう》の開

手水鉢

本殿への参道

坑の技術と実績を持ってである。それ故、小林は顔家側の意見を一切聞かず、炭鉱運営の方針を独断で決めていた。小林の経営理念である「直営」と顔雲年の「請負」方式はよく対立していたようであった。

崁脚山社は大正一三年（一九二四）に鎮座している。ちょうど石炭産業が絶頂期を迎えた時期でもあり、その中でも基隆炭鉱は飛ぶ鳥を落とす勢いでもあった。採掘された石炭は鉄索を利用して基隆港へ運ばれたという。

崁腳山社は、こぢんまりとした企業神社であった。祭神である大山祇　神《おおやまずみのかみ》は鉱山・林業の神としての信仰がある。人里離れ、何もない時代、唯一、従業員の労苦を癒す倶楽部が宿舎横にあった。これらの場所はちょうど現在の小学校敷地にあたる。

瑞三《ずいさん》鉱業公司（侯硐《ほうどう》神社）——基隆の優良炭鉱

鎮座日及び祭神：不明　**無願神祠**　**現住所**：新北市瑞芳區侯峒路—懐徳亭傍の「一百階」を上り、三貂嶺に向かう道に沿って五〇メートル

台鉄「瑞芳《ルエファン》站」より、ローカル線上の侯峒《ホウドン》站で降りる。すぐ目に付くのが「瑞三《ルエサン》鉱業」と書かれ、廃墟になった選炭場である。この選炭場は大正一二年（一九二三）に数一〇万円を投じて侯硐駅に一日一〇〇〇トンの能力を持つ選炭機を設備して運転を開始したものである。ここで選炭されたものは専用貨物車で基隆港まで運ばれた。特に船舶焚《ふん》料《りょう》炭は従来の香港や上海に代わって、基隆港で積込みが行なわれるようになり、石炭の積出港として基隆港は脚光を浴び、積込み用岸壁も延長された。

瑞三鉱業公司の前身は顔雲年が明治四一年（一九〇八）に採炭権を獲得した瑞芳の炭山で、一般にいわれた猴洞《こうどう》炭鉱であった。その後、猴洞炭鉱は台湾の炭坑の中でも優良炭を産出し、坑内よりは電気機関車による搬出も行なわれ、大規模な選炭場も設けた。昭和二年（一九二七）には二六万トンを出炭する大口炭鉱であった。

昭和九年（一九三四）に李建興（注①）が兄弟の李建川、李建和と共に「瑞三鉱業公司」を成立させ、基隆炭鉱から瑞芳三坑の採鉱権を請負った。

戦後の一九六〇～一九七〇年代の最盛期には、従業員ら約六〇〇〇人が居住し、一日約五〇〇〇トンと台湾一の採掘量を誇るが、一九八四年の炭鉱事故の影響や安価な輸入炭に押され、一九九〇年に閉山した。

この選炭場から侯硐站前を流れる基隆河にかかる橋をわたると「一百階」と「侯硐神社」の道案内を示す標識がある。この石段を登り、三貂嶺に向かう道を右側に百メートルほどゆくと、道沿いに神社の跡地を示す鳥居が見えてくる。この神社は基隆炭鉱瑞三鉱業公司の企業神社であるが、その鎮座日や祭神については不明であるが、鎮座日は瑞三

鉱業公司が設立された昭和九年以降であろう。鳥居には「奉獻　瑞三鉱業公司産業奉公團」と刻み込まれている。現在は鳥居の他、本殿基壇と石段のみが残っている。

侯硐神社の鳥居

橋の奥が選炭場

台湾産業（十平《じゅうへい》稲荷神社）——作業の安全を祈った守護神

鎮座日：昭和一七年二月一〇日　**祭神**：宇迦之御魂大神　**無願神祠**　**現住所**：新北市平溪區平湖四五號

平溪郷における石炭の採掘は明治四〇年（一九〇七）に開始された。平溪庄の第一代村長、潘炳燭が地面に現われていた石炭を見つけ、採掘権を獲得したと言われている。翌年の明治四一年（一九〇八）には優良な鉱脈が発見された。

同地区には、顔家が経営する台陽鉱業を筆頭とし、中小の炭鉱業者が密集しており、その中に、台湾産業株式会社の十平炭鉱もあった。この炭鉱は大正一五年（一九二六）に採掘権が設定され、辻本商事（昭和五～九年）から台湾産業（昭和一〇～一七年）に変わっている。そして、鉱山名は順和炭鉱（昭和三年～六年）から平溪炭鉱（昭和七～一二年）、そして、十平炭鉱（昭和一三～一七年）と改称されている。

十平とは十分寮の十と完全に平らげるという意味を含んだ。同炭鉱の社長は辻本正春（注②）で、台湾産業は山下汽船の代理店であり、船舶焚料の供給者であった。昭和一二年（一九三七）七月に発生した日中戦争以来、燃料としての石炭の重要性が高まり、資本金を増やし、採炭量をあげる設備を導入した。採炭事業に事故はつきものであるため、構内の一角に守護神として伏見稲荷神社を奉斎し、初午《はつうま》にあたる昭和一七年（一九四二）二月一〇日に鎮座祭が執り行なわれた。

現在、この辺りには何も残っておらず、当時の面影を見つけることはできない。

《注釈》

① 大正五年（一九一六）から炭鉱業に従事する。平溪庄協議会員、瑞芳庄役員、信用組合理事などの要職を歴任する。瑞芳神社が造営される際に、瑞芳小学校の裏山一・四ヘクタールを寄付している。戦後、瑞芳鎮長となる。

② 大正一四年（一九二五）三月に山下汽船台湾支店長となる。昭和八年（一九三三）七月、台湾瓦斯株式会社の専務の時、山下汽船の台北及び高雄支店を廃止し、人員整理に伴い、辻本商事が従業員を全て引き取る。

大正一四年六月に辻本正春により台湾産業株式会社が設立され、取締役社長は辻本正春で、石炭、木材、肥料、米穀、セメント等の販売、鉱業、農林業、不動産業、海運業、陸運業に携わる。辻本商事は台湾産業の商事部門であろう。昭和一三年（一九三八）三月に台湾瓦斯株式会社社長に就任する。

その他の産業

日華紡績（大安《だいあん》稲荷社）——昭和三年のストライキ

鎮座日：昭和二年一月八日　**祭神**：豊受比賣神　**社**　**現住所**：台北市大安區東忠孝路三段二三七巷（誠安公園）

この日華紡績株式会社で、いわゆる「大安工場ストライキ事件」が発生している。郭弘斌《コウホンビン》の『台湾人的台湾史』によると、この事件のあらましは次のとおりである。

日華紡績会社は昭和三年（一九二八）四月二一日に工場の作業時間を二〇分延長した。この問題が工員との論争を誘発することになった。台湾文化協会（茶芸館参照）の連《れん》温卿《おんきょう》が高雄の台湾鉄道工場で発生したストライキを利用して同日の四月二一日に本島人工員にストライキを呼びかけた。しかしながらストライキに入る準備が不十分であり、また、従業員の意識は高くなく、わずか四日間でストライキが終わった。その後、五月九日に工場側は些細なことで工員の一人を解雇した。このことが全工員の不満を招くことになり、五月一九日には再度二回目のストライキに突入することになった。工場の操業は停止せざるを得なくなり、二〇〇人余りの行員がデモ行進を行ない、二二人が警察によって逮捕された。そして、その日に工員一〇〇人が集結し、抗議団を組織して会社側に抗議した。そして、会社側に対して団体交渉権及びストライキに参加した全ての工員の復職など六項目を要求した。しかしながら工員の要求は会社側に拒絶され、警察は争議団の幹部を拘留し、ストライキは集結を迎えた。

その後、日華紡績はどのような企業経営を辿ったかは不明である。一説によると、戦後、日華紡績株式会社は放火によって全焼したようである。

現在の住所で、日華紡績は忠孝東路三段二三七巷辺りとなる。具体的な場所は特定できないが、安東街に誠安公園がある。この場所に神社があったものと推定される。

海南《かいなん》製粉（構内神社）——米と麺の市場争い

鎮座日：昭和九年六月一六日　**祭神**：不明　**無願神祠**　**現在地**：基隆市安楽區安楽路一段

大正三年（一九一四）に資本金三〇万円で台中に創立された台中製粉が、その生産能力を拡張するため、大正八年（一九一九）七月、資本金一四〇万円の海南製粉を基隆に設立した。そして、翌年一月には両社を合併させ、資本金三〇〇万円の海南製粉とした。昭和一五年（一九四〇）五月、海南製粉の姉妹会社となる朝日製粉が資本金二〇万円で創設され、翌年の二月に原料の小麦の産地である台中州大屯郡王田に工場を建設した。

台湾では主食は米であるが、台湾人に聞くと麺は戦後、共産党との内戦に敗れた国民政府と共に外省人が台湾に持ち込んだ食文化という人もいる。実際に内地人と同じように一部の本島人は麺を好んだようであった。この意味から、小麦の収穫高が増えても不思議ではないが、明治三七年（一九〇四）の作付面積が六二九七甲（一甲は約一ヘクタール）であり、大正九年（一九二〇）までは、およそ六〇〇〇甲で、全くの変化がない。更に、大正一〇年（一九二一）から、その作付面積も激減し、大正末期に至っては、一〇〇〇甲を割り出した。これは欧州戦争後、世界景気の好転と砂糖の急激な値上がりにより、小麦から甘蔗への転作によるものであった。これらに対応するため、原料である小麦は内地からの移入とし、大正末期頃には鈴木商店経由でオーストラリアからも輸入された。

海南製粉基隆工場では同社社員及び工場員により、構内山手を整理して稲荷神社を造営し、昭和九年（一九三四）六月一六日に鎮座祭が執り行なわれた。

戦後、台湾省行政長官公署により接収された海南製粉は基隆粉料廠と改称され、一九四六年に台湾畜産公司の傘下に属し、農工企業股份有限公司基隆粉料廠と呼ばれた。台湾唯一の製粉工場であったが、一九六六年の火災により操業を停止する。その後、修復も行なわれず、そのまま放置された。二〇〇九年の時点で既に廃墟となり、その後取り壊された。今後、新しい商業ビルとして開発されるようである。

往時の海南製粉企業神社（提供：蔡英清）

石段を上った所に神社があった

台湾電化《でんか》（構内神社）――廉価な電力を求めた台湾進出

鎮座日：昭和一三年七月　**祭神**：不明　**無願神祠**　**現在地**：基隆市中山區中華路一七一號（台湾肥料公司基隆廠）

大正末期、電気化学工業は三井物産との提携により、石灰窒素（炭化カルシウムと窒素の化合物）の台湾への進出を目指した。しかしながら、当時の台湾において、農作物の最大収穫を占める甘蔗の肥料としては硫安（窒素肥料で硫酸アンモニューム）が一般的であったため、石灰窒素の販売に苦労する。三年後、三井物産の介在により台湾製糖の自社甘蔗畑で基肥《きひ》として石灰窒素が採用されるようになり、他の製糖会社でも徐々に使用されるようになった。

更に、廉価で豊富な日月潭水力発電所の電力で石灰窒素を生産するために三菱財閥企業である電気化学工業は台湾電力との共同出資によって、昭和一〇年（一九三五）五月に資本金二〇〇万円で、基隆ドック裏手に一三・二ヘクタールを買収し、台湾電化株式会社を設立した。この時、石灰窒素の生産に必要とされる電力は一万二〇〇〇キロワットであり、当時の日月潭発電所の電力需要が懸念された中で、大いに期待された産業であった。

昭和一二年（一九三七）五月に台湾電化はカーバイド（炭化ナトリウム）の製造を開始し、同年一二月に総督府から肥料製造業の免許を得て、石灰窒素の製造を開始した。

また、同年、羅東分工場を設立し、カーバイドを生産し、基隆工場に供給した。

この台湾電化基隆工場構内に工場の守護神として稲荷神社を奉祀し、敬神観念の昂揚《こうよう》に資することとなり、昭和一三年（一九三八）七月七日に最初の祭典が行なわれている。

現在の台湾肥料公司基隆廠

二〇一六年三月に台湾電化に勤めていた陳慶さんの案内で、企業神社跡地を紹介して頂いた。跡地は工場左手の小高い丘の上あり、当時は神社傍にテニスコートもあった。戦後、この場所に警察の事務所が建立され、神社も取り壊されたとのことである。

日本アルミニウム高雄、花蓮港工場（構内神社）

——日月潭水力発電所を救った電力消費

鎮座日及び祭神：不明　**無願神祠**　**住所**：高雄市前鎮區成功二路と森林四路の角の空き地、花蓮縣花蓮市民孝里華東一五號（台湾肥料公司花蓮廠）

航空機の機体に使用できるアルミニウムは重要な軍需物資の一つであり、欧州大戦勃発後、政府の積極的な介入の下、航空機産業は振興し、アルミニウムは大いにその存在性を増すことになった。

台湾では日月潭水力発電の竣工以降、豊富な電力が入手でき、ボーキサイトなどの原料を輸入できれば、アルミニウム精錬業が発展できる基盤が出来ていた。そのため、三菱及び古河系の事業として、三菱系の三菱鉱業・三菱商事、明治生命、東京海上、そして、古河系の古河電工、日本軽金属、帝国生命などにより、昭和一〇年（一九三五）六月に資本金六〇〇〇万円で日本アルミニウム株式会社が設立され、本社を東京丸の内に置いた。もちろん、廉価で豊富な電力を確約した台湾電力も大株主として参画している。

九州の黒崎工場設立に続いて、台湾では海軍用地の一部の払い下げを受け、まず高雄市戲獅《ぎし》甲臨海工場地帯の敷地約二五・七ヘクタールに工場が建設された。アルミニウム生産能力は六〇〇〇トン、使用電力二万七〇〇〇キロワットとし、日月潭水力発電による豊富で廉価な電力を利用し、ボーキサイト・バイヤー法でアルミナを抽出し、ホール電解炉で純アルミニウムを精錬した。昭和一一年（一九三六）に作業が始まり、アルミニウム地金二一〇トンを生産し、昭和一六年（一九四一）迄に、年間アルミナ三万二〇〇〇トン、アルミニウム地金一万二〇〇〇トンの生産が可能な設備が完成した。

更に、原料となるボーキサイトは、古河電工と日本アルミの合弁会社である日蘭商事がインドネシアのビンタン島産のボーキサイトの販売権を持ち、高雄工場に供給した。また、マレーシア南部にあるジョホールからも産出された。更に、アルミ用アノード・カーボンの原料であるピッチコークスもインドネシアのパレンバンから輸送した。昭和一七年（一九四二）二月に元英国領であったシンガポールが日本軍に占領されるに及び、シンガポールは南方から資源を輸送する港として重要な位置を占めた。

高雄工場が選定されたのは、高雄港に一万トンの遠洋船と三〇〇〇トンの艀《はしけ》が入る事が出来、艀は高雄工場所有の埠頭に接岸できるからであった。また、南北縦貫鉄道で北の基隆港と高雄港を結ぶことができる利便性もあった。

一方、花蓮港においては、豊富な電力源が潜在することに目をつけた台湾総督府は水力発電所の建設を計画し、昭和一四年（一九三九）六月に三菱及び古河系の事業として、資本金二〇〇〇万円で東台湾電力興業が創設された。そもそも日本アルミニウム及び東邦金属製錬（246頁参照）に電力を供給するのが事業の目的であり、当初の株主は日本アルミ、新興窒素、東邦金属製錬、東洋電化工業、塩水港製糖の五社であった。第一清水発電所、第二清水発電所、初音発電所や銅門発電所の四ヶ所で昭和一六年（一九三一）までに六万二〇〇〇キロワットを発電する計画がなされた。

太平洋戦争末期の昭和二〇年（一九四五）三月に高雄地区は米軍の爆撃により、数多くの工業施設が破壊された。特に、軍需関係施設への集中破壊は激しく、日本アルミニウム高雄工場も例外ではなかった。一方、花蓮港工場は昭和一九年（一九四四）六月の洪水により、大きな被害を受け、操業停止した。更に、米軍の爆撃で設備が破壊され、修復が不可能な状態までとなった。

戦後の台湾は食糧生産に拍車がかけられ、それに伴う化学肥料の生産が重要視される。そして、一九五二年夏、旧日本アルミニウム花蓮港工場を化学肥料工場として再利用することになる。翌年八月、花蓮氮肥《ダンフェイ》公司が設立されるが、渇水期における水不足により、水力発電の供給に支障をきたし、工場経営が危ぶまれた。このことにより、一九六〇年、台湾肥料股份有限公司と合併することになる。二〇〇七年に台湾肥料は台湾東部の深層海水資源運用のために台湾海洋深層水股份公司を設立した。一方の台湾アルミニウム高雄工場は台湾鋁《ルイエ》業として引き続きアルミニウムの生産を継続するが、一九八五年には中国鋼鐵に買収される。そして、一九八〇年代末にはその操業を停止した。

日本アルミニウム高雄工場の企業神社は現在の中山路を挟んだ日本アルミニウム工場の反対側の陸軍官舎付近に造営された。ちょうど、成功二路九号の北側八〇〇メートル辺りで、成功二路と森林四路の角の空き地である。戦後、この地に復興国小（小学校）が建設されたが、一九七〇年に日本アルミニウムを引き継いだ台湾鋁業の工場拡張により、移転している。現在、日本統治時代の日本アルミニウム高雄工場跡は新たにＭＬＤ台鋁生活商場として開発され、数多くの映画館が進出したショッピングセンターとなっている。

茶芸館 台湾の民主化運動

大正一〇年（一九二一）に台湾に文化的啓蒙を目的とする民間団体である台湾文化協会が設立された。この台湾文化協会が発足する以前、大正三年（一九一四）一一月に政界引退後立憲青年自由党の相談役に就いた板垣退助が訪台し、板垣の呼びかけにより、同年一二月に林献堂《りんけんどう》（355頁参照）により「台湾同化会」が組織された。本会の趣旨は本島人にも内地同様の権利待遇を与えることであり、その年の一二月末に台北市で設立大会が開かれ、その場で板垣が総裁に推挙された。

台湾総督府はこの台湾同化会の活動を危険視し、同会に対し圧迫を加えた。そして、大正四年（一九一五）二月二六日に佐久間左馬太総督は治安を乱すという理由で同会に対し強制解散を命じた。

台湾文化協会は板垣退助に影響を受けた宜蘭出身の開業医である蒋渭水《しょういすい》が提唱し、林献堂が先頭に立って青年学生を結集し、大正一〇年（一九二一）一〇月一七日に設立大会が開かれた。「台湾文化ノ発達ヲ助長スル」ことを目的に掲げ、一〇〇〇人の会員を集め、台北市大稲埕《だいとうてい》の静修女子学院（現在の静修女中）にて行なわれ、総理に林献堂が就任した。専務理事に蒋渭水、理事に蔡培火《さいばいか》ら四一人が名を連ねた。しかし、その後、台湾議会設置請願運動という政治的な活動に発展してゆく。

昭和二年（一九二七）から、台湾文化協会内部の左右両派の対立が表面化した。社会主義派を唱える連温卿《れんおんきょう》の勧めにより参加した左派青年が文化協会主流派を占めたため、右派の退会が始まった。連温卿、王敏川《おうびんせん》を中心とする左派は「新文協」を、一方、右派で穏健派の蒋渭水、蔡培火らは「台湾民党」を設立したのち、同年七月に台湾最初の合法政党である「台湾民衆党」を結した。左派が実権を握った新文協は、講演会活動を継続させたほか、左派農民との共同戦線を結成し、農民労働者運動に積極的に介入した。

しかし間もなく王敏川が主導する「上大派」（上海大学留学経験者が主体をしめていたためこのように称される）と連温卿派との対立により活動が衰退した。

一方の日本アルミニウム花蓮港工場は運よく、神社の基壇のみが残り、二〇一六年、新たに社殿が出来上がる。掲示板には左記のとおり書かれている。

新装された日本アルミニウム花蓮港工場企業神社

一九五二年、花蓮氮肥公司が設立され、これまでの台湾肥料公司を合併する。二〇〇三年、肥料の生産を停止し、その後、海洋深水を汲み出す事業を展開する。二〇〇七年、順調に海水深水を汲み出す。そして、このことにより、これまでの製造業からリクレーション産業に転換する。終始、構内社は私たちを守護してきた。海洋深水は体によい。そして、構内社は心霊を磨いてくれる。

現在、日本アルミニウム工場時代の宿舎は修復され、台肥海洋深層水園区として新たな観光スポットになっている。

東邦《とうほう》金属製錬（構内神社）――東台湾のニッケル製造

鎮座日及び祭神：不明　**無願神祠**　**現在地**：花蓮縣花蓮市精美路二一一號（台湾水泥花蓮預拌工場）

東邦金属製錬株式会社は資本的に古河、藤山、赤司、浅野、及び後宮《うしろく》と言われた大手財閥の共同事業として、昭和一五年（一九四〇）七月に設立した。筆頭株主は古河電気工業であり、当初、それに続いて大日本製糖、台湾電燈、日本鋼管があった。その後、株主の変動があったが、実質的には古河・三菱系の企業であった。

東邦金属製錬は古河電工の技術を基礎として生まれたもので、高品位ニッケル鉱を原料として、品位九五％以上の素ニッケルを生産するものであった。これらの素ニッケルは古河電工日光電気製銅所（現 古河電気工業）に納入され、純ニッケル生産の素材となった。

当初、原料のニッケル鉱は南アフリカのローデシヤや南太平洋のニューカレドニアから購入することになっていたが、昭和一四年（一九三九）九月に始まった第二次世界大戦により、原料の輸入が不可能となり、それに代わる産地として浮上したのが、大東亜共和圏に組み入れられたセレベス（インドネシア中部にある島で、インドネシア独立後はスラウェシ島と呼ばれる）産砒化《ひか》ニッケル鉱であった。

東台湾工業地帯の日本アルミ花蓮港工場に近接して、昭和一六年（一九四一）七月に工場が竣工した。折から日中戦争を期として軍需用大砲、弾丸、魚雷に使用される特殊鋼を製造する一環として設立された。資本金一〇〇〇万円でニッケル鉱の製錬（年産能力一五〇〇トン）を行い、第一期がニッケル・コバルト、第二期が銅・錫・タングステン・クローム・ペリウムであった。

ニッケルやコバルト製錬は電気化学工業であり、電解設備による精錬作業に大量の電力を必要とした。そのため、廉価で豊富な電力の確保が必要となる。日本アルミ花蓮港工場と歩調を合わせて、花蓮港に進出したのは、昭和一四年（一九三九）五月に東台湾電力株式会社が創設されたためであった。

戦後、東邦金属はセメント産業会社に生まれ変わり、台湾水泥花蓮廠として操業を続けている。企業神社は現在の花蓮工場入口左手奥（精美路と港濱路の角）にあったようである。

台湾化成工業（構内神社）――コンクリートの本殿

鎮座日及び祭神：不明　**無願神祠**　**現在地**：宜蘭縣蘇澳鎮長安里永昌路四六號（台湾水泥公司蘇澳水泥廠）

昭和一四年（一九三九）五月に資本金五〇〇万円で台湾化成工業が設立され、社長に赤司《あかし》初太郎（182頁茶芸館参照）が就任した。三井物産より敷地三〇万坪を買収して、年産一〇万トンのセメント工場を蘇澳庄に建設した。設備一式は磐城《いわき》セメント敦賀工場の第二プラントを買収し、設備をそのまま移設することになった。原材料となる石灰石は蘇澳街の南西に位置する猴椅《こうい》山から掘り出すことになり、蘇澳庄と猴椅山間に五キロメートルの索道が架設された。第一期計画として、セメント一〇万トンを生産し、第二期工事においてはこれを倍にする計画。そして、最終的には、石灰石を原料とするカーバイド、人造ゴム、その他総合的化学工業に発展する計画であった。

敦賀工場の生産設備をそのまま台湾に移管しようとしたが、機械の入手が困難になり、遂には資金難に陥る。この打開策として、資本金を七五〇万円に増資することにより

台湾化成工業企業神社遺構

倒産の危機を乗り切った。そして、昭和一七年（一九四二）三月に建設終了の「火入れ式」が行なわれ、生産が順調に開始されるように見えたが、七月と九月に宜蘭の蘭陽地方を襲った暴風雨により、工場施設は全壊する。復旧工事を行い、改めて生産が開始されたのは、翌年の昭和一八年（一九四三）四月であった。

　当時、台湾で消費されるセメント量は五〇万トン以上といわれ、台湾の生産量は二五～二六万トンであった。これに、台湾化成工業の一〇万トンが加わることになった。更に、昭和一八年六月には敦賀セメントを吸収合併し、資本金を三〇〇万円増資し、一五〇〇万円とした。そして、終戦一年前の昭和一九年（一九四四）には生産能力を三倍の三〇万トンとすることが計画された。

　戦後、国民政府は水泥監理委員会を設立し、浅野セメント高雄工場（現在の高雄水泥工場）、台湾化成工業（蘇澳水泥工場）、南方セメント（竹東水泥工場）及び台湾セメント松山工場（台北水泥製品工場）を接収する。現在の台湾水泥公司は一九四六年五月に設立され、一九五五年一一月に民間会社となった。この時の董事長が辜振甫《こしんぽ》（二〇〇五年一月に逝去）であり、金融・不動産・通信・石油・運輸にわたる幅広い分野で活躍する台湾の富豪の一人として数えられている。辜振甫の父親が辜顕栄《こけんえい》であり、日本軍が台湾に上陸した際、日本軍の速やかな台北城への入城を促した人である。

　コンクリートで出来た台湾化成工業の企業守護神はほぼ完全な形で台湾水泥内の従業員宿舎のそばに残っている。残念ながら鎮座日や祭神については一切知ることが出来ない。

塩水港《えんすいこう》パルプ工業（磐根《いわね》神社）――磐石な基盤を祈って造営された神社

鎮座日：昭和一八年　**祭神**：不明　**無願神祠**　**現住所**：台南市新營區南紙街九四號（台湾紙業 新營廠）

往時の磐根神社
（提供：望月幸一）

台湾紙業公司新営工場に残る神社遺構

塩水港製糖がバガス（甘蔗を搾汁後の絞りカス）を原料とした製紙用パルプを製造する事業に乗りだすことになり、昭和一三年（一九三八）四月に新日本砂糖工業（株）が設立された。その後、台湾総督府などより名は体を表したほうが良いとの勧奨もあり、塩水港パルプ工業（株）と改称した。バガスはそれまで製糖用燃料として使用されていたが、バガスを資源として活用すべきとのことから、燃料を石炭に替え、パルプ会社が設立された。そのために、新営《しんえい》と岸内《がんない》の中間で、塩水港製糖会社の鉄道沿線の太子宮《たいしぐう》の土地に工場が建設された。

当時、台湾にパルプ製造の技術者はいなかったため、樺太、北海道、富山などから集められた。

戦争が進むにつれ、総動員体制が進展し、本島人の皇民化と、本島人と内地人との融和を図るためなどから、昭和一八年（一九四三）頃に企業神社が造られたようである。

現在、この塩水港パルプ会社は台湾紙業新営廠となっている。ちょうど、構内入って右側に南向きに造営された。今でも神社の遺構を見ることが出来る。「磐根」の由来は磐石な工場を作ろうとする意思を表したとのことであった。

日本統治時代の製紙会社として、塩水港パルプ工業以外に台湾パルプ工業、東亜製紙工業、台湾製紙、台湾興業などがあったが、戦後の一九四六年五月一日に全て合併されて国営の台湾紙業公司となった。当時の塩水港パルプ工業は台湾紙業公司の新営工場となっており、台湾では唯一の製紙工場である。

台湾鉱業竹東《ちくとう》油業所（山神社）——石油発祥の地の祭神を祀った神社

鎮座日：昭和一〇年一〇月一六日　**祭神**：大国魂命、大己貴命、少彦名命、能久親王、天香具山命　**無願神祠**　**現住所**：新竹縣竹東鎮東峰路二八一號（員崠國小）

員崠国小校庭に残る山神社遺構

当時の新竹州竹東郡竹東街は茶と柑橘の産地として知られていたが、台湾鉱業が昭和八年（一九三三）に鉱業許可を取得、員崠子《いんとうし》から横山庄にかけて油井《ゆせい》を採掘した。更に竹東街にガソリンプラントを設置するに及んで、にわかに石油の街としての重要性をなすようになる。竹東の員崠子は昭和九年（一九三四）にガスが大量に噴出し、積極的な油田開発が行なわれた場所でもあった。

山神社は台湾鉱業株式会社竹東油業所の守護神として、その構内に造営され、昭和一〇年（一九三五）一〇月一六日午前九時より鎮座祭が執り行なわれた。『台湾鉱業株式会社竹東油業所概要』（昭和一二年五月発行）によると、「台湾神社、弥彦《やひこ》神社の御神符を奉安し従業員及びその家族の信仰心を喚起し精神修行、敬神概念の鑑となす」と書かれている。祀られた天香具《あめのかぐ》山命《やまのみこと》は石油発祥の地である越後（現在の新潟県）弥彦神社の祭神である。

山神社には台鉄「新竹站」または「台中站」から内湾線に乗り換え、「竹東站」で下車。駅からタクシーで一〇分ほど行くと東峰路の小高い丘にある員崠《インドン》国小（小学校）がある。参道は学校への入口ともなっており、石段の両側には二つの灯籠が残っている。灯籠には「昭和十年七月吉日」の文字が刻み込まれている。石段を登ると、石柵に囲まれた基壇あり、本殿は孫文の石像に替わっている。

日本石油錦水鉱場（錦水《きんすい》神社）――期待された大型天然ガス

鎮座日：昭和一一年二月二五日　**祭神**：大国魂命、大己貴命、少彦名命、能久親王、天香具山命　**無願神祠**　**現住所**：苗栗縣造橋郷錦水村…湯家墓陵一帯

往時の錦水社（提供：李國玄）

陵墓に変わった錦水社跡地

昭和一一年（一九三六）二月二五日に日本石油株式会社錦水鉱場内に企業神社が鎮座した。祭神は越後《えちご》の一の宮伊《い》夜日子《やひこ》神社（弥彦神社）と産土《うぶすな》の神である新竹神社を勧《かん》請《じょう》したとあるので、天香具山命、大国魂命、大己貴命、少彦名命、能久親王となる。

神社建立趣意書として、「錦水鉱山が開鉱以来二十余年を経て、規模・生産量においても屈指の油田となった。これ偏《ひとえ》に上司の庇護、従業員の努力によるものといえども神恩《しんおん》の餘恵《よけい》であるため、有志相図りて錦水神社を建立し、神恩に感謝するとともに更に将来の発展を祈念せん」とある。

日本石油株式会社発行の『日本石油史』や『日本石油百年史』によると、台湾で石油産地として知られていたのは新竹州の苗栗《びょうりつ》、出鉱坑《しゅっこうこう》、錦水、台南州の牛肉崎《ぎゅうにくざき》、六重渓、竹頭崎、そして、高雄州の深水、千秋寮《せんしゅりょう》、甲仙埔《こうせんほ》などであった。最初に油田開発に着手したのは当時の宝田石油会社で、明治三六年（一九〇三）に出鉱坑（新竹州公館庄）の調査を行った上、その有望性を認め、その以前から石油鉱区を持っていた浅野削井《さくせい》部（注①）、大倉組、松尾元治郎、松尾平次郎等と協力して台湾石油組合を組織した。そして、掘削を開始した翌年一月には深度約三九メートルで出油があった。その後、この事業は南北石油会社に移管されるが、再び宝田石油の経営に戻る。大正二年（一九一三）四月になり、やっと深度約二四五メートルで一四〇石

（二五・二キロリットル）を噴出するに及んで出鉱坑油田が注目を得始めた。

大正末期に入って、日本石油は出鉱坑に出油を得て、昭和初年には一二万石（二万一六〇〇キロリットル）前後の生産量を記録した。その後、昭和五年（一九三〇）一一月一三日に出鉱坑の北部に隣り合った錦水油田ロータリー式第八号井が日産一億五〇〇〇万立方フィートという大量の天然ガスを噴出する。昭和七年（一九三二）二月下旬に第一二号井が同じく三億立方フィートと、世界的にも類のない大量噴出をみせた。続いて同年四月、台南州新営郡管内牛肉崎のロータリー式三号機も日産二億立方フィートの天然ガスを噴出する。その天然ガスから揮発油を採取して、島内の需要を満たしたばかりでなく内地へも供給されたという。また、この天然ガスは自動車燃料としても使用された。

戦後、石油関連会社であった海軍第六燃料廠（注②）、日本石油、帝国石油、台拓化学工業、台湾天然瓦斯研究所などは、合併されて中国石油公司になった。

台湾繊維恒春《こうしゅん》工場（構内神社）――サイザル栽培の地

鎮座日：昭和八年三月一五日　**祭神**：不明　**無願神祠**　**現在地**：屏東縣恒春鎮草潭路四號（瓊麻工業歴史展示區）

「恒《つね》に春の如し」と呼ばれた台湾最南端に恒春《こうしゅん》と呼ばれる街がある。真っ青な空、輝く太陽の下、青々と成長する繊維植物の一種のサイザルが育っていた。原産地はメキシコで、明治三四年（一九〇一）年初め、メキシコから苗が台湾総督府に送られた。気候及び土壌が同じような恒春熱帯植物殖育場で試育され、続いてハワイ産苗が輸入された。成育の状態が良好であったため、台湾が栽培適地であることが証明された。この時、総督府民政部殖産課技師である田代安定《たしろやすさだ》（注③）がこの殖育に携わった。

田代は台湾が日本に割譲された後、約五年にわたって、島内の文化や自然を調査する。その調査から、明治三四年三月に児玉総督に台湾島内の殖産事業に関する提案を行なった。その中に、熱帯植物殖育場創設があった。当時、総督府民生部殖産局長に就任したばかりの新渡戸稲造《にとべいなぞう》は田代の提案を選択し、早速、台湾最南部に恒春熱帯植物殖育場の設立を決定した。

恒春でのサイザルヘンプ（ヘンプは麻）植育の可能性が確約され、明治四一年（一九〇八）にハワイより二万五〇〇〇本の苗が輸入された。当時はフィリピンの特産物であるマニラヘンプが世界各国の製綱《せいこう》工業で使用されていた、いわゆる業界標準品であった。それ故、内地も含めてその需給と価格変動に悩まされていた。そんな矢先の朗報であった。大正三年（一九一四）に内地よりの投資によって台湾繊維株式会社が設立され、大正八年（一九一九）に正式稼動を開始している。折しも、米国による金輸出の解禁

（金本位制への移行）により、円の貨幣価値が下落し、台湾からの輸出競争力が増したときであった。
　戦後、サイザルヘンプの市場価格が上がり、恒春では争うようにサイザルの栽培が行なわれるようなる。しかしながら、ナイロンが世の中に出るにつれて、これまでのロープや漁業網の市場を奪われた。一方、生産過剰や品質向上の問題も抱え、サイザルの市場価格下落に伴い徐々に衰退の一途をたどった。一九八四年に台湾省農工公司の恒春瓊麻《チョンマ》工場は、遂に生産の中止を決め、六五年の歴史に終止符を打った。

瓊麻工業歴史展示区に残る鳥居

　稲荷神社は台湾繊維恒春工場の企業守護神であり、恒春工場の構内に造営された。戦後、神社は取り壊され、土地公に取って代わったが、唯一鳥居のみが残された。その恒春瓊麻工場は現在、瓊麻工業歴史展示区となっており、当時の宿舎やサイザルの加工に使用された機械の展示室がある。

《注釈》

① 浅野総一郎が起こした浅野財閥の一部署であり、石油や地下水などの採取・探査のために井戸を掘る業務に携わった。

② 太平洋戦争開戦後、建設された唯一の海軍燃料廠であり、航空揮発油、配合燃料（ブタノールやイソオクタン）及び航空円滑油の生産目的のために、昭和一八年（一九四三）七月に台湾に第六海軍燃料廠を設立することが正式に計画された。高雄本廠に精製部，新竹支廠に合成部、新高支廠（現在の台中市清水区）に化成部が置かれ、航空作戦需要に合わせるものであった。
　昭和一九年（一九四四）一〇月以降、南方油田地帯と内地との海上輸送路はほぼ遮断された。航空燃料及び潤滑油類の国内自給体制確立のため、燃料であるエチルアルコールの大増産を行なう

ことになる。台湾では、ブタノール製造装置をエチルアルコール製造に転換するとともに、製糖会社（台湾製糖、大日本製糖、明治製糖及び塩水港製糖）では甘蔗《かんしゃ》から抽出されるエチルアルコールを生産することになった。

③　サイザルの他、時を同じくして同植育場でマラリアの特効薬であるキナの栽培を試みた等、台湾の植物学に貢献した田代は大正一三年（一九二四）に総督府を辞す。以降は台北市児玉町の自宅で研究を続けていたが、昭和三年（一九二八）三月一六日に逝去。翌年の一一月九日、同氏の貢献を称え、新渡戸稲造及び友人、門下生により、三橋墓地（現在の康楽公園）で記念碑の落成式が行なわれた。同碑の設計は総督府技師井出薫、碑名は新渡戸稲造の揮毫《きごう》によった。

軍隊

軍隊が軍施設内に設けた神社を営内《えいない》神社いう。本島で戦死・殉職した軍人の忠魂碑的なものであり、また、軍の守護神でもあった。

台湾に駐留した台湾軍は、大日本帝国陸軍の軍の一つであり、台湾を管轄した。日清戦争後の下関条約に基づく台湾領有を機に台湾総督府直属に置かれた陸軍部が前身であった。

領台初期の抗日土匪との攻防も終わり、北白川能久親王が率いた近衛師団は内地に戻る。そして、新たに明治二九年（一八九六）三月二六日に台湾守備混成第一旅団歩兵第一・二連隊（台北）、同第二旅団歩兵第三・四連隊（台中）、そして、同第三旅団歩兵第五・六連隊（台南）の軍旗授与式が宮中正殿で執り行なわれた。明治三一年（一八九八）一〇月、歩兵六連隊は廃止され、軍旗奉還式が行なわれた。そして、第一（司令部：台北）、第二（台中）及び第三（台南）混成旅団と要塞銃砲二大隊（基隆・馬公）が再編成された。

第五代佐久間総督の任期中の明治四〇年（一九〇七）に台湾守備混成旅団が廃止され、同年一一月七日に軍旗授与された台湾歩兵連隊は、本隊の第一連隊を台北、第二連隊を台南に置いた。大正八年（一九一九）八月二二日に台湾総督府から台湾軍が独立したことにより、台湾軍司令部が台北庁大加蚋《たからつ》堡《ほ》台北城内西門街（旧台湾総督府陸軍部庁舎）に置かれ、後に台北市児玉町に置かれた。

昭和一二年（一九三七）の日中戦争勃発以前、台湾軍は台湾守備隊に属していたが、開戦後、上海派遣軍の指揮下に編入、中国大陸に派遣された。そして、台湾混成旅団を経て第四八師団に改編され、フィリピン攻略と蘭印（当時のオランダ領東インド）作戦の主力を努めた。

ちなみに、日中戦争前の昭和一〇年（一九三五）当時の台湾軍の編成は次のとおり。

台湾軍司令部（台北）
・台湾守備隊司令部（台北）
　台湾歩兵第一連隊（台北）及び台湾歩兵第二連隊（台南）
・台湾山砲兵大隊（台北）
・台湾高射砲第八連隊（屏東）
・基隆要塞司令部（基隆）
　基隆重砲兵大隊
・澎湖島要塞司令部（馬公）
　馬公重砲兵大隊
・飛行第八連隊（屏東）

太平洋戦争の激化に伴い、昭和一九年（一九四四）五月に留守第四八師団を基幹に第五〇師団、七月に第八飛行師団、更に独立混成第四六旅団を基幹に第六六師団を編成し増強を図った。しかし、日本軍の南方の防衛線であったマリアナ諸島のサイパン島が陥落したため、台湾方面の戦力増強のため同年九月二二日に、それまでの台湾軍の廃止と伴に第一〇方面軍（注①）が新編され、司令官の安藤利吉大将以下、台湾軍の将兵がそのまま移り、連合軍の台湾上陸に備えた。

山砲兵大隊　第五部隊（宮内神社）――山砲隊第五部隊の守護神

鎮座日：昭和一七年四月二日　**祭神**：不明　**無願神祠**　**現住所**：台北市中正區貴陽街一帯（自由広場）

現在の自由広場（従来の中正紀念堂）は当時、旭町と呼ばれた。一帯は台北第一守備隊の軍用基地であり、明治四〇年（一九〇七）に軍旗拝受を受けており、この時、それまでの台湾守備混成旅団から名称が変わった。

この基地を南北に分断する道路があり、北は山砲《さんぽう》兵大隊（大正一三年に、それまでの山砲兵第一中隊及び第二中隊から改称される）、南は歩兵第一連隊第一大隊及び第二大隊に分かれていた。

山砲隊第五部隊の守護神として、同営庭に宮内神社が昭

往時の第五部隊営内神社写真（出典：『台湾日日新報』）

自由広場

和一七年（一九四二）四月二日に鎮座した。鎮座祭は台湾神社の田村宮司以下神職のもと、祭主を谷本部隊長とし、軍関係者を招いて厳かに執り行なわれた。

当時の報道によると、この営内神社は日本鉱業が社殿を奉納したものである。その理由は日本鉱業にて業務上の事故が発生した際、第五部隊の援助を受けたことによるとのことである。

台中分屯大隊（護国神社）——霧社事件で戦死した四勇士の霊を祀る護国神社

鎮座日：昭和六年　**祭神**：天照皇大神、明治天皇、靖国大神、霧社事件で戦死した英霊　**無願神祠**　**現住所**：台中市東區自由三街

昭和五年（一九三〇）一〇月二七日に台中州能高郡蕃地霧社で起きたタイヤル族による霧《む》社《しゃ》事件（309頁参照）がある。この事件を知った台湾軍司令部は早速、台湾軍歩兵第一連隊（台北）台中分屯大隊、歩兵第二連隊（台南）花蓮港分屯隊、台北山砲兵大隊、飛行第八連隊（屏東）等各地軍隊一三〇〇余人を編成して現地に出動命令を下した。

営内神社を研究している神奈川大学外国語学部の坂井久能特任教授によると、台中分屯大隊に造営された営内神社は、この霧社事件で戦死した四勇士の霊を祀るための「護国神社」であったという。同時に天照皇大神、明治天皇、そして、靖国大神が祭神として奉祀された。

当時の新聞報道によると、台中第三大隊の兵隊の浄財で同隊営庭東側に土を盛って小丘をつくり、この小丘の頂に阿里山の木材をもって神社を造営したとある。

台中分屯大隊は台鉄「台中站」からさほど遠くない東区自由三街傍の公園にあった。現在当時の遺構や遺物は何もない。

往時の歩兵第二連隊営内神社（提供：呉正男）

神社の跡地

歩兵第二連隊（営内神社）――太魯閣《たろこ》討伐の戦病死者を祀る忠魂堂

鎮座日：大正九年五月八日　**祭神**：タロコ討伐で殉死した英霊三三人　**無願神祠**　**現住所**：台南市東區大学路一號…成功大學裡堅樓（藝術研究所）前の駐車場

台鉄「台南站」から徒歩の距離に成功大学がある。日本統治時代の台南高等工業学校で、数多くの技術者を排出した学校である。また、大正一二年（一九二三）に皇太子が行啓《ぎょうけい》された場所でもあった。その時、植樹された榕樹（ガジュマロ）が大樹となり校庭内に残っている。また、この場所にあった当時の第二連隊の建物は今でも保存され、また校舎としても使用されている。大成館は司令部でもあり、歴史系館は本部長官と幕僚の事務室であった。

現在の裡堅摟（芸術研究所）前辺りに将校集会所があり、その前に営内神社が造営された。現在は駐車場となっている。

前述の坂井久能特任教授によると、この営内神社の前身は大正三年（一九一四）の太魯閣《たろこ》討伐（「理蕃と先住民部落」参照）における歩兵第二連隊の戦病死者三三人を祀る忠魂堂であり、招魂社的な性格を持った営内神社であったとのこと。その後、大正九年（一九二〇）五月八日、建物の老巧や蟻害により改めて守永連隊長の発意により第二連隊内に鎮座した。また、昭和五年（一九三〇）一〇月に発生した霧社事件で殉死した歩兵大将荒瀬虎夫を含む一八人も合祀された。

高雄海軍無線通信所（鳳電《ほうでん》神社）——高雄海軍無線電信所の守護神

鎮座日：大正一一年四月五日　**祭神**：天照皇大神、明治天皇、能久親王、大国魂命、大己貴命、少彦名命　**無願神祠**　**現住所**：高雄市鳳山區勝利路一〇號（旧海軍明徳訓練班）

往時の鳳電神社
（提供：鈴木道子）

旧海軍明徳訓練班

太平洋戦争時、海軍無線電信所船橋送信所は日本無線電信の中核をなし、真珠湾攻撃のときはここから「ニイタカヤマノボレ一二〇八」の無線が発信された。針尾送信所は朝鮮の北部及び中国を網羅、台湾の鳳山《ほうざん》（高雄海軍無線電信所、一般には鳳山電信所と呼ばれた）はフィリピンなど南方の日本軍指揮を包括していた。送信所は鳳山、一方の受信所は三塊厝《さんかいせき》にあった。鳳山送信所は大正六年（一九一七）に着工され、翌年の五月に竣工している。

戦後、国民政府海軍が接収し、鳳山招待所と呼ばれた。実際には政治犯の拘留所であった。現在は国定古蹟として認定されており、赤レンガと黒瓦《かわら》の優美な建築で、厳粛で重厚な雰囲気に包まれている。

二〇〇七年一〇月に行なわれた湾生《わんせい》の集まりである高雄州会に参加した際に、テーブルでお隣に座られた鈴木道子さんから鳳電神社を知らないかと尋ねられた。全く聴いたこともなかった神社であり、この神社が造営された鳳山電信所さえも何であるか分からなかった。拝見させて頂いた写真は、ご自身が小さい頃に神社の前で撮られたものであった。鈴木さんの父親（鈴木豊次郎）が高雄海軍無線電信所所長であった。

写真から流造りの本殿であることが分かる。なお、この写真は昭和九年（一九三四）一〇月一七日の例祭の時の写真である。当時の報道で、大正一一年（一九二二）四月五日、無線電信局新設三周年を記念して、伊勢神宮、明治神宮及び台湾神社を合祀して盛大な祭典を行なったとある。そうすると、鎮座日が大正一一年四月五日で、祭神は天照皇大神、明治天皇、能久親王、大国魂命、大己貴命、少彦名命となるであろう。

海軍水上特攻隊　震洋隊（震洋八幡《しんようはちまん》神社）——佐世保市亀山八幡神社の分霊

鎮座日：昭和二〇年初め　**祭神**：応神天皇、仲哀天皇、神功皇后、仁徳天皇、保食神　**無願神祠**　**現住所**：高雄市左營區自助新村

太平洋戦争末期、沖縄失陥《しっかん》後、米軍の本土上陸は時間の問題といわれた。米軍の上陸に備えて、九州南海岸と四国南海岸には大量の軍隊を投入して陣地を構築した。しかしながら、米軍に対抗するうえで戦力となる航空機や戦艦はもはや十分ではなく、日本帝国海軍は限られた物資の中、起死回生の特攻兵器の開発に着手する。その中の一つが「金物《かなもの》」という秘匿名称を持つ新兵器であった。この「金物」とは船外機付衝撃艇として研究されたが、結局、自動車エンジン使用の木合板（ベニア板）製の滑走艇とし、ガソリンまたはエタノール・アルコールとガソリンとの混合を燃料に使用し、艇首部に爆薬を搭載、敵艦艇に衝突するようにしたもので、後に「震洋」と呼称された。「震洋」とは太平「洋」を「震」撼させる意味があったという。震洋艇は緑色のペンキで塗られていたため、通称「青蛙」と呼ばれたが、太平洋の荒波の中、全長五メートル程度のモーターボートが目標物に向かって突撃できるかは甚だ疑問であった。

台湾での震洋隊は淡水（第一〇二震洋隊、第一〇五震洋隊）、基隆（第二五震洋隊）、高雄二〇震洋隊、第二一震洋隊、第二九震洋隊、第三一震洋隊）、海口（第二八震洋隊、第三〇震洋隊）、そして、馬公（第二四震洋隊）に配置された。高雄に向かう部隊は昭和一九年（一九四四）末に佐世保を出港し、一二月末から翌年一月初めにかけて左営《さえい》港に到着した。左営には四部隊あり、そのうち、三部隊は左営埤子頭《ひしとう》（清朝時代の鳳山県旧城内（注②））、一部隊は桃子園《とうしえん》（左営海軍港傍）にあった。

国共内戦で敗れた国民政府軍人が移り住んだ居住地（一般に眷村《けんそん》と呼ばれる）の一つである左営区自助新村の立ち退きが二〇一三年に決まった。政府の土地区割整理に伴い、まず、清朝時代の遺構が掘り起こされた。更に、防空壕跡が至る所に発見され、調査が進むにつれて、これらの防空壕は震洋隊のものであることが判明する。防空壕跡はマンゴー（芒果）またはリュウガン（龍眼）樹の下にあり、米軍の偵察機に発見されないためであった。このお陰か、この地域は爆撃を受けていない。更に、清朝時代の旧城城壁の上に神社の基壇と手水《ちょうず》鉢《はち》が発見される。

神社は第二〇震洋隊（薄《すすき》部隊）の基地に造営されたことが判明した。正確な鎮座日は不明であるが、昭和二〇年

基壇と石段

震洋八幡神社（出典：『回想　薄部隊：海軍第二十震洋特別攻撃隊』）

（一九四五）の初期と思われる。

二〇一六年に薄部隊長のご子息と連絡を取ることができ、神社名は震洋八幡神社と判明した。また、祭神は軍港として有名な佐世保市の亀山八幡宮の分霊とあるため、応神《おうじん》天皇、仲哀《ちゅうあい》天皇、神功《じんぐう》皇后、仁徳《にんとく》天皇、保食《うけもち》神、またはその一部になるかもしれない。部隊員によって編纂された『回想　薄部隊：海軍第二十震洋特別攻撃隊』によると、戦後の部隊処理の記述で、「先ず震洋神社を焼く（兵舎後の城壁の上に安置してあった）」とある。奉焼にあたり、本殿は基壇から分離され、平地に下ろされて奉焼されたのではないかと、前述の坂井特任教授は分析している。

確かに、ご子息より提供頂いた『薄会　戦友だより』の記事に掲載されている写真から、奉焼は城壁の上ではないことが分かる。城壁の上では火の粉が飛び散り、危険であるためである。更に社殿の周りに注連縄《しめなわ》が張りめぐらされ、紙垂《しで》が付けられている。鳥居とともに、奉焼前に神道儀式として「奉焼式」が行なわれたことが判明した。

《注釈》

① 第一〇方面軍隷下の台湾本島部隊には、第九師団、第一二師団、第五〇師団、第六六師団、第七一師団、第八飛行師団があり、独立混成旅団として、第六一旅団、第七五旅団、第七六旅団、第一〇〇旅団、第一〇二旅団、第一〇三旅団、そして、第一一二旅団があった。

② 鄭氏政権崩壊後、清朝は台湾府を福建省に隷属《れいぞく》させ、その下部に諸羅県、台湾県、鳳山県を設置する。鳳山県とは現在の左営一帯であり、この地に鳳山城が建てられた。一七八七年に城が林爽《りんそう》文《ぶん》事件によって破壊されたため、現在の高雄市鳳山区に鳳山県新城が新たに建築され、同時に県都が移転した経緯がある。そして、この城を「新城」、左営旧城を「旧城」と呼ぶようになった。

花街

日本統治時代の台湾の各地域に花街と称される遊廓《ゆうかく》があった。当時は「貸座敷」と呼ばれた。特に港町には必ず形成されていた。台北（艋舺《まんか》、大稲埕《だいとうてい》、北投、大渓）、基隆（田寮港《でんりょうこう》）、台中（初音町）、嘉義（嘉義街）、台南（塩水、新町）、高雄（塩町）、花蓮港（稲住《いなずみ》町）、台東（台東街）、澎湖（馬公《まこう》街）などが主な遊廓の地域であり、これらの遊廓の多くに稲荷神社があった。また、稲荷神社の他、吒枳尼《だきに》真天《しんてん》を祀る豊川稲荷（愛知県豊川市豊川町にある曹洞宗《そうとうしゅう》の豊川閣 妙厳寺《みょうごんじ》が本山）が、艋舺の大渓（現在の淡水河）河口傍の遊廓にあり、庶民の信仰を集めていた。

台北稲荷神社は最終的に伏見稲荷神社よりの祭神を勧《かん》請《じょう》したが、神社造営の段階で武蔵野の穴守《あなもり》神社（茶芸館参照）の分霊を迎える予定であった。穴守神社より祭神を勧請した点では、台南の新町稲荷社も同じであった。

最初に紹介する台北稲荷神社が造営された西門町は遊廓と称されるかは定かではないが、少なくとも、神社造営の段階で穴守神社の祭神を祀る計画があった。また、当時の西門町には「検番」もあった。検番とは料亭、置屋、芸者の組合費で運営されている遊廓の事務所を指し、料亭や芸者の手配・花代の請求や精算など、お座敷に関すること全ての運営業務を行なう組織を言った。

祭神は一般的な倉稲魂神《うかたのみたまのかみ》または豊受比賣神《とようけひめのかみ》（神宮外宮に祀られている豊受大神と同じ）であり、例祭日は初午《はつうま》の日があてられた。

台北《たいほく》稲荷神社——西門町の稲荷神社

鎮座日：明治四四年六月二五日　**祭神**：倉稲魂神　**社格**：郷社
現住所：台北市萬華區成都路一〇號：西門紅樓の横

地下鉄「西門站」の真向かいに朱色のレンガ造りである西門紅樓《ホンロウ》が目に付く。この西門紅樓は明治二九年（一八九六）に、木造で建てられた西門市場を明治四一年（一九〇八）に総督府営繕課の近藤十郎の設計によって赤レンガで八角形と十字型の二階建て様式建築に建て替えられたもの。その風貌により、八角堂とも呼ばれた。現在は国の第三級遺蹟に指定されている。日本統治時代の新起街《しんきがい》はかつての台北城西門の外側にあたる地域で、荒地だった門外に浅草のような日本人向け繁華街が建設され、娯楽施設として台北座や栄座《さかえざ》が建てられた。

台北稲荷神社はちょうど、この西門紅樓の右そばに造営されたが、今はその面影を残すものは何一つない。当時の新聞報道で、明治四三年（一九一〇）頃、この地に神社造営の計画がなされた。穴守《あなもり》神社の承認書をもらい、神社造

往時の台北稲荷神社（撮影：李火增　提供：夏門攝影企劃研究室）

西門紅樓の前が神社跡地であった

営に必要な材料は名古屋枇杷《びわ》島の浅草屋（現在の浅草屋工務店）にて切込みされて台湾に送られたとある。用材は全て無節《むじ》の檜を用い、本殿・拝殿・社務所の三棟となり、神社として境内は狭く、敷地五〇〇坪程度であった。総工費の一万円は一般よりの寄付であった。そして、翌年の明治四四年（一九一一）五月中旬に穴守稲荷神社として鎮座祭が執り行なわれる予定であったが、発起人側の事情で翌月に延期となっている。また、間近になって神社名称の変更が協議され、台北稲荷神社と改称し、六月二五日に鎮座祭が執り行なわれた。

大正一二年（一九二三）末の報道によると、当初の台北

茶芸館

花街の穴守神社

東京・羽田の街の穴守神社は明治中期に造営され、多くの人々の信仰を集めた。もっとも、花柳界や賭け事といった、いわば俗的な分野でのご利益も支持されていたようで、その参道も料亭や旅館で華やいだ雰囲気だったという。街では元来この稲荷神社が商業神として崇められ、また門前町として発展したといわれる。進駐軍に接収される前には鈴木新田と呼ばれた埋立地で、羽田空港ができる前、夏は海水浴場、春は潮干狩りで賑わい、明治二九年（一八九六）には鉱泉が発見され、穴守神社一帯は歓楽街として発展した。

従来の鎮座地（東京国際空港内）は昭和二八年（一九五三）の羽田空港拡張工事により強制退去を命ぜられた。同年の九月に地元崇敬者有志による熱意の奉仕により境内地七〇〇〇坪が寄進され、仮社殿が復興再建された。そして、現在地（大田区羽田五丁目二番七号）に遷座した。

稲荷神社は豊受大神を正座とし、稲荷三神（倉稲魂《うかたのみたま》・太玉命《ふとだまのみこと》・太田姫）、そして穴守稲荷を奉祀していたようであるが、台北市の発展に伴い崇敬者が増加し、崇敬の実を挙げるために天照皇大神・明治天皇・乃木希典《まれすけ》を祭神として増祀するとともに、台北市の氏神として相応しい「台北神社」と改称することを総督府に願い出たようである。しかし、実際に祭神は倉稲魂神の一柱だけであり、増祀や神社名の改称も行なわれていない。「皇民化運動」が盛んになった頃の昭和一二年（一九三七）に台北稲荷神社は郷社に列格した、台湾で唯一の稲荷神社であった。

突き当り末廣稲荷神社跡地である

末廣《すえひろ》稲荷社——田寮港の遊廓

鎮座日：明治三二年一〇月二四日　**祭神**：豊受比賣神　**社　現住所**：基隆市信義區仁一路三七巷

日本統治時代、田寮《でんりょう》河は水質がよく、魚釣りに適していた。当時の紅葉橋前辺り一帯は日本統治時代の田寮港と呼ばれた地であり、領台早々の明治二九年（一八九六）には花街が形成され、大阪屋・竹之内・梅乃客・新松屋・月之桃・新菊・徳高などの高級料理店が建ち並んだ。神社は賑やかな通りから少し奥まった所にあり、夕方になると着飾った芸妓達が下駄の音を響かせながら神社に参拝したという。

当時、神戸を出港した汽船は一週間以上かかって基隆に入港した。入港船客は長旅の疲労で基隆に一泊したようである。こうした船客を相手に盛り場として選定したのが田寮港遊廓であり、当時の基隆弁務署長七里《ななり》恭三郎（茶芸館参照）のアイデアであったという。河には船が出ており、内地より仕事で来た人や船乗りが芸妓を伴い豪遊した港町の一角。現在の仁一路一帯であり、今なお、当時の繁栄を思い出させる建物の一部が残っている。

領台早々の明治三二年（一八九九）に造営された当時の小さな社殿は傷みが激しくなったために新しく改築され、明治四一年（一九〇八）七月三日に遷座祭が執り行なわれた。また、明治四五年（一九一二）九月に台湾を襲った暴風雨により社殿が破壊したため、信徒の寄付により改築され、遷座式が執り行われた。新たに遷座した場所が前頁の写真の辺りであろう。

現在の神社跡地は仁一路三七巷八〇号辺りであり、本殿は少々小高い所に位置した。ご近所の方によると、仁一路三七巷四一辺りに朱色の稲荷鳥居があり、鳥居をくぐると一対の狛狐があったという。また、本殿後ろの山は「きつね山」と呼ばれていた。

台中《たいちゅう》　稲荷社 —— 柳川沿いの遊廓

鎮座日：明治三〇年九月　**祭神**：倉稲魂神　**社　現住所**：台中市中區柳川里興中街八〇號…大誠分駐所の裏

台中稲荷社は領台初期の神社として二番目に早く、明治三〇年（一八九七）に工費二三〇〇円で常盤《ときわ》町（その後の新富町）に造営された。

この辺り一帯は領台後、本島人と内地人により出来た街である。その後、暴風雨により街が壊滅状態になり、この地に住む商人は新町に移転したようである。その空き地を利用して、地方政府により各地に分散していた料理店や貸座敷をこの地に集め、瞬く間に明治三四年（一九〇一）に

大誠分駐所（警察）が台中稲荷社跡地である

花街が形成された。

台中市が大きくなるにつれ、遊廓常盤町は台中公園に向かう通路にあたり、また、公園に近かったこともあり、風紀上望ましくないとされた。そして、大正元年（一九一二）度より市区改正が実施され、大正四年（一九一五）に常盤町は柳川を挟んだ反対側の初音《はつね》町に移築された。これに伴い、神社も同年七月、台中一二八六番地に移転し、その後、当時の初音町五丁目に遷座した。この場所が、現在の大誠分駐所（興中街八〇号）辺り一帯になる。そして、神社は大正一一年（一九二二）六月一三日に新たに造営された。

昭和三年（一九二八）に造営された台中の弥勒《みろく》大仏像で有名な寶覚寺でお二人のご老婦人にお会いできた。稲荷神社についてお聞きすると、柳川沿いに並んだ料亭に勤める芸者さんがよく通りすがりに手を合わしていたという。

新町《しんまち》稲荷社——穴守神社の祭神を祀った稲荷神社

鎮座日：大正一二年三月三日　**祭神**：倉稲魂神　**社　現住所**：台南市西區民主里大智街一帯

領台初期の明治三一年（一八九八）五月に、これまでの不衛生な環境を排し、清朝時代の五條港と呼ばれた旧大西門外一帯が遊廓の指定地域となる。現在の民権路三段一帯である。これに対して、本島人からの不満が噴出し、現在の西門圓環の西側一帯を本島人の営業する貸座敷として新たに指定された。そして、瞬く間に二三件の貸座敷申請があったという。

一方、内地人が営業する遊廓一帯は安平港の運河に近く、

大智街で、新町稲荷社はこの辺りに造営された

倉庫も多く、港湾工事の進行の妨げにもなるとのことで、台南の南西の地区に敷地を確保し、移設することが提案された。明治四〇年（一九〇七）六月のことであった。折から、臺南市区改正計画（明治四四年七月公布）もあり、内地人の営業する遊廓地域は「新町一丁目」となり、大正元年（一九一二）に移転が行なわれた。

かねてから新町在住の内地人により稲荷神社を造営し、これを信仰しようとする希望があった。新町に在住の東輿三吉が内地への帰省の際に穴守神社のご神符を勧請し、同地域の住人二〇〇人を氏子として社殿が造営され、鎮座祭が執り行われた。造営費の二七八四円は東輿三吉ほか四〇人の共同出資によって調達された。

当時の神社の住所は「台南市新町一ノ四八・四九番地」となっている。この住所から判断すると、府前路二段から大智街を入った道路沿いであり、尊王路にぶつかるまでの範囲に絞られる。このあたりには、皆花園、高砂樓、金波樓、明石樓、北国樓、開門樓、富士見樓などの貸座敷が密集していた。

台南神社の例祭などには、これらの貸座敷からの芸妓による手踊りが披露され、大いに喝さいを浴びた。

末廣《すえひろ》稲荷社——屏東市九〇番地と一二三番地

鎮座日：明治四五年二月初午日　**祭神**：倉稲魂神、猿田彦命、大宮能賣命　**社　現住所**：屏東縣屏東市公園路二四之一號…屏東縣屏東市老人會の裏

涼亭となった末廣稲荷社跡地

末廣稲荷社跡地は現在の国立屏東女子高級中学の左前方、中山公園の右奥の屏東老人会裏である。廻りの木々に囲ま

れた六角形の屋根をした涼亭となっており、稲荷神社の本殿があった小高い高台の周りには四つの入口をもった防空壕が残っている。同公園内には大正八年（一九一九）に鎮座した阿緱神社もあった。ほぼ同じ個所に二ヶ所の神社は不思議である。

昭和四年（一九二九）発行の『屏東要覧』によると、大正三年（一九一四）に龍揖《たきい》松蔵が屏東一二三番地に造営し、その一〇年後の大正一三年（一九二四）二月に屏東公園内の屏東九〇番地に遷座したとある。一方、『神の国日本』で、鎮座日は明治四五年（一九一二）二月となっている。疑問が多い神社の一つである。

二〇一六年九月に疑問点のいくつかが解消された。屏東社会大学に勤める李《リ》煥《ホアン》 源《ユエン》さんによると、屏東一二三番地は現在の台湾基督長老教会の対面（コーヒー店）がそうであるという。しかしながら、日本統治時、この場所には曹洞宗屏東護国院があった。そうすると、大正三年に稲荷神

茶芸館

七里《なより》恭三郎と仙洞《せんどう》弁財天

日清戦争に通訳として従軍し、その功績の高さから立見尚文陸軍少将の知遇を得て、後にその娘婿となる。戦後、立見が台湾総督府軍務局長に就くと、これに従って台湾にわたり、明治三〇年（一八九七）に台湾総督府の辞令により初代台北弁務署署長に就任する。翌年、基隆弁務署署長に異動となる。

明治三三年（一九〇〇）に七里恭三郎が鎌倉にある圓覚寺の弁財天を勧請し、仙洞穴に祀り、祭典を執り行なった。しかし、その後、七里署長の退官により弁天宮はそのままとなり荒廃となる。明治三九年（一九〇六）に近傍の仙洞臨済宗布教所主任柴田慈孝《じこう》師により弁天宮の修復費が募集され、五月一〇日に祭典が改めて行なわれた。建立にあたって児玉総督も後援したとの話もある。

左記の写真は英文でBenten Shrine（辨天神社）として、誤って紹介されている。また、筆者も鳥居もあるため、これまで間違って神社として紹介してきた。

往時の基隆仙洞辨天宮
（提供：高橋正己）

現在の仙洞巌

社が造営されたとする屏東要覧の記載間違いかとも思われた。李さんによると、総督府に対して護国院の建立願いが出されたのは大正一三年とのこと。そうすると、護国院の創建にあたり、それまで屏東一二三番地にあった稲荷神社が立ち退いたことを意味する。新しい遷座地が近くに貸座敷が集まる屏東公園内となるのであろう。しかしながら、最後に残る疑問は、大正三年以前に稲荷神社がどこにあったかということである。

屏東九〇番地は屏東高女（現在の国立屏東女子高級中学）前であり、当時はお稲荷さん（狛狐）が並ぶ参道を通り、学生が試験の成功を祈って参拝に来ていたと聞かされた。また、湾生の集まりだった屏東会が作成した屏東市街図では、屏東高女の官舎前に稲荷神社が示されている。その辺をよく見ると、屏東劇場近くに日本楼、朝鮮亭、第一楼などが建ち並んでいる。従って、この末廣稲荷神社も一時期、花街にあったことになる。

稲住《いなずみ》稲荷神社——花蓮港・稲住の遊廓

鎮座日及び祭神：不明　**無願神祠**　**現住所**：花蓮縣花蓮市信義街三〇號（信義基督長老教會）

当時の花蓮港街南に位置した稲住に至る第二福住橋をわたると、この辺一帯は台湾楼、台花楼や朝鮮亭等の遊廓やカフェー店やクラブ等が軒を揃える花蓮港街の歓楽地帯であった。台北西門町にあやかり、花蓮港西門町とも呼ばれ、内地人が多く居住する場所であった。昭和一一年（一九三六）七月には東部一といわれる稲住映画館（戦後は天祥戯院と改称）が竣工し、ますます内地人及び本島人が集まる地区となる。そんな稲住に大火災があった。大正七年（一九一八）一月一三日に稲住大通りから出火した火事は、折からの強風のため、大通り裏手に広がり、稲住遊廓裏手一

信義基督長老教会となった稲住神社跡地

教会の敷地に残る灯籠

帯を焦土と化した。更に、大通り向かい側に延焼して料理屋や花屋敷を焼き尽した。高砂通りまで及ぶのをなんとか軍隊の出動により鎮火した。この火事で四〇〇戸が全焼し、総被害額は九一〇万円に上った。

神社跡地は現在の南京街と信義街一帯となる。ちょうど、道の交差する角で、現在、ここには長老教会が建っている。入口傍の灯籠石座に「昭和二年十二月　山田組」と刻まれている。この山田組は花蓮港連雀通の土木請負業・山田越太郎と言われている。

花蓮港神社の例祭などには、毎年稲住遊廓よりの芸妓が手踊りで花を添えた。

台東《たいとう》稲荷社――内地からの移民とともに形成された花街

鎮座日：大正五年六月一四日　**祭神**：倉稲魂神、猿田彦命、大宮能賣命　**社　現住所**：台東縣台東市福建路二〇二號の対面一帯

日本統治時代、現在の復建路に沿って筑前亭、高乃屋、二見亭、見晴や朝鮮亭などの貸座敷が並んでいた。当時の朝鮮亭は戦後、明玉大飯店となり、現在は楽和旅店となっている。

神社跡地は民家が密集しているが、神社跡地は正気路から復建路に入り、「岡山羊肉」と書かれた大きな看板を過ぎる。福建路二〇二号の対面に和記古早味地瓜酥のお店があり、横の小道を入った一帯となる。

台東稲荷社が鎮座したのが大正五年（一九一六）である。大正五～六年にかけて、台東製糖が新潟県から鹿野村に、そして長野県から旭村に農業移民を誘致した頃である。この頃より、台東の街にも活気が見え始め、徐々に人口が増え出した時である。

台東稲荷社跡地は「岡山羊肉」を更に進んだ右奥となる

農業移民村

台湾総督府殖産局の台湾農業移民村統計表によると、昭和一六年（一九四二）末現在の官営移民村一五五二戸　七九八〇人、私営移民村九七戸　五四人で、合計数一六四八戸　八五二八人となっている。この時点で、地域的な農作物の収穫高で色分けすると、東部は水稲《すいとう》、甘蔗《かんしょ》及び煙草（ただし、台東庁は甘蔗）、中部（台中州）は水稲と甘蔗、新虎尾《しんこび》渓流域（台南州）は水稲と甘藷《かんしょ》（サツマイモ）、下淡水《しもたんすい》流域（高雄州）の煙草となる。

移民村の規模として、東部花蓮港移民村の生産高が多く一九二万円で、中部及び下淡水移民村の収入が、それぞれこの半分程度であった。ただし、農家の実際の実収入（生産高マイナス諸費用）でいうと、煙草栽培に関わった下淡水流域移民村が潤ったのかもしれない。また、農作物の分類で生産高を比較すると、煙草が一九二万円で断トツである。一方の水稲及び甘蔗はそれぞれ煙草の半分程度の生産高であった。

地域別移民村設立年度別にみると、花蓮港庁（明治四三～大正三年）、台東庁（大正四～昭和一二年）、台中州（昭和七～一六年）、そして、高雄州（昭和一〇～一一年）となる。

東部の移民村 —— 花蓮港庁

現在の花蓮市を取り巻く土地は、かつてアミ族の居住地であった。本島人はこの地を「七腳川《チカソワン》」と呼んだ。

東台湾の開発は賀田組率いる賀田金三郎（276頁茶芸館参照）によって、領台間もない明治三三年（一九〇〇）頃から行なわれた。福島県より一四三人の移民を募り、東台湾での最初の移民事業であったが、蔓延するマラリアなどの風土病や度重なる暴風雨などの自然災害により、内地よりの移民事業は根底から崩れた。そして、度重なる蕃害（先住民による襲撃や殺害）により撤退を余儀なくされた。

明治四一年（一九〇八）一二月に発生した「七腳川事件（注①）」も収束し、総督府は投降したアミ族を他の平地へ強制移住させた。第五代総督佐久間左馬太は、アミ族のいなくなった広大な土地に内地から農業移民を誘致して官営移民村を建設したのが吉野村であり、統治五年後の明治四三年（一九一〇）二月であった。まず、徳島県吉野川上流域からの農民（九戸　二四人）を招聘し、熱帯地域での農業を取得させて官営移民村を建設した。同年六月、花蓮港庁タラワン社（社は部落）と台東庁馬蘭《ばらん》社に各々指導所を設け、徳島県などより五二戸　二七五人を招致し、最終的に六二戸　二九六人で七腳川原野に農作物の試作を行なった。その翌年には一七三戸　九一二人が入植した。これまでの七脚川の地名を故郷の吉野川にちなんで吉野村と改め、ここに吉野村が誕生した。村は三つの集落に分けられ、宮前・清水、そして、草分《くさわけ》となった。大正三～四年（一九一四～一九一五）度には一〇九戸 四九八人が入植し、大正六年の時点で三七一戸 一九〇四人に達した。総耕作地一二六〇甲（一甲は約一ヘクタール）となり、農作物は主に水稲、甘藷、煙草、野菜などであった。

吉野村が農村としての基礎がほぼ出来つつあることが確認されたため、台湾総督府は大正二年（一九一三）に吉野村に続く官営移民第二号地として豊田村を建設する。この地はもともと賀田金三郎の事業地であったが、事業の失敗により、台東拓殖合資会社がこれを継承し、宮城や熊本県から移民を招致した。大正四年（一九一五）七月、台東拓殖（合資会社より株式会社となる）が塩水港《えんすいこう》製糖と合併した際、一九一一甲が総督府に返還され、このうちの六一〇甲に豊田村が建設された背景がある。そして、台東拓殖が招致した移民の一部を含め、一五二戸 七四五人で豊田村の開拓が進められた。チアカン溪（現在の清水溪）の北岸から壽村（鯉魚《リユ》池《ツー》）と賀田村（呉《ウ》全城《チェンツエン》）にわたり、東西五キロメートル、南北六キロメートルにわたる耕地であった。豊田村は森本、中里と大平の集落を設けた。現在の壽《ソ》豊《フォン》郷であり、豊山、豊裡、そして豊坪村である。大正六年（一九一七）末現在での移民村の規模は二二一戸 一〇五三人であった。

林田村は官営移民第三号として大正三年（一九一四）に九州、四国及び中国などからの移民七五戸 三〇七人で建設された。花蓮市から南方三二キロメートルで、現在の台鉄「鳳山《フォンシャン》站」近くで、耕作面積は五四六甲となった。当時は南丘、中野と平林の三集落から成り、甘蔗、陸稲《おかぼ》、煙草、甘薯、落花生などの栽培が中心であった。なお、大正六年末現在での移民村の規模は二二三戸 一〇四〇人であった。

期待された移民村ではあったが、稲作を行なうには、埤《ひ》圳《しゅう》（貯水池と導水路）と呼ばれた灌漑《かんがい》が不十分であり、農家がコメを買って生計をたてているような状況であった。吉野村では大正二年（一九一三）に工事が着手され、昭和二年（一九二七）四月、宮前圳の他に待望の吉野圳改修工事が竣工した。しかしながら、この二圳を合わせても不十分であり、農民の中には、他人の水田を小作して飯米の自給に努めている農家もあった。この時期辺りから、遠く北海道から移民してきた者の中には、移民農家に見切りをつけ、また、移民の中には北海道へ転出する希望者も現われ始めた。そのような状況下、懸案であった木瓜《もくわ》溪上流の銅門から取り入れる吉野圳大改修工事が昭和四年（一九二九）六月着工し、昭和七年（一九三二）に完成した。四四万円が投じられ、翌年二月二八日に竣工式が執り行なわれた。これにより、水田七〇〇甲（一甲は約一ヘクタール）が潤い、更に六〇〇〇甲の土地が灌漑されることになった。

しかしながら、埤圳大改修に伴い、新たに開墾した四〇甲は砂礫《されき》地であったため、灌漑された田畑の水が浸透してしまうことにより、新たな水不足に悩むことになる。

新天地での開拓は自然災害との闘いでもあった。度重なる、台風の被害は大きく、吉野村開村二年後の大正元年（一九一二）九月一六及び一七日の暴風雨では二四〇戸中、倒壊を逃れたのは三戸のみであり、損害額は一四万円とも言われ、移民政策そのものが根底から覆される事態に陥った。また、台風後の赤痢や伝染病で死亡者が続出した。また、大正三年（一九一四）七月の台風による影響は、立ち直りかけた吉野村再建に追い打ちをかけるようなものであり、新設された豊田村や林田村にとっては前途多難な兆候であった。悪夢は続くもので、大正六年（一九一七）一〇月にも暴風雨に襲われる。堤防の決壊や耕地の流失で移民村が崩壊寸前にまで陥る。また、マラリヤやアメーバ赤痢などの風土病が流行し、想像を絶する環境変化の中での移民村開拓であった。

賀田金三郎を讃えた開拓記念碑（昭和15年建立）

花蓮港には右記に述べた官営移民村のほか、私営移民村として鳳山郡瑞穂庄に三笠村（昭和一〇年）と上大和村（昭和一二年）があった。

吉野村（吉野《よしの》神社）――台湾最初の移民村

鎮座日：明治四五年六月八日　**祭神**：大国魂命、大己貴命、少彦名命、能久親王　**社格**：無格社　**現住所**：花蓮縣吉安郷慶豊村中山路三段四七三號…慶豊市場一帯

移民村が出来て二年足らず、この地を第二の故郷として決め、土地守護神（氏神）としての吉野神社が造営された。祭神として祀られた台湾神社の分霊は明治四五年（一九一

二）六月四日入港の宮島丸で奉戴された。台湾初の移民村に造営された吉野神社鎮座祭に佐久間左馬太総督より、幣帛料として二〇円、祭典費として台湾銀行より三〇〇円、台東拓殖より一五〇円の寄付があった。鎮座祭後の余興として行なわれた撃剣・角力《すもう》（相撲）・大弓・花火・神楽《かぐら》などは農繁期のひと時の憩いであった。

往時の吉野神社（提供：水町史郎）

開拓記念碑「拓地開村」

鎮座当時は本殿と鳥居だけの簡素な神社であったため、大正三年（一九一四）五月頃に拝殿増築が着工された。また、大正一三年（一九二四）には全村挙げて神殿の周囲に玉垣が奉納され、昭和八年（一九三三）頃には多くの灯籠が奉納された。

現在、神社の跡地は慶豊《チンフォン》市場及び隣接する芸術村となっている。市場の裏側には「拓地開村」の記念碑が残っている。また、記念碑の裏側には「鎮座記念」「明治四拾五年六月八日」と刻まれた石碑が残っており、この辺りが本殿の位置であったようである。近所のご老人の話によると「拓地開村」記念碑横の樟木（クスノキ）は神社造営の際に植えられたものであり、終戦以降、神社横に建てられた兵舎に勤める人が鋸で切ろうとしたところ鋸の刃が折れたとの事で、それ以来この樟木を伐採することが禁止され、神木として扱っているとのことであった。このような不思議な話はよく聞く。

最近では、神社の遺構や遺物修復活動も行なわれ、今までなかった灯籠の一部が市場横に並んでいる。

豊田村（豊田《とよた》神社）——碧蓮《ビーリエンス》寺になった神社跡地

鎮座日：大正四年六月五日　**祭神**：大国魂命、大己貴命、少彦名命、能久親王　**社格**：無格社　**現住所**：花蓮縣壽豊郷豊裡村民權街一號（碧蓮寺）

往時の豊田神社（出典：『東台湾展望』）

開村三〇周年記念碑

碧蓮寺

豊田神社は花蓮港庁の移民村豊田に守護神として造営された。資料によると鎮座は林田神社と同じ年であるが、わずか一日早く鎮座した。

農繁期の中、豊田神社及び林田神社に奉戴される台湾神社の分霊は鈴村神官ほか一人及び移民課長野呂寧、千葉技手がこれを奉じて基隆駅まで向かい、基隆港から宮島丸船室に安置され、花蓮港に向かった。

鎮座以来二〇年以上経過した豊田神社は、昭和一二年（一九三七）六月四日に社殿の改築が行なわれ、遷座祭が執り行なわれた。

現在、豊田神社跡地は釋迦《しゃか》牟《む》尼《に》佛《ぶつ》及び不動明王を祀る碧蓮寺に建て替えられており、多くの灯籠と一対の狛犬も残されている。庭園内には昭和一七年（一九四二）に第一八代長谷川清総督によって書かれた「開村三十周年記念」の碑がある。

林田村（林田《はやしだ》神社）――整備された神社跡地

鎮座日：大正四年六月六日　**祭神**：大国魂命、大己貴命、少彦名命、能久親王　**社格**：無格社　**現住所**：花蓮縣鳳林鎮大榮里復興路四一巷

林田神社は当時の林田村の中心であった中野集落（現在の二村）南側の耕地に造営された。現在の復興路三九号後

方である。最初に訪れた頃は整地用の機材が散乱しており、灯籠の土台が無造作に横たわっていた。現在の神社跡地は林田村誕生一〇〇年と記念し、鳳林鎮公所での「世紀鳳林百年林田」活動の一環として境内が整備された。二〇一五年には新たに二基の鳥居も復元され、境内には和風の壁も設置された。

　林田神社は移民村が建設されて間もない大正四年（一九一五）六月六日に鎮座した。毎年鎮座日の六月六日を例祭日としてきたが、この時期は農繁期であり、気温が高いため昭和三年（一九二八）より一〇月六日に変更している。

　この林田神社の摂社として豊濱神社があった。花蓮港庁に造営された神社の調査でいつも案内して頂いた黄家榮さんの『花蓮港廳神社之研究』によると、豊濱郷豊濱村の豊濱小学校西南側の八里湾山麓に祠《ほこら》があったという。既に昭和八年（一九三三）以前には在ったが、昭和二〇年（一九四五）初期に新たに猫公山麓（現在の豊濱国中裏辺り）に林田神社の摂社として造営されたのであろう。最寄りの台鉄「光複站」より東海岸に向かって二〇キロメートル先にあり、丁子《ティンツ》漏《ロウ》溪口に面したアミ族の部落である。昭和一二年（一九三七）までは猫公《バコン》とも呼ばれていた。

往時の林田神社（出典：『東台湾展望』）

復元された鳥居と参道

修復された拝殿跡

東部の移民村——台東庁

　第一次世界大戦（大正三〜七年が勃発すると、国際的に砂糖の価格が値上がりし、大正四年（一九一五）に台東製糖株式会社は台東市から離れた郊外の関山郡鹿野《しかの》に移民村を設立した。続いて、台東市に近い旭村（大正五年）、鹿寮《ろくりょう》村（大正六年）や池上村（大正八年頃）を設立した。甘蔗苗を植えるために製糖会社は往復の旅費を出し、一一月から三月までの農家閑散期を利用して新潟からの短期移民二六八人を鹿野村に招聘した。短期間の移民の中で永住を望むも

のは九二戸 一九二人となった。

第一次世界大戦で島内での製糖産業は大いに潤うが、大正八年（一九一九）に東台湾は未曾有の大暴風雨に襲われる。製糖工場が大破し、移民村の家屋が倒壊し、農作物も全滅する。この惨事に恐怖を抱き、内地に帰省を申し出る農民も続出したほどであった。更に、台東製糖が増資をしようとした大正九年（一九二〇）には国際経済が冷え込み、経営不振に陥り、倒産に追い込まれそうになった。このことにより、台湾総督府及び台湾銀行は台東製糖の移民拓殖事業を継承することを決め、八〇万円で台東製糖を買収した。そして、台東開拓株式会社（後の塩水港製糖）が設立される。しかしながら、わずか資本金五〇万円の台東開拓は三ヶ所の移民村を維持することは到底出来ず、移民生活も困窮に陥り、この地を去るものも後を絶たなかった。残された移民農家も総督府の援助が無ければ想像を絶する状況であったであろう。災難は更に続き、大正一四年（一九二五）七月に台東を襲った暴風雨は移民村を壊滅状態に追い込んだ。

鹿野村に至っては大正九年には八四戸 四六三人まで移民人口が激減する。その後、昭和一三年（一九三八）頃までは五〇戸 二七〇～二九〇人で推移したが、マラリアなどの風土病で亡くなくなった農民は一七四人にのぼった。そのような状況下、製糖会社向けの甘蔗栽培だけでは農業経営は成り立たず、自給自足のために埤圳《ひしゅう》を開き、灌漑

茶芸館 東台湾のパイオニア賀田金三郎

「台湾で儲けた金は台湾に投げ込む」との決心で東台湾の開拓に着手した男がいた。賀田金三郎である。大倉組から独立し、明治三二年（一八九九）五月に賀田組を組織する。台北の書院街に本社を置き、軽鉄運輸、製氷業、石炭採掘を始めとして、金融や製糖も含め、開墾、拓殖、煙草栽培、塩田、そしては移民事業など、その経営は実に多岐にわたった。

当時の民政長官であった後藤新平との関わりに、次のようなエピソードが、『賀田金三郎翁小傳』に紹介されている。

（一）陳秋菊《ちんしょぎく》の帰順式における交付金の用立て

領台当初の台湾北部は、土匪《どひ》（抗日ゲリラ）の巣窟であった。明治三一年（一八九八）八月に最大の勢力をもった陳秋菊との帰順式に民生長官後藤新平は自ら臨んだ。この時、交付金（二万円、現在の貨幣価値に換算すると約四〇〇〇万円強）が入用となる。後藤から総督府に入った要求は「明日まで調達せよ」とのことであった。あまりにも突然な依頼であり、公金は役所の手元にはなく、銀行も夜のために手の打ちようがなかった。この時、助けに入ったのが賀田金三郎であった。自分の持っていた株券をすべて処分し、その夜に後藤に手渡したという。この時、後藤長官

の顔に初めて生色があったと伝えられている。

（二）製糖工場に対する出資

明治三三年（一九〇〇）一二月に執拗な後藤新平の説得により、遂に三井財閥を中心に台湾製糖株式会社が設立される。この時、日本の投資家や実業家は投資に躊躇しており、株式会社設立も危惧された。後藤の不安を一掃したのが賀田であり、「心配御無用、自分一人にても全株を引き受けむ」と豪語したという。

これらのことにより、賀田金三郎は後藤新平より絶対的な信頼を勝ち得た。遂に、明治三二年（一八九九）一一月に、これまで開拓を拒んできた東台湾の広大な原野の開墾許可を得る。賀田が台東庁（この時点で、東台湾は台東庁のみであり、花蓮港は支庁であった）から開墾許可を得たのも、後藤の後押しがあったからであった。実際、「東部開発の大恩人」と称して、塩水港製糖株式会社社長槇哲《まきてつ》が『台湾日日新報』に懐旧談を述べている。その中で、祝辰巳が財務局長として初めて東部を視察し、東部開拓の必要、かつ、有望なるを認めて、これを後藤新平長官に報告した。そこで、誰をこの開拓事業をやらせるかということになり、後藤長官が賀田金三郎に白羽の矢を立てたとのことである。

全幅の信頼を得た賀田金三郎は早速、東台湾の開拓に取り掛かる。呉全城《ごぜんじょう》（その後の賀田村）、マレハジ（馬里勿、萬栄の元の名）と璞石《ぼくし》閣《かく》（現在の玉里）に甘蔗及び煙草栽培を行う。そして、花蓮港より呉全城までの一五キロメートルに軽便鉄道（通常の鉄道より軌道が狭い、一般的に言われるトロッコ車）を敷設し、製品の運送の便利化を図るとともに、東台湾の経済発展に大いに貢献した。

明治三六年（一九〇三）に福島県より一四三人の農業移民を募るが、東台湾の開拓の難しさは根が深かった。明治三九年（一九〇六）七月に多発した蕃害（威里《ウイリー》事件）により、花蓮港支庁長の大山十郎以下官憲二五人近くの犠牲者を出す。この事により、新城方面での採脳事業を閉鎖し、璞石閣付近に新たに採脳事業を開始するも、蔓延するマラリアなどの風土病や、想像を絶する度重なる暴風雨などの自然災害により、十分な成果が得られなかった。花蓮港から玉里まで広がった開拓地であったが、東台湾での賀田組の事業は呉全城に集約された。そして、明治四二年（一九〇九）には、採脳を主とし、甘蔗栽培、牧畜と海岸の荷役及び運送業に限られてしまう。賀田が興した東台湾での最初の移民事業であったが、過酷な環境に慣れない移民村事業も思うようには進まず、失敗に終わった

官営移民村としての吉野村が建設されるに従い、明治四三年（一九一〇）に荒井泰治率いる台湾拓殖合資会社（大正三年、塩水港製糖に合併される）が東台湾への進出を図る。この時、賀田は相場で失敗し、台湾銀行に大きな負債を抱えた。この時も、当時の民政長官大島満次に対して後藤は「東部開発に犠牲を払った賀田を殺すな」と伝えたと槇哲は述べている。結果、賀田は友人である荒井泰治に東台湾の経営を移譲することを決断する。そして、台東拓殖は賀田村に隣接する寿村に台東拓殖製糖会社を設立し、翌年、熊本県や宮城県から移民を招致し、開墾及び甘蔗耕作にとりかかった。

地により水稲・陸稲《おかぼ》を耕作した。

一方の旭村は新潟県下より移民を誘致し、一三戸 三一人（短期出稼者一四〇人含まず）で、昭和五年（一九三〇）六月に開村するが、戸数も増えず、昭和一三年（一九三八）末時点で旭村の規模は二三戸 一六五人であった。

旭村に続いて、大正六年（一九一七）、鹿寮村に日本からの農業移民三〇戸 八九人が新天地を目指して移住した。この他、台東製糖が冬の期間だけ新潟県より短期移民として五一〇人を迎えた。

また、卑南《ひなん》溪の流水を利用した卑南大圳と呼ばれる灌漑用水路が整備されるに伴い、昭和一二年（一九三七）、官営移民村として、新たに敷島村が出来た。

鹿野《しかの》村（鹿野村社）――復元された本殿

鎮座日：大正一〇年六月一五日　**祭神**：大国魂命、大己貴命、少彦名命、能久親王　**社　現住所**：台東縣鹿野郷龍田村五鄰光榮路（昆慈堂）

北絲鬮《ほしこう》溪（現在の卑南溪）と鹿寮《ろくりょう》溪に挟まれた平原六〇〇甲（一甲は約一ヘクタール）の地に、大正四年（一九一五）一一月に台東製糖の初めての試みとして、新潟県下より季節移民二六八人を招聘して開拓が進められた。同時に家屋、道路、水路、衛生設備などが完備され、大正八年（一九一九）末には一四二戸 五一二人（短期出稼者四七人含まず）までとなった。しかしながら、耕作法の不慣れやマラリアなどの蔓延に悩まされ、昭和一三年（一九三八）末では四八戸 二九二人まで激減する。昭和一六年（一九四一）までも人口は伸びず、総督府殖産局の資料では三七戸 一三四人であった。失敗に終わった移民村であった。

戦後、この地の人口が増え、一九六一年には鹿野村と龍田村の二つに分かれた。日本の移民村はこの龍田村のほう

往時の鹿野村社
（出典：『東台湾展望』）

復元された本殿と鳥居

にあった。台東庁における移民村の中でもこの村が早い時期に開発され、また規模も大きかった。今でも数多くの日本式の住宅が残っている場所である。

　鹿野村社は龍田村光栄路の昆慈堂《クンツータン》の庭園にあった。もともとは昆慈堂北側の山麓に鹿野移民村の守護神として大正一〇年（一九二一）六月一〇日に鎮座したが、昭和六年（一九三一）一一月一三日に現在の昆慈堂の地に遷座した。二〇一五年一〇月に交通部観光局・花東縦谷国家風景区管理処が五〇〇〇万元（約一億八〇〇〇万円）の費用をかけて、これまで残っていた基壇の上に新たに日本の宮大工により神明造りの社殿が復元され、当時の鹿野村社が再現された。鳥居も出来、日本の神社と変わりない。現在、鹿野村の観光スポットとなり、この地を訪問する観光客も増えている。

旭村（移民村神社）——残る一基の灯籠

鎮座日及び祭神：不明　**無願神祠**　**現住所**：台東縣台東市豊里街七五六之一號（奉順宮）

　花蓮港庁での官営移民村に先駆けて、現在の台東市の南に位置する卑南《ひなん》一帯が台湾における最初の官営移民村として決定した。新潟より短期出稼ぎ者一四〇人を招致し、三〇戸を建設し、開墾・甘蔗作に従事させる予定であった。

　しかしながら、明治四二年（一九〇九）五月に発生した成廣澳《せいこうおう》事件（329頁参照）の発生や三二三甲に広がる大地はピュマ族馬蘭《ばらん》社の耕作地であり、同地は埤圳がなければ耕作地には適さないため、いったん中止となる。その後、台東庁下の移民村事業として台東製糖にその事業計画が移管され、製糖会社は先住民の移住を図るため、耕作地を約五

奉順宮に残る灯籠

〇〇〇〇円で買収した。ここに旭村が誕生した。

開拓促進を助成するため、大正七年（一八一八）に米国よりトラクターを輸入し、開墾耕作を進めるが、翌年の大正八年に風速四〇メートルに迄ぶ大暴風により、移民村は崩壊する。その後、台東製糖は総督府の支援を受け、移民村事業を継続した。製糖会社に対する負債も一戸平均二〇〇〇円にも達したが、村民の並々ならぬ努力により、昭和九年（一九三四）には債務の減額も有り、やっと安定した農業経営ができるようになる。しかしながら、移民村の人口は増えず、昭和一六年末では、僅か二三戸 一七〇人であった。

旭村に造営された神社の唯一の遺物である灯籠が奉順宮敷地内に残っている。この神社も他の移民村の神社と同じように村守護神として造営された。

鹿寮《ろくりょう》村（移民村神社）――失敗に終わった移民事業

鎮座日及び祭神：不明　**無願神祠**　**現住所**：台東縣鹿野郷永安村三鄰永安路二八二號：永安社區活動中心傍の涼亭

期待された移民事業ではあったが、慣れぬ熱帯地域での農作業には限界があった。度重なる暴風雨や疫病になすすべもなく、失敗に終わった移民村であった。大正一二年（一九二三）には一二戸 六四人となり、昭和六年（一九三一）には七戸 四九人となる。統計的に残っている昭和一八年（一九四三）では六戸 三八人であった。

現在、鹿寮村は鹿野郷に属し、東台湾最大なお茶の産地となっている。神社跡地は永安村老人活動中心横の涼亭であった。

福德殿横の涼亭が神社跡地であった

中部の移民村――台中州

台湾の中部での官営移民村として、昭和七年（一九三二）度から北斗郡沙山《しゃざん》庄に内地人農業移民村が建設された。後に、中川総督が同地を視察したのを機会に村名が改称されることになり、沙山移民村は秋津村と改称された。移民事業も順調に推移し、昭和一〇年（一九三五）度までの移民数は一四六戸六四〇人に達する。秋津村に続き豊里村（昭和一一年）、鹿島村（昭和一二年）、香取村（昭和一五年）、八洲村（昭和一六年）及び利国村（昭和一七年）が北斗郡に続々設立された。六六二戸三九八三人が移民村の全体規模であった。四国及び九州よりの移民が最も多く、九州では熊本、鹿児島及び佐賀県からの移民が多かった。昭和一一年（一九三六）に設立された豊里村は大橋・福住・川上・七星・豊平・宮北などの六つの集落を構えた。これらの移民村は土壌に恵まれ、農作も多角化経営が行なわれ、稲作・野菜・養豚・養鶏などが行なわれた。また、昭和一五年（一九四〇）以降は恵まれた気候と土壌により利益の高いタバコの葉の栽培も行なわれるようになり、タバコの葉の農家だけでも七九戸もあった。今も、残された建物にその歴史の面影を垣間見ることが出来る。

前述以外に、台中州に私営移民村として新高村（北斗郡）と昭和村（大甲郡）が昭和一三年（一九三八）に設立するが、移民村として継続したかは不明である。

台中州の移民村には北斗神社が移民村の総守護神として造営され、また、八洲村だけには秋津尋常高等小学校傍に土地守護神としての神社があった。

北斗《ほくと》神社――中部移民村の総氏神

鎮座日：昭和一三年一〇月六日　**祭神**：明治天皇、大国魂命、大己貴命、少彦名命、能久親王　**社格**：郷社　**現住所**：彰化縣北斗鎮大道里文宛路一七號（北斗家商）

当時の移民村が集まった北斗郡には神社がなく、国民精神涵養上遺憾であるとの理由で、昭和一〇年（一九三五）九月に当時の藤垣敬治郡守により郡下教化上の聖地とし、敬神崇祖の念を養い、国民精神を涵養するために、一四万郡民の熱意と浄財により神社造営が計画された。昭和一一年（一九三六）九月に移民事業の進展に伴い、事業を受け継いだ那須重徳郡守の英断により移民村の守護神としての神社造営工事に着手した。造営に伴う経費一三万円は郡下八街庄に割り当てられ、一般有志から寄付金として募集された。

藤垣、那須、服部重人、そして、田部貴に至る四代の郡守を経て竣工した神社神苑は北斗街西方北斗小公学校の裏一帯一二甲（一甲は約一ヘクタール）に広がった。銅板葺《ぶき》

往時の北斗神社（提供：草野光喜）

北斗家商

奠安宮に残る狛犬

神明造りの本殿とし、拝殿・中門・手水舎・社務所・宿舎及び祭器庫があり、参道に沿って各銀行会社・信用組合及び郡民の奉納する灯籠・人造石・自然石、郡下八街庄からの神馬《しんめ》一基、小公学校児童からの狛犬、北斗専売小売人組合からの第一鳥居、各信用組合の第二鳥居が神社の尊厳さを高めた。また、郡下一〇〇〇名の壮丁《そうてい》団員から総金額一二〇〇円で神輿《みこし》一基が奉納された。

神社に雅楽は付きものである。北斗神社においても皇紀二六〇〇年に合わせるべく、二〇歳くらいの青年団より内地人五人が選出され、昭和一四年（一九三九）から台湾神社で講習を受け、雅楽の演奏を受け持った。神楽は「浦安の舞（注②）」、舞姫（巫女《みこ》）五人によって行なわれた。

北斗神社は現在の北斗高級家事商業職業学校辺りに造営された。戦後しばらくは灯籠が残っていたが、学校前の神社路が出来た際に全て取り壊され、土の下に埋められたようである。北斗神社に奉納された一対の狛犬が奠安宮内の奥に安置されている。これも、神社取り壊しの際に、運び出されたものであろう。

南部の移民村——台南州

虎尾《こび》溪流域は日本統治時代以前から水害が絶えない地域であった。明治三一年（一八九八）に発生した水害により、総督府殖産局は、この地に堤防を築き、新たな開墾地としてできたのが虎尾郡虎尾街（現在の雲林県虎尾鎮）と斗六《とろく》郡莿桐《しどう》庄（現在の雲林県莿桐郷《ツードン》）であり、この地に栄村と春日村の官営移民村が建設された。

当時の台南州斗六と虎尾郡に跨り、新・旧虎尾溪に沿って、北側に春日村、南側に栄村が建設され、それぞれ昭和一〇年（一九三五）五月及び昭和一四年（一九三九）に内地よりの入植が開始された。特に栄村には大量の農民が熊本県や鹿児島県から移住し、九二戸 三九七人の規模になった。村内には東園、中園、西園及び尾園の四つの集落があり、移民指導所、医療所、授産所、栄村小学校もあった。

昭和九年（一九三四）五月に農業実践と農民思想を吹き込み、更には台湾の農村の中堅者を養成するため、台南州立農業国民学校嘉南塾が台南の烏頭山《うとうさん》に開校した。実習期間を一年とし、初年度は本島人と内地人各一〇人が入学している。翌年からは、内地からの塾生も募集した。栄村では嘉南塾の卒業生を毎年一〇人収容することになった。

一方の春日村は昭和一四年五月に入植式が行なわれ、三一戸が内地より新天地を求めた。その年の七月に豪雨に見舞われ、水田のほとんどが流失し、多難な初年度を迎えた。昭和一六年（一九四一）には新たに二五戸が入植し、松園、竹園、梅園の三つの集落となる。村内には移民指導所や春日小学校も建てられた。

栄村《さかえむら》（移民村神社）――慣れぬ土地での加護を祈った神社

鎮座日：昭和一六年一〇月　**祭神**：不明　**無願神祠**　**現住所**：雲林縣莿桐郷中村二三號

栄村は現在の雲林縣莿桐《ツードン》郷埔尾《ポーウェイ》村辺りとなる。台南州が昭和一〇年（一九三五）度事業として開始した虎尾郡莿《し》桐《どう》庄の移民村であった。昭和一六年（一九四一）末で八八戸三七二人の規模であった。

移民村で暮らす内地人の強い希望もあり、移民助成団体である財団法人嘉南共栄協会の手により栄村中園集落内に村の守護神としての神社が造営される。神社は慣れぬ地で農民の精神生活を豊かにするため、費用三〇〇〇円で造営

往時の栄村移民村神社（提供：余天宋）

され、本殿の設計は台南州営繕課で行なわれた。神社は当時の栄村国民学校に隣接しており、本殿の敷地は二五坪、総ヒノキで流造りであった。この時期は太平洋戦争の激しさも一段と増しているときであり、質素・倹約の時勢に伴い、まず神社は大麻奉斎殿として造営され、その後斗六神社の末社に列格させようとの計画があったという。

　神社跡地は現在の中村一八号の右横の畑にあったことが判明したが、移民村の中にあった神社はまさに特定地域の限られた崇敬者の神社であったため、本島人の間にも神社の存在を知る人が非常に少なかったのであろう。それゆえ、神社跡地の調査は困難が伴った。

春日《かすが》村（移民村神社）——中部科学園区となった神社跡地

鎮座日：昭和一五年一一月二九日　**祭神**：不明　**無願神祠**　**現住所**：雲林縣虎尾鎮墾地里

　昭和一六年（一九四一）末での春日村の規模は五三戸　一九三人であった。栄村もそうであるが、同村でも毎戸に四・五甲の土地が分配された。

　春日村は現在の雲林県虎尾鎮墾地里辺りとなる。現在、この辺の地域は開発が進み中部科学園区となり、神社の位置は全く特定できない。

南部の移民村——高雄州

　高雄州屏東郡を流れる下淡水渓支流は豪雨や台風で河川の氾濫や堤防の崩壊で大きな被害をもたらしていた。台湾総督府は昭和二年（一九二七）に下淡水渓の治水工事を開始し、昭和一三年（一九三八）に完了している。この治水工事により台湾総督府の農地政策に大きな収穫をもたらした。

　日本統治時代の台湾南部屏東郡の移民村は「煙草移民村」とも呼ばれ、日の出、千歳《ちとせ》、そして、常盤《じょうばん》村の三村があった。明治四三年（一九一〇）になると巻タバコの需要も増え、頼りの海外からのタバコ原料の輸入も減少したため、専売局は黄色種タバコ（注③）の栽培を積極的に推進した。下淡水渓の河川は土壌的には最適であり、交通の便、また衛生状況もよいため、総督府専売局と殖産局が共同で昭和一一年（一九三六）から五ヶ年間の「内地人農民移民計画」を策定した。

　総督府の総務長官平塚広義によって命名された日の出村は昭和一〇年（一九三五）に一二五甲（一甲は約一ヘクタール）の耕地面積をもって屏東郡九塊《きゅうくわい》庄の武洛《ぶらく》渓廃川（人工的に廃止された河川）に建設された。入植者は台湾島内の内地人と熊本県、栃木県及び鹿児島県から移民してきた計二五戸一〇一人であった。

旧武洛溪廃川跡地である塩埔《えんぽ》庄、里港庄及び九塊庄に跨る常盤村への入植は昭和一一年に行なわれた。耕作面積は武洛溪方面に三二五甲を有し、清原、中富、そして、豊平の三ヶ所の集落から構成され、六五戸 三二八人の村であった。移民の多くは中国、四国、東北地方からであり、特に四国の香川や岡山が多かった。常盤村は森岡二朗総務長官によって命名されたものである。

老濃《ろうのう》溪廃川跡地である里港庄土庫の千歳村も「煙草《たばこ》移民村」と呼ばれた。五〇〇甲の耕作面積を持ち、上里、中国、川北及び下平の四つの集落から構成され、一〇〇戸 四八七人規模の移民村であった。九州からの移民が多く、特に鹿児島県出身者が多かった。

移民村守護神としての神社は全て当時の小学校傍に皇紀二六〇〇年を記念して造営された。

日の出村（移民村神社）——皇紀二六〇〇記念事業

鎮座日：昭和一五年八月一四日　**祭神**：不明　**無願神祠　現住所**：屏東縣九如郷新庄路一號（恵農國小）

日の出移民村神社は入植後五年経った昭和一五年（一九四〇）に皇紀二六〇〇年を記念して造営された。神社跡地は現在の恵農《ホエノン》国小（小学校）内のバスケットボールコートの傍であった。一九六〇年代には取り壊されたようであるが、それまでは基座が残っていたという。

常盤《じょうばん》村（移民村神社）——皇紀二六〇〇記念事業

鎮座日：昭和一五年八月二四日　**祭神**：不明　**無願神祠　現住所**：屏東縣鹽埔郷仕絨村新平辺り

常盤移民村神社は入植後四年経った昭和一五年（一九四〇）に「皇紀二六〇〇年記念事業」として、八月二四日に鎮座した。神社は当時の清原集落にあり、集落内の常盤小学校（昭和一二年創立）傍に造営された。現在の鹽埔《シエンポ》郷仕《シ》絨《ロン》村新平辺りとなる。

戦後、小学校及び神社跡地に新興初級中学（その後の里港国中）が建設されるが、里港国中も移設され、現在、辺りは海老養殖池があるのみである。

千《ち》歳《とせ》村（移民村神社）——今も残る神社跡地

鎮座日：昭和一五年一一月二九日　**祭神**：不明　**無願神祠　現住所**：屏東縣里港郷中和村中和路三三號…土庫國小裏の永育園

千歳村にも神社が造営されることになり、昭和一四年（一九三九）七月から造営に着手された。

神社跡地は土庫国小校庭奥にあった。現在は基座の前の

往時の千歳移民村神社写真（提供：台北二二八紀念館）

神社跡地

部分が追加され、永育園となっている。今でも基座と神社を取りまいていた樹が当時の面影を残している。近所の方々の話によると、当時の神社には鳥居と手水《ちょうず》鉢《ばち》があったという。いつ頃に神社が取り壊されたかは不明であるが一九六二年頃までは本殿の基壇があったとのこと。

《注釈》

① 勇壮な太魯閣《たろこ》族（「理蕃と先住民部落」参照）の反撃を防ぐため、同じ先住民のアミ族を採用して隘勇《あいゆう》線を敷いた。しかし、待遇をめぐるもめ事をきっかけに二二四五人が連合する大暴動になる。これに対して花蓮港支庁の警察及び総督府歩兵連隊が出動し、アミ族に対する武力制圧を行なう。翌年の明治四二年二月に解隊式を行なった。この事件によるアミ族の犠牲者は三〇数人とも三〇〇人とも言われる。

② 雅楽の一つである。昭和一五年（一九四〇）一一月一〇日に開かれる「皇紀二千六百年奉祝会」に合わせ、全国の神社で奉祝臨時祭を行なうように当たり、祭典中に奉奏された神楽舞。

③ 熱気乾燥によって葉の色が黄色やオレンジ色になるため、そのように呼ばれた。

漁業移民村

台湾の東北部、宜蘭県に蘇澳《すおう》と呼ばれる港湾都市がある。日本統治時代の蘇澳港一帯は東台湾近海を北流する黒潮に乗って回遊する魚類中、カジキ、カツオ、イワシの好漁場であった。台湾総督府が国費六六万円を投じ、漁業振興を目的として、大正一二年（一九二三）六月に、台湾で最初の漁港として開港した。また、大正八年（一九一九）三月、開港に先立って開通した宜蘭線は大いに漁港としての重要性に貢献し、また、太平山から切り出されたヒノキの積出し港としても活躍した。

昭和元年（一九二六）度の移民事業予算として七万円が計上された。これに基づき、台北州水産技師宮上亀七が蘇澳漁業港移民募集のため、同年七月から内地に出張した。初年度は高知県、翌年は愛媛県、そして、翌々年は宮崎県など、太平洋に面した地域からの移民招致であった。特に、高知県は大型機船底引き網漁業により、零細な漁民は大打撃を受け、漁業人口が過剰になっていたこともあり、まず二〇戸の移民が決まった。その後、高知県、愛媛県、長崎県や大分県よりの移民により、初期の段階の移民戸数は四九戸 一八九九人となった。

昭和三年（一九二八）度からは内地からの移民の誘致をいったん中止している。漁業が冬場に集中し、漁閑期である夏場はほとんど漁がなく、漁民の生活水準もたいして上がらなかったためのようである。このことは、昭和一四年（一九三九）の移民戸数が四〇戸に減少していることからも分かる。

一方、台東庁の沖合はカジキやカツオなどの回遊性魚族が豊富なため、基隆や蘇澳からの漁船が出漁していた。総督府は本島西部の農業移民と前後して、昭和七年（一九三二）度から四ヶ年にわたって、台東庁に補助金を出し、漁業移民を奨励した。具体的に、一年に移住する移民を約九戸とし、四年間で三六戸を予定した。永久移民とするためには、一年間の試験移民を行ない、成績優秀であれば内地から家族を呼び寄せることが出来た。初年度である昭和七年、一行七人を乗せた漁業移民船が和歌山県から台東庁の北部海岸沿いにある新港郡の新港に入った。翌年度は和歌山県から五人、千葉県より四人となった。カツオ延縄《はえなわ》漁とカジキ棒突漁が中心であり、昭和一三年（一九三八）の時点で、この地での漁業移民数は四五戸 一五二人までになった。

蘇澳《すおう》金刀比羅社 ―― 豊漁・航海安全を祈る神社

鎮座日：昭和二年四月二〇日　**祭神**：大物主神、崇徳天皇　**社**

現住所：宣蘭縣蘇澳鎮蘇東里（砲台山）

往時の金刀比羅社（出典：『蘇澳宣傳』）

社号碑

蘇澳金刀比羅社は琴平社とも呼ばれ、蘇澳港の氏神として讃岐《さぬき》金刀比羅神社より御分霊を迎え、昭和二年（一九二七）四月二〇日に鎮座祭が行われた。当日、南方澳《なんぽうおう》漁港では発動船約一〇〇数十船の漁船を先頭に幟を立てて漕ぎ出し、湾内を一巡した。

蘇澳金刀比羅社の跡地は台鉄「蘇澳站」裏側の砲台山にある霊濟寺のすぐ傍となる。この高台から近くの蘇澳の漁港と太平洋を見渡すことができる。そもそもこの地はフランスとの交戦に備え、清朝時代の光緒一五年（一八八九）に鄭雲泰によって砲台が造られた場所でもある。既に神社の遺構はなく、本殿と思われるところにはライオンズクラブの記念碑が建てられている。傍の石段を降りてゆくと「蘇澳金刀比羅社」と刻まれた社号碑が市街に向かい、雑草に埋もれて残っていた。裏側には「昭和二年四月二十日鎮座」とある。

本殿があったと思われる裏手に天君廟があり、入口には中国式の獅子一対が灯籠の石台に置かれている。石台には「昭和四年六月吉日建立」と「昭和六年三月吉日建立」の文字が書かれており、奉献者の名前がある。

記録によると昭和一七年（一九四二）一〇月三一日に仮殿遷座祭が執り行なわれている。同年七月、宜蘭を襲った暴風雨で社殿が倒壊したため、新しく社殿の一部が竣工したのであろう。

祭神の崇徳天皇（注①）と大物主神は共に金刀比羅神社の祭神であり、海上安全・航海・漁業の神である。

恵比須《えびす》神社——台東の漁業移民村

鎮座日及び祭神：不明　**無願神祠**　**現住所**：台東縣成功鎮民富路六號

二〇〇五年に台東県の神社調査時に、成功鎮開封街の王河盛さんに案内して頂いた。神社跡地は五権路の水産試験所台東分所の前にあり、昭和八年（一九三三）一一月に新港漁業移民が発起し、一般住民の寄付を募って造営されたものである。

恵比須神社跡地

《注釈》

① 保元の乱（一一五八年）に敗れ、讃岐の地へ配流されて、病に倒れ、帰京の夢を果たすことなく配流先の讃岐の地で崩御した。崇徳上皇は都から讃岐の地に移られた後、金刀比羅宮を深く敬われ、幾度となく金刀比羅宮へ参拝したとある。

茶芸館 漁業移民村の正月

日本統治時代、この地での正月は陰暦で行なわれるのが普通であり、陽暦でも元旦早朝から、まず金刀比羅社にお詣りして、一日を祝い休日とした。旧暦の元旦にも未明に神社に参拝し、年始回りを行ない、お屠蘇《とそ》で暮らすのが決まりのようであった。また、元旦早々、女性が家に来るとその年は漁が悪いといって、夫人の訪問を嫌って、縁起を担ぐのが漁師らしい。

二日は早朝から、漁船は満船飾《まんせんしょく》で、船魂様に串柿《くしがき》、橙、鏡餅、神酒と銅貨を一二文（船魂の神は一二柱あるため）供え、船主は乗子一党を率いて漁運長久、平安豊漁を祈って、朱塗の杯で御神酒を頂くという。時には網や縄などの漁具を海水に浸して出漁《しゅつりょう》初めの式を行なうものもあった。この式が済むと各船主の家では乗子達を正賓として正座に、親類縁者友人を集めて目出度い酒盛りを行なった。

理蕃と先住民部落

領台当時、日本の台湾領有に反対して台湾民主国が建国されたが、その総統であった唐景崧《とうけいしょう》や幹部の丘逢甲《ほうこう》が清国に逃亡し、総統を引き継いだ劉永福《りゅうえいふく》も戦局の不利を認め、厦門《アモイ》に脱出した。このことにより、台湾民主国は消滅するが、この時、清国が台湾に残したのが五万丁に及ぶといわれた銃器と大量の弾薬で、これらの多くは先住民により持ち去られ、その後の総督府理蕃政策に立ちはだかった。

理蕃《りばん》とは、蕃地（注①）と呼ばれた山地先住民部落に住む生蕃《せいばん》（注②）（大正一二年に高砂族《たかさご》と改正する）に対しても撫育《ぶいく》、授産、取締まりの政策を実施し、最終的に日本または日本人への「同化」を進めることを意味したが、領台当初においては、まず、蕃害（先住民による襲撃や殺害）に対する総督府による軍事的鎮圧と帰順（仲直りという名の下の服従）を意味した。特に、樟脳を求めて先住民の居住地域に入り込むと、必ずと言っていいほど先住民との戦いとなり、多くの死者が出た。理蕃政策当初の最大の目的は、樟脳産業を保護・確立することであったといっても言い過ぎではない。

明治三九年（一九〇六）四月に佐久間左馬太が第五代台湾総督としての命を受けた時、明治天皇が下命された要件が二つあったという。「一つは人口増加に伴う食糧問題」であり、もう一つは「理蕃問題で、我が領土内に一人でも皇澤に浴しないいわゆる化外《けがい》の民があっては甚だ遺憾である。之は如何しても整理し綏撫《すいぶ》して立派な皇軍の良民と化せねばならぬ」であった。

佐久間左馬太総督が就任するや、従来、警察本署内にあった蕃務係を蕃務課と称した。しかしながら、多発する蕃害には警察費の一部を振り当てるだけのため、十分な成果を上げる事ができなかった。そこで、これまでの前期理蕃事業（明治二九年五月〜四二年）を見直すため、国費一六二四万円の経費を計上し、警察官約八〇〇〇人、軍隊約二〇〇〇人規模を投入して行うことになったのが後期理蕃事業の「五箇年計画理蕃事業」であった。この理蕃事業の対象となった先住民の人口は約一二万二七〇〇人、その部落数は約六五四社と推定された。その中で、出草《しゅっそう》（首狩り）の風習を持っている種族がタイヤル族、ブヌン族、ツォウ族、そして、パイワン族の四種族とされた。

この「五箇年計画理蕃事業」は明治四三年（一九一〇）から大正三年（一九一四）八月一九日までをいい、新竹庁下のマリコワン蕃（蕃は特定居住地域の先住民の呼称）、キナジー蕃、桃園庁下のガオガン蕃、台中庁下の北勢蕃（台北、新竹、台中及び花蓮港に分布）、南投庁下のシカヤウ蕃、サラマオ蕃、そして、花蓮港庁の太魯閣《たろこ》蕃を討伐することであった。そのために、新たに蕃務本署が創設された。隘《あい》勇《ゆう》線はこれまでの三一〇キロメートルに四九〇キロメートルが延長され、その隘勇線内に六八〇〇人弱の警備員が配置された。隘勇の「隘」とは蕃界（山地先住民居住地）と非蕃界（移住民及び平地先住民の居住地域）の境界で嶮岨《けんそ》な場所をいい、「勇」とはこの隘を守り、併せて侵敵を防御する勇敢な壮丁《そうてい》（警備員）である。また、隘勇線は蕃界の警備道路であり、その警備道路に沿って、隘寮《あいりょう》と称される哨舎《しょうしゃ》が配置された。隘勇線には電話が設けられ、必要な地点には高電圧鉄条網を敷設し、砲台の設備を設け、地雷なども使用された。これらにより先住民との抗争で、総督府は圧倒的優位に立ち、各地域では対抗する先住民の帰順に至った。その後、小規模の反乱やトラブルは続いたが、太魯閣の戦役が終わった大正四年（一九一五）には一応の理蕃政策は完了したと見なされた。

また、更なる先住民の蜂起を防ぐため、東部の花蓮港庁及び台東庁と西部地区を結ぶ理蕃道路（能高《のうたか》越　大正七年、八通関越《はっつうかんえつ》　大正九年等）の開削により、完全に主要部落は警察の監視下に置かれるようになる。

その後も制限された狩猟（銃器は管轄の駐在所が管理し、必要に応じて貸し出した）に対する不満や横柄な警察官との間のトラブルは多くの抗日事件に発展したが、昭和五年（一九三〇）一〇月に、総督府を震撼させる抗日事件「霧《む》社《しゃ》事件」は最大規模のものであった。このことにより、これまでの武力によるハード面に重点を置いた理蕃政策が見直された。「理蕃政策大綱（昭和六年一二月）」が制定され、その第一項には「理蕃は蕃人を教化し、其の生活の安定を図り、一視同仁《いっしどうじん》の聖徳に浴せしむるを以て目的とする」と明記され、ソフト面である先住民の精神構造の改革へと進んだ。

山路勝彦の『台湾の植民地統治』によると、総督府は昭和五年（一九三〇）から八年間にわたって「蕃地開発調査」に着手している。この調査は、山地の社会組織や風俗習慣の調査から始まり、農林業の実態、そして、土地利用の形態などを調査する大規模な計画であったという。その結果に基づいて、総督府蕃務局理蕃課により昭和九年（一九三四）度から始まる『蕃人移住十箇年計画書』が作成された。この計画書の中で、「奥地ニ散在セル蕃人ヲ平地近キ農耕適地ニ集団移住セシメテ定地耕ニ就カシメ強化ヲ施シテ文化ノ向上ヲ図リ以テ忠良ナル帝国臣民トシテ一視同仁ノ聖徳ニ浴セシムルコトハ理蕃ノ根本方針ナルノミナラズ……」と移住計画の根本を説いている。

この『蕃人移住十箇年計画書』は、前半五年で台湾北部、後半では東部及び南部先住民居住地区が対象となり、四六四九戸　三万〇〇五二人の強制移住を行なおうとするものであった。これに伴う経費は、蕃人移住、蕃人移住集団施設調査、隠匿銃器押収、蕃人貸与銃器弾薬、理蕃道路開削、蕃地マラリヤ防遏、蕃地教育改善、そして、蕃人授産に要する費用となっており、総額二五八一万九〇六円が計上されている。この中で「蕃地教育改善に要する経費」として八〇一万三三七八円が「神社費、教育費、社会教育費、教科図書費、観光費、府州庁職員費、教育担当者費、教育担当養成費、教育所及農業教育所土地建物費」に充てられている。更に、この中の「神社費」として、新しい移住先で、教育所所在地に最初の五年間で一〇〇社の神社造営が計画されており、その費用として二万円が計上されている。

これら神社の造営は、強制移住とともに神社による原住民の精神構造の改革を狙い、敬神崇祖の観念を植え付ける事であった。太古以来、祖先代々から引き継がれた祖霊信仰及び各種祭祀儀礼を神社の例祭の中に包括させ、警察官の管理のもと、絶対的な精神的統制力を持たせた。

昭和六年（一九三一）九月の満州事変以降、日本を取巻く情勢が悪化し始め、国家神道に基づく国民精神の涵養が必要となる。時期を経て、「皇民化運動」が叫ばれ出した昭和一二年（一九三七）から、部落に新たな神社造営の波が部落に寄せた。

先住民部落にはいったいどれだけの神社が造営されたか具体的な資料はない。『神の国日本』の中に、明らかに理蕃政策に伴い造営された神社（祠《やしろ》）が五四ヶ所ある。地域別にみると、圧倒的に台東庁が多く、二六ヶ所、続いて花蓮港庁七ヶ所、台南州六ヶ所、台北州六ヶ所、新竹州六ヶ所、台中州二ヶ所、そして、高雄州一ヶ所となる。これらの神社はあくまで総督府に公認されていた神社である。

これ以外、夥しい神社（祠《ほこら》）が存在していたことを第三部の「台湾の神社への疑問」で検討することにする。

台北州

◆文山郡

ウライ祠《やしろ》　――温泉地の部落

鎮座日：昭和八年五月二二日　**祭神**：大国魂命、少彦名命、大己貴命、能久親王　**社**　**現在地**：新北市烏来區烏来村二鄰烏来街（妙心寺）

北投《ペイトウ》に続いて台北市街より近い温泉で、四方を山に囲まれた有名なリゾート地である烏来《ウライ》に造営されたウライ祠は現在の妙心寺の場所に鎮座した。温泉郷に入る駐車場辺りに、かつての烏来蕃童教育所があり、その横が当時の駐在所（現在は烏来分駐所）となっている。神社は、この駐在所の裏手の山腹に造営された。本殿はヒノキ材を使用した三坪余りの住吉造りであった。鎮座祭には祭典委員長吉田駛馬郡守、原神官司祭の下に奥田警務部長、吉田警視、高橋理蕃課長などが出席し、執り行なわれた。終了後、堆肥並びに藁《わら》細工品評会褒章授与式、午後からはウライ七部落先住民の引見、警察官に対する訓示、夜は活動写真があった。

日本統治時代、文山郡の南端に位置し、先住民が居住する蕃地の主だった先住民に対する生活習慣の改善や行政指導が行なわれ、同時に総督府は有力頭目《とうもく》並びに善行者に対して頭目章及び善行章を授与して表彰した。これに対して、各部落の頭目からの見返しとして、従来からの悪しき迷信や陋習《ろうしゅう》の打破を目的に神社前での「誓い」も行なわれた。

烏来に残るウライ祠の手水鉢

ほとんどの部落には土俵があった。そして相撲が取り組まれた。土俵は神社境内にあったのが一般的である。このウライ部落にも土俵があり、昭和一四年（一九三九）の相

茶芸館 月見祭に変わったアミ族のイリシン

先住民の最大人口を持つアミ族にはイリシンという祭事があった。これは粟のみを常食とする時代の収穫祭（豊年祭）で、収穫月の翌月である中秋の名月頃の九月に行なわれていた。この頃になると部落では粟の収穫を終え、農事は一段落を告げ、部落のお正月とも言うべき時期を迎える。行事は一週間から一〇日間にわたり、餅を搗き、酒を醸し、客を招いて終日唄い、踊るといったものであった。しかしながら、この行事も次第に薄れていったようである。一つには、強制移住により粟作が水稲作に移り、また部落の行政を取り仕切る警察官の指導により、イリシンの期間も極端に短縮されたことによる。

昭和六年（一九三一）、花蓮港庁ではアミ族古来の行事中、最も由緒のあるこの行事を月見祭と名称を変え、一年中、最も月が円くなる陰暦の八月一五日前後を先住民の元旦と定めた。この頃の内地はお盆にあたり、移民村での盆踊りが終わると月見祭となっていた。当時の報道によると、月見祭のために吉野神社の神輿が担ぎ出されたとある。また、月見祭と神社の例祭が兼ねられた神社もあった。

撲大会では大倉組檜垣豊四郎が寄贈した優勝カップはリモガン社青年団が獲得した。

烏来分駐所の裏側にある当時の石段を登りつめると「奉納　水」、「台湾埔里街　陳萬枝　昭和十四年十月二十八日」と刻まれている手水《ちょうず》鉢《ばち》が残っている。

◆羅東郡

濁水祠《だくすいやしろ》 ——北を向く神社

鎮座日：昭和九年六月一〇日　**祭神**：天照皇大神、大国魂命、大己貴命、少彦名命、能久親王　**社**　**現住所**：宣蘭縣大同郷楽水村碼崙路五三號の裏の墓地

濁水祠は宜蘭市の西南に位置し、蘭陽溪《ランヤンシー》に流れ込む碼崙《マールン》溪《シー》の河口傍の楽水活動中心の裏手にあった。現在、神社跡地は地元先住民のお墓になっている。

濁水祠には拝殿もあり、鳥居の礎石から見ると意外と大きな鳥居であったことが想像される。当時のバヌン（濁水の先住民語の呼び方）部落の北西方向にあったボンボン部落（現在の大同郷英士村《インスー》）にはボンボン大麻奉斎殿があったが、やはり定期的に年に三回は濁水祠まで来て参拝したと英士村に住む先住民ご婦人から教えて頂いた。

神社は一般に南または西向きであるのに対して、ここでは北向きであった。ご案内して頂いた先住民の方は「この神社は北を向いている。この方向は日本を指している」と言っておられた。現在は既にないが、近くの山頂には砲台があったようである。また、太平山よりのヒノキ伐採が盛んであった頃、この辺一帯は楽水部落が行政の中心であり、大いに活況を呈した。

濁水祠も本殿及び拝殿跡

鎮座日当日は台湾神社の神官により鎮座祭が挙行され、終了後、ボンボン山方面隘勇線前進の際、戦病死した軍人、軍属及び警察官三四六人の英霊を祀る招魂祭も執り行なわれた。

濁水祠も他の部落神社と同じ様に羅東郡警察課が理蕃政策の一手段として、先住民に対する敬神観念を涵養する目的で造営されたものであった。

◆蘇澳郡

東澳祠《とうおうやしろ》 ——部落に造営された最初の守護神

鎮座日：大正九年八月二五日　**祭神**：天照皇大神、能久親王　**社**
現住所：宜蘭縣南澳郷東岳村六巷二二號（台湾基督長老教會　東澳教會）

東岳村の村長に案内してもらい、東澳祠の造営された場所を確認することが出来た。神社跡地は、戦後間もない一九五二年四月に建立された台湾基督長老教会東澳教会前の空地となっている。教会に住む女性に聞いても、この場所が日本統治時代の神社であったことは全く知らない。

前述した「五箇年計画理蕃事業」に先立つ前期理蕃事業（明治三九年五月～四二年）では、明治四一年（一九〇八）に、現在の宜蘭県南部の和平溪上流及び南澳溪上流に居住するタイヤル族である南澳《なんおう》蕃に対する制圧が行なわれた。そして、明治四三年（一九一〇）以降に中央山地から現在の地に強制移住させられた。現在の東岳村に住む先住民は南澳蕃の一部落であった。

東墺祠は先住民部落の中でも最も早く造営された神社であった。当時の『台湾日日新報』によると、大正九年（一

台湾基督長老教会東澳教会

九二〇）に、移住した新天地で初めて水田を耕作し、非常に良好な結果が得たので、老幼男女二〇人で初穂を携えて宜蘭神社に奉納した際に御神符の授与を願い出て、これを授与したとある。そして、同年八月二五日に造営されたのが簡素な神明造りの社殿であった。

神社の祭典が終わると、一般に言われる直来《なおらい》があり、御神前にお供えしたご供物を頂く。従来、先住民の慣習として神様にお供えしたものは食しないとのことであったが、新しい神様の下で行なわれる直来は大いに喜ばれた。

カンケイ祠《やしろ》——神社信仰に組み込んだタイヤル族の祖先崇拝

鎮座日：昭和八年八月一一日　**祭神**：天照皇大神、能久親王　**社**
現在地：宜蘭縣大同郷寒溪村寒溪巷一六號…寒溪國小の裏

宜蘭地区に居住するタイヤル族は南澳蕃《なんおう》と呼ばれ、寒溪《かんけい》社は、この南澳蕃に属した。明治四五年（一九一二）七月に蘇澳郡奥地のマットペラ社の半数位の先住民がこの土地に移住したものであった。

現在の羅東溪は寒溪《ハンシー》と呼ばれ、蘭陽溪から南方に分岐した河であった。この河の上流に居住していた先住民は寒死《かんし》人《じん》部落と呼ばれ、寒くて死にそうな河の傍の部落という意味でもあった。当時はタイヤル族が時折この地に出現し、土地の人が通るときでも注意しなければならなかった。多くの人が首を刈られ、僅かな人だけが死を免れた。それゆえ、死人の河と呼ばれ、その後は「寒溪」と呼ばれるようになった、という。また、当地は桜の名所であり、台北州下においては比較的完備した蕃童教育所がある所として知られていた。

神社はカンケイ警察官吏駐在所後方で、蕃童教育所の裏手にあたる桑畑の高台に造営され、この神社を「自分たちの神」であるとさせた。つまり、タイヤル族の祖先崇拝も日本神道信仰の中に組み込ませ、昭和八年（一九三三）八月一一日にカンケイ祠が鎮座する。毎年八月一一日を例祭日として祖先を迎え、伝統的な日本の収穫祭を行なうようになった。そして当時の五部落（カンケイ、コロ、小南《しょうなん》、四方林《しほうりん》、大元《だいげん》）の先住民を「氏子」とし、それぞれの部落の頭目を管理人、警察官を顧問とした。

カンケイ祠は寒溪《ハンシー》国民小学裏の山中にあった。当時の参道を登ってゆくと、まず目に付くのが手水鉢《ちょうずばち》である。本殿に続く石段手前には灯籠や「銃獵之廢」、「カンケイ方面五社」及び「昭和八年十一月」と刻まれた記念碑、また、本殿前にはこの神社造営に当たって五部落の誓いの言葉が刻まれた記念碑がある。理蕃政策に組み込まれた神社の役割がよくわかる遺構である。

カンケイ祠造営にあたり、カンケイ祠管理規約が作成された。この中に、「将来（一〇ヶ年後）祠を神社に昇格の手続きをなさんとし今より基本財産の造成に努ること」とさ

往時のカンケイ祠（出典：『台湾蕃界展望』）

本殿跡

れていた。

南澳祠《なんおうやしろ》——宜蘭県最南端の神社

鎮座日：昭和一一年一〇月七日　**祭神**：天照皇大神、大国魂命、大己貴命、少彦名命、能久親王　**社**　**現住所**：宜蘭縣南澳郷中正路

当時の南澳蕃は大濁水北溪を中心として、行政上、台北州蘇《す》澳《おう》郡下に居住する部落の呼び名であり、タイヤル族の一部族である。昭和七年（一九三二）八月に、集強制移住に関する宣誓式（移住式とも言われた）が行なわれ、その年末に蘇澳郡奥地から一〇七戸がこの地に移住している。

南澳祠の造営は第一七代総督に就任した小林躋造の時期でもあり、敬神思想の強化が叫ばれ出す頃でもある。部落における治安・行政・衛生及び教育は警察官が中心になって行なわれ、その中でも神社は部落の守護神であるとともに日常の生活及び行政にも深く関わることになる。

当時の南澳祠は部落の南側に突き出ている小高い丘の中腹に造営され、この場所からは太平洋を一望できた。神社は南澳分室主任台岐警部以下警察職員らによって造営され、材料のヒノキは標高一八一八メートルのロッポエ山から切り出された。

総ヒノキ造りの社殿、拝殿、手水《ちょうず》舎《しゃ》からなり、これに玉垣、鳥居、灯籠、石段が配置されていた。祭神は宜蘭神社より御分霊が奉じられた。

　鎮座祭では蘇澳郡守小島仁三郎・本間蘇澳郡警察課長及び台岐警部を筆頭にして、関係有力官民、蕃童教育所児童、部落民全員六〇〇余人が参加して執り行なわれた。翌日は運動会や旗行列、そして、夕方から行われた余興の部では提灯行列・映画上映・本島人芝居や先住民の踊りなどがあり、大いに盛り上がった。

往時の南澳祠（出典：『理蕃の友』）

神社の跡地（二〇〇五年撮影）

　神社遺構や遺物としては基壇しか残ってはいないが、現在、この場所は神社遺跡として保存され、「南澳神社」となり、観光スポットの一つになっている。初めて訪問した時、本殿には「天下為公（天下もって公と為す）」と刻まれた蒋介石の胸像に姿を変えていたが、現在はこの胸像も取り除かれている。

　この神社造営あたりから部落内の神社造営は一監視区一ヶ所主義が実行され、数を制限して乱立粗造を防ぐ方針が出されたようである。

新竹州

◆大溪郡

　原住民の「国民精神総動員政策」への順応により、この大溪《だいけい》部落に昭和一三年（一九三八）八月一五日の角板山祠を始めとし、一日置きにまとまった形でカウボー祠及びガオガン祠の三ヶ所の神社が鎮座した。

　これらの神社の鎮座祭に出席するために新竹州知事赤堀鐵吉が大溪部落に赴いている。角板山祠の鎮座祭には先住民及び本島人二〇〇〇余人が参加し、余興として行なわれた奉納相撲で賑わった。

角板山祠《かつぱんざんやしろ》 ——角板山の戦い

鎮座日：昭和一三年八月一五日　**祭神**：豊受大神、能久親王　**社格**：無（社）　**現住所**：桃園市復興區中山路…復興區立中正圖書館そば

台北市と新竹県に挟まれて桃園市がある。その桃園市の中央山脈寄りの復興郷《フーシンシャン》はかつての新竹州大溪《ダーシ》郡蕃地であり、角板山と呼ばれていた。樟木（クスノキ）の繁茂する場所であった。

復興郷中山路沿いに復興郷立中正図書館があり、この付近に角板山祠が造営された。図書館右側奥の復興郷歴史文化館横に石段があり、ここが本殿となる。神社の遺物を示すものは、中正路一六八号の前に二基の灯籠の竿の部分である。「奉納　角板山管内警察職員一同」、「奉納　角板山管内高砂族一同」と刻み込まれている。

大嵙崁《たいこがん》（大正九年に大溪と改称）より角板山一帯は、明治三二〜三三年（一八九九〜一九〇〇）より四〇年（一九〇七）前後まではタイヤル族が暴威を振るう一大難所であった。清朝時代、かの劉銘傳《りゅうめいでん》も先住民の討伐を試み、退散を余儀なくしている。復興郷歴史文化館内の資料によると、タイヤル族の大豹《だいひょう》社（現在の新北市三峡区南部山区）にワタン・サヤットと呼ばれる頭目がおり、日本統治以降の明治三三年に台湾総督府は樟脳資源の開発を進めるために大豹社を管理下に押さえようと軍隊を派遣した。これに対してワタン・サヤットは部族を率いて徹底抗戦を図った。総督府の軍隊は強力な砲弾で攻撃を行なったが、降伏させることは出来なった。これが「大豹事件」と言われた。この事件以降、平地に住む多くの抗日分子が日本の警察によって逮捕されるようになり、大豹社に逃げ込む者もいた。ワタン・サヤットはそれらの者を匿い、また保護もした。

これに補足すると、明治三三年に行なわれた大討伐は敗退に終わり、同地区に対する討伐はその後行なわれず、軍力による理蕃政策は廃絶する。改めて大豹社方面に向かって、原住民に対する塩等の日用必需品の供給を絶ち、隘勇線を延長する戦術を開始した。明治四三年（一九一〇）から開始される「五箇年計画理蕃事業」に先立つ明治三九年（一九〇六）九月、桃園及び深坑《しんこう》両庁連合による一四五〇人の部隊が構成されるが、激戦に継ぐ激戦で、総督府部隊は警部以下四三人の死者を出す。「枕頭《ちんとう》山、插天《そうてん》山の戦い」と呼ばれた角板《かつぱんざん》山の難への前兆であった。

翌年の明治四〇年（一九〇七）五月、改めて桃園及び深坑両庁の警部以下一九〇〇人で討伐部隊が編制された。特に、阿姆坪《あもびん》（現在の桃園県石門水庫右岸）より角板山部落の枕頭山に向かった桃園隊は、三ヶ月にわたる先住民との激戦になり、最後には砲弾をもって制圧した歴史がある。これが「枕頭山の戦い」と呼ばれるものであった。この事件により桃園隊は死者一一七人、負傷者二三九人を出したが、それ以上、数多くのタイヤル族の方々が亡くなったと聞か

された。枕頭山に続いて角板山も占領し、明治四〇年八月一九日に抗日先住民の帰順式（注③）が挙行された。

角板山は「五箇年計画理蕃事業」でガオガオ蕃と壮絶な戦を交えた最初の地であった。昭和六年（一九三一）九月一九日に佐久間総督の偉業を讃え、角板山にて「佐久間総督追懐記念碑」の除幕式が執り行なわれた。その碑文は台湾神社宮司山口透によった。

往時の角板山社（提供：中正図書館）

突き当りが本殿の跡地

現在の佐久間総督追懐記念碑跡

ガオガン祠《やしろ》 ——理蕃政策最前の地

鎮座日：昭和一三年八月一七日　**祭神**：豊受大神、能久親王　**社**

現住所：桃園縣復興郷三光村武道能敢一三號

「五箇年計画理蕃事業」では明治四三年（一九一〇）五月に、まず台北及び新竹両庁に跨るガオガン蕃に対して宜蘭、新竹、桃園庁三方面から進攻することになり、宜蘭庁からの前進隊長には宜蘭庁長小松吉久がその任に就いた。

ガオガン蕃とは当時の先住民種族の中でも最も凶悪の北蕃タイヤル族中の一大集落であり、部落数一七、戸数二八〇、人口一〇〇〇人であり、大嵙《たいこ》崁《がん》渓（現在の大漢渓）の両岸に沿って部落が点在していた。

宜蘭北西部にあるボンボン山（現在の大同郷の梵梵山）側から隘勇線の前線を前進させ、威嚇と武力（この時、警官だけでなく、軍隊も出動させた）による掃討作戦が行なわれた。ここが日本の新領地における先住民に対する最初の軍事作戦が展開された場所であった。

しかしながら、戦況は圧倒的に地形を熟知する先住民にとって有利であり、ボンボン山の激戦で軍隊及び警察隊は敗北した。数度による形勢の立て直しを図り、軍隊を導入し、ガオガン蕃にとって最大の砦であるシナレク山（現在の尖山一八五二メートル）を攻略する。明治四三年九月二二日、バロン山（現在の馬崙砲山）を占領し、砲台を築き、威嚇砲撃を行なった結果、遂にガオガン各社は屈服し、銃器弾薬を供出する。この時、銃一一〇〇余挺が押収されたという。

そして、帰順式に先立ち、文明の違いを悟らすためであろう、ガオガン蕃六四人が台北観光に駆り出されている。帰山後、バロン山で帰順式が行なわれたのが一〇月二七日であった。この戦役で警察隊は警部以下二六四人、軍隊は将校以下二四二人が死傷したが、先住民の死傷者は定かでない。

現在の住所に用いられている「武《ブ》道《タオ》能《ノン》敢《ガン》」はタイヤル語であるブトノカンの音訳で、現在の三光部落の部落名である。当時、この地には一〇〇人を越す警察と隘勇《あいゆう》が駐在したという。

ガオガン祠は三光小学前の道を山際に登っていった高台に造営された。一九八〇年代に蒋介石がこの地を訪問したときに部下に神社の取壊しを命じたようである。現在、本殿があった場所には民家があり、付近の方の案内で民家の家の中に残っている神社の礎石があると教えて頂いた。当時のガオガン祠の様子を近所のご老人にお聞きしたところ、鳥居をくぐり、最初の石段の傍には一対の灯籠があり、登り詰めると手水舎《ちょうずしゃ》と社務所があり、二つ目の石段のそばにも一対の灯籠があった。最上段にはヒノキで作られた本殿あり、この傍にも一対の灯籠があったという。

◆竹東郡

十八兒《シパージ》祠《やしろ》 —— 一八人の子供

鎮座日：昭和二年一一月一〇日　**祭神**：天照皇大神、明治天皇、能久親王　**社　現住所**：新竹縣五峰郷大隘村五峰：五峰國小の前

新竹市から竹東に向かい、更に一二二県線を桃山村方向に一五キロメートルほど内陸の山間に入って行くと五峰郷大《ダ》隘《アイ》村というサイセット族とタイヤル族が住む村がある。毎年五月となると白い桐の花が咲き乱れ、甘い香りが漂う。

この蕃地にはサイセット族とタイヤル族の二六ヶ所の部落があり、木材や竹が主な産品であった。シパージと称する樹木が繁茂していたため、この音に近いシパージと呼ばれた。漢人はこのシパージに「十八兒」をあてた。昔、五《ご》指山《しさん》（現在の新竹県北埔郷、五峰郷と竹東鎮の隣接している辺り）に一組の先住民の夫婦がおり、奇跡的にも続けて双子の男の子を九組、計一八人出産したので、先住民は非常に不思議に思い「十八兒（一八人の子供）部落」と呼ぶようになったと言い伝えがある。

十八兒祠は現在の五峰国小（小学校）に向かう石段の中ほどの小さな広場にあった。現在は半円形の石段のみが残

往時の十八兒祠（出典：『理蕃の友』）

修復された鳥居

されており、ここが神社本殿跡となる。また、石段の中ほどに修復された鳥居が残っているので、この石段が本殿までの参道となる。鳥居手前の丸い場所には土俵があったという。また、石階段手前には駐在所があり、ここも警察・学校・神社という三位一体の統治政策が行なわれていた場所であった。

シヤカロ祠《ほこら》——シヤカロ事件と警備道路

鎮座日及び祭神：不明　**無願神祠**　**現住所**：新竹縣五峰郷清石道路

清泉《チンチエン》温泉（日本統治時代の井上温泉）として有名な新竹県五峰郷桃山村、その地を流れる上坪渓《シャンピン》を挟んだ山奥はシヤカロ（現在の石鹿《シール》）と呼ばれた。タイヤル族シヤカロ蕃最大の部落であるムケラカ部落や対岸のテントン部落を一望に見渡すことが出来る戦略的な場所であり、シヤカロ駐在所があった。また、日本統治時代の悲劇の場所でもあった。

佐久間佐馬太総督による「五箇年計画理蕃事業」により、大正二年（一九一三）には当時の桃園庁下の蕃地に対する掃討作戦が行なわれた。隘勇線の拡張もなされ、大湖郡蕃地に居住するシヤカロ蕃は完全に警察の監視・管理下に置かれ、遂に同年八月に帰順式が執り行なわれる。そして、シヤカロ蕃が狩猟に使用する銃砲や弾薬が取り上げられ、必要に応じて駐在所の警察が貸し出す方式がとられた。これはシヤカロ蕃にとっては死活問題であった。このような状況下、大正六年（一九一七）と大正九年（一九二〇）の二度にわたり、先住民による暴動、いわゆる「シヤカロ事件」が発生した。この事件で駐在所に勤務する警官が殺害され、また銃砲や弾薬が奪われた。このことは台湾総督府を震撼させるものであり、新竹庁より夥しい警察及び警官

当時のシヤカロ派出所

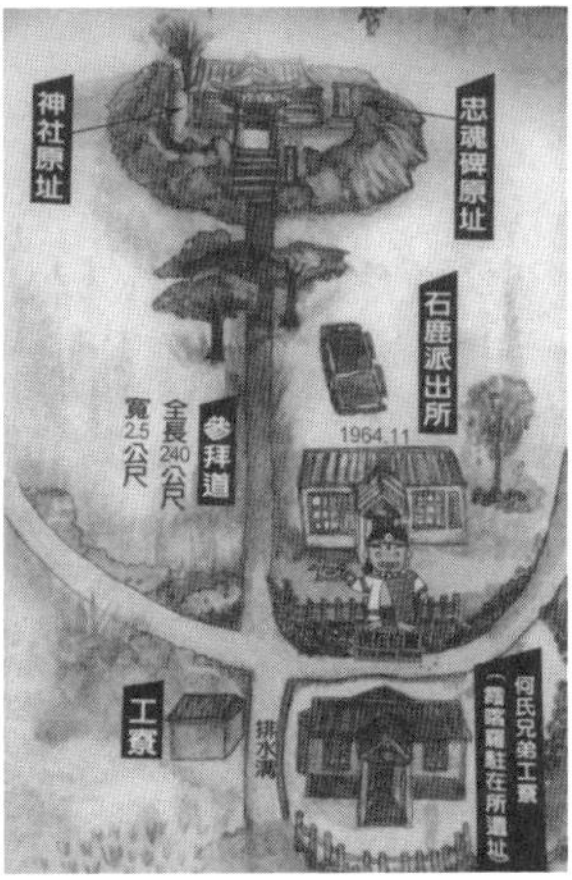

派出所にある説明書

の出動により、シヤカロ蕃への討伐が開始された。同時に、大正一〇年（一九二一）に大砲や物資の輸送のため起伏の少ない理蕃道路として「シヤカロ警備道路」及び「サカヤチン警備道路」が建設された。これらの理蕃道路沿いには一三ヶ所の駐在所が配置され、有事に備えた厳しい管理・防衛・攻撃体制が敷かれた。シヤカロ事件以降、台湾総督府はこの地域に相当数の軍隊・警官を投入し、最終的にこの地域のシヤカロ蕃を含むタイヤル族を降伏させた。大正一三年（一九二四）二月に一二六人の先住民を集め、大湖郡下北坑《ほくこう》警察官吏駐在所構内で帰順式が行なわれた。

霞喀羅《シャカロ》古道の標識に沿い、一時間ほど車で登ると石鹿部落の石鹿派出所に辿り着く。この横が神社への参拝道になっており、突きあたりに神社、その右横に忠魂碑と案内板に書かれている。この忠魂碑はシヤカロ事件の殉職者の英霊を弔うために、毎年五月二六日に祭典が行なわれていた。また、砲台があった場所も示されており、当時の状況を知ることが出来る。

◆竹南郡

大湳祠《だいなんやしろ》 ——南庄事件発祥の地

鎮座日：大正一二年一二月二五日　**祭神**：大国魂命、大己貴命、少彦名命、能久親王　**社　現住所**：苗栗縣南庄郷蓬萊村大湳…大南部落歩道、高山青方面

この地には鳶《とんび》が多く、鳶の巣がパクアリと呼ばれ、パカリーはパクアリの訛ったものである。漢名は八卦山である。現在の苗栗県東北の方角に位置する。

大湳祠は大正一一年（一九二二）の献穀田《けんこくでん》（注④）跡に造営された。鎮座祭の当日は南庄及び紅毛館《こうもうかん》部落方面からの参拝者で賑わった。紅毛館は現在の南庄郷蓬萊村であり、かつてオランダ人がいち早く樟脳製造を行なった地であり、日本統治時代は万病に効く温泉として湯治客が多かった土

往時の大湳祠（提供：彰化県文化局）

地であった。

大湳祠は八卦山大南にあった。二〇〇五年五月に付近に住むサイセット族の張清銘（日本名：日高良雄）さんに会え、神社の跡地が特定された。張清銘さんの説明によると、神社そのものは小さかったが、神社の両側には一尺五～六寸（約四五～四八センチメートル）の太さの吉野桜があり、第一鳥居とは別に第二鳥居まで両側にそれぞれ七基の灯籠があった。また、休憩用の建物もあったという。春秋の大祭も行なわれ、神社の境内では相撲も行なわれた。

戦争の終わりが告げられると、付近の住民が見守る中、最後の参拝が行なわれ、ヒノキで出来た本殿が奉焼され、一面にヒノキの匂いが漂ったとのことであった。現在、神社の遺構や遺物は何一つなく、戦後全てが破壊され、または、どこかに持ち運ばれた。

当時、山の上のほうには大湳教育所があり、三〇人程度の生徒が学んでおり、大湳駐在所で勤務する鳥原さん、坂上さんと日熊さんの内、鳥原さんと日熊さんが教育所で教鞭を取っていたと懐かしく話してくれた。

台中州

◆東勢郡

久《く》良《ら》栖《す》祠《やしろ》 ——地震と台風で消えた神社跡地

鎮座日：昭和九年一〇月二六日　**祭神**：天照皇大神　**社　現在地**：台中市和平區博愛村東關一段松鶴二巻

明治四四年（一九一一）一〇月一五日に台中庁蕃地捜索前進隊副長台中庁蕃務課長警視市来《いちき》半次郎（後の台東庁長）の指揮する部隊が大甲溪左岸を遡り、クラスワタン社を占領した。その社の頭目の名であるクラスをとって久良栖と名づけたという。なお、この久良栖社はかつての頭目ルバックパーランが明治三一年（一八九八）頃に一族を従えて能高郡マシトバオンから白狗大山《はっくたいざん》（三三四一メートル）を越えて移住した地であった。

神社は松鶴渓《ソンフ》が大甲渓に流れ込む河口の反対側に西向き

茶芸館 樟木伐採と南庄事件

領台以降、数多くの内地人が樟脳を求めて渡台した。豊かに樟木が繁茂する原始林は有望な資源であった。今でこそ、その面影を残してはいないが、現在の新北市三狭一帯は樟木が生い茂っていたようである。しかしながら、何といっても、その産地は台北、新竹及び台中を中心とした山岳地帯であった。平地での樟木伐採が進むにつれて、必然的に山地にその作業場を設けるようになり、樟脳製造業者（脳丁）は生産拠点として「脳寮（作業小屋）」を設けていた。

これらの山地は先住民の居住地域であり、当初は「山工《さんこう》銀《ぎん》」と呼ばれる土地の租借料を支払うことで作業拠点を確保できた。しかしながら、その支払いが滞納すると先住民との間でひと悶着が起こる。また、当然のごとく、無断で山地に進出する業者も現われてくる。これらのことは先住民との間の亀裂を生み出した。また、製脳業者は脳丁が搬出してきた樟脳に対して脳館票といわれる支払手形を交付した。山工銀の不足の際、先住民に対して脳館票が支払われ、その脳館票に対する不払いなどが先住民の懐疑心を助長させた。更に、官有原野開墾に伴い、区画を決める「標木」打ち込み作業自体が居住する先住民の既墾地まで及んだことなどで、先住民を非常に激怒させた。

一方、台湾総督府は、これらの樟脳製造業者の安全を確保するために、隘勇《あいゆう》線と呼ばれた清朝時代に漢人が築いた先住民地区との境界線、防衛柵を踏襲した。当然のことながら、樟脳製造業者の生産拠点が更に山奥に入るにつれて、隘勇線は拡大され、結果として先住民の居住地を狭めていった。

当時の台中県大湖地区は台湾の中でも最も樟木が繁茂する地区であり、その中でも南庄はサンシャット族の居住地に接していた。事件は明治三五年（一九〇二）七月に勃発した。「南庄事件」と呼ばれるものである。

この事件はタイヤル族を巻き込んだサイセット族の武装蜂起となり、約八〇〇人の先住民が南庄めがけて襲撃し、多数の製脳工場が襲撃され、放火された。これに対して同年七月七日、陸軍混成第一旅団の新竹守備隊が参戦し、歩兵第二中隊と歩兵第一小隊からなる大規模な軍隊が構成され反撃態勢に移るが、鬱蒼と茂る樹木と断崖絶壁は日本軍の進行を妨げた。辛抱坂《しんぼう》と呼ばれた南庄の南の郊外（福南と紅毛館の間辺り）をいち早く日本軍が占拠したことにより、絶対的な優勢を収めた。そして、明治三五年（一九〇二）一〇月二一日に帰順式が執り行なわれ、抗争は終了した。

にあったが、台湾南部を襲った「九二一大地震」により地盤が緩み、二〇〇五年の艾利《アイレー》台風による土石流で、神社の痕跡は跡形もなくなった。本殿と四～六基の灯籠からなる、小さな神社であったという。また、他の部落神社と同じように、神社に向かって右側には相撲の土俵があった。

当時の久良栖にはカタンスラクとカランタブランの二つの部落があった。久良栖は理蕃政策としても非常に重要な位置を占めており、北東は宜蘭までを管理しており、原住民の蜂起に対していつでも出動ができる体制にあったようである。そのために、久良栖の陣営には軍警宿舎があった。

近くの博愛国小（小学校）は昭和五年（一九三〇）四月に久良栖教育所として創立している。ここも、警察・学校・神社が三位一体となった部落の治安と行政を執り行なう理蕃政策が取られていた場所であった。

◆新高郡

霧《きり》ケ《が》岡《おか》社——霧社の平和を願った神社

鎮座日：昭和七年一二月一六日　**祭神**：大国魂命、大己貴命、少彦名命、能久親王　**社　現住所**：南投縣仁愛郷大同村介壽巷三六之一號（徳龍宮）

霧ケ岡社は碧々とした碧湖《へきこ》を見渡す高台に南向きに造営された。戦後、本殿跡は孔子廟に建て替えられ、その後、

往時の霧ヶ岡社（提供：下山操子〈林香蘭〉）

旧徳龍宮前の灯籠（2005年撮影）

徳龍宮《ダーロンゴン》となっている。参道入口には不完全な朱色の鳥居が残っており、石段の両際には極彩色に彩られた灯籠の一部が残されている。

霧社の永遠の平和を守護するために霧ケ岡社は昭和七年（一九三二）一二月一六日に鎮座した。従って、悪夢まだ覚めやらない時期

の神社造営といえる。鎮座祭に先立って霧社事件（茶芸館参照）三周年忌として、霧社公学校傍に殉難殉職者の墓も造営され、霧社事件が発生した一〇月二七日に式典が執り行なわれた。

本殿には阿里山のヒノキが用いられ、鳥居には守城大《しゅじょうだい》山《さん》にあった北海道帝国大学演習林の木材が使用された。祭神には台湾神社の祭神が祀られ、霧社事件で亡くなった遭難者一三九人、軍隊二二人、警察官六人、人夫一三人、味方蕃二四人の計一九四人が合祀されたが、蜂起した原住民は一切祀られていない。

川中島社祠《かわなかじましゃやしろ》 ——強制移住させられた第二の居住地

鎮座日：昭和一二年一二月二五日　**祭神**：天照皇大神、大国魂命、大己貴命、少彦名命、能久親王　**社**　**現住所**：南投縣仁愛郷互助村明月巷六七號

霧社事件で蜂起蕃と称され、生き残った二九八人は当時の北港渓にある川中島（現在の仁愛郷互助村清流）に強制移住させられる。しかしながら、警察の厳しい監視の下での新天地の生活は、慣れぬ土地と気候で苦難を強いられた。また、山地より平地への移動により、マラリヤにも感染する。更に、昭和六年（一九三一）に能高郡役所での「帰順式」と偽って市街の埔里《ほり》に連れて行かれたうちの二三人が、霧社事件で抗日行動に加わったとして警察当局によって処刑された。川中島社祠はそのような時代背景の場所に「皇民化運動」が唱えられだした昭和一二年（一九三七）一二月二五日に鎮座した神社であった。

清流部落を通り過ぎ、互助国小（小学校）右側の小道を上がると「餘生紀念碑」がある。『抗日霧社事件をめぐる

餘生紀念碑

茶芸館 霧《む》社《しゃ》事件

霧社事件とは昭和五年（一九三〇）一〇月二七日に当時の台中州能高郡霧社で起きたタイヤル族による抗日蜂起事件である。この事件でタイヤル族（霧社セデック族マヘボ社など計六社）約三〇〇人が反乱を起こし、霧社公学校の運動会の式典に乱入し、日本人一三四人、和服を着ていたため日本人と間違われ殺害された漢人女性二人を含め合計一三六人の死亡者が出、多くは馘首《かくしゅ》された。これに対して、当時の第一三代台湾総督石塚英蔵は軍隊の出動を要請し、蜂起したタイヤル族に対して徹底した弾圧を行なった。一説には反乱の拡大と山岳奥に逃げ込んだタイヤル族を攻撃するために毒ガスをも使用したとの説もある。

昭和六年（一九三一）四月二五日、この事件の収拾がついた後、捕らえられた蜂起蕃が二つの収容所に隔離されたが、再度、警察は味方蕃（蜂起部族の制圧のため、軍隊に協力した部族）をそそのかして収容所を攻撃させる事件が発生した。その結果、収容所の霧社セデック族生存者中、二一六人が殺害される事件が発生した。これがいわゆる「第二霧社事件」と呼ばれるものである。その後、生き残ったセデック族生存者は全て川中島に強制移住させられ「帰順式」を行なったが、警察は三八人を連れ出し、秘密裏に処刑した。

日本統治時代において、数々の抗日蜂起事件が発生したが、霧社事件ほど当時の原住民にとって悲惨な事件はなかった。特に山地先住民が住む山岳地帯における蕃地には、主だった各州の理蕃課による警察行政が敷かれ、駐在所が置かれ、警察を中心とした統治政策が取られた。しかしながら、そのような統治政策は往々にして先住民の先祖代々からの伝統、風習及び習慣を根元から覆すものであった。また、警察官の傲慢な態度及び行動は先住民とのさまざまな問題を引き起こした。特に木材の搬送に伴う使役は大きな負担となった。それらの結果の集積として、長年の強制的な圧政や差別に対する鬱憤や恨みが爆発して霧社事件は起きた。

霧社事件発生により、部落における警察を中心にした更なる理蕃政策が強化され、同時に徹底した敬神の念を涵養せしむるために各部落に神社が造営された。そして神社を中心した行政が日本統治時代の最後まで行なわれた。

霧社事件殉難殉職者之墓
（提供：台湾協会）

人々（魚住悦子訳）』の著者である鄧相揚《テンシャンヤン》によると、この場所に戦後、高光清《ガオグワンチン》（注⑤）の提案により川中島社祠に代わって「餘生紀念碑」が造営された。現在、紀念碑の周りは整理され、事件の内容を伝える餘生紀念館も新たに建てられている。

台南州

◆嘉義郡

日本による統治政策が開始されると、各山地に撫墾署《ぶこんしょ》（後の弁務署）が設置される。当時、ツォウ族の中心であったタッパン社とトフヤ社は蕃薯寮《ばんしょりょう》撫墾署の管轄地域であった。台湾の各地で依然として抗日運動が起きているなか、ツォウ族とは余り対立しなかったようである。それは、一説にはマーヤの伝説（315頁茶芸館参照）に由来されるとも言われている。

山岳地に住む先住民に対する教化は、これまでの先住民の伝統的な民族習慣及び慣習を変える「更生」から進められ、神社を中心にした敬神の念を高めることになる。昭和五年一〇月二七日に発生した霧社事件から三年後、阿里山の西部を取り巻くよう、いっせいに、総督府が公認した祠《やしろ》六社が鎮座した。そして、天照皇大神、大国魂命、大己貴命、少彦名命、大山祇命、能久親王が祀られた。

ララウヤ祠《やしろ》——戦後間もなく取り壊された神社

鎮座日：昭和八年一二月一二日　**祭神**：天照皇大神、大国魂命、大己貴命、少彦名命、大山祇命、能久親王　**社　現住所**：嘉義縣阿里山郷楽野村一鄰…楽野村國小の横

この地は一面にララウヤ（楓樹）が繁茂していたのでこの名前を取って部落名になった。

神社は楽野国民小学横を参道として小学校前の道を隔てた丘の中腹に造営された。現在は草木に覆われて近寄ることも出来ない。戦後の一九五一年以降に衛生所（保健所）の宿舎を建設する際に神社も取り壊されたようである。

サビキ祠《やしろ》——台風で崩壊した神社

鎮座日：昭和八年一二月一七日　**祭神**：天照皇大神、大国魂命、大己貴命、少彦名命、大山祇命、能久親王　**社　現住所**：嘉義縣阿里山郷山美村山美路（山美託児所）

本来この地はタモガナと呼ばれたのでタモガナ社と呼ぶのが正しいが、以前この地に住む先住民はサビキに居住していたので、現在の地に移ってもそれまでの地名で呼んでいた。

神社は現在の山美派出所裏の山美託児所辺りに造営され

た。いつ頃の台風か不明であるが、台湾中部を襲った台風で山が崩れ、神社もろとも崩壊したようである。

タツパン祠《やしろ》 ——蕃童教育所傍にあった神社

鎮座日：昭和八年一二月一七日　**祭神**：天照皇大神、大国魂命、大己貴命、少彦名命、大山祇命、能久親王　**社　現住所**：嘉義縣阿里山郷達邦村一號（達邦國小）

トフヤと同じく約一〇〇〇年前にパントゥンコア（現在の玉山で日本統治時代の新高山）七合目付近に数種族とともに居住していたが、約九〇〇年前に他の種族と別れてこの地に移り住んだという。

タツパン祠は達邦小学の右奥にある貯水タンク辺りにあったようであり、阿里山郷に造営された六ヶ所の神社のなかでもタツパン祠が規模的にも大きく立派であったようである。また、もっとも早く創立された蕃童教育所があった部落であり、ツォウ族の現代教育の起源でもあるという。

トフヤ祠《やしろ》 ——野菜畑に変わった神社跡地

鎮座日：昭和八年一二月一七日　**祭神**：天照皇大神、大国魂命、大己貴命、少彦名命、大山祇命、能久親王　**社　現住所**：嘉義縣阿里山郷特富野社九鄰

トフヤ祠跡地

この部落の祖先がパントゥンコアよりこの地に来て一夜吉夢を見たので、永住の地と定め、トフヤと名付けたという。

阿里山森林鉄道の十字路駅から南下すること三キロメートルほどのところにトフヤ社があった。部落の規模としては五四四戸三二〇〇人で、ツォウ族中一番大きな部落であ

った。

神社の跡地の特定は難しかつ、たが、特富野社区九鄰二三九号の家の裏にある野菜畑であった。

ニヤウチヤ祠《やしろ》 ——部落の高台に造営された守護神

鎮座日：昭和八年一二月一七日　**祭神**：天照皇大神、大国魂命、大己貴命、少彦名命、大山祇命、能久親王　**社　現住所**：嘉義縣阿里山郷里佳村—里佳派出所横の道を登る

ウチという者が初めて部落を建てて、ここで死亡したのでこの部落名が起こった。「ニヤ」とは死亡の意味である。

里佳派出所横の道を登っていった高台のところに草葺の休憩所があり、ここが神社のあった跡地であった。この場所からは部落を一望に見渡すことが出来る高台である。お年寄りの話によると、神社を取り壊した際、作業に携わった二人が高台から落ちて亡くなったという。このように本殿を取り壊す際はなんらかの不思議な事が起こるようである。

ララチ祠《やしろ》 ——蕃童教育所前に造営された神社

鎮座日：昭和八年一二月一七日　**祭神**：天照皇大神、大国魂命、大己貴命、少彦名命、大山祇命、能久親王　**社　現住所**：嘉義縣阿里山郷来吉村四鄰九一號…来吉國小の横

ララチ村は阿里山郷のほぼ北西に位置する。来吉《ライジ》小学の教師の説明によると、神社はちょうど、学校正門と道路をはさんだ反対側の家屋との中間に造営されたとのことであった。来吉小学校の前身であるララチ蕃童教育所の創立は昭和一〇年（一九三五）とのことであるから、神社が造営されてまもなくに教育所が創立されたことになる。

高雄州

◆屏東郡

サンティモン祠《ほこら》 ——橿原《かしはら》神宮の神火が運ばれた部落

鎮座日：昭和八年　**祭神**：天照皇大神　**無願神祠　現在地**：屏東縣三地門郷山地村（中山公園）

三地門《サンティモン》はパイワン族語で「スティムル」と称されていたが、清朝時代の福建からの入植者により、同音の「山猪毛」或いは「山地門」と称されるようになる。これは、当時の本島人が原住民を山猪になぞらえ、彼らが出草《しゅっそう》（首狩り）してくる所の意味であったという。

昭和八年（一九三三）に献穀畑がサンティモン社に決定し、奉納が終わった記念として、その跡に神社が造営され、その後、この神社を中心に国民精神の涵養がなされた。また、教化の中心をなすサンティモン教育所（現在の三地国民学

校）が大正三年（一九一四）に創設される。神社はちょうど、三地門郷公所の対面にある中山公園内に造営された。

　当時のサンティモン社は屏東市から最も近い部落であった。昭和四年（一九二九）には自動車道路も出来、比較的理蕃政策の行き届いた所であった。昭和一五年（一九四〇）の皇紀二六〇〇年記念イベントとして橿原神宮よりの

サンティモン祠跡地

御神火が島内の主だった神社に奉納された。この地では二月一四日に部落の青年団員二〇余人のうち、数人は白装束に身を固め、屏東の阿緱神社から御神火を拝受し、三本の松火に棒持して、リレーでサンティモン祠まで運ばれ、献火が行われた。

ブタイ祠《ほこら》——ルカイ族部落の神社

鎮座日：昭和九年一二月四日　**祭神**：天照皇大神　**無願神祠**　**現在地**：屏東縣霧台郷霧台村

　この地はサンティモンから北西に一七キロメートルほどの距離にあり、当時は屏東から台東を結ぶ要所であった。また、大正三年（一九一四）一〇月に銃器押収により先住民の反撃に合い、阿緱庁阿里港支庁長警部脇田義一以下一一人の殉職者が出た、いわゆる「ブタイ事件」が発生したところでもあった。

　当時の報道によると、昭和九年（一九三四）一二月四日に阿緱神社高橋社掌《しゃしょう》を招いて鎮座祭を挙行したとある。当日は蕃地警察職員及び近隣部落から先住民約七〇〇人が参列して盛大に祭典が執り行なわれた。ブタイ社は外の部落に比較して先住民に対する教化が進んでおり、既に昭和九年九月に三回目の神前結婚が挙げられている。

　霧台郷は屏東県東北部中央山脈に位置し、地勢は険しく、

平均海抜は一〇〇〇メートル以上の山岳地帯となっている。人口は三〇〇〇人余りといわれ、外の屏東県の先住民とは異なり、先住民の約九八％がルカイ族（注⑥）である。

屏東市から三地門に入り、達来村にある「山友服務站」で入山許可を得る。途中、「神山愛玉」という愛玉ゼリーの店で、ルカイ族の古老から、「神社は霧台国小（小学校）傍の教会の下」との情報を得る。また、当時の理蕃政策を記す『理蕃の友』では、ルカイ族男女の裸身像が神社のそばに飾られていたとのことであり、この像はちょうど現在の霧台国小の入口辺りにあったとのこと。神社の位置は、小学校そばの魯凱《ルカイ》文物館の上辺りで、霧台基督長老教会を含んだ一帯であると確認できた。

正面が霧台小学の入口で、右側が魯凱文物館となる

マカザヤザヤ祠《ほこら》 ――八八水災により新天地を目指した部落

鎮座日：昭和一〇年頃　**祭神**：不明　**無願神祠**　**現在地**：屏東縣瑪家郷瑪家村

マカザヤザヤとは、パイワン族語で「傾斜地の上方」の意味である。大正九年（一九二〇）に地方制度改正により、高雄州屏東郡（後の潮州郡）に帰属することになる。

マカザヤザヤ社（現在の瑪家《マーチャ》）は二〇〇九年八月の「八八水災」の大規模水災に遭った村である。現在、マカザヤザヤ社は旧部落から完全に避難し、新しい恒久住宅に新天地を求めて住んでいる。現在、新たに命名された裡納里《リナイリ》部落には「八八水災」で旧居住地を離れざるを得なくなった霧台郷《ウダイシャン》好茶村《ハオチャツン》、三地門郷《サンディメン》大社村及び瑪家郷瑪家村の三村が区画を分けて暮らしている。この新居住地の瑪家村に瑪卡札亜（マカザヤザヤ）街があり、マカザヤザヤ社の頭目である徐春美（頭目世襲名：オロン）さん、七八歳が住ん

往時のマカザヤザヤ祠（出典：『理蕃の友』）

でいることがわかり、二〇一二年九月に訪問する。

オロンさんのご厚意によりマカザヤザヤ神社跡地に同行して頂いた。屏三五線を進むと、パイワン族とルカイ族発祥の地といわれる旧筏湾（パイワン）部落、桃花園、そして、もう一つの道に分かれる分岐点に達する。神社の石段はこの分岐点から桃花園に向う道に約一五メートル程度進んだ地点から山際に向かって造営された。

スボン祠《ほこら》——春日村と呼ばれた部落

鎮座日：昭和一五年五月一五日　**祭神**：天照皇大神　**無願神祠**
現在地：屏東縣春日郷士文村

昭和一六年（一九四一）、総督府は高雄州潮州郡の部落である「スボン社」を現在の春日村西部へ移住させ、部落名である「Kasuvongan」と音の近い和風地名「春日《かすが》社」と命名した。戦後は「春日」を郷名とし、「春日郷」が設けられ、高雄県の管轄とされる。一九五〇年に屏東県に帰属するようになり、現在に至っている。

屏一四六号を一三キロメートル登りつめると、士文社《シーブン》のゲートに出会い、ここからがスボン社となる。古《ク》華《ファ》国民小学士文分校（注⑦）で、昭和二年（一九二七）生まれの程《ツエン》中元《ツオンユエン》（日本名：中元一郎）さんを紹介してもらった。程さんの情報から、士文路三九の裏山に神社が造営されたことが判明した。戦後、日本人の手により、神社は取り壊されたが、基壇のみは残っていたという。その基壇も一九八八年にブルドーザーで整地され、神苑も今や山中の一部になっていた。程さんによると、本殿と三基の鳥居からなる神社であった。鎮座祭は昭和一五年（一九四〇）五月一五日に執り行われ、祭神は天照皇大神であった。

◆恒春郡

クスクス祠《ほこら》 ――新装された本殿

鎮座日：昭和一四年一二月一六日　**祭神**：天照皇大神　**無願神祠**
現在地：屏東縣牡丹郷高士村

恒春《ヘンチュン》半島に位置する車城《ツアツエンシャン》郷 車城から内陸に向かう一九九号線に入る。この道は、明治七年（一八七四）、明治政府が牡丹社《ぼたんしゃ》に向かう際に辿った侵攻路の一つでもある。

明治四年（一八七一）に太平洋に面した台湾最南東部に漂着した宮古島漁民が先住民により殺害され、日本政府による台湾出兵へと繋がった牡丹社事件（318頁参照）と呼ばれた歴史がある。この事件以降、清朝は恒春半島の統治と防衛に力を注ぐ結果を生む。

途中、台湾四大名湯の一つである四重溪温泉を越え、牡丹水庫から一七二号線に入り、一一キロメートル進むと、牡丹郷の南東端に位置するクスクス（高士佛）社に到着する。現在、この部落は昭和二〇年（一九四五）の大型台風により、それまでの旧部落が破壊されたため、移り住んだ場所でもある。この地にたどり着くまで、遠い昔の旧部落から六度移り変わったようである。

クスクス祠は高雄州恒春郡蕃地のクスクス社に部落の守護神として、遠く遥かに太平洋、クスクス公学校及び部落、そして、派出所を見渡す高台に造営された。二〇一二年に訪問した時、神社の遺物として基壇のほか、石段の一部と鳥居の亀腹のみが残っており、風化から基壇を防ぐために、屋根が設けられていた。また、この部落で陳清福（パラル・ロンシン）さん、八五歳にお会いした。ロンシンさん曰く、「この公学校を卒業した生徒は、神様のお陰で出世している。従って、なんとか神社の復元をしたい」とのことであった。

二〇一五年に入り、このクスクス村に神社が造営される

茶芸館 マーヤの伝説

太古に大洪水があったとき、ツォウ族は難を逃れるためにパントゥンコアに逃れた。水が引き、山を下りることになる。この時、マーヤと呼ばれる人々と一緒に暮らしていたツォウ族は二組に分かれた。いよいよ東西に袂を分かつことになるとさすがに離別の情にしのびなく、一本の梓弓《あずさゆみ》を折って半分ずつ持ち「また会う日まで」の印としたという。これがツォウ族に伝わる「マーヤの伝説」である。マーヤと別れたツォウ族達は山を下り、トフヤ部落に新天地を開いた。その後、日本人と接触した際に「日本人こそ太古、パントゥンコアで別れたマーヤの子孫に違いない。従って、我々ツォウ族と日本人は昔からの真の兄弟であるから仲良くしなければならない」と言ったとのことである。

という情報が入った。クスクス村の熱意ある有志に賛同したのが、横浜に住む神職である。七月一九日に新しく新調された社殿の鎮座祭が行なわれるとのことで、急遽参加することにした。残念ながら、神社に対する感情が背景にあり、「神事」を行なうことに対する抵抗があったのであろう。

クスクス村に新装された本殿

地方政府により、高雄港に着いた社殿の通関にストップがかかったため、当日は形だけの神事で終わった。

神職並びに賛同者の熱意により、当局との交渉も順調に進んだようで、ついに同年八月一一日鎮座祭が執り行なわれた。祭神は高士佛村から出征した英霊及び高士佛戦没之霊神である。例祭は四月三〇日で、数多くの人達が参加している。戦後、台湾で神職と氏子が奉祀する最初の事例であり、興味深い。

現在は本殿前に鳥居も建ち、この地から遠く宮古島漁民が漂流の末、辿り着いた八遥湾《パヤヤオワン》を見渡すことが出来る。

花蓮港庁

◆花蓮郡

佐久間《さくま》神社――五箇年計画理蕃事業

鎮座日：大正一一年一二月八日　**祭神**：大己貴命、佐久間佐馬太
社格：無格社　**現住所**：花蓮縣秀林郷富世村天祥路（文天祥公園）

佐久間左馬太総督の雅号《がごう》を取って名付けられた研海《けんかい》支庁（後の花蓮郡研海庄）の所在地である新城から内太魯閣《たろこ》（中央山脈に近い山地に棲む先住民居住地域）の入口であるタッキリ（現在の立霧）渓に架かるタッキリ橋を越え、断崖絶壁の高山を目指して約二五キロメートル奥へ進むと、中央

往時の佐久間神社（出典：『日本地理体系』）

文天祥像と正気の歌

山脈に近い山地一帯を占める内太魯閣支庁の所在地であったタビトがあった。

佐久間神社は現在の太魯閣《タイロコ》国立公園の天祥《ティエンシャン》に造営され、佐久間佐馬太と大己貴命《おおなむちのみこと》が祭神として祀られた。この地は以前、タイヤル族のタビト部落があったところである。タビトとはタイヤル語でシュロの木を意味する。

現在、神社跡地には文天祥《ウンティエンシャン》塑像が建っており、戦後の一九六〇年に台中から花蓮を結ぶ東西横貫道路が開通したときに大理石で造られた「正気歌」の碑文が文天祥塑像背後に建てられた。

文天祥とは南宋の軍人・政治家で、二〇歳のときに科挙を状元《じょうげん》（首席の事）で合格し、のちに丞相《じょうしょう》になっている。蒙古軍が大挙して南宋を襲来したとき、文天祥は私財をなげうって兵を募り、蒙古軍に抵抗した。最後は捕らえられ、牢獄に入れられて処刑された。「正気歌」は、文天祥が獄中にいるときに作られた歌である。

台湾に造営された神社の中で唯一、佐久間神社だけが日本統治時代の総督を祀っている。それは佐久間総督が多発する先住民の大規模蜂起を掃討するために、理蕃政策を実施し、偉大な成果を挙げたためであった。台湾東部の花蓮港では最後まで太魯閣蕃が抵抗した。明治二九年（一八九六）の新城事件（320頁参照）、明治三九年（一九〇六）の威里《ウィリー》事件を経て、佐久間総督の就任期間であった大正二年（一九一三）の「太魯閣の戦役」においてはすさまじい討伐作戦が展開され、数多くのタイヤル族、アミ族と日本人が亡くなっている。

佐久間神社は大正一二年（一九二三）六月一〇日、当時の研海支庁長であった永井国次郎ほか四九人が発起人となり、総督府へ神社造営出願を行なった。同年の一一月八日付けで認可され、支庁下の警察職員の浄財一〇〇〇円により内大魯閣の中心地であるタビトに造営された。同年一二月八日に鎮座する。例祭日は緋《ひ》桜《ざくら》の咲きほこる一月二八日が選ばれ、花蓮港街からも毎年多数の参拝者が訪れた。

理蕃政策の成功により、タビトも含めて山地に居住する先住民の平地への移住が行なわれた。神社は僻地にあるため参拝者も少なくなる。また、一月末は先住民の主食である粟播きの季節にあたり、農繁期でもあるため、例祭への参加者も徐々に少なくなり、昭和一一年（一九三六）頃には花蓮港街付近の平地へ神社を遷座し、タビトの神社は奥殿とすることも計画された。しかしながら、あくまで神社は仙境奥太魯閣のタビトであり、大祭は緋桜の真っ盛りとなる一月二八日であった。

茶芸館　牡丹社事件

明治四年（一八七一）に琉球宮古島の朝貢船が暴風に流され、遠く台湾東南部（現在の八遥湾《パヤヤオワン》）に漂着した。乗組員六九人のうち、三人は水死、残りは道に迷いながらパイワン族の高士沸《クスクス》（部落）に辿り着く。翌日、部落の男達が狩猟に出かけた際に、漂着者は斬首されるのではないかと危惧して脱走を図った。ひたすら西方に向かって逃げ、途中、本島人に匿ってもらうが、追いかけてきた高士佛の部落民により五四人が次々に連れ出され、斬首された。生き残った一二人は本島人部落に保護され、翌年六月に福建省を経由して那覇に帰還した。これが牡丹社《ぼたんしゃ》事件、または琉球漂流民殺害事件と呼ばれるものである。

明治政府及び明治天皇は副島種臣《そえじまたねおみ》に全権を委ね、柳原前《さき》光《みつ》を副使とし、清国との交渉へ向かわす。日本の使節に対して清国政府は「生蕃は化外の民」と回答してきた。そこで柳原公使は「貴国が化外の民であるとして治め得ないのであれば、我が国は兵を派遣して我が民を害せる生蕃を討つ、その時になって異議を唱えぬように」と釘さして帰国した。

明治七年（一八七四）四月に陸軍中尉であった西郷従道《つぐみち》率いる近代日本初の海外派兵が行なわれた。軍艦五隻、舟艇一三隻、兵員三六〇〇人を率いて台湾へ出兵し、一月足らずで事件発生地域を制圧する。その時の最大の戦いの場が石門《せきもん》と言われる牡丹社に通じる小溪谷であった。現在も西郷都督遺蹟記念碑（戦後、「澄清海宇還我河山」と書き換えられる）が残っている。

日本軍の死者五三八人のうち、戦死者はわずか一二人、ほとんどがマラリアなどの風土病で死亡した。

一方、事件が終わった後、本島人によって造られた遭難者のお墓は、日本軍の滞在中、西郷従道により、お墓の改修が行なわれ、「大日本琉球藩民五十四名墓」と刻まれた石碑が建立された。

その後、イギリス公使ウェードのとりなしで清国との間に和議がもたれた。清国は「化外の民」発言を翻し、台湾の領有を主張、日本軍の即時撤退を要求してきた。交渉の末、日本は台湾全土の清国領有を容認し、代わりに清国は日本の台湾出兵を「住民を守るための義戦」と認め、賠償金五〇万両を支払うことになり、琉球が日本に帰属することを確認した。

二〇一五年夏に日本統治時期の昭和一三年（一九三八）に屏東県牡丹郷高士《ガオス》村に生まれた華阿財《かあざい》さんにお会いした。華さんはパイワン族で、小学校で教師を務めた後、公職に転じ牡丹社郷長、屏東県議会議員、行政院教育部原住民教育政策委員及び旮《ガ》伏《フ》龍安《ロンアン》文史研究室の責任者を務めておられる。また、牡丹社事件についても長年、事件の真相について研究されておられた。華さんによると、そもそも、事件発生の理由は、「誤解」にあるという。先住民の世界では、無断で他所《よそ》者は自分達の土地に入ってはいけないことになっている。六六人の沖縄漂流者が高士佛部落に迷い込んだ時、先住民から水と芋を与えられた。これは「歓迎」を意味するものであった。にもかかわらず、翌日、部落の男達が狩猟に出かけた隙に密かに逃げ出すのである。このことを先住民は「漂流者達は敵である。歓迎した友達であれば逃げない。きっと、部落を乗っ取りに来るのであろう」と理解し、追いかけて斬首したとのことである。確かに、一人の先住民が漂流者の衣服を持ち去ったが、その者は部落内で非難され、自害したようである。衣服を持ち去ったことは高士佛部落民の総意ではなかった。また、一般に言われる「牡丹社事件」は、むしろ「高士佛事件」と称されるべきという。牡丹社は高士佛社の応援で、六六人の捜索に駆けつけ、帰り際に高士沸社によって斬首された首を見つけて持ち帰っただけで、あくまで事件の当事者は高士佛社であったとの見解である。

二〇〇五年六月、パイワン族の使節一八人が沖縄県那覇と宮古島を表敬訪問した。一行はいずれも牡丹社事件の当事者の子孫で、事件の和解と被害者の追悼を目的としていた。このお返しに二〇〇八年一月に宮古島関係者が訪台し、牡丹郷の古戦場で地元住民らと「愛興和平（愛と平和）」の記念儀式が行なわれた。

大日本琉球藩民五十四名墓

石門の旧西郷都督遺績記念碑

新城《しんじょう》社――太魯閣《たろこ》の悲劇

鎮座日：昭和一二年一〇月　**祭神**：大国魂命、大己貴命、少彦名命、能久親王　**社　現住所**：花蓮縣新城郷博愛路六四號（新城天主堂）

花蓮港を含む東台湾で、日本の統治政策が始まったまもなくの明治二九年（一八九六）一二月に太魯閣地区の監視を行っていた花蓮港駐屯の日本軍隊の一人がタイヤル族の支族であるセダッカ族の女性を暴行した。これに対してタイヤル族が憤慨し、新城にあった兵舎を奇襲攻撃し、二三人を殺害した。これが「新城事件」と言われるものである。年が明けた一月には日本軍がタイヤル族に対して度重なる総攻撃を仕掛けたが、意外にも苦戦し、退散もさることながら死亡者を多数出す結果となった。総督府は武力によってタイヤル族を征服できると簡単に考えていたが、特に山岳戦では地の利を得ているタイヤル族の方が圧倒的に有利であった。

明治三九年（一九〇六）七月三一日に賀田金三郎（276頁参照）の経営する賀田組の製脳事業で、太魯閣での樟木（クスノキ）の伐採でタイヤル族やブヌン族の聖域である狩猟地域まで侵入したため、彼らの激しい怒りと不満を爆発させた。また、同時に樟木の伐採をする上で、彼らを労働力と使用した際の金銭問題も新たに悲惨な事件を引き起こす結果にもなった。この事件でタイヤル族の一四社（部落）が蜂起して、太魯閣の監視にあたっていた花蓮港支庁長大山十郎以下官憲及び賀田組職員など二五人が威里《ウイリー》（現在の秀林郷佳林村）の製脳事業所で殺害された。これが「威里事件」と呼ばれるものである。この事件は台湾総督府に大きな打撃を与えた。

太魯閣蕃は外太魯閣と内太魯閣に分かれ、外太魯閣はタッキリ渓（現在の蘭陽渓）及び三桟《さんさん》渓間の海岸寄りに棲息する原住民をいった。北部中央山脈上のタイヤル族中、最大の種族であり、部落数九七社、戸数一六〇〇余戸、人口九〇〇〇人余、壮丁《そうてい》（一人前の働き盛りの男）約三〇〇〇人と推定されていた。また、銃器を最も多く所持していたため、佐久間総督による「五箇年計画理蕃事業」の最終年度では最も難関な討伐が予想された。出動部隊は陸軍部隊三一〇八人、人夫六八〇〇人、警察部隊三一二七人（うち隘勇一〇〇八人）、人夫六一〇〇人の規模となり、警察隊と陸軍部隊により東海岸方面より討伐を開始する。この戦役の結果、陸軍部隊の戦死者は将校三人、下士官以下五八人、負傷者は将校六人、下士官以下一一九人の合計　陸軍死傷者一八六人となった。

大正三年（一九一四）三月に一連の太魯閣事件が収束したことにより、太魯閣招魂碑が建立された。その後、二三年経った昭和一二年（一九三七）一〇月二五日に新城社が鎮座する。鎮座祭には花蓮港庁長藤村寛太、花蓮郡守吉田治久外多数の参加があり、その後の余興として太魯閣青年の角力《すもう》、少女青年団の舞踊や内地人少年の剣道試合などがあった。

神社跡地は新城郷新城公園傍にある。戦後、神社は取り壊され、現在は一九六七年に建設された天主教会（注⑧）花蓮教会となっている。灯籠も松の木とともに参道の両側に三基ずつ残っており、本殿のあったところがマリア像でなければ一般の神社と全く変わりなく、錯覚を起こしそうである。狛犬も二対ある。

天主堂の中庭に「殉難将士瘞骨《えいこつ》碑　陸軍大將從三位勲一

茶芸館　理蕃事業に賭けた佐久間左馬太

多発する蕃害に対処するため「五箇年計画理蕃事業」を策定し、佐久間総督が明治四三年（一九一〇）六月に上京する。まず、桂太郎首相に相談したところ、首相は暗に計画案の撤回を促したようである。また、当時の逓信《ていしん》大臣であった後藤新平も「退いて再考なさるるに如かず」くらいの回答であった。佐久間総督が台湾に戻る際、参向して天皇陛下に仔細に事情を奏上したところ、明治天皇は御一言「それは面白い案である」との御意味をお漏らしになられたという。また、山縣公（山縣有朋）に陛下の思召しの次第を語った際、山縣公は「それは陛下の思召もあることならば、今一応桂に話しては如何」と言われ、再び力を得て、以上の次第を桂首相に相談したところ、「されば」と納得して、いよいよ議会への提案となり、可決を見るに至ったという。

古希《こき》を過ぎた七一歳の佐久間総督が自ら赴いた蕃地は台湾中部に位置する埔里《ほり》社、合歓《ごうかん》山、関ヶ原と、タビトの手前のセラオカフェニである。太魯閣出征中の、大正三年（一九一四）六月二六日に内太魯閣山中のセラオカフェニで負傷する。「予は此処で死ぬのが本望。此処を動かぬ」と豪語したとのことである。『佐久間左馬太』には左記のように記述されている。

六月二六日の朝食後七時半頃であった。総督は前進の新道路を巡視のために、安井副官、宇野警視、師井警部補、其の他護衛の数名を随えて、司令部の幕営を出た。それは僅かに四五町先の地点に過ぎなかったが、元より新道路といっても内太魯閣蕃の棲むところなれば、突兀《とっこう》たる巌角を削って、辛うじて片足を容るゝに足る如き獣逕に迄も及ばぬ程の嶮路である。総督も其の際、一方の足もて僅かに鑿り開かれた岩上を履み、逕が狭いので蟹の横匍いのようにして通るにあたり、片足を転ずる途端、傍への岩へ手をかけられて力にすると、予想外に其の岩は脆くも崩れて、体重のバランスは失われ、約二〇間計りの断崖の下に墜落されたものである。

一時は昏睡状態に陥り、意識を失った佐久間総督だが、一命を取り留める。村上軍医部長の治療を受けながら、八月一三日に本営を撤退し、凱旋の途に就いた。

新城社本殿跡にはマリア像が祀られている

殉難將士瘞骨碑

等功二級　柴五郎」、そして背面には「□治廿九年十二月二十三□□」と刻まれている。この碑の除幕式は大正九年（一九二〇）一二月二三日に執り行なわれており、新城事件で亡くなった監視哨官兵結城《ゆうき》亨少尉及び一三人の名前が刻まれている。柴五郎とは大正八年（一九一九）、陸軍大将に昇格し、台湾司令官を歴任した会津出身の軍人である。

銅門祠《どうもんやしろ》 ——台風で消えた神社跡地

鎮座日：昭和一一年六月二七日　**祭神**：大国魂命、大己貴命、少彦名命、能久親王　**社　現住所**：花蓮縣秀林郷銅門村…台湾基督長老教會銅門教會裏の防砂提辺り

日本統治時代には蕃地ムクムゲ社と呼ばれた場所であり、現在でも多くの太魯閣《たろこ》族が住んでいる。「ムクムゲ」とは太魯閣語であり、中国語に書き換えると「慕谷慕魚」となり、太魯閣族の自然に対する思いが表れている。

銅門橋をわたると銅門教会がある。この横道を山沿いに上がってゆくと土石流を止める砂防提があり、その奥の山裾に砂防用のコンクリートの固まりがある。付近のアミ族の方に伺うと、この砂防用のコンクリートの固まり辺りに、南西向きに神社があった。神社への参道は砂防提手前から始まっており、二段に分かれた石段になっていたようである。銅門教会のちょうど裏に灯籠が残る神社らしき遺構があるが、これは神社のものではない。昭和一九年（一九四四）夏、台湾を襲った強烈な台風は木瓜《もくい》溪流域を直撃し、銅門村西からの大量な土砂崩れにより、当時の銅門発電所や清水発電所に土砂が流れ込んだようである。その時、神社も土砂の中に埋没してしまった。これにより銅門村は甚大な被害を受け、この台風で亡くなった方々を慰霊する塔

が造営された。それが、この慰霊塔である。悪夢は四六年後に再び起こる。一九九〇年の欧菲莉《オフェリ》台風である。この時も同じよう銅門村西側よりの土砂崩れで部落が跡形もなくなり、二九人の死者を出した。

銅門神社は銅門部落内に庁当局の方針に基づいて造営されたものである。鎮座祭には銅門小学校児童による奉納舞踊が行われた。

往時の銅門祠（出典：『理蕃の友』）

砂防用のコンクリート辺りに神社があった

カウワン祠《やしろ》 ――蘇る神社遺構

鎮座日：昭和一三年三月九日　**祭神**：大国魂命、大己貴命、少彦名命、能久親王　**社　現住所**：花蓮縣秀林郷景美村―景美國小の裏

明治二九年（一八九六）一二月に新城《しんじょう》で起こった「新城事件」での抗争で、日本軍は十分な成果を得ることは出来なかった。山口政治の『知られざる東台湾』によると、新城の北に位置する三桟《サンサン》の抗争でも大敗を喫した日本軍は三桟より手前のカウワン社をまず制圧する作戦に変えたが、密林における原住民の機敏なゲリラ戦には勝てず、負傷者が続出する結果となった。最終的に、日本軍は砲兵隊に頼り、後方から山砲で山上のカウワン社を激しく砲撃した。カウワンはこのような抗争が起きた場所でもある。

当時、花蓮港庁下の主な部落にはほとんど神社があり、原住民の敬神の念を高めていた。近隣のブスリン、エカドサン、サンサンなどの部落に神社はあったが、カウワン社には神社がなく、頭目のピツサオダダンが他の部落同様に神社を造営したいと研海支庁へ申し出たようである。

カウワン祠は秀林郷景美村の景美国小（小学校）右横から入る裏山にあった。

二〇一五年に入り、神社跡地の整備が行なわれた。改めて、全貌を表した遺構は素晴らしく、一見の価値がある。

整理されたカウワン祠跡地

◆玉里郡

玉里社《たまざと》——表忠碑が語る先住民との抗争

鎮座日：昭和三年一〇月二二日　**祭神**：大国魂命、大己貴命、少彦名命、能久親王　**社**　**現住所**：花蓮縣玉里鎮泰昌里西邊街

大正六年（一九一七）九月に台東線鉄道の開通と同時に、それまでの璞石閣《ぼくせきかく》から玉里に改称された。

「五箇年計画理蕃事業」において、玉里ではブヌン族との抗争が激しさを増した。大正三年（一九一四）に総督府が武器没収政策を実行した際、ブヌン族はこれに抵抗した。翌年五月一七日にラホアレ、アリマン兄弟が部族を率いてターフン駐在所を襲撃し、田崎強四郎警部以下一一人を殺害した。この事件は打訓《だーふん》または大分（花蓮県卓溪郷卓清村の西方、玉山の東方に在り、ブヌン語でターフン）事件と呼ばれた。大正八年（一九一九）に打訓事件に関して残った勢力も全面粛清《しゅくせい》された。事件の解決を経て、台湾総督府は三〇万円を投入し、理蕃政策を進めるため、改めて清朝時代の八通関古道とルートの異なる測量と調査を行ない、ブヌン族を警備する理蕃道路として八通関越《はっつうかんえつ》横断道路を建設した。その東の入口が玉里であった。大正八年六月に着工され、大正一〇年（一九二一）一月に全線が完工、全長一二八キロメートルだった。途中には四六ヶ所の派出所（駐在所）が設けられ、厳重な警備が行なわれた。玉里から台湾最高峰の新高山を越え、南投県集集《しゅうしゅう》街まで続いていた東西を結ぶ横断道路であった。

玉里社は玉里庄民及び花蓮港庁下官民の寄付によって玉里駅前の卓溪山中腹に、七五〇〇円の浄財により造営された。玉里の街を眼下にみる景勝優れた場所であった。現在、参道への入口は住民の民家の一部となっている。鳥居は一基残っており、民家入口と本殿に続く石段を登ってゆくと第二の鳥居がある。一部の灯籠には「□二年十一月十日」「奉納　築豊會」、また鳥居には「昭和十一年八月吉日」「東台湾無盡株式会社」等の文字を確認することができる。

茶芸館　高砂族部落対抗相撲大会

神社と相撲は大いに関係がある。相撲は神事としての性格が強く、神社の例祭の際には天下泰平・子孫繁栄・五穀豊穣・大漁等を願い、相撲を行なう神社も多かった。特に先住民部落においては制限された狩猟や出草（首狩り）の禁止により、闘争本能に優れている先住民の間では盛んに相撲が行なわれた。左記に引用するのは、当時の大相撲協会発行の『相撲』に掲載されていたものである。

昭和一六年（一九四一）一一月九日に花蓮港庁理蕃当局による第一回高砂族部落対抗相撲大会がエカドサン部落で開催された。異種民族の垣の厳重さは想像以上で、それがため、対抗となるとまかりまちがへば、血を流さぬとも限らぬ、恐るべき闘争意識であった。

参加したのは、大山、シラガン、サカダン、タッキリ、ブセガン、新城、ブスリン、三桟、カウワン、エカドサン、銅門、銅文蘭の一二部落であった。カウワン社のごときは、応援団を繰り出し、ブスリン社は日の丸扇で拍手の応援がなされた。行司は、かつて出羽海部屋の飯を食ったという千年《ちとせ》川《がわ》一夫であった。試合が始まると、部族代表の選手たちは日本人に習ったとおりに恭しく敬礼し、四股を踏み、力水を受けて塩をまいた。そして立ち合い――。行司を中心に先ず睨み合ふのだがこの睨み合の双方の眼光の鋭さは凄いばかり。かけ引きも作戦もあらばこそ、土俵に上がるや否や今にも飛びかゝらんとする気構へなのだ。待つたなしの仕切だから、双方共手を下すももどかしいらしく、行司に叱られても叱られても立たうとする。最終的に団体優勝は新城、以下銅門、エカドサン、ブスリン、カウウン、シラガンの順であった。

理蕃政策の浸透により、他の部族や部落との抗争もなくなった。闘争本能がくすぶり始めた頃の相撲であるため、いやが上にも闘争本能が爆発するくらいの戦いであった。

渡邉昌史の『身体に託された記憶　台湾原住民の土俵をもつ相撲』によると、ピュマ族の多くが居住する台東の知本には、領台以前に相撲があったという。日本の昔の相撲と同じように土俵はなく、相手を倒すだけの格闘技であった。昭和六～七年頃に日本式土俵の上での相撲となったとある。

往時の玉里社（出典：『東台湾展望』）

参道入口の大鳥居

整備された本殿の基壇

　二〇〇九年八月に入って、陳世淵さんが中心となって「玉里神社志工隊」（志工隊とはボランティアのこと）が編成され、神社遺構廻りの清掃活動が行なわれ、現在は見事に整理された神社跡地に遺構や遺物を見ることが出来る。神社跡地の整理・修復事業としては、この地が初めてであった。

　神社跡地の横に、民家の屋根から飛び出している石柱がみえる。「表忠碑」と書かれている。昭和七年（一九三二）一月五日に除幕式が執り行なわれたもので、打訓事件の殉職殉難病没警官田崎警部以下一九五人を合祀したものである。

太平祠《たいへいやしろ》 ——彌都波能賣命《みづはのめのみこと》を祀った神社

鎮座日：昭和一〇年一二月二二日　**祭神**：大国魂命、大己貴命、少彦名命、能久親王、彌都波能賣命　**社　現住所**：花蓮縣卓溪鄉太平山六五號の裏山…太平抽水站の傍

　花蓮港庁理蕃当局では日本古来の敬神思想を先住民の信念として織り込ませるために各地に神社の造営を図った。しかしながら、当時の玉里支庁（大正九年の台湾地方制度改制で玉里庄となる）のタビラ社だけは、先住民を高山から平地へ強制移住のために神社の造営までには至らなかった。その後、一応、移住も完了したため、それまでの祠（大正一四年造営）に替わって正式に神社を造営することになり、昭和一〇年（一九三五）一二月二二日に遷座祭を挙行した。

　祭神として注目されるのは彌都波能賣命であり、「水神や川の神として祀られることが多い。水も川も農耕には欠かせぬものであるから、盆地を潤す川の川上や水源地帯に多く祀られる。また、灌漑用水などの水の神でもある」で

ある。太平社を横切るように秀姑《しゅうこ》巒《らん》溪が流れている。恐らく、台風による豪雨で、常に秀姑巒溪が大氾濫して大きな被害をもたらしたと考えられる。彌都波能賣命はそのために祀られたのであろう。実際に当時の報道から、昭和九年（一九三四）に花蓮港庁下の風水害に対して、天皇・皇后陛下より下賜金があり、拝受者の一人である玉里支庁タビラ社頭目は非常に感激し、頂いたお金でタビラ神社の建設と青年団の基金にして永久に記念にしたとのことであった。

台東庁

◆新港郡

馬武《まぶ》窟祠《くつやしろ》 ——マブクツと呼ばれた神社

鎮座日：昭和二年一〇月三日　**祭神**：大国魂命、大己貴命、少彦名命、能久親王　**社**　**現住所**：台東縣東河郷大馬—東河分駐所横の道を入る

この部落は早くには猫武骨社または武突社とも書かれ、先住民語はbabukuru（バブクル）である。当部落の北を流れる馬武《まぶ》窟《くつ》溪で先住民は投網をしており、地名はpilabukulan（投網をするの意味）より出たという。babukuruはタブクル（投網）より訛ったらしい。昭和一二年（一九三七）に大馬と改める。

二〇〇五年二月に小さな店で仕事をしているアミ族の古老がこの神社を知っているとのことで、仕事をいったん中止して快く案内してい頂いた。草に埋もれた参道をわずかに見ることが出来るが、以前は立派な参道があったとのこ

多少傷みがあるが完全な形で残っている馬武窟祠の基壇

とである。古老はいとも簡単に険しい山を登ってゆく。やっとのことで辿り着くと、外部からの進入を遮断するかのように竹やぶの中にひっそりと神社遺構があった。基壇のみであるが、祠《やしろ》（社）にしては比較的大きな神社であった。

下山する途中でもう一人のアミ族のご老人に会い、日本統治時代の話になった。馬武窟の東河溪には東河《トンフー》橋が架かっているが、日本統治時代にはマロンガロン川（馬武窟溪）と呼ばれ、そこに架かる吊り橋は吉田橋とも言われた。この吊り橋を作るために当時の台東庁の土木課技師である吉田一之がこの地に来た。大正一五年（一九二六）に吉田は橋建設中の事故で川に落ちて亡くなる。一説にはマラリアで亡くなったとも言われている。そのために、付近の住民が橋のそばに記念碑を建て、その橋を吉田橋と呼ぶようになった。

都歴祠《とりやしろ》 ——社殿に似せた小さな祠を備える基壇

鎮座日：昭和二年一〇月三日　**祭神**：大国魂命、大己貴命、少彦名命、能久親王　**社**　**現住所**：台東縣成功鎮信義里都歴路六三之二號辺り

海岸沿いを走る一一号線山側の田園の中に神社の存在感を今の時代にも残すかのように、神社基壇がある。原住民の多くはアミ族で、土地の人の話によると、これまで何度か取り壊すことが計画されたが、そのようなことをするとバチがあたるという言い伝えがあり、現在もそのままになっている。

いまも残る都歴祠の基壇。上には社殿らしき本殿がある

都歴祠は台東庁で最も早く神社としての体裁を整え、都歴派出所管理管轄の住民（現在の小馬、都歴及び豊田）の寄付により造営された。

二〇〇一年に水田にするために基壇を残して他の神社遺構や遺物は全て取り除かれたようである。現在、基壇には簡素な本殿が据え付けられており、一見神社の様相を呈している。

次に述べる成廣澳《せいこうおう》（マラウラヤ）事件の起きた場所でもあった。

茶芸館 成廣澳《せいこうおう》事件

『知られざる東台湾』（山口政治）によると、成廣澳（マラウラウ）事件というのは明治四二年（一九〇九）五月に台東庁北部の中心地である成廣澳（現在の忠孝村で日本統治時代の小湊《こみなと》）から南の卑南方面まで広範囲にわたる大きな事件であった。現在、この事件を麻荖漏《マラオラウ》事件、当時は成廣澳事件と呼ばれたアミ族による蜂起であった。

事件の背景は花蓮港で発生した七脚川《チカソワン》事件の終結に伴い、台東庁のアミ族まで銃器の没収を命じたことによる。ちょうどその頃、東海岸山脈と中央山脈の間の平地に軽便（トロッコ）鉄道を敷設する計画があり、台東庁はアミ族に対して義務出役労働を要請した。ところが、出役はよい現金収入になるが、時間決めで働くことを嫌い、また同時に賃金の支払いに不正があったこともあり、不満がくすぶった。遂に、新港と都歴《とうり》のアミ族が蜂起して成廣澳を襲撃し、警察官と学校職員三人を殺害した。これに対して台湾総督府は宜蘭と花蓮港方面から武装警察隊を派遣して鎮圧に当たり、六ヶ月後に漸く鎮圧した。事件が大きくならなかったのは、時の卑南区長であった張之遠が各部落の頭目を集め、和解の労をとったからという。そして各部落の頭目から配下の部落民に対しての説得が行なわれたためであった。

当時の事件の背景を風化させてはいけないとのことで、「一九一一年Madawdaw阿美族英勇事件紀念碑」が二〇〇八年に建立された。この碑の説明によると、事件発生は明治四四年（一九一一）五月となっている。また、事件勃発の原因として、都歴派出所の巡査であった福間彦四郎が、各部落の頭目を集結させ、軽便鉄道工事の怠慢を罵ったところ、都歴社の副頭目と衝突し、福間巡査が副頭目の頭を殴ったことに起因する。このことにより、都歴社の頭目はじめ、他の部落頭目達が激怒し、巡査を連れ出して皆で取り囲み、殴殺してしまったとある。また、事件鎮圧後、更なる暴動を恐れた日本人は報復として、麻荖漏社と都歴社の家々に火を放ち、家畜を没収した。そして、事の発端を作った麻荖漏社や都歴社頭目など五人の頭目を成廣澳支庁の広場で、竹さおで高く吊り上げた後、その竹さおを切り倒して上空から落下させ重傷を負わせたとある。

新港祠《しんこうやしろ》——阿美族英勇事件紀念碑に変わった神社跡地

鎮座日：昭和二年一〇月四日　**祭神**：大国魂命、大己貴命、少彦名命、能久親王　**社　現住所**：台東縣成功鎮中正路一號（新港國中）

往時の第二代新港祠（提供：王河盛）

マラウラウ阿美族英勇事件紀念碑となった第一代新港祠

大正九年（一九二〇）、麻荖漏《マラウラウ》を新港と改めた。

新港祠は昭和二年（一九二七）に原住民教化指導のために造営された。マラウラウ祠とも呼ばれ、現在の公民路の小高い丘に造営された。

二〇〇五年七月に『成功鎮志』を編纂した一人である王河盛さんにお会いした。当時の新港祠（第一代：台東縣成功鎮公民路一-三〇號傍の空地）は神苑が狭く、また比較的さびしそうな場所にあったため、住民の寄付により現在の三民里にある新港国民中学（グランド西側の高台）に移された。この第二代新港祠は「皇紀二六〇〇年記念事業」として新港庄、長濱庄、そして、都蘭庄から計三五〇〇円を拠出して神社が造営され、昭和一五年（一九四〇）一〇月二七日に遷座祭が執り行なわれた。当日は庄内各学校生徒の運動会と奉納角力《すもう》が、そして、翌日の例祭日である一〇月二八日には小公学校による神輿《みこし》が担ぎ出され、各種の催し物で賑わった、という。

当時、この辺りは水害が多く、沼地の様子を呈していたため、住む人はいなかった。その後、二本の大きな排水溝が完成することにより、水害から解放されるようになり、人々が移住してきて次第に新しい街が形成されるようになった。

現在、公民路の第一代神社遺構は「一九一一年Madawdaw阿美族英勇事件紀念碑」（茶芸館参照）に変わっている。

加走湾祠《かそわんやしろ》　——眠りから覚めた基壇

鎮座日：昭和二年一〇月五日　**祭神**：大国魂命、大己貴命、少彦名命、能久親王　**社　現住所**：台東縣長濱郷長濱二鄰一四二之二號前の山裾

往時の加走湾祠（出典：『理蕃の友』）

基壇

灯籠の一部（御大典記念の文字が見える）

新港から北へ一四キロメートルほどの所に加走湾がある。台東庁では新港に継ぐ良港であり、カツオやハタなどの漁業が盛んであった。昭和一二年（一九三七）に加走湾を長濱と改称した。加走湾は原住民語でカサウワンであり、ピカカサウワン（見張をする所の意味）が転じてカサウワンとなり、加走湾と書かれた。

　二〇〇五年二月、人伝てに教えてもらった竹やぶを切り開いて、山腹を進むと土に埋もれた灯籠の石台を左右に一基ずつ発見する。掘り起こしてみると前面には「御大典《ごたいてん》記念」、横側には「加走湾祠氏子中」の文字が刻み込まれている。改めて翌年、神社の位置と昔の写真を見比べるために訪問した。この時、灯籠の奥には本殿または拝殿の遺構があるに違いないと確信し始めた。竹やぶを更に切り開いて灯籠の遺物から約一〇メートル奥に入ったあたりに基壇を発見する。僅かな亀裂が入っていたが、基壇自体はしっかりしていた。戦後八〇年近く竹やぶの中にひっそり埋もれていたため保存状況はたいへん良く、思わずその素晴らしさに感動を覚える。場所が分かりにくいが、ちょうど長濱郷一一鄰一四二号の対面の山の中で、一本の椰子の木を目標とするとよい。

　左記にある加走湾祠の後山は亀山崙《きざんろん》（現在の加走山）と呼ばれた。前述した成廣澳事件の発生を予期した当地の駐在所の警官が、アミ族の蜂起を防ぐために、保甲役員、各社の頭目及び長老と会合して、署員立ち合いの上、亀山崙

に登り、双方何事の異心なきと天地神明に告げ、石を埋めて帰順式が行われた。そのため、成廣澳から離れた加走湾以北では平穏を保つことが出来たという。

嗄嘮吧湾《ハラパワン》祠《やしろ》 ――阿弥陀仏を祀る神社跡地

鎮座日：昭和一一年八月二八日　**祭神**：大国魂命、大己貴命、少彦名命、能久親王　**社**　**現住所**：台東縣東河郷泰源村

嗄嘮吧湾祠の本殿跡

　昭和一二年（一九三七）に地勢により嗄嘮吧湾《ハラパワン》を高原と改めた。高原祠とも呼ばれた嗄嘮吧湾祠は比較的山間に入った泰源《タイユエン》村にあった。神社は泰源浄水場の裏山にあり、基壇の上には「阿弥陀仏」と刻まれた石碑が、本殿に代わって置かれていた。信仰の対象が神々から仏様に変わり、今でもお参りに来る人がいるのか、僅かな供物が供えられていた。

　場所がたいへん分りにくいが、泰源村の派出所の方に向かって登って行くと泰源浄水所がある。神社遺構はその奥にある。

◆台東郡

知《ち》本《もと》祠《やしろ》 ――奉焼された本殿

鎮座日：昭和五年二月一一日　**祭神**：大国魂命、大己貴命、少彦名命、能久親王　**社**　**現住所**：台東縣卑南郷知本村知本路三段一一三巷（知代天府本）

　この地は知本と書き、チポンと呼ばれた。神社跡地は知代天府本という廟になっている。ピュマ族の古老によると、終戦が告げられると知本に住む内地人及び先住民が整列し、神社の「奉焼式」が執り行なわれたとのこと。ヒノキで作られた神殿のためヒノキの匂いが辺り一面に充満したようである。その後、基壇や鳥居はどのよ

うに処分されたかは不明である。別のピュマ族の古老は神事の際、本殿の扉を開け祝詞を奏上する役目を持った方でもあり、本殿の中には銅鏡と剣が納めてあったという。

往時の知本祠（出典：『東台湾展望』）

知本天府代

茶芸館 チポンと呼ばれた知本の由来

この地の呼び名に関しては多くの説があるようである。その一つを台東市公所発行の『台東大知本地区発展史』（一九九七年六月八日）から紹介することにする。

知本の頭目に容姿端麗なTukuという姉がおり、常に多くの男性が彼女の家に出入りしていた。頭目は不愉快極まりなく、喧嘩が絶えなかった。Tukuは身近な親戚を連れて部落を離れ太麻里付近に住み着くようになった。しかしながら、故郷を忘れきれず、全員で戻ることになる。帰路の途中で、一人のパイワン族の青年に会い、その青年はTukuを好きになってしまった。青年はハンサムといえないが、超人的な能力を持っており、幾多の困難からTukuを助けた。そして、Tukuはこの青年と結婚することを決める。Tukuと一緒に来た者は、頭目のいる知本部落に戻った。

この「別れ」とまた「一緒になる」ことを老人達はKurtepel（卡地布）と呼んだ。その後、知本社の老人たちは自らをka ty pulと呼ぶようになった。ピュマ族はty pulの発音を出来ず、ty punと呼び、日本統治時代も引き続きty punと呼ばれた。

卑《ひ》南《なん》祠《やしろ》——果実園に残る基壇

鎮座日：昭和五年二月一二日　**祭神**：大国魂命、大己貴命、少彦名命、能久親王　**社**　**現住所**：台東縣台東市南王更生北路—南王國中裏の空軍山

往時の卑南祠（出典：『理蕃の友』）

基壇

卑南社はパイワン族ピュマの大社である。ピュマとは尊敬を表わす。昔、卑南社に優れた大頭目がいて付近の部落を統制していた。山に住む先住民は粟や肉類を、海岸に住む先住民は貝類を献上していた。すなわち貢物をとる最高位の先住民の意味でピュマという尊号で呼ばれた。そのピユマとは卑南社のことで、卑南社大頭目の直属である八部落をいう。昭和二年（一九二七）頃、現在の地に移住した際の部落規模として九〇戸一一〇〇人であった。

当地で知り合った羅晟屹さんの案内で、卑南国民中学裏の空軍山に続く道を登ってゆくと、空軍の演習所を過ぎて釈迦《しゃか》頭《とう》（シュガーアップル）畑に向かう。その釈迦畑道が行き止まる竹林の中に、神社遺構が外部からの騒音を遮断するかのように残っていた。基壇と石段が残っているが、人目に触れることがないため保存状態が良好であった。いずれ、神社跡地を整備したいと羅さんが言っていた。

大南《だいなん》社——ルカイ族の部落神社

鎮座日：昭和五年二月一三日　**祭神**：大国魂命、大己貴命、少彦名命、能久親王　**社**　**現住所**：台東縣卑南郷東興村東園三街三六巷一號

台東市の西部に隣接する東興《トンシン》村は、少数のルカイ族が居住する村である。かつては大南村と呼ばれていた。毎年七

月、収穫祭典が開催され、収穫祭とブランコ文化祭を主とし、頭目に率いられ祖先祭りと福を祈願する儀式などが行なわれている。

この地には西方の標高一九四七メートルのケンドル（肯都爾）山より南方に走る稜線の中腹地帯に居住していた三部落五〇〇人が大正一四年（一九二五）から当時の大南社に移動を開始し、昭和二年（一九二七）六月に完了した。この大南社に神社が造営されたのは新しい生活の新天地に移り終わった間もない昭和五年（一九三〇）であり、台東郡卑南庄の他の神社（知本祠、卑南祠）とともに同一時期に造営された。

神社は東興村の山側の方に有り、ちょうど、神社の本殿前に民家がある。ご婦人の話によると、日本統治時代はご主人が神主をやっており、その関係で戦後、神社の神苑が一九六九年に競売にかけられた時に取得したとのこと。

往時の大南社（出典：『理蕃の友』）

本殿への石段

呂《ろ》家《か》祠《やしろ》 ——残された基壇

鎮座日：昭和五年二月一三日　**祭神**：大国魂命、大己貴命、少彦名命、能久親王　**社**　**現住所**：台東縣卑南郷利嘉村利民路一三七巷三號

昭和一二年（一九三七）に呂家《ろか》からの音訳で利家に改めた。古くは力踞社と書いた。

呂家祠は利嘉国民小学の裏にある。保存状態は良いほうであるが、以前はごみ捨て場に近かったと、この神社を保存しているピュマ族の陳さんが言っていた。神社跡地前の民家には灯籠の一部二基と、畑には南洋植物に覆われた手水《ちょうず》鉢《ばち》が残っている。また、外の隣人によると、小さい頃参道の入口に神社の幟が飾られていたとのこと。

◆関山郡

里壠《りらん》社――関山越道路開削で栄えた町

鎮座日：昭和三年五月二八日　**祭神**：大国魂命、大己貴命、少彦名命、能久親王　**社　現住所**：台東縣關山鎮里壠里水源路五號

昭和一二年（一九三七）に里壠を関山と改めた。里壠は台東線敷設工事（大正一五年三月開通）や東台湾から高雄州六亀《ろっき》を結ぶ関山越道路（注⑨）（現在の南部東貫公路）開削で当時は人口も一五〇〇人となり、台東街に次ぐ賑やかさをみせていた。官吏の子弟が学ぶ里壠小学校もあった。大正四年（一九一五）に里壠支庁となったが、大正九年（一九二〇）には台東支庁に併合された。その後、大正一二年（一九二三）に再び里壠支庁に復活した。

呂家祠の本殿跡

往時の里壠社（出典：『東台湾展望』）

神社の案内板

里壠社は関山街西方に位置する関山慈恵堂の近くの道路沿いにあった。灯籠の一部のみがあり、かすかに奉納者の名前を読み取ることが出来きた。また、そばに里壠社遺跡の由来が書かれた説明板があり、一九九五年九月に道路の修理を行っていたときに、この地から北側に二〇メートル先で鳥居の礎石が発掘されたとのことである。このように神社遺跡の説明板があるのは非常に珍しい。神社はこの場所から道路を挟んで対面の方向に参道が伸びており、背後の山を背にして鎮座していたようである。

当時の写真を見ると、神明鳥居前には一対の大き目の灯籠があり、台座には「ブルブル〇〇〇宮原〇尚外百七十名」と刻まれていた。拝殿はなく、本殿は神明造りであった。

雷公火《らいこうか》祠《やしろ》 ――運び去られた鳥居

鎮座日：昭和七年一一月一三日　**祭神**：大国魂命、大己貴命、少彦名命、能久親王　**社　現住所**：台東縣關山鎮電光里一鄰の裏山、電光中華電信の傍

当時、雷公火は夜には怪火が出て、土地に住む部落民を驚かしたようである。その怪火を雷火と思い、雷火の出るところだと名づけた。雷のことを台湾語で雷公と言うので雷公火となった。実際にはメタンガスまたは石油ガスによって怪火が起こったらしい。

当初、この地を「新七脚川」と命名しようとしたが、アミ族語の「バロハイ　キカソワン社」とした。「バロハイ」はアミ族語で「新」という意味である。

この地は「東部の移民村―花蓮港庁」で述べているとおり、一連の太魯閣の戦役である「新城事件」や「威里事

天主教入口の鳥居（2005年撮影）

件」に起因した「七脚川《チカソワン》事件」の終結後、台湾総督府が投降したアミ族を移住させた場所でもある。この高台から見下ろすと眼下には卑南渓と川沿いに広がる稲作畑を見ることが出来る。明治四四年（一九一一）に七脚川から強制的に移住させられ、慣れない土地の開墾を行ったアミ族の苦労は計り知れないものがあったであろう。

神社跡地を求めて探していた際に、現在ではなくなっているが、派出所前の天主教の門構えがどう見ても神社の鳥居であると感じた。花蓮港新城社の後に建てられた天主教でも神社の遺構や遺物及び鳥居が残っているため、必ずしも融合しないものではないと思っていた。また、近所の古老からも神社の鳥居は派出所前の天主教に移っていることの説明もあり、間違いがないであろう。

◆台東郡蕃地

出《で》水坡《すいぼ》祠《ほこら》——理蕃道路沿いの神社

鎮座日：大正一五年頃　**祭神**：不明　**無願神祠**　**現住所**：台東縣達仁郷

浸水営《しんすいえい》古道は清朝時代の末期に開通した東西両岸を結ぶ越嶺《えつりょう》山道であった。この道路を改修して現在の屏東県枋《ファン》寮《リャオ》郷を西側の起点として、中央山脈の最南部を横断して太平洋に面した台東県大武郷にわたる全長四七キロメートルの理蕃道路としたのが「浸水営越嶺道」であった。古道にあった清国軍駐屯地「浸水営」に因んで名付けられた。警備道の目的として、山岳に住むパイワン族の抗日活動を監視し、不測の事態に備えて警備をすることと、もう一つは太平洋側の大武までの交通及び物資の輸送を確保することであった。そしてこの警備道に沿って古里巴堡、浸水営及び姑仔崙《こしろん》などの駐在所があり、古道沿線上にリキリキ社、古里巴堡社、出水坡社、姑仔崙社などパイワン族の六部落が点在していた。

往時の出水坡祠（出典：『東台湾展望』）

本殿跡

神社は駐在所前の山際に造営された。出水坡駐在所は大正八年（一九一九）に清朝時代に設立された営盤（駐在所）跡に新設されたが、大正一五年（一九二六）に当時の駐在所跡に移設された。従って、どんなに早くても神社の造営は大正の終わりであると考えられる。現在の神社跡地には基壇と基壇への石段が多少残っているだけで、残念ながら『東台湾の展望』に見られる鳥居の跡を見つけることが出来なかった。

タバカス祠《ほこら》——ケヤキの木とともに残る基壇

鎮座日：昭和七年一月　**祭神**：不明　**無願神祠**　**現住所**：台東縣達仁郷新化村

台東庁南部には、西側の屏東郡に至る理蕃（警備）道路として、二つのルートがあった。一つは現在の台東県の下部にある大麻里郷と大武郷境の瀧溪辺りから南西へと、もう一つは最南部の大武郷大武から西に向かうルートである。

茶芸館　浸水営《しんすいえい》（南蕃）事件

大正三年（一九一四）九月二六日にこの警備道に沿った浸水営《しんすいえい》及び姑仔崙《こしろん》の二ヶ所の駐在所で「浸水営（南蕃）暴動」が発生したことにより、先住民を取り巻く情勢が一変した。この事件の背景には、佐久間総督による「五箇年計画理蕃事業」の銃器没収政策により、強制的に新武呂溪《しんぶろ》に沿って居住するブヌン族及びルカイ族から、強制的に狩猟に使用する銃を没収した。大正三年（一九一四）九月に入り、台湾南部の屏東県においても銃器没収命令が下る。これに対して、浸水営古道に沿って居住するパイワン族のリキリキ社及び姑仔崙社が猛反発した。

同年一〇月九日、突然として浸水営及び姑仔崙間の電信・電話が不通になる。姑仔崙駐在所から先住民を浸水営に派遣して状況を調査させたところ、浸水営駐在所前に内地人婦人の死体が発見され、直ちにこのことが巴塱衛《ばろうえ》支庁（台東庁下の支庁、明治三四年～四二年九月）に報告された。調査を進めていくうちに、駐在所内の巡査二人と家族三人が虐殺されていることが発覚した。事情を察知した姑仔崙駐在所は先住民の人夫四〇人と巴塱衛支庁の警察官七人の派遣を要請した。一〇月一〇日、警察官が二人の死体を検死中に人夫の点呼を行なった時、先住民の一人と喧嘩になり四人の人夫が警察官に敵対した。その結果、三人の警察官が虐殺された。警察官を虐殺し、駐在所に放火した姑仔崙の先住民は意気揚々として姑仔崙駐在所に戻り、姑仔崙に居残っていた巡査とその家族及び警察官の妻までも虐殺した。総督府は台東庁の支援を受け、付近の部落の討伐を行ない、大正四年（一九一五）一月二一日には完全に鎮圧したことにより、一連の痛ましい抗争は終結している。この事件で何人のパイワン族が虐殺されたかは歴史上の記録がないが、相当多くの先住民が虐殺されたであろうことは容易に想像がつく。

往時のタバカス祠
（出典：『東台湾展望』）

神社基壇

ともに、更に西に位置する出《で》水坂《すいぽ》で合流していた。その出水坂に至る北部ルートに新化村がある。二〇〇五年末、『東台湾展望』に掲載されているタバカス祠とチャカクライ祠を訪ねた。

新化村から日本統治時代の旧道を八キロメートルほど奥に入ったタバカス部落にあった神社を目指す。道路から草木の鬱蒼と茂る林の中を先住民の勘と昔の記憶を辿りながら草木を切り開いて奥へと進む。やっとのことでタバカス祠に辿り着く。

早速、神社の基壇廻りの草木を整理し、七〇数余年ぶりに姿を現した神社遺構を見ることが出来た。神社としてはこぶりであった。基壇後ろにはケヤキの木があり、左側には油杉が聳え立っていた。当時の神社写真を見ると比較的大きな鳥居があったが、その姿を今は見ることが出来ない。先住民の説明によると近くにはタバカス部落の駐在所と教育所があったようで、神社はちょうど、教育所の運動場前に位置していたとのことであった。ここにも三位一体の統治政策が見られる。

チャカクライ祠《ほこら》 ―― 蘇る神社基壇

鎮座日及び祭神：不明　**無願神祠**　**現住所**：台東縣達仁郷新化村

タバカス祠に至る旧道上にチャカクライ部落もあった。ちょうど出水坂から東部に向かって約八キロメートルの所であった。神社跡地を探し当てるのに相当な時間を費やした。最終的に鬱蒼と茂る森の中に神社遺構や遺物を見つけることが出来た。

チャカクライ祠は比較的規模の大きい神社であった。本殿が置かれた基壇は横四メートル、奥行き三メートルほど

往時のチャカクライ祠写真
（出典：『理蕃の友』）

本殿跡

あり、毛利之俊の『東台湾展望』にある神社写真を髣髴させる。また、当時の神社の写真を見ると長い石段が本殿前より延びている。確かに、神社遺構や遺物からも僅かであるが石段の跡を見ることが出来た。

当地の駐在所には療養所と牧場経営で五人の警察官が配置されていたという。蕃童教育所が道路を挟んだ反対側にあり、チャカクライには牧場があったと教えて頂いた。『東台湾展望』にもその内容は掲載されている。この地では大正一五年（一九二六）に授産事業として牧場が創設され、部落の共同経営として行なわれ、五〇頭ほどの牛が飼われていた。

《注釈》

① 清朝時代に定められた行政区間である。普通の行政地区から切り離し、先住民を対象にした警察官の管理下による行政上の特別地域をいう。

② 台湾の先住民のうち、大陸からわたって来た漢民族により漢族化（同化）したものを熟蕃《じゅくばん》、そうでないものを生蕃《せいばん》と呼んで区別した。生蕃の多くは山地に居住していたため高山《たかやま》族とも呼ばれた。また、大正一二年（一九二三）に、高山族は高砂《たかさご》族と改称された。中華民国政府は、戦後、先住民を「山胞」、後に「高山族」と改めたが、現在は「原住民（族）」が一般的に使用されている。

③ そもそもは部落同士のとの争いが終結した時点で、「仲直り」の約束事を行なうための和解の儀式である。「埋石の誓い」と言って石を埋葬することによって約束の履行を示したものである。

日本統治時代、警察と先住民の間で行なわれた「埋石の誓い」はむしろ、帰順の名の下の服従であった。

④ 献穀田または献穀畑という。皇居宮中で行なわれる新嘗祭に奉納する五穀（稲・麦・粟・稗《ひえ》・豆を作る斎田のことで、毎年、全国各地からその年に獲れた穀物が納められる。台湾では官・国幣社、県社、郷社及び無格社などの神社に奉納された。

⑤ 日本名、中山初男。霧社事件に関わったとされる関係者として霧社セイダッカ族の警察官二人（花岡一郎と花岡二郎）がいた。花岡一郎夫婦と花岡二郎は事件発生後にそれぞれ自殺する。花岡二郎（セイダッカ名：ダッキス・ノビン）の妻であった初子（セイダッカ名：オビン・タダオ）の間に生まれた子供が初男であっ

た。花岡二郎が亡くなった後、初子は中山清（セイダッカ名：ビホ・ワリス）と再婚する。戦後、中山から高と氏名を変え、花岡（中山）初男は高光清となる。

⑥　台東県、屏東県、高雄市に約一万二〇〇〇人が分布している。パイワン族と類似した貴族制度を有し、会所制度（年齢による階級制度）を有す父系社会である。独自言語のルカイ語を使用する。昔はツァリセン族とも呼ばれた。「ツァリセン」とは「山の人」を意味する呼称である。

⑦　明治三九年、率芒《すほん》菜典公学校として設立。大正一一年（一九二二）、率芒公学校に、そして、昭和一六年（一九四一）に須本国民学校と改称している。校庭に立派な「台湾二葉松」が二本ある。これは、日本人教師の大橋先生、小原先生、並びにパイワン族教師李清吉先生が当時の程中元（五年生）に植樹をさせたものであると案内板に書かれている。

⑧　ローマカトリックの通称。日本でも明治・大正期までこの名称が用いられた。

⑨　関山越道路はブヌン族を制圧するための理蕃道路であった。開削工事は大正一〇年（一九二一）に始まり、昭和六年（一九三一）に竣工した。そして、国民政府により全長一八二・六キロメートルの南部横貫公路が開通したの は一九七二年一〇月であった。

学校

領台後、総督府は教育政策を推進し、明治二九年（一八九六）に台湾全域（一四ヶ所）に、日本語を常用しない児童に、日本語を中心とする基礎教育を施すために国語伝習所（注①）を設置するなどの教育機関の拡充に努めた。

国語伝習所で一定の成果を出した総督府は、明治三一年（一八九八）に公学校令を発布して、それまでの国語伝習所及び分教場を廃止し、国庫負担から地方経費により、新たに五四ヶ所の公学校が設立されることになった。対象は八歳以上一四歳未満の台湾籍学童に対して六年間の教育を実施するとの内容であった。

また、先住民に対しては蕃童教育所が設立され、警察官による教育がなされたが、明治三八年（一九〇五）に、一部の蕃童教育所以外の全ての先住民児童に対する初等教育は蕃人公学校（就学年限は原則四年）に統合され、独自の教育課程が制定された。

当初、台湾の初等・中等教育制度は本島人と内地人を対象とするものが別個に存在していた。内地人の初等中等教育は、内地に適用されるのと同じ教育法令に基づいて設置される小学校及び中学校、本島人のそれは、台湾教育令に基づいて設置される公学校及び高等普通学校によってそれぞれ担われていた。昭和四年（一九二九）、台湾教育令を改正し、中等教育については高等普通学校が廃止、中学校に一本化され、本島人と内地人の共学制が採用された。

なお、昭和一六年（一九四一）三月に総督府は台湾教育令を修正し、公学校、小学校、蕃人公学校は統合されて国民学校に改編される。これにより、特殊な先住民を対象とする教育以外、六年制の義務教育が行なわれるようになった。

日本統治時代、特に、本島人が学ぶ多くの公学校、中学校及び高等女学校に国民精神涵養及び敬神思想を普及するために、校内神社が造営された。一方で、神社としての設備や運営に支障をきたすものは神宮大麻奉斎殿（注②）として造営されたものもある。いずれにしても、これらの施設は昭和六年（一九三一）に勃発した満州事変を期して、国民精神の涵養が叫ばれ、日中戦争を通じて、更なる国民精神の団結と敬神観念の徹底を図る目的だった。

学校には、校内神社または大麻奉斎殿、奉安殿に並んで昭和一〇年（一九三五）五月二五日の楠木《くすのき》正成《まさしげ》（楠公）没六〇〇年を記念して、数多くの楠公像も建立された。また、同年一一月には漳和《しょうわ》公学校（海山郡中和庄）で二宮金次郎像の除幕式が執り行なわれた。これを皮切りに、公学校に数多くの二宮翁像が建立される。ともに、迎える「皇民化運動」に呼応し、一役を担うことになる。

台北州

◆基隆郡

基隆《キールン》高等女学校（校内神社）――蒋介石の銅像に置き換えられた社殿

鎮座日：昭和一一年九月二三日　**祭神**：天照皇大神　**無願神祠**
現住所：基隆市信義區東信路三二四號（基隆女子高中）

大正九年（一九二〇）一月八日に地方制度改革による州庁制（五州二庁）への移行により、大正一一年（一九二二）二月に、それまでの総督府高等女学校は廃止され、州立高等女学校が発足する。当時の四年制の州立高等女学校は台北州立台北第一、州立台北第二、州立台北第三、台中州立台中、台中州立彰化、台南州立嘉義、台南州立台南高等女学校に次いで、大正一三年（一九二四）には新竹州立新竹、高雄州立高雄高等女学校及び台北州立基隆高等女学校が創立されている。

基隆女子高中（高校）内の裏山に蒋介石の胸像が据え付けられている場所がある。初代校長である近藤廉三《れんぞう》時代（大正一三年五月～昭和一六年八月）に、生徒の国民精神及び敬神思想の涵養のために職員・生徒の浄財を集め、校内の一隅に伊勢神宮を分祀する校内神社が造営された。昭和一一年（一九三六）九月二三日に関係者を招待し、全職

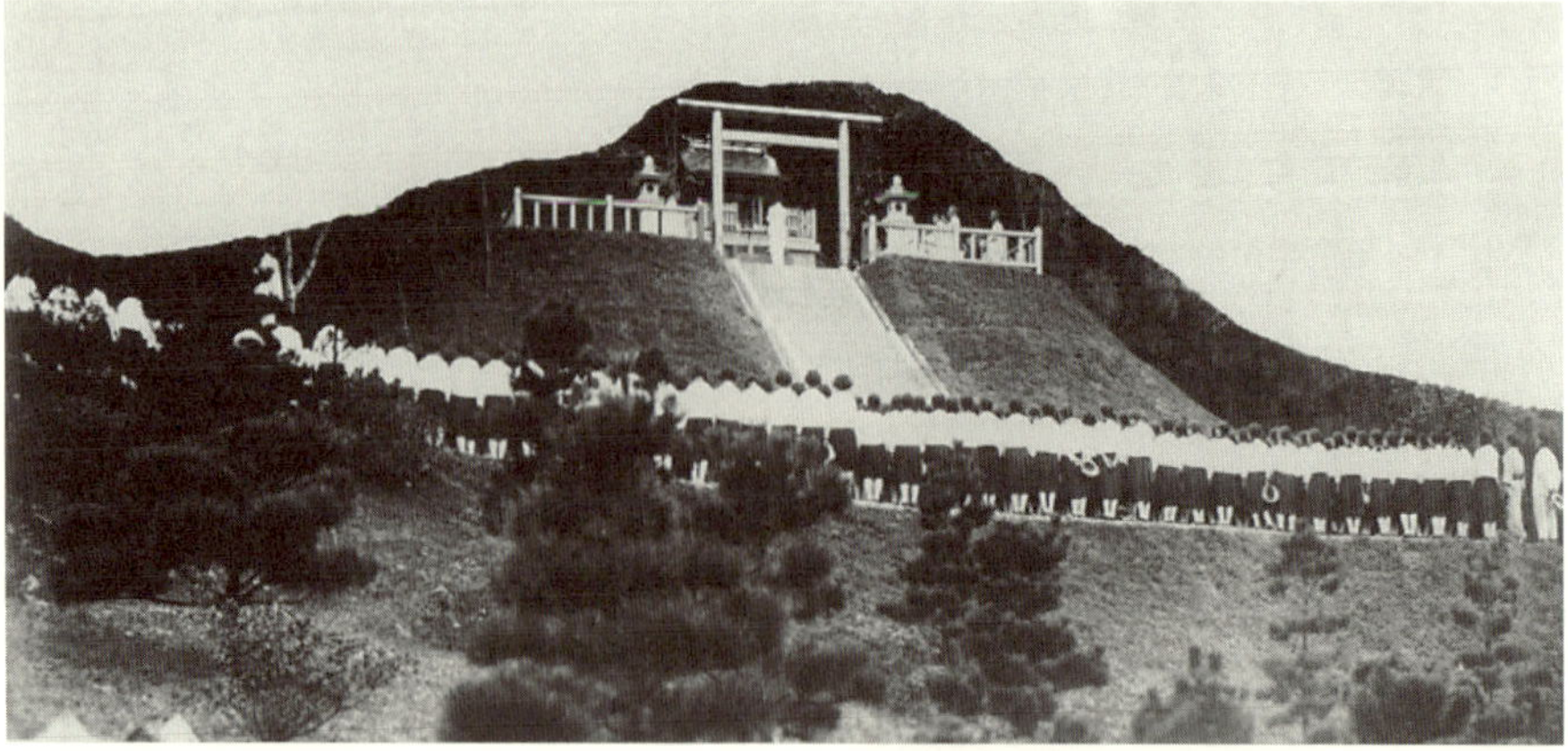

基隆高等女学校の校内神社（提供：基隆女子高中）

基隆女子高中校内に残る神社遺構

員・生徒が参列し鎮座祭が執り行なわれた。

　昭和一五年（一九四〇）一月に、この校内神社に皇紀二六〇〇年を記念して橿原神宮よりの聖火である御神火奉納が執り行なわれる。御神火を生徒、職員の奉載団が松明を奉持し、同校内神社に分火奉納して御神火奉納祭典を挙行して生徒の敬神思想を高めた。

基隆《キールン》中学校（校内神社）——檜皮葺《ひわだぶき》の本殿

鎮座日：昭和一五年一一月二三日　**祭神**：不明　**無願神祠**　**現住所**：基隆市暖暖區源遠路二〇號（基隆高中）

　台北州立基隆中学校は現在の基隆高級中学の前身である。昭和二年（一九二七）に基隆第一小学校を臨時校舎として開校し、一一〇人の生徒が学んだ。その後、新たに校舎を設立する声が高くなり、同年三月二一日に設立許可が下りる。この時、ほぼ同時に花蓮港高等女子学校も設立許可を得ている。

　昭和四年（一九二九）一〇月に新校舎が当時の八堵《はっと》に落成したが、学校創設に当たり、敷地問題が発生した。いったんは市街地より遠く離れた七堵庄八堵に決定したが、真《まさ》砂《ご》町の大沙《だいさ》湾《わん》に変更すべきとの反対派もあった。最終的に三浦碌郎《ろくろう》知事（任期：昭和二年七月～三年七月）の声明により、既定どおり八堵に収まった。

この経緯を見てみる。八堵の推進者は当時の佐藤得太郎市尹《しいん》（当時の市長の呼称）であった。しかしながら、基隆市に住む人達にとっては、八堵までの距離が遠く、また、交通費もかかるため真砂町を希望した。通学には交通が不便な当時、山を越え、トンネル二つを越え、更に自動車または汽車を利用しなければならなかった。早速、八堵反対派は大沙湾建設期成同盟会を組織して反対した。一方、学校建設の候補となった真砂町の土地は浅野セメント（高雄）の所有地であり、坪単価も高く、浅野セメントとしては売り払う意思がなかったようであった。そこで、真砂町支持派の関係者が高雄まで出向き、やっと坪単価も抑えてもらい、払下げの了承を得た。当時の坪値段で、八堵は三〜四円。一方の真砂町は交渉の結果、三円八〇銭までなったとのこと。実のところ、八堵の土地は、そもそも坪単価四〇銭程度のことであったから、利権に絡んで一財産をなした関係者もいたのであろうと基隆中学校一六回生（昭和二〇年卒業）の廣繁《ひろしげ》喜代彦さんに教えて頂いた。

基隆中学校の校内神社（提供：廣繁喜代彦）

この校内神社は「皇紀二六〇〇年記念事業」として職員・生徒父兄会及び同窓会などから寄進された浄財をもって、校庭の裏山の地に約六〇〇坪の敷地に造営された。神殿は檜皮葺《ひわだぶき》の流造り、鳥居は鉄筋コンクリート造りであった。戦後（一九七五〜一九八五年辺り）、瑞芳方面に向かう高速道路建設のために取り壊された。

◆宜蘭郡

宜蘭《ぎらん》農林学校（尚農《しょうのう》神社）——優雅な流造りの本殿

鎮座日：昭和一三年五月一二日　**祭神**：大国魂神、宇迦之御魂之命外三柱　**無願神祠**　**現住所**：宜蘭縣宜蘭市神農路一段一號（宜蘭大學）

尚農神社は当時の宜蘭農林学校にあった。中等教育としての農林または農業学校は、台南州立嘉義農林学校に次いで昭和元年（一九二六）に台北州立宜蘭農林学校が創立された。五年制の一貫教育がなされ、農業及び林業の二科が設立された。第一期生の卒業生徒の数は七五人で、内地人二五人、本島人五〇人。初代の校長は台南州立嘉義農林学校の校長、柳川鑑藏であった。

往時の尚農神社（提供：宜蘭県史館）

　現在、同校は国立宜蘭大学になっており、神社遺構は国立宜蘭大学の前身である国立宜蘭技術学院（一九九八年に名称変更）時代までは体育館の東にあったようである。本館前と右横に聳え立つ松の木だけが神社の面影を残しているのかもしれない。

　校内神社は敬神観念涵養のため、全教師よりの献金一六〇〇円が集められ、造営された。祭神として、大国魂神及び宇迦之《うかの》御魂之《みたまの》命《みこと》（倉稲魂命と同じ）ほか三柱を祀ったとされる。鎮座日は昭和一三年（一九三八）五月一二日で、同校開校記念日の佳日であった。

台中州

◆台中市

台中第一中学校（校内神社）——私立台中中学校として請願された中学校

鎮座日：昭和一一年五月一日　**祭神**：不明　**無願神祠**　**現住所**：台中市北區育才街二號（台中第一高中）

　明治四〇年（一九〇七）五月に総督府中学校官制が公布され、明治四二年（一九〇九）四月に官立による総督府台北中学校が設立され、大正三年（一九一四）には修業年限六年の総督府台南中学校が創立された。いずれも日本人子弟に対するものであった。

「台湾人の中学を始める」とし、大正二年（一九一三）、本島を代表する名士で、教育熱心な林烈堂《りんれつどう》、林熊徴《りんゆうちょう》、林《りん》献堂《けんどう》（注③）、辜顕栄《こけんえい》（227頁参照）、蔡蓮舫《さいれんほう》などにより、本島人の意識及び文化に目覚めさせることを目的に、大正四年（一九一五）、台湾公立台中中学校が創立された。この公立中学校創立に先立ち、これら名士からの基金をもとに台湾で最初の私立台中中学校として設立請願がなされた。しかしながら、総督府（当時の総督：佐久間左馬太）により私立中学校の設立請願が却下される。私立中学校の設立の目的が「教養ある人材を育てることで自治に必要な人力を養い、それを政治に反映させる」ことにあり、このことは、総督府が指導・教育する教育理念と対立する懸念があった。

台中第一中学校の校内神社（提供：台中第一高級中学）

光中亭となった神社跡地

就学対象生徒は本島人男子のみであり、第一回生として三六〇人の応募があり、入学を許可された生徒は九三人。年齢は、上は一八歳、下は一三歳であり、平均一六歳。仮校舎は元台中小学校校舎を引き継いだ粗末な建物で授業が開始された。台中公立中学校が創設されるにあたり、これまでの教育令の修正が行なわれることになる。そして、大正八年（一九一九）一月に台湾教育令が発布される発端となった。

「日華紡績（大安稲荷社）―昭和三年のストライキ（240頁参照）」で述べたとおり、大正三年には「同化会」が結成されている。その影響を受けて本島人の民族意識が高まった。本島人のための私立中学校設立請願はそのような時代背景で行なわれた。最終的に大正一〇年（一九二一）に公立台中中学校は台中州立台中第一中学校と改称し、五年制とした。

この台中第一中学校に昭和一一年（一九三六）に校内神社が造営された。流造りの神社であったことが当時の写真から伺える。現在は光中亭という涼亭となっているが、廻りを囲む樹木から年代の古さを感じさせられる。また、校舎裏側に学校設立にあたり、寄付を行なった本島人による記念碑が残っている。

◆南投郡

草屯《そうとん》公学校（校内神社）――蒋介石の胸像に置き換えられた社殿

鎮座日及び祭神：不明　**無願神祠**　**現住所**：南投縣草屯鎮玉屏路二一〇號（草屯國小）

現在の草屯国小（小学校）は明治三二年（一八九九）に草鞋墩《さおえとん》公学校として創立された。この時の初代校長が渥美寛藏であった。大正一〇年（一九二一）に草屯公学校、そして、昭和一六年（一九四一）に草屯東国民学校と改称された。

校内に「天下為公（国家は万民のために）」と書かれた蒋介石の胸像がある。この位置に校内神社が造営された。胸像を囲む玉垣は当時のものであろう。

草屯公学校の校内神社（提供：草屯国小）

蒋介石の胸像が置かれた神社跡地

◆彰化郡

彰化《しょうか》高等女学校（校内神社）――彰化の女学校

鎮座日：昭和九年六月一七日　**祭神**：不明　**無願神祠**　**現住所**：彰化縣彰化市光復路六二號（彰化女子高中）

現在の彰化女子高級中学は、大正八年（一九一九）に総督府彰化高等女子学校として創立された。二年後の大正一〇年（一九二一）には、台中州立彰化高等女学校となっている。

昭和九年（一九三四）末に敬神崇祖の念を生徒に涵養するために、鈴木萬吾校長以下職員生徒の浄財、愛国雑巾作成による勤労所得や卒業生徒の卒業記念寄付金により、講堂東側に校内神社が造営され、台湾施政記念日の六月一七日に奉斎式が執り行なわれた。

現在は正門を入ると左側に光復亭がある。ここに校内神社が南向きに鎮座した。

彰化高等女学校の往時の校内神社（提供：彰化女子高級中学）

神社跡地に建てられた光復亭

彰化《しょうか》第一公学校（校内神社）——台中州初の公学校校内神社

鎮座日：昭和一〇年一月一九日　**祭神**：天照皇大神　**無願神祠**
現住所：彰化縣彰化市中山路二段六七八號（中山國小）

明治三一年（一八九八）に、それまでの彰化孔子廟に国語伝習所が開設された。翌年には伝習所が廃止され、彰化公学校となる。大正八年（一九一九）に彰化第一公学校と改称され、同年五月に新設された彰化女子高等学校の校舎が使用された。その後、彰化慈恵医院の敷地に新校舎が建設されたようである。昭和一六年（一九四一）三月に公学校の廃止により、同年四月に彰化市楠国民学校と改称している。

現在の中山国民小学のB棟教室あたりに校内神社があった。当時の記録によると、「彰化第一公学校校長の中袴田熊吉が中心になり、在籍児童及び卒業生に対して敬神崇祖の観念を養成し、真に国民教育の目的を貫徹させるために校庭東側に神社が造営された」とある。

神社造営費用は生徒及び父兄からの募金や石材などの提供を受け、土盛りや砂利運搬一切は教員や生徒が奉仕した。台中州下の小公学校内に神社が造営されたのは同校が初めてであった。

彰化第一公学校の校内神社（提供：中山国小）

現在の中山国小

校内の校史室に展示されている資料から、昭和九年（一九三四）七月一一日に校内神社の起工がなされ、同年の一二月一一日に地鎮祭がなされる。翌年の一月一九日、卒業生も含めて一六〇〇人が参加し、鎮座祭が執り行なわれた。昭和一〇年（一九三五）一二月一〇日に神社内に昭和天皇および皇后の「御真影」が奉戴され、昭和一四年（一九三九）には皇紀二六〇〇年を記念して、神社の傍に楠木正成（楠公）銅像が建造された。大鳥居を進むと玉垣に囲まれたもう一柱の鳥居と本殿があり、当時の校内神社としては規模の大きいものであった。

詳細はないが、この校内神社が奉斎殿であるとも言われている。この項の冒頭で述べたとおり、神社としての設備や運営に支障をきたすものとして、その後、神宮大麻奉斎殿として取り扱われたのかもしれない。

和《わ》美《び》公学校（校内神社）——校舎を見守る狛犬

鎮座日：昭和一二年九月九日　**祭神**：不明　**無願神祠**　**現住所**：彰化縣和美鎮平和街一九號（和美國小）

グラウンド傍に一対の非常に愛嬌のある狛犬が残っており、台座には「奉献・第十六回修了生一同」と文字が刻まれている。和美国小のホームページによると、明治三二年（一八九九）四月一日に、これまで仮の学校として借りていた道東書院を和美線公学校と改称し、学生数三五人で授業が始まった。昭和一六年（一九四一）には和美国民学校と改称し、初等科（六年制）と高等科（二年生）を新たに設置している。

校内神社は昭和一二年（一九三七）九月九日に鎮座した。

場所はちょうど、現在の活動中心の傍で、運動場に面していた。李文宗校長のご協力により校史室に保管されている当時の写真を見せて頂いた。写真には当時の礼堂傍に造営された神社の前で生徒が整列して参拝している姿を見ることができる。

和美公学校の校内神社（提供：和美国小）

和美国小校庭に残る狛犬

◆員林郡

員林《いんりん》公学校（校内神社）——僅かな記憶に残る神社

鎮座日：昭和一四年一二月二八日　**祭神**：不明　**無願神祠**　**現住所**：彰化縣員林鎮三民東街二二一號（員林國小）

員林公学校校内神社は皇紀二六〇〇年を記念し、併せて教育精神の中心たらしめるべく造営された。造営資金は同

員林公学校の校内神社（出典：『台湾日日新報』）

校職員及び児童の積立金で二五〇〇円となった。

戦後、員林国民小学となり、一九八六年に中正里林森路の国民宅社区辺りから現在の場所に移っている。従って、現在の小学校の敷地から校内神社の跡地を特定することは出来ない。校長先生や職員の協力で日本統治時代に教頭主任として勤めておられた巫金煥《ウジンホアン》さんをご紹介頂いた。一九八四年に、当時のお金で五〇〇〇元を支払って、学校が移校する前にヘリコプターから撮った旧校舎の写真から神社の位置を教えて頂いた。巫さんの説明によると、神社は正門を入り、二棟目の校舎裏の真ん中あたりの左側の小丘の上に造営されていたという。規模の小さい神社手前には池があり、鳥居と一対の灯籠があったとのこと。

台南州

◆北港郡

元長《もとちょう》公学校（校内神社）——写真が語る鎮座祭

鎮座日：昭和一一年九月二六日　**祭神**：不明　**無願神祠　現住所**：雲林縣元長郷長南村仁愛街二號（元長郷公所）

雲林県の西南に位置し、土庫鎮と北港鎮に挟まって、元長郷がある。この土地の主要農産品は落花生とのことで、台湾全体の二八％を占めるようである。

長南村元西路七六号に目指す元長国小があった。早速、校内神社について尋ねると、ここにはないという。右の写真を見せて確認すると、確かに旧元長国小にあったという。日本統治時代の元長公学校（後の元長国民学校）は現在の元長郷公所にあった。昭和一六年（一九四一）に現在の地に移ったようである。

学校史から、校内神社は、ちょうど、旧小学校運動場の

元長公学校の校内神社（出典：『台南新報』）

裏側（郷公所後方）にあった。神社は庄役場、派出所及びその他の地方有志の後援により、八五〇円の工費で造営された。

◆虎尾郡

埤《ひ》頭《とう》埧《ぐ》公学校（校内神社）――唯一残る鳥居

鎮座日：昭和一〇年頃　**祭神**：天照皇大神　**無願神祠**　**現住所**：雲林縣西螺鎮廣興里廣興路五九號（廣興國小）

現在の廣興《グワンシン》国小（小学校）は大正一〇年（一九二一）四月一日に西螺《せいら》公学校埤頭分教場として設立した。同月二四日には埤頭埧公学校として独立し、昭和一六年（一九四一）には埤頭国民学校と改称された。

二〇〇六年一一月、埤頭埧公学校を昭和一〇年（一九三五）に卒業した古老にご足労を願い、廣興小学に一緒に行って頂いた。校内神社は校庭内の児童楽園にあった。児童楽園入り口には鳥居が残っている。古老によると、もともとヒノキで出来た鳥居であったが、昭和一八～一九年（一九四三～一九四四）頃にコンクリート製に建て替えたようである。鳥居をくぐると小さな橋が架かっており、本殿までの参道の途中には三対の灯籠と手《ちょうず》水鉢《ばち》があり、小高い丘の上に西向きに鎮座していた。また、この本殿は新竹の職工が虎尾郡虎尾街の五間厝神社の小型版として造営したとのことであった。

西螺鎮公所の『西螺鎮志』によると、第四代目の中村武夫校長（昭和三年四月～昭和一二年二月）が中心となり、地元の有志と共同で神社を造営したとある。また、廣興小学校のホームページによると終戦の一九四五年一一月二〇日に校内神社は取り壊されている。

埤頭埧公学校の校内神社（出典：不詳）

廣興国小校庭の鳥居

◆新営郡

塩水《えんすい》公学校（校内神社）——修復された神社

鎮座日：昭和一一年三月　**祭神**：不明　**無願神祠**　**現住所**：台南市鹽水區朝琴一三七號（鹽水國小）

修復された校内神社

塩水公学校の校内神社
（提供：塩水国小）

校内神社は戦後取り壊され、孔子廟に建て替えられた。当初訪れた時は孔子廟も荒れ果てた形で校庭の隅に置き去りにされていた。

二〇〇八年に入り、嬉しいニュースが入り込んだ。行政院文化建設委員会と台南県（現在の台南市）政府の共同出資により、校内神社が修復されたとのことである。また、壁に沿って飾られていた短冊には、訪問者の思いが書かれている。

この神社も他の校内神社と同じように児童の敬神観念を涵養せしむるために保護者会、職員及び一般の有志からの寄付により建築費五〇〇円をかけて造営されたものであった。

◆新化郡

南安《なんあん》公学校（校内神社）——写真が語る鎮座祭

鎮座日：昭和一一年　**祭神**：天照皇大神　**無願神祠**　**現住所**：台南市安定區南安里六二號（南安國小）

現在の南安国民小学は南安公学校として大正一五年（一九二六）に創立している。この南安国民小学の校庭に入ると、すぐ左側に小さな孔子廟がある。この場所に校内神社が造営された。孔子廟の左横に灯籠の一部が土に埋まっているが、「昭和十一年　奉献」の文字を読み取ることが出来る。

二〇〇七年五月、昭和一六年（一九四一）に卒業された一六回生の陳同助《チンドンツ》さんにお会いすることが出来、貴重な鎮座祭の写真を頂いた。陳さんによると、戦後の一九四八～一九四九年頃に孔子廟に改築されて、その後、忠烈祠となった時点で神社の面影はなくなったとのこと。その忠烈祠も再度、現在の孔子廟に建て替えられた。

《注釈》

① 明治二九年（一八九六）に台湾総督府は「国語伝習所規則」を発布、台湾での日本語教育の具体的な内容を策定した。台湾の主要都市に一四ヶ所の国語伝習所を設置し、その周辺地域に分教場を設置するというものであり、西洋教育方式により国語を初め唱歌、算数などの基礎教育が実施された。明治三一年（一八九八）に公学校に改編される。

② 大麻奉斎殿には神宮「大麻」が奉祀された。

③ 台中州霧峰《むほう》林家の出身で、台湾の五大家族（基隆 顔家、霧峰 林家、高雄 陳家、板橋 林本源家、鹿港 辜家）の一つである。

明治四〇年（一九〇七）に日本に旅行した際、清朝の啓蒙思想家である梁啓超《りょうけいちょう》と面会し、影響を受ける。大正九年（一九二〇）に新民会を結成し、会長に就任。翌年の大正一〇年に「台湾議会設置請願書」を日本の国会に提出する。また、同年成立した台湾文化協会の総理となる。

大正一二年（一九二三）に台湾民報社長となり、白話文（口語による文学表現）を提唱する。昭和二年（一九二七）の台湾文化協会の分裂に際しては右派陣営の代表となる。昭和四年（一九二九）に台湾新民報社長に就任。翌年の昭和五年、台湾地方自治同盟を結成する。戦後、省府委員などを歴任するが国民政府と合わず、一九四九年、日本に亡命する。昭和三一年（一九五六）九月に東京で死去する。

日本統治時代、林献堂は各種の社会事業活動を展開する。その一つが台中での本島人を対象とした私立中学校の設立であり、いま一つが台湾議会設置請願運動を通じた本島人の自治要求運動であった。

南安公学校の校内神社（提供：陳同助）

孔子廟となった神社跡地

山岳信仰

台湾の高山は、その背骨を構成する主要な五つの山脈である雪山山脈、中央山脈、玉山山脈及び海岸山脈からなる。雪山山脈は台湾第二の高峰雪山主峰（日本時代は次高山と呼称）を最高峰に仰ぐ山脈である。

中央山脈は本島の脊梁であり、全長三四〇キロメートル、最高峰は秀姑巒山《ショクランシャン》の三八二五メートル。中央山脈の北西には雪山山脈、南西には阿里山山脈、玉山《ユシャン》山脈、東部には海岸山脈が、いずれも南北に走っている。

これらの山脈にも神社が造営された。中央山脈の玉山山脈には、台湾で最高峰の玉山（旧新高山）に新高祠、中央山脈の一番北側の南湖大山（三七四二メートル）には南湖大山祠があり、最南部の北大武山（三〇九二メートル）に北大武山祠があった。また、雪山山脈にの次高山（三八八六メートル）には次高社があった。

新高祠《にいたかほこら》 ――日本一の霊山

鎮座日：大正一四年七月一二日　**祭神**：大山祇神、大国魂命、大己貴命、少彦名命、能久親王　**社　現住所**：南投縣、嘉義縣、高雄市に跨る玉山主峰

領台後、陸軍参謀本部陸地測量部は玉山《ぎょくさん》またはモリソン山と呼ばれる高山があることを知り、測量に着手した。明治二九年（一八九六）九月に測量を終了し、三九四九・九五メートル（現在は三九五二メートル）の結果を得、地図の印刷にかかった。参謀本部次長川上操六はこれを明治天皇に報告し、新高山《にいたかやま》と命名された。そして、翌年の明治三〇年六月に告示。富士山を抜く日本一の霊山が誕生した瞬間であった。

当時の報道によると、明治四〇年（一九〇七）一一月に台湾神社の宮司山口透の祭文とご神符が山頂にある木造の祠に祭祀されたとある。これが初期の新高祠であろう。

欧州視察に先立ち、秩父宮殿下が大正一四年（一九二五）五月三〇日～六月三日まで台湾を訪問しており、六月一日に台中の知事官邸に宿泊している。その時、本山文平知事は山岳趣味を持っている殿下に新高山への登山を勧められ、七月九日に新高郡守今井昌治（後の花蓮港庁長）、台中警察課長猪俣一郎ら二〇人と運搬人として一〇〇人の原住民を伴って新高山山頂を目指した。

この時、警察職員、先住民蕃社警備員、そして、先住民などの出役により、その山頂に濁水溪底の砂石が用いられた石造りの小さな神社が造営され、新高神社の標識を立てて一同杯を挙げ万歳を三唱して帰途についたとある。この時、鎮座祭が執り行なわれたのであろう。以降、毎年一〇月には付近の警備員及びブノン族が参列して例祭が行なわ

れた。例祭日は一〇月の不定日であったが、三〇日が一般的であったようである。

　部落に造営された「社」は「祠（やしろ）」と呼ばれて区別されたが、新高祠は先住民部落とは関係ないので、神社規模から「祠（ほこら）」と呼ぶのが正しいのであろう。

往時の新高祠
（出典：『台湾写真大観』）

現在の山頂の碑

西山祠《にしやまほこら》　——登山者の守護神

鎮座日：昭和九年一一月一四日　**祭神**：天照皇大神ほか　**無願神祠**　**現在地**：南投縣、嘉義縣、高雄市に跨る玉山西峰

　一般に西山神社とも呼ばれた。新高山（現在の玉山）群峰の西峰である三五一八メートルの頂上に位置し、一般の登山者の守護神として、日の神である天照皇大神を始めとし、山の神、風の神、地の神、水の神を祀り、昭和九年（一九三四）一一月一四日に鎮座したとある。本殿は南向きに造営され、北は南投の山々、右に阿里山連峰、左に新高山を望む。造営費用は地元阿里山、新高山・阿里山登山者及び阿里山国立公園協会の寄付金約四〇〇円をもって、阿里山の紅檜を用材として造営された。

　現在の本殿は戦後修復されたようであるが、ほぼ当時の原型をとどめているのではないかと思われる。祠内には阿弥陀仏を祀っており、定期的に参拝がされているようである。

　玉山の主峰に比べると、登山のダイナミックさはないが、西峰への登山の途中で見る玉山主峰は雄大である。

北大武《きただいぶ》山祠《さんほこら》 ——パイワン族の霊山

鎮座日：昭和一七年四月二三日　**祭神**：大国魂命、大己貴命、少彦名命、能久親王、大山祇神　**無願神祠**　**現在地**：屏東縣と台東縣に跨る北大武山

多少修復された西山祠

神社は高雄州が皇紀二六〇〇年を記念し、高雄州理蕃課の指導により、台湾山岳会の協力を得て約三万のパイワン族の霊地・霊山である北大武山（三〇九二メートル）に高砂族皇民の象徴として、永久保存するため、神殿は全て石造りにて造営された。パイワン族の青年一五〇人を選別して一ヶ月間、潮州郡クワルス社（現在の泰武郷泰武村）より頂上に至る約一二キロメートルの道を開削し、参拝道路が建設された。費用は州下全高砂族の一人一銭献金及び州補助金、台湾山岳会、台湾日日新報の後援、そのほか理蕃職員の献金などにより、予算一〇〇〇〇円余りが計上された。

北大武山祠に辿り着くと、横倒しになっている忠烈碑が目に付く。これは、長谷川総督の揮毫によるもので、昭和一九年（一九四四）三月一五日に除幕式が執り行なわれた。また、碑には高雄州知事高原逸人による碑文が刻まれている。概略は左記のとおりである。

昭和一七年三月一五日に編成された第一回高砂義勇隊のフィリピンの「コレヒドール」要塞の攻略に参加して功績をあげ、更にニューギニヤに進攻し、空爆を物ともせず上陸を敢行して糧秣《りょうまつ》や弾薬の担送に成功した。「モレスビー」攻撃では先遣隊として強行し、「スタンレー」を踏破し道路構築と補給輸送を敢行した。また、「ギルワ」や「ブナ」戦線に至っては激しい敵軍の砲撃下、第一線の陣地を死守し頑強な敵軍を撃退した。また、敵軍

の包囲網を突破して糧秣や弾薬の補給および負傷者の後送に超越した能力を発揮し、その果敢なる行動は正に忠義心からであり、戦死または負傷したのは甚だ残念である。マラリアなどの風土病の悪条件や飲み水や、食糧も全くないにもかかわらず、不屈の精神であった。また、率先して決死隊に参加して敵の陣地を奇襲攻撃し、完全

往時の北大武山祠（提供：張素玢）

往時の忠魂碑
（出典：『台湾日日新報』）

今も残る本殿と鳥居

に破壊した殊勲の如くである。今や大東亜共和圏復興の銅鑼は東洋民族の歓呼との活躍を讃えるとともによって、百万の高雄州民が朝夕仰ぐ大武山の山上の霊地に碑を造営して英霊を祀り、高雄理蕃史上不滅の栄光を史実に伝えるものである。

昭和十九年三月十五日

高雄州　知事正五位勲三等高原逸人撰

記念碑裏手に石段があり、鳥居をくぐると真正面に石造りの祠が南向きに、完全に近い形で残っている。神苑内には「記念　紀元弐千六百年」と刻まれた記念碑を見ることが出来る。大武山連峰の守護神として造営されたものであるが、右記のような特別な背景を持って造営された山岳神社の一つである。

刑務所

台湾には台北、新竹、台中、そして、台南に刑務所があった。このうち、新竹刑務所だけが少年刑務所であった。

新竹及び台南刑務所に構内神社が確認されているが、台北刑務所にも構内神社があったと思われる。なお、本所以外に支所として宜蘭、嘉義、そして、高雄があった。

新竹及び台南刑務所ともに昭和一二年（一九三七）の造営である。時局の変化に伴い、敬神崇祖思想の普及及び皇祖尊崇が求められだした時期である。

新竹《しんちく》刑務所（構内神社）――少年刑務所の神社

鎮座日：昭和一二年五月二日　**祭神**：天照皇大神、大国魂命、大己貴命、少彦名命、能久親王　**無願神祠**　**現住所**：新竹市北區延平路一段一〇八號（台湾新竹監獄）

神社は新竹少年刑務所内に職員の自発的寄付と収容囚人の勤労により造営された。『台湾刑務月報』によると、祭神は新竹神社の分霊と神宮大麻を奉祀し、構内の運動場東側の高台にある国旗掲揚台の前辺りに造営されたとある。

また、構内神社の造営の趣旨は「少年収容者の教化を目的とする刑務所にあっては特に敬神崇祖の念を強調し、より良き日本国民たらしむるためには敬神思想、日本精神の涵養に待つもの多く」とある。

神社はヒノキ材を用い、神明造りの神殿を設け、小池には噴水があった。

往時の新竹少年刑務所構内神社（出典：『台湾刑務月報』）

現在の台湾新竹監獄

台南《たいなん》刑務所（泉社）——収容者に対する敬神崇祖の涵養

鎮座日：昭和一二年一二月二九日　**祭神**：天照皇大神　**無願神祠**
現住所：台南市中西區西門路一段

往時の泉社（出典：『台湾刑務月報』）

泉社は台南刑務所内に造営された神社である。『台湾刑務月報』によると、神社造営の動機として、「収容者の社会復帰を図るためには収容者の反社会性を排除して完全な帝国臣民として社会に復帰せしむることであり、そのためには収容者をして建国の淵源《えんげん》を明にして国体の本義を知らしめ、敬神崇祖の美風を涵養することは最も必要なことである」とある。このため、刑務官会議で決議され、全費用を職員全員の寄進で造営されることになった。

地鎮祭は台南神社の松本宮司を迎え、昭和一二年（一九三七）一二月一六日に執り行なわれ、その後、工事に着手し、一二月二九日に鎮座祭が行なわれた。神社内には外苑と内苑があり、外苑の鳥居の他に、内苑には鳥居、一対の灯籠および神馬《しんめ》があった。また、当時の写真から見ると一対の狛犬もあり、本殿は神明造りであった。神社は所内中央西側に位置しており、中央廊下を隔てて教誨《きょうかい》堂に相対していた。

現在の地理で見ると、ちょうど、和意路・西門路・森林街・永福路に囲まれた場所が台南刑務所のあった所となる。現在、この地に新光三越と台南大億麗緻酒店（大億ランディスホテル）が新装開店している。

病院

らい療養所楽生院(院内神社)――ハンセン病と「つれづれの友」

鎮座日：昭和一五年一〇月　**祭神**：能久親王　**無願神祠　現在地**：新北市新荘區中正路七九四號（楽生院療養所）

二〇一三年六月二九日に台北市街西北部と淡水河を隔てた新北市の三重《サンツォン》や新荘《シンツァン》を結ぶ新たな交通手段として地下鉄「新荘線」が開通した。二〇〇一年に着工し、一二年の歳月をかけてやっと出来上がった。全線開通が大幅に遅れた背景には、終点「廻龍站《ホエロン》」の車両基地建設用地にあたるハンセン病患者療養施設・楽生療養院の取り壊し計画に対して、市民運動家や学生らによる激しい反対運動が続いたためであった。

日本統治時代は楽生院（現在の楽生療養院）と呼ばれたハンセン病治療所は台湾総督府が昭和五年（一九三〇）に開設したもので、初代の院長は川上豊（注①）。当初は五棟の病室で一〇〇人程度の患者であったが、最盛期には六〇棟、一〇〇〇人を上回る患者を強制収容していた。

戦後、施設の運営は国民政府に受け継がれたが、二〇〇三年になり、近くに地下鉄の駅と整備工場の用地が建設されるために立ち退きを迫られることになる。台湾政府は八階建てのビルを代替施設として二〇〇六年九月に完成させ、入所者約三〇〇人の大部分は移ったが、四五人は自治組織「楽生保留自救会」を結成、代替施設入りを拒んでいた。

地下鉄工事により分断された敷地は、辛うじて楽生橋によって結ばれている。この橋をわたり、楽生療養院の坂道を登ってゆくと右奥に嘉義舎がある。この建物の左奥の小高い丘の上の方に神社に通じる道がある。残念ながら樹木がうっそうと茂っているため入り込むことは出来ない。

神社神苑は三六〇坪の広さをもち、「皇紀二六〇〇年記念事業」として、また、院内患者の敬神思想を培う目的で造営された。造営にかかる費用は台湾癩予防協会よりの補助があり、造営にあたり、職員は敷地の整理、患者は参拝道路の整地にあてられた。そして、楽生院の守護神として昭和一五年（一九四〇）一〇月に鎮座した。

旧本館に残る当時の神社写真を見ると小規模な神社であった。将来は改築して規模を大きくするようであった。結局は当時のままの形で日本統治時代の神社の役割を終えたようである。

院内に記念碑（現在は地下鉄工事が終わるまで倉庫に移設されている）が残っている。ここには貞明《ていめい》皇后（大正天皇の皇后）の「つれづれの友」といわれる、「皇太后陛下御歌　つれづれの友と　なりとも慰めよ　ゆくごとかたき我にかわりて」が刻まれていた。この歌について尋ねると、療養所の高齢者の方々は、いとも簡単に諳んじる。また、運動会などのイベントがあるときは必ず唱歌したといって、自慢ののどを披露して頂いた。

往時の楽生院院内神社
（提供：楽生療養院）

「つれづれの友」の歌碑

屏東《へいとう》陸軍病院（一心《いっしん》神社）——屏東陸軍飛行場内の守護神

鎮座日及び祭神：不明　**無願神祠**　**現住所**：屏東縣屏東市勝利路三三〇號（空軍屏東基地内）

屏東陸軍病院は昭和一一年（一九三六）一二月一日に台南陸軍病院屏東分院跡地に開設された陸軍病院で、翌年の六月に開院した。

屏東陸軍飛行場内に飛行第八連隊の兵舎があった。その第八連隊兵舎に隣接して航空支廠と司令部に挟まれて、陸軍病院があった。これが屏東陸軍病院であろう。その陸軍病院入口に一心神社があった。

大正八年（一九一九）に飛行第四航空隊が大刀洗《たちあらい》飛行場に配置された。その後、大刀洗飛行第四大隊から連隊に昇格する。昇格した大刀洗第四飛行連隊は台湾飛行第八連隊と同居するが、昭和二年（一九二七）五月に屏東へ移駐した。

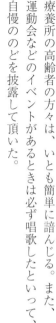

現在、この場所は空軍屏東基地となっており、軍隊の管轄地区になっているため、一般には開放されていない。近い将来、旧屏東陸軍飛行場が歴史遺産として保存されれば、敷地内に入ることが出来るであろう。

神社名の「一心」は珍しい。神奈川県の横須賀に「はまゆう公園」がある。この地は、かつて横須賀陸軍病院であった。その中に、院内神社として同じような呼称の一誠神

往時の一心神社（提供：台湾協会）

空軍屏東基地

社があった。

《注釈》

① 大正六年（一九一七）に長崎医学専門学校を卒業し、皮膚科を専攻する。大正八年（一九一九）に熊本の国立療養所菊池恵楓園《けいふうえん》に勤務後、大風子油《だいふうしゆ》（イイギリ科の常緑高木である大風子の成熟種子からとった黄色の脂肪油。かつてハンセン病の治療に用いられたが、プロミンなどスルフォン剤系のハンセン病に対する有効性が発見されてから、使われなくなった）及びらい病に関する論文で学位を得る。戦後、国立療養所東北新生園長に就任する。

私設

日本統治時代、数多くの個人宅または料亭、劇場、デパートなどに土地守護神として神社（祠《ほこら》）が造営された。台北市の朝日座や北投街の旅館やまと、台中公園内の香園閣等の稲荷神社が一例である。また、高雄の吉井百貨店に金刀比羅神社が祀られた。本書では二ヶ所を紹介する。

清瀧《きよたき》神社——陽明山公園の鳥居

鎮座日：昭和一二年四月二六日　**祭神**：天照皇大神、大国主命、少彦名命、大山祇神、瀬織津姫神　**無願神祠**　**現住所**：台北市士林區陽明山竹子湖路…陽明山國家公園内の王陽明像後ろ

台北の北に陽明山《ヤンミンシャン》公園がある。この公園内の王陽明《おうようめい》（儒教陽明学者）像から少し上がると小ぶりな鳥居が見えてくる。

当時は草山《そうざん》と呼ばれた陽明山。そもそも山本炭鉱株式会社社長山本義信の所有地であり、山本は国民の健康増進のために登山がよいとし、大屯山《だいとんざん》、七星山《しちせいざん》等の登山基地として最適なこの地を選び、大正一二年（一九二三）に日本から造園家を呼び寄せ、造園に着手し、「羽衣園」と名付けた。そして、その公園に昭和一一年（一九三六）四月二六日に相次ぐ炭鉱事故により、尊い生命を失い、そのお祓《はら》いをするために小さな私設神社・清瀧神社を造営したという。「清瀧」とは清瀧川から由来し、公園内の瀧から落ちた水を、羽衣園の池に受け、そこから道に沿って流れ落ち、台

往時の清龍神社の鳥居

茶芸館 **羽衣公園を造った山本義信**

戦後、羽衣園は台湾工礦煤礦分公司の所有となり、山本宅は蒋介石総統の別荘となる。蒋介石は羽衣園の名前が好きだったらしく、戦後、一九五一年に山本公園として名付けられるまで羽衣園の名称をそのまま残した。

終戦とともに山本炭鉱は国民政府に接収され、全てを失い、傷心の思いで台湾から引き揚げ、故郷の千葉県に戻った山本義信に思いがけない朗報が届いた。一九五五年一二月にアメリカの元フランス大使ウィリアム・C・ブレッドがアメリカに帰任する途中、台湾に立ち寄った。蒋介石の招待で山本公園内の別荘に滞在する。この絶景に感動したブレット大使は、帰国予定スケジュールを急遽変更して日本に立ち寄り、当時の中華民国駐日大使董顯光《とうけんこう》と共に東京のアメリカ大使館において山本義信と会見し、感謝の意を述べたという。その二ヶ月後、山本義信は台湾を訪問する機会を得た。蒋介石の特別な計らいによるものであろう。滞在期間中、羽衣園のかつての別荘にも宿泊し、蒋介石との面会も果たしたようである。清瀧神社にも手を合わせたのであろう。時代の変動に翻弄された山本義信の人生であった。

現在の新北市中和区の自強公園に「饅頭山《マントウシャン》」と呼ばれる丘があり、中和瑞穂配水池がある。山本は板橋庄長時代、これまでの不衛生な飲料水に代わるきれいな飲料水の確保のため、浄水機能を持つ配水池を建造した。同氏の偉業は今なお、大きな遺産として台湾に残る。

湾神社（現在の圓山大飯店）付近で淡水川に注いでいたようである。現在の陽明溪から合流する竹仔湖溪であろう。興味深いのは、祭神の一柱として瀬《せ》織津《おりつ》姫神《ひめのかみ》が祀られたことである。災厄抜除の女神で、川の早瀬の穢《けが》れを清めるとある。瀧の神・川の神でもある。

現在の陽明山公園駐車場右側の湖山路沿いに上がってゆくと小ぶりな瀧がある。この瀧も羽衣園に因んで「羽衣の瀧」と呼ばれた。公園内には松・桜・桃などに加えて、日本から取り寄せた平戸ツツジも植え込まれた。そして、木造平屋建ての別荘が二棟建てられる。その一つは現在の「台北市長招待所」である。

ハヤシ百貨店（末廣社《すえひろ》）——台南の銀座通り

鎮座日：昭和八年五月一二日　**祭神**：不明　**無願神祠**　**現住所**：台南市西區忠義路二段六三號（林百貨）

中正路を民生緑園（当時の大正公園）に向かって進む。この路は末廣町通りと名付けられ、当時の「台南銀座」の「銀座通り」と呼ばれた。その中正路と忠義路二段の交差

往時の末廣社（提供：翁巳長酉）

屋上の神社遺構

現在の林百貨

点に、最上階に「林」の社号を刻んだ五階建ての建物がある。旧ハヤシ百貨店である。

一階はタバコ、化粧品、靴、二階は衣服、帽子、ネクタイ類、三階は布、寝具類、四階は玩具、厨房用具類、五階は食堂、電動馬、熱帯魚類、六階は機械室、展望台、私設神社を備えた。中央部が最も高く、左右対称なデザインが建物全体に施されている代表的なアール・デコ様式は台南州庁技師の梅澤捨次郎（注①）によった。

明治三四年（一九〇一）に始まった台南市区改正計画事業の一環で大正一五年（一九二六）度に計上された一つのプロジェクトがあった。台南州庁（現在の国立台湾文学館）前から末廣町、西門町を経て台南運河に達する末廣町線を新たに一二間（約二二メートル）幅の末廣通りにしようというものだ。そして、この末廣通りに店舗兼住宅建設を目的とする末廣町店舗建設促成会が発足した。現在の中正路である末廣二丁目を挟んで、南側の角より先ず六階建てのハヤシ百貨店が商店街店舗の要として位置し、昭和七年（一九三二）八月二四日に上棟式が行なわれた。当時は「流籠」とも称されたエレベーターも配置されていた。エレベーターの操作は「エレベーターガール」。ハヤシ百貨店を語る年配者は異口同音「並んで乗るの待っていました。四階の回転木馬にはよく乗っていました」と語る。

太平洋戦争中、ハヤシ百貨店の建物の一部は空襲により被害を受けた。戦後、国民政府の下で修復され、台湾塩業や空軍施設、警察の派出所等として使用された。しかし、一九八六年に台湾塩業が転出してからは放置され、長年にわたり閉鎖された。一九九八年六月に台南市が市定古蹟とすることを発表したものの、修復工事は一向に進まず、二〇一〇年になってやっと開始した。二〇一四年六月、台南市政府とハヤシ百貨店の営業委託先である高青開発との契約により「林百貨」として蘇り、文化創作の新しいスタイルの百貨店として再活用されている。

このハヤシ百貨店の屋上に昭和八年（一九三三）五月一二日に守護神として末廣神社が鎮座した。同時に、末廣商店街の守護神として祀られた稲荷神社であろう。今なお、その一部が残っており、手を合わせて参拝する若者も多い。

《注釈》
① 明治四四年（一九一一）二月に工手学校（現在の工学院大学）建築学科を卒業し、渡台。総督府土木部営繕課に雇員として採用される。メキメキと頭角を現し、大正六年（一九一七）に技手となる。土木部から台南州を経て、昭和九年（一九三四）、専売局に勤務。この間、二〇ヶ所以上の建築に携わる。代表的作に専売局本局庁新築工事、台中医院病棟等新築工事、花蓮港医院院長宿舎、台東郵便局、台北高等商業学校新営工事、台中師範学校本館、台南警察署新庁舎、台湾日日新報社台南支局庁舎、鹿林山荘、新竹支局倉庫　専売局新竹支局庁舎、松山煙草工場、板橋新酒工場、澎湖出張所庁舎などがある。

その他

ここでは、これまでの分類から外れた各種無願神祠を紹介する。

基隆富貴《ふうき》市場（富貴稲荷神社）――基隆庶民の台所を守護した稲荷神社

鎮座日：大正一五年以前　**祭神**：不明　**無願神祠**　**現住所**：基隆市中正區信六路二一號

北の街、基隆。当時の義重《ぎじゅう》町五丁目から六丁目にかけては日本人のための商店街であった。その中でも基隆市哨船頭富貴市場は規模も大きく、義重町五丁目の一角を占めており、庶民の台所であった。裏には基隆座もあり、いつも賑わった場所であった。

この富貴市場裏手に稲荷神社があった。神社は三メートルほど土盛りし、社殿が造営された。本殿までには一〇基ほどのいわゆる稲荷鳥居が並び、小さな狛狐もあった。神社傍には相撲の土俵もあった。神社へは当時の高松屋、日新五丁目の氷屋（東門）または基隆座方面の西門からも入ることができた。

既に昭和五年（一九三〇）には初午祭が執り行なわれた

報道があり、神社の造営は大正時代末のようである。

往時の富貴稲荷社（提供：蔡英清）

現在の富貴市場

鵝鑾鼻社《がらんび》——二基の歌碑

鎮座日：昭和四年一二月七日　**祭神**：大国魂命、大己貴命、少彦名命、能久親王、大物主命、崇徳天皇　**社　現住所**：屏東縣恒春鎮燈塔路八〇號（高雄關税局員工訓練活動中心）

「鵝鑾」とはパイワン族語で「帆」の発音を意味し、近くの香蕉《シャンジャオ》湾が帆船に似ているため、この名前が付いた。更に、この地形が突き出た鼻に似ているため、鵝鑾鼻と呼ばれるようになった。この地の鵝鑾鼻灯台は清朝時代の一八八三年に航海の安全を守るために建設され、日本統治後に一度修復されている。

鵝鑾鼻は台湾のバシー海峡を見渡す最南端にある。当時の交通局逓信部《ていしんぶ》が中心となり、総工費三五〇〇円で台湾神社の祭神と海の神である崇徳《すとく》天皇を合祀して、昭和四年（一九二九）一二月七日に鵝鑾鼻灯台横の地に鎮座した。

当時の神社写真を見ると、参道入り口辺りに奇妙な形の鳥居らしきものがある。この鳥居の正体は、シロナガス鯨二六・四メートルの肩骨で、鎮座翌年の昭和五年（一九三〇）四月に東洋捕鯨会社が寄進したものである。それでは、なぜ、この台湾の最南端の神社に鯨骨あるのか。実は、バシー海峡を見渡す台湾の最南端の墾丁《ケンティン》国家公園の海岸線に沿って走る屏鵝《ピンアー》公路の船帆石《チュワンファンシ》から、更に一・五キロメートルほど南下した香蕉湾は、大板埒《だいばんらつ》と呼ばれた捕鯨基

武藤信義の歌碑

神社の跡地

往時の鵝鑾鼻社（出典：『台湾写真大観』）

地であった。当時、東洋捕鯨は総督府の許可を得て、大正九年（一九二〇）から捕鯨猟を開始し、この年、ザトウクジラ二八頭、シロナガスクジラ一頭を捕獲している。鯨は余す所なく消費された。鯨油、肥料、食肉などであり、当時、鯨肉はすき焼き鍋にもなったという。その捕鯨猟も捕獲量の減少と採算性の悪さにより、昭和一三年（一九三八）頃からは姿を消し、日本の捕鯨活動は南極海が中心となった。

二〇〇八年に入り、台南芸術大学で修士論文を作成中であった郭人豪さんから連絡が入り、社号碑と思われていた石柱に歌碑が刻まれているとのことであった。

同年九月の調査で、歌が刻まれていたことが確認された。澄墨を塗ると「国此はてよせくる波は荒くとも　き志をかたむる巌はゆるか寿（国のはて　よせくる波は荒くとも　きしをかたむる巌はゆるがず）」である。

武藤信義大将が昭和七年（一九三二）に教育総監として台湾を巡閲の時、鵝鑾鼻灯台を視察した。この花崗岩に刻まれた歌碑はその時、灯台長中村幸吉の依頼によって書きしたためたものである。その後、武藤大将が関東司令官に就任し、新京の司令部にいた際、中村灯台長が歌詞を記念碑として永遠に残したい旨を伝えたところ、武藤司令官より改めて碑文が揮毫《きごう》され、建碑費用まで送られてきた。早速、台南の石工により碑石が造られ、昭和八年（一九三三）一二月に境内に建立された。

一方、神社境内には昭和五年（一九三〇）年四月に建設された下村海南の歌詞「日の本のみんなみのはてに我が立ちてふりさけ見れば黒潮躍る」もあった。下村海南とは逓信省高官でドイツ留学経験を持つ法学博士の下村宏であり、第六代総督安東貞美及び第七代明石元二郎の民政長官として仕えた。下村長官が鵝鑾鼻に巡視の折、口ずさんだ歌が碑として建立されたものである。残念ながら、この碑は残っていない。

芝《し》山《ざん》巖《がん》祠——日本語教育発祥の地

鎮座日：昭和五年二月一日　**祭神**：台湾教育に貢献した三三〇人
無願神祠　**現住所**：台北市士林區至誠路一段一八二號（芝山公園）

地下鉄淡水線「剣潭站」から三つ目の「芝山站」で下車し、芝山公園を目指す。公園入口の一二五段の石段を登り詰めると、芝山巖祠が造営された跡地がある。現在、本殿があった場所は、「雨農《ユノン》閲覧室（注①）」となっており、その左側には、明治二九年（一八九六）に建立された「学務官僚遭難碑」がある。碑の裏側に当時の内閣総理大臣伊藤博文の書が刻まれている。

日本統治後まもなく、学務部長心得として就任した伊澤修二（注②）は、初代台湾総督の樺山資紀に対して、統治政策のなかでも教育を重要視すべきと具申し、内地から最初の六人の日本語教師が台湾に派遣され、芝山巖にあった国語伝習所で日本語及び日本語教育が始まった。伊澤修二の内地への出張中の明治二九年（一八九六）元旦に六人の教師が台湾総督府で行なわれる予定であった祝賀会に参加する途中に抗日「土匪」に殺害された。碑の側面には、これら六人の名前（楫取道明、関口長太郎、伊原順之助、中島長吉、桂金太郎、平井数馬）が刻まれている。更に、これと

往時の芝山巖祠（水町史郎）

学務官僚遭難碑

は別に真新しい「六氏先生之墓」を多少離れたところに見ることができる。

神社は昭和天皇の「御大典記念事業」として台湾教育会で検討されたものであり、昭和五年（一九三〇）二月一日、全島教育関係者により、一万九〇〇〇円の浄財が集められ、芝山巖三五回例祭とともに遥拝所の形で鎮座した。その後、台湾に於ける台湾教育発祥の霊地として、社または神社への昇格を進めるよう努力がなされたが、実現しないままに終戦を迎えた。

この神社には、台湾の教育に殉じた教職者が三三〇人祀られており、常に芝山巖精神は教育に携わる人たちの心の支えであった。

なお、当時の国語伝習所は現在の芝山巖惠濟宮《ホエイジゴン》である。

北投《ほくとう》社——賑う湯の街

鎮座日：昭和五年五月二〇日　**祭神**：大国主命　**社**　**現住所**：台北市北投區中山路三段…天月温泉休閒會館と凱達格蘭文化館の裏〜逸仙國小

北投は平埔《へいほ》族バサイ族（ケタガラン族の一支族）の部落であるパッタオ社があったところである。パッタオ社は、もともと内外の二社に分かれており、内社の原位置は現在の北投付近であり、外社の原位置は新北投であった。パッタオとはバザイ語で巫女《みこ》の意味を持つ。この地に巫女が住居していたのに基づいて地名にしたのかも知れない。漢字名は台湾語音により「北投（Pak-tâu）」と充てられた。

北投温泉は一八九四年にドイツ人により発見され、明治二九年（一八九六）に大阪の商人平田源吾の手により、北投初の温泉旅館「天狗庵」が地獄谷付近に建設されたのを皮切りに、北投地区は温泉街として開発されることになる。ラジウム温泉を身近に楽しめる公共浴場「瀧乃湯」などもでき、温泉好きの内地人には格好の場所となった。その後、台北から北投までの道路の開通や、淡水線の北投から新北投間の支線の開業により温泉客も増え、北投温泉公共浴場などの公共温泉から、政府要人の接待所になるような温泉旅館まで、様々な旅館が集まる一大歓楽街へと変貌した。最盛期には七〇軒余りの温泉宿で賑わった。

この新北投に北投社があった。場所は地下鉄「新北投站」のすぐ前で、天月温泉休閒会館から逸仙《イーシェン》国小（小学校）にかけての小高い丘の中腹であった。唯一神社の遺物である一対の狛犬が校門前に残っている。「吽行《うんぎょう》」は完全な形で残っているが、筆者が初めて訪れたときは「阿行《あぎょう》」は尾のあたりが無くなっていた。

北投虹燁工作室の楊燁《ヤンイエ》さんによると、この狛犬は一九六〇年頃に小学校の教師がこの逸仙小学校に運び込んだようである。この狛犬以外に神社遺物は温泉博物館横の池の傍に灯籠の一部を見ることが出来る。昭和一八年（一九四三）の例祭日に鳥居と灯籠九対が奉納されている。現在残る遺物はこの時のものかもしれない。

北投社は昭和三年（一九二八）秋の昭和天皇の「御大典記念事業」として造営された。新北投駅左手小山に五〇〇坪を借り受け、総工費五五五〇円は北投庄より一〇〇〇円、残りは温泉地関係の人々の寄付によった。祭神は大国主命で出雲大社より御分霊が勧請《かんじょう》された。出雲神話の主役であり、国内平定・国土経営・天下巡行・農業・国土の保護・禁厭《きんえん》（まじない）・医薬温泉の神ともされる。大国主命は少彦名神との国土共同経営・国譲りなど多くの神話がある。出雲大社は縁結びの神様としても有名であり、当地にも多数の参拝者があった。

昭和天皇が皇太子の時の大正一二年（一九二三）四月二二日、摂政宮《せっしょうのみや》として行啓された際、この地を訪れており、北投公共温泉場にも立ち寄っている。その際に特別休息所が増築された。この行啓記念碑が一九九六年の郷土調査の際に「龍の湯」の屋敷内から見つかっており、記念碑には「皇太子殿下御渡渉記念　大正十二年四月」と刻まれている。

往時の北投社（提供：楊燁）

逸仙国小前の狛犬

深堀祠《ふかぼりほこら》 ――東西縦貫鉄道への挑戦

鎮座日：昭和七年一月三一日　**祭神**：深堀大尉　**無願神祠**　**現住所**：花蓮縣吉安郷干城村一〇鄰二五四之一號（西寧寺）

領台早々、西部縦貫鉄道（基隆から打狗まで）の建設がされた。一方、台湾東部をむすぶ台東線も多少遅れながらも建設された。この台東線のルート策定にあたり、東西を結ぶ縦貫鉄道路線の可能性が検討され、鉄道隊長の山根武《たけ》亮《すけ》大佐を長として中央山脈横断探検隊が明治二九年（一八

西寧寺となった深堀祠跡地

横断道路開鑿　殉職者之碑と横断道路開鑿記念

九六）末に結成された。この時、北部線、中部線と南部線を踏査することになり、中部線（中央山脈〜花蓮港）を率いるのは深堀安一郎（軍務局陸軍部付歩兵大尉）であった。

深堀大尉率いる一行一四人は明治三〇年（一八九七）一月一一日に台北駅を出発した。一五日に台湾中部の埔里《ほり》に到着。一八日に埔里を出発し、三〇〇〇メートルの中央山脈を横断し、霧社《むしゃ》を経て花蓮港に達する路線の探検が目的であった。途中、霧社奥の蕃地山奥で忽然と消息を絶った。先住民の襲撃に遭い全員殺害された。この時、通訳として近藤勝三郎がいたが、途中、マラリアに患い、一行から外れ、災いから逃れている。その後、生存者の一人として近藤は蕃地奥のトロック社に入り、大尉一行の遭難の跡を訪ね、大尉が守り本尊としていたという不動尊の巻物一巻を手に入れる。そして、この巻物は深堀未亡人に引き渡されたという。

昭和六年（一九三一）四月に近藤勝三郎の生涯の念願であった深堀神社が初音《はつね》駅の初音駐在所の前に造営された。近藤は神社造営資金捻出のため、当時の台北市新起《しんき》町西本願寺裏に「生蕃近藤の店」として花蓮港の高山植物である香杉木瘤で作った彫り物などを販売して、その費用に充てた。遂に念願の大尉及びその一行一四人の英霊を祀るために、当時の初音駐在所手前の小高い丘の上に小さな祠が造営された。鎮座祭の当日は故深堀大尉の未亡人もはるばるこの地まで来ている。

深堀神社跡地は、現在不動明王を祀る西寧寺《シーニンシ》となっており、ちょうど、この西寧寺裏側に「横断道路開鑿　殉職者之碑」と「横断道路開鑿記念」碑がある。碑には、「大正六年九月起工　自初音至奇萊主山　警備員八千五百人　里程拾三里　職工一萬四千人　大正七年一月竣工　工費四萬二千圓　人夫三萬六千人」と刻まれている。この横断道路は理蕃道路であり、能高越道路（注③）と呼ばれ、初音（現在の吉安郷干城村）を起点として木瓜溪に沿って海抜二四二四メートルの天長山、経桐里、坂邊、奇莱山荘、東能高に到達し、再び二八一八メートルの奇萊主峰を越えた後、現在の南投県霧社に到達する九〇キロメートルのものであった。深堀大尉一行が明治三〇年に踏破を目指した中部線であった。

往時の大溪社（提供：高橋正己）

大溪公園内の神社遺構

大溪《たいけい》社——昭和天皇御大典記念

鎮座日：昭和七年一〇月三〇日　**祭神**：大国魂命、大己貴命、少彦名命、能久親王　**社**　**現住所**：桃園市大溪區和平路（中正公園）

領台当時頃まで大溪《たいけい》には大きな船着場があり、付近一帯の物資集散地となっていた。当地に集まる商売人のために花街が形成され、多くの美人芸娘が集まったという。また、鮎《あゆ》の水揚げ高も多く、あぶり鮎などの加工品が販売された。更に、龍潭《ろんたん》及び烏塗窟《うとくつ》を主産地とするお茶は名産であり、そのうち七～八割までは紅茶が占めていた。また、角板山で産出される樟脳の積出港としても栄えた。

大溪の普済《プジー》路にある老街をとおり越してゆくと大漢溪沿いに中正公園があり、その公園の中に超然亭《チャオランティン》がある。ここが大溪社の本殿があった跡地である。

昭和三年（一九二八）七月に昭和天皇の「御大典記念事業」の一環として、大溪公園内の招魂碑付近に総費用一万円を予算計上して神社が造営されることになった。当時、台湾神社及び開山神社の祭神である鄭成功が祀られるようであったが、なんらかの事情により、台湾神社の祭神のみとなる。

現在、神社跡地の参道に沿って灯籠が新たに設置されている。また、基壇前に一対の狛犬があり、「大溪　加藤仁作（注④）　昭和七年七月十日」と刻まれている。大溪社には二基の鳥居があり、第一鳥居は加藤仁作が奉納したものであった。

参道手前の公園内の蓮池横はかつての相撲場であった。祭典には各種余興のほかに相撲大会があり、近くの部落から小公学生や大人の力自慢が集まり、熱気たちこもるなかで取り組みが行なわれた。

抜子社《ばっし》――白河村の土地守護神

鎮座日：昭和八年二月一二日　**祭神**：大国魂命、大己貴命、少彦名命、能久親王　**社　現住所**：花蓮縣瑞穂郷富源村

この神社はアミ族、本島人及び内地人共同で造営されたものであった。

富源派出所横を山側に向かうと抜子社跡地がある。参道が山の中腹まで延びており、登りきったところに本殿跡がある。現在は台湾式のお墓になっているが、既に世話をする人がいないためか廃墟に近い。参道の入口には、唯一、完全な形で残された灯籠が一基あり、辛うじて過去の神社の存在を取り留めている。「奉納　横川長太」と刻まれている。付近の古老の話によると、横川長太はこの地（日本統治時代は白川村と呼ばれていた）にわたって来た初めての内地人で、小作人を使用して稲作を行なっていた大地主であった。また、昭和一三年（一九三八）には香水茅《がや》（レモングラス）の収穫を始めており、商品は台北の高砂香料（148頁参照）に供給された。

当時は参道に沿って数基の鳥居があったようである。今でも一部の鳥居の礎石を見ることができる。また、例祭には相撲が行なわれ、神苑内には土俵もあった。また、横川長太が奉納した灯籠横に二基の灯籠の一部が残っている。

抜子社の跡地

抜子常民館前の狛犬

「今井昌治」と刻まれおり、当時の花蓮港庁長である。

当地でもう一人の古老に出会う。時の流れを感じさせない流暢な日本語で、神輿《みこし》を担いだこと、元旦祭には村の青年が褌一つで水浴して神社に参拝したことなどを語って頂いた。

以前、この場所を訪問した際、参道の入口にある富源派出所の前に狛犬があったと派出所の巡査が教えてくれた。現在、この狛犬は富源站傍の抜子常民館前に移動されている。

崎頂《さきちょう》神社――農業伝習所の守護神

鎮座日：昭和九年一二月二九日　**祭神**：天照皇大神、豊受大神、能久親王　**無願神祠**　**現住所**：苗栗縣竹南鎮崎頂里牧場二一號（行政院農業委員會家畜衛生試験所動物用薬品検定分所　実験動物研究系動物実験中心）

台鉄「新竹站」から海岸線を南下する三つ目の「崎頂《ジーティン》站」の裏手に青草山がある。駅裏の仁愛路を南下して、発彩有限公司を右折すると、左手に廃虚に近い旧日本式建物が見えてくる。崎頂神社の遺構はこの旧日本式建物の裏側にあった。詳細は不明であるが、この建物は日本統治時代には動物（鶏及び兎）の疫病に関する研究所であったようである。現在は行政院農業委員会家畜衛生試験所動物用薬品検定分所　実験動物研究系動物実験中心内の敷地となっている。

日本統治時代の昭和六年（一九三一）一〇月に崎頂駅が設置され、崎頂は海水浴場としてますます注目された。当時はこの辺りで伊勢エビ、蟹や蛤等を賞味することが出来た。また、昭和一〇年（一九三五）頃よりは砂の上のサンドスキーもできるようになった。

崎頂神社跡地

農業五ヶ年計画に基づき、新竹州竹南郡崎頂に新竹州立農業伝習所が設立され、昭和九年（一九三四）一月に入所式が執り行なわれた。将来の農業従事者を育成するため、対象は農業専修学校または農業補習学校を卒業し、二～三年間農業に従事した一八才以上の青年三〇人余が対象となった。

　また、竹南郡は馬の放牧場としても有名な場所であった。昭和一一年度から三〇年計画で開始した総督府による馬産計画に基づき、昭和一〇年、新竹州宣伝会は鹿児島県や宮崎県からアラブ系の牝馬四一頭を購入し、崎頂農業伝習所に放牧することになった。このうち、七頭が競走馬として飼育された。二年後の昭和一二年（一九三七）には仔馬が二〇数頭誕生したとのこと。また、肉牛飼育も行なわれ、新竹州下では苗栗牛と称され、台北や基隆では神戸牛として売られた。

　崎頂神社は、この農業伝習所に造営されたものであろう。最初に訪問した二〇〇五年当時は、単に神社遺構のみであったが、二〇一七年に再訪した時は、基壇が修復されており、南無阿弥陀仏としてお釈迦が祀られていた。本殿基壇手前には二基の灯籠と鳥居に使用された礎石が残っており、鳥居は礎石の幅から想像すると小ぶりの鳥居であったようである。当時はこの場所から東シナ海を見渡すことが出来、日の出を見る事ができるので日の出神社とも言われたようである。

圓山水《まるやまみず》神社――飲料水の祭神を祀った神社

鎮座日：昭和一三年四月二七日　**祭神**：水波能賣神、栄井神、生井神　**無願神祠**　**現住所**：台北市士林區中山北路五段八二號…台北自來水事業處　陽明分處の裏

圓山大飯店の聳える丘沿いに地下鉄「剣潭站」に向かって歩いてゆくと、台北自来水事業處　陽明分處がある。そばの石段を登ってゆくと、古びた圓山貯水池が、更にその奥に圓山水神社の遺構が残っている。

　台北自来水事業處のホームページによると大正一〇年（一九二一）頃の台北市の人口は二一万人を超え、水道水の供給が深刻な問題となった。そのため、大屯山付近の「草山水源」開発を行ない、昭和七年（一九三二）に竣工している。そして、「草山水源」の水源である竹仔湖及び紗帽山《しゃぼうざん》の地下の湧水を最終的には現在の剣潭山西側の中腹まで引っぱり、圓山貯水池が建造された。

　この圓山貯水池を建造する際、雨季に大雨が連日のように降り続いたことにより、地盤が緩み、崩れ落ち、通水の試験中であった貯水池及び底の部分に亀裂が入り、従業員が負傷し、亡くなった。これら亡くなった人達のために台北市水道課職員並びに従業員で組織する共済会水道会が発起して神社の造営が行なわれ、水の神による守護を祈った。

戦後、神社は荒れ果て、木造の本殿も取り壊された。一九

九〇年に台北自来水事業處職員及び地域の有志により圓山水神社が整理・修理され、現在は「大禹《ダユ》（治水と洪水の神）」が祀られている。

　圓山水神社の社号碑裏には「昭和十三年四月二十七日」と刻まれ、手水鉢や一対の狛犬と共に残っている。灯籠には「灯献　水道課有志」の文字が風化せずに有る。

　この神社に祀られた栄井《さくい》神と生井《なまい》神は台湾では圓山水神社だけであろう。栄井神（福井神とも呼ばれる）と生井神はともに宮中内の水神（井戸や泉の神）で、生活に欠かせない飲料水を守護する神として大変重んじられていたようである。生井神は生き生きとした井（泉）、栄井は栄える井の神である。人の生活に一日もなくてはならない井水《せいすい》を守る神として祀られたことがわかる。

　二〇一七年八月に、神社基壇の柱に日本を侮辱、非難する文字が書かれ、狛犬が盗まれた。日本統治時代を非難する人達の犯行であると言われている。烏頭山ダムの八田與一の銅像や北投神社の狛犬の破壊なども、この年に行なわれた。

往時の圓水山神社（出典：『台湾日日新報』）

圓山水神社遺構

《注釈》

①　国民党軍統局副局長だった戴笠《ダイリー》（雨農は戴笠の字）を記念して建てられたもの。蒋介石の側近で、中華民国軍人。国民党スパイ組織で軍統のリーダーであった。戦後の一九四六年に飛行機事故により死亡した。

②　明治の初期に洋楽を学び、米国に留学後、唱歌などを作曲して日本の音楽教育を確立。晩年は楽石社をつくり、吃音《きつおん》矯正事業に尽くす。東京音楽学校（現東京芸術大学）、東京盲唖学校、東京高師（後の東京教育大学）等の校長を歴任する。

　伊澤により明治一四年（一八八一）に編集された「小学唱歌集」

には、てふてふ（後の「蝶々」）、ほたる（後の「蛍の光」）、あふげば尊し（後の「仰げ尊し」）などが含まれる。

③　大正七年一月二〇日に竣工後、大正一二年（一九二三）一〇月から一二月まで、そして、昭和六年（一九三一）三月にも大改修を行った。

④　明治三九年（一九〇六）六月に大渓街守備隊用達人として渡台。明治四〇年（一九〇七）に除隊とともに大渓街で用達兼雑貨商の経営に着手する。その後、教科書や台湾総督府出版物販売を指定される。その他、原住民警察隊警備員供給酒保《しゅほ》（施設内に設けられていた売店に類する）も経営し、富を築く。大渓街協議会員、大渓公会協議会、大渓商工理事、大渓煙草小売人組合長などの要職にあった。

第三部

台湾の神社への疑問

調査を行なう過程で数多くの疑問に遭遇した。⑴いったいどれだけの神社が造営されたのか、⑵神社はどのような場所に、どのような社会状況下で造営されたのか、⑶なぜ、多くの神社が総督府に公認されていないのか、⑷なぜ、部落神社や企業神社は総督府公認神社になりえたのか、⑸どのような祭神が祀られたのか、また、その必然性は、⑹なぜ、台南州斗六郡に数多くの神社が造営されたのか、⑺なぜ、先住民部落に多くの神社が造営されたのか、⑻戦後、神社はどのように処理され、また、終戦とともに御霊代はどのように処理されたのか、⑼なぜ、近年、神社遺構の保存、修復、復元が盛んに行なわれているのか、⑽神社社殿はいつまで忠烈祠として利用されていたのか、⑾神社は誰によって、なぜ、取り壊されたのか、である。これまでの調査を通じて、これらの疑問に対する解答を見ていくことにする。

そして、最後に、⑿なぜ、台湾には夥しい神社の遺構や遺物が残っているのか、のテーマについて掘り下げてみたい。

⑴ いったいどれだけの神社が造営されたのか

第一部で、全ての「神社」六八社及び摂末社や遥拝所と呼ばれた神社関連施設四社を見てきた。また、第二部では、台湾総督府が公認した神社に準ずる社七〇社及びその他の無願神祠八八社を取り上げた。合計二三〇社となる。

『神の国日本』によると、台湾に於ける神社は官幣社二社、国幣社三社、県社八社、郷社一七社、無格社三七社、そして、護国神社一社で六八社。そして、社一一四社、摂末社一六社、遥拝所五社が加わり、計二〇三社となる。昭和一九年（一九四四）一〇月現在の明細である。なお、終戦間近に三社（竹山神社、南投神社及び北門神社）が無格社から郷社への列格がなされているので、最終的に、郷社は二〇社、無格社は三四社となる。

実際に台湾に造営された神社の調査を行なうと、神社と称された宗教施設は四〇〇ヶ所を超えることが判明した。つまり、総督府が公認した神社及び神社関連施設二〇三社以外に、ほぼ同数の無願神祠があった。

「理蕃と先住民部落」で『蕃社移住十箇年計画』について簡単に記載した。驚くことに、この計画表の中では、新たな移住先では初年度（昭和九年度）からの五年間で一〇〇社（毎年二〇社）の神社を造営することになっている。しかも移住対象部落は台北州、台中州、新竹州、台南州及び高雄州である。『神の国日本』では昭和九年（一九三四）以降にこれらの地域で造営された部落神社（祠《やしろ》）は一四社のみである。また、拙書『台湾旧神社故地への旅案内』

で掲載したこれらの地域の先住民部落に造営された無願神祠は一四～一五社を数えるに過ぎない。仮に『蕃社移住十箇年計画』とおりに神社が造営されたとすると、更に約七〇社の先住民部落神社があったことになる。

特に先住民部落には多くの神社が造営された。黄家榮さんの『日治時期花蓮港廳之神社研究』では『台湾旧神社故地への旅案内』に記載している神社以外に、花蓮港庁には一〇社の無願神祠が紹介されている。

「序文」で述べたとおり、これらは何らかの形で祭神が祀られ、崇敬者が参拝した神社を対象としている。調査内容に不十分さもあるが、拙書の『台湾旧神社故地への旅案内』に掲載してあるとおり、先住民部落神社、企業神社や校内神社が数多く占めている。今後、調査が更に進めば、台湾に造営された神社の総数は五〇〇社程度になるかもしれない。

(2) 神社はどのような場所に、どのような社会状況下で造営されたのか

この点に関しては、それぞれのテーマで神社を紹介したので、解答は得られた。神社は台湾の社会の隅々まで浸透し、ありとあらゆる場所に造営されたことが分かった。

一般的に、台湾に造営された神社は「植民地政策」や「皇民化運動」に基づいて造営されたと極論する人達もいるが、この考え方は間違いである。一部の例外（移民村や製糖会社の守護神）を除いて、総督府が公認した六八社の「神社」及び摂末社に対して当てはまるが、その他の「神社」以外の神社には必ずしも当てはまらない。基本的に企業神社としての社や無願神祠は氏神信仰や土地守護神として造営されたものである。ただし、校内及び先住民部落に造営された神社は、敬神崇皇に基づき、本島人及び先住民の「内地化」や「日本人化」を推し進めようとする総督府の政策が導入された極めて特殊な神社であった。

(3) なぜ、多くの神社が総督府に公認されていないのか

数多くの無願神祠が『神の国日本』に掲載されていない。大正一二年（一九二三）六月に公布された台湾社寺法令にあるとおり、「社」は「神社ニ非スシテ公衆ニ参拝セシメル為神祇ヲ奉祀スルモノヲ謂フ」と規定されている。つまり、「神社」ではないが、一般民衆が自由に参拝できる神社となる。

一方、本書で取り上げた数多くの「社」以外の小規模な無願神祠は、まず第一に「社」としての条件（氏子の数など）を満たすことができなかったことになる。第二に一般民衆に開放されていなかったため、社として公認されなかったのであろう。勿論、神社の規模も関係したであろう。官営事業の構内神社、移民村の一部及び先住民部落、軍隊、学校、刑務所、病院や私設神社等はその造営された場所からよく分かる。多少の矛盾はあるが、神社の規模は重要で

あったと考えている。官営企業である酒造及び樟脳産業の企業神社は非常に小規模であった。むしろ祠《ほこら》に近い規模である。したがって、これらの企業神社は氏子数に問題が無くても、「社」として公認できなかったのかもしれない。また、敢えて「社」への申請が行なわれなかった可能性もある。

(4) なぜ、部落神社や企業神社は総督府公認神社になりえたのか

「社」として公認されている神社の多くは先住民部落神社であった。これらは参拝者が先住民と部落を管理する警察官に限定されたものであるにも関わらず、総督府が公認する神社となっている。特に、台東県では海岸線に沿い、数キロごとといっても過言ではないほどの距離を隔てて部落神社が点在した。一部落一神社である。そうなると、極めて限定された地域での神社造営となり、「公衆ニ参拝セシムル」にはならないはずである。それにもかかわらず、総督府が公認する神社となっているのは、理蕃政策の中に組み込まれた同化政策により、より強固な敬神崇皇の念を涵養させる必要性があったためと思われる。それゆえ、「神社」ではないが、「神社」に準ずる「社」として造営されたのであろう。そして、総督府公認の下、国家神道に基づいた正式な祭祀行事が必要とされた必然性もあった。

先住民部落に次いで製糖会社にも企業神社が多く造営された。製糖会社がいったん建設されると、その地域社会をのみ込んでしまう程、地域の経済に影響を与えた。企業神社は従業員及びその家族以外に地域社会と密接に関係し、地域に開けた神社であったがため、敬神崇祖の念を涵養させる方策として、無願神祠が「社」として公認されたのであろう。確かに、往時の製糖所の神社写真を見てもその規模の大きさが分かる。

ほぼ全ての製糖会社の工場に企業神社が造営されたと考えている。ただし、全てが「社」になっているわけでもない。恐らく、神社規模または最寄りの「神社」との兼合いがあったのであろう。塩水港製糖岸内製糖所にも拝殿を備える企業内神社があったが、なぜか「社」ではなく、無願神祠であった。

部落神社や企業神社の多くが「社」として公認された理由として考えられるのは、神社の造営時期である。「社」として公認された神社の造営は大正四年（一九一五）頃から急ピッチで進められ、昭和一三年（一九三八）までではぼ終わり、昭和一五年（一九四〇）に台東庁関山郡蕃地に里《り》都《と》神祠が造営されたのが最後である。一方の「一街庄一社」政策の始まりである「神社」の本格的な造営は、昭和九年（一九三四）造営の北港神社からであり、昭和四年（一九二九）造営の建功神社以来「神社」が全く造営されなかった長い空白の期間があった。この期間、「神社」に準ずる神社を「社」として公認し、「神社」を補う形で、

総督府は知事または庁長経由で比較的簡単に認可したのであろう。

(5) どのような祭神が祀られたのか、また、その必然性は

「神社」の祭神の多くは、台湾神宮の祭神としての能久親王及び開拓三神であった。台湾護国神社及び建功神社を除く「神社」で開拓三神または能久親王が祀られなかったのは開山神社（鄭成功）と台北稲荷神社（倉稲魂神《うかたのみたまのかみ》）のみである。これら以外の全ての「神社」で、開拓三神またはその一部及び能久親王が祀られた。更に、開拓三神または能久親王以外、一部の「神社」で祀られる祭神の必然性もあった。毎年、雨季に洪水で悩まされる土地では彌都波《みづは》能賣神《のめのかみ》が祀られた。基隆、打狗（後の高雄）や蘇澳のような漁港や港には海上交通の守り神としての金刀比羅神社（後の基隆神社や高雄神社、蘇澳金刀比羅社）が造営された。祭神は大物主命《おおものぬしのみこと》や崇徳《すとく》天皇となる。

「社」や無願神祠では祭神の多様性は大きい。遊廓では倉稲魂神、金鉱山では猿田彦命、金山彦命、金山姫命、酒造業では大山咋神《おおやまくいのかみ》、市杵島姫命《いちきしまひめのみこと》、林業では大山祇神《おおやまずみのかみ》、樟脳産業では熊野《くまの》櫲《く》樟《す》日命《びのみこと》のように、その産業や業種に直接関係のある祭神が祀られた。ただし、先住民部落にあっては、数多くの神社で開拓三神と能久親王であった。

一方、天皇家の皇祖神である天照皇大神を祭神とする神社が意外と少ない。既にみたように、台湾神宮で増祀されたのが昭和一九年（一九四四）六月。恐らく祭神として、台湾で最初に天照皇大神が祀られたのは宜蘭神社で、明治三九年（一九〇六）六月であろう。その後、基隆神社の大正四年（一九一五）一一月である。いずれの場合も鎮座当時からではなく、その後の増祀である。それまで日本国内から出なかった皇室の皇祖神が初めて海をわたって台湾に鎮座したことになる。しかしながら、「神社」に占める祭神の比率としては三〇％の二一社に過ぎない。また、『神の国日本』に掲載されている神社全てを見ても、三一％以下の五四社程度にしか天照皇大神が祀られなかった。

昭和一一年（一九三六）九月に第一七代総督に就任した小林躋造が表明した皇民化運動の後に造営された「神社」の多くの祭神が天照皇大神であったわけでもない。昭和一二年（一九三七）七月、日中戦争の勃発により国家非常事態が叫ばれた。この頃から国民精神の高揚のため、造営された二九ヶ所の「神社」の祭神で天照皇大神は僅か四社となっており、あくまでも、台湾に造営された神社の多くの祭神は能久親王と開拓三神であった。一方、この期間、明治天皇を祭神として祀る神社の数が増え、一六社となった。

(6) なぜ、台南州斗六郡に数多くの神社が造営されたのか

既に見たように、斗六郡に斗六神社と林内神社が造営された。更に、昭和一六年から一七年の一年間余りの期間に斗六神社の摂末社として二ヶ所の摂社（崁頭厝《がんとうせき》神社、古《こ》坑《こう》

神社）と七ヶ所の末社（竹園子《ちくいし》神社、渓邊厝《けいへんせき》神社、石榴班《せきりょうばん》神社、樹子脚《じゅしきゃく》神社、内林《ないりん》神社、大北勢《だいほくせい》神社、溝子埧《ごうしぐ》神社）が造営された。太平洋戦争の勃発により、新たな「神社」造営が財政的に難しい状況下、形式上、斗六郡及びその街庄の隅々にも神社を造営することを目指し、財政的にも負担の少ない摂末社が数多く造営された。斗六郡に昭和一四年（一九三九）一一月二〇日に郡守として就任した渡部政鬼がいた。昭和一七年（一九四二）八月までの任期であった。これだけの神社を造営せしめたのは、恐らく渡部郡守が熱心な信奉者であったと同時に、郡守の権力は相当大きかったのであろう。

同じように、斗六郡に隣接する虎尾《こび》郡の五間厝《ごけんせき》神社の摂社として土庫《どこ》神社と西螺《せいら》神社があった。虎尾郡守は水野啟（昭和一四年）、村田兵衛（昭和一五年）、矢上純雄（昭和一五年）、その後、榊原壽郎治（昭和一七年以降）が引き継いだ。これらの郡守のいずれかが摂末社の造営に大きく関わったのであろう。

(7) なぜ、先住民部落に多くの神社が造営されたのか

七脚川《チカソワン》事件（286頁参照）の収束により、帰順したアミ族を他の平地へ強制移住させた例もあるが、佐久間左馬太総督による前期理蕃事業（明治三九～四二年）と、それに続く後期理蕃事業としての「五箇年計画理蕃事業」（明治四三～大正三年）が終了し、数多くの部落が帰順し、強制移住が行なわれた。

昭和五年（一九三〇）年の霧社《むしゃ》事件を発端にそれまでの理蕃政策は大きな見直しを迫られた。そして、翌年の一二月に「理蕃政策大綱」が発布されるが、その後も大関山事件（昭和七年九月に台東庁里壠支庁で発生、警察職員二人死亡、一人重傷）や逢坂事件（昭和八年一一月台東庁里壠支庁で発生、逢坂駐在所が襲撃され、警察職員一人及びその子供三人死亡、妻が負傷）などが発生した。これらは、帰順により隠匿銃器が没収されたことに対する先住民の恨みが背景にあった。

第二部の「理蕃と先住民部落」にて、『蕃人移住十箇年計画書』について述べた。このことにより、強制移住に伴い、数多くの部落に神社が造営された。この計画書の中で農業政策を担う強力なスタッフの一人として警察局理蕃課に勤務する岩城亀彦（注①）がいた。『台湾時報』で「台湾蕃族の営む農業祭の特異性に就いて」と題して昭和一〇～一一年まで寄稿している。その結びで、「理蕃政策大綱」の第一項に書かれている「理蕃は蕃人を教化し、其の生活の安定を図り、一視同仁《いっしどうじん》の聖徳に浴せしむるを以て目的とする」を実現する方策として八項目を掲げている。その中の、最初の二項目を紹介する。

(1)先以《まず》て高山蕃族の各部落に社祠《しゃし》を建立せしむること
(2)高山蕃族の敬神上の重要年中行事たる農事祭の挙式は凡《すべ》て社祠中心主義に、出来得る限り社祠境内に於いて

せしむること

特に、⑴に関連して、「全島の高山部落に統制的に社衆の敬神観念の中心となるべき社祠を建立せしめ以て、蕃人の伝統的信仰心を改善すると共に、彼等の有てる欠点をば漸進的に改善してゆき、尚進んでは社祠を中心として、我が日本国民道徳の注入を計り、以て彼らの精神的向上を期すべきである」としている。このように、先住民を教化するために強制移住を行なったあとに、先住民が最も重要とする農事祭（注②）を、神社を中心とした祭祀の中に取り込んだ。そして、先住民の伝統的信仰心を改革し、「日本国民道徳を注入」することによって、生活の改善を図り、「同化政策」を教化しようとしたことがわかる。

更に興味深い記述が、菊地一隆の『日本の理蕃政策と台湾原住民』に「蕃地に神社を建立てよ」（『台湾警察協会雑誌　昭和十四年』）として掲載されているので引用する。

「灰面坊」（筆者注・警察関係の日本人のペンネームであろう）によれば、部落内宣伝や頭目会議で「神仏を信仰せよ」といっても無駄である。そこで、「蕃地に神社を建立せよ」といい、十何間四方の拝殿も、廻廊も、赤銅の大鳥居も不要である。質素な、恰度あの主基殿式の建物にして、丸木の鳥居でもあればよい。そして社前に広場を設け、毎月の（蕃）社内宣伝、頭目会議その他紛争の解決、誓ひなどをなす場合、神に先ず誓って実行を約させれば、「迷信深い蕃人の事である。その効果は期して疑ふべきもない」と強調する

恐らく、山地からの強制移住が終わり、いずれかの部落で、地元駐在所に造営された簡素な祠を先住民部落の神社としたときに、先住民の精神構造の改革に迫るような何らかの大きな成果をあげたに違いない。例えば、内地の神様を祀ることにより、その年の稲作が、それまでに無いような豊作であった、狩猟で多くの成果があった、マラリヤ等の病気が無くなった等の結果として「部落での神社の必要性」を確信したのだと思われる。そして、神社は絶対的な信仰力と統制力を持つ存在になったのであろう。

台北州蘇澳郡蕃地のシキクン社に、東澳《とうおう》祠（大正九年鎮座、295頁参照）に続いて、大正一二年（一九二三）一一月にシキクン祠が造営された。この造営理由として、「蕃人の神に対する尊崇心を利用して曩《さき》に台北蘇澳郡東澳社に於いて山形の御宮を建設し水田の守護神として蕃人に禮拝させて居たが思想浄化上相當効果を収めつつあるので羅東郡渓《けい》頭《とう》蕃に於いても現下の蕃情を鑑み之を利用して化育の資とするのは理蕃上頗る當を得たものと認め此度シキクン社に小型の御宮を造営し、過般其の竣功を見るに至った」と、『台湾日日新報』に報道されている。夥しい先住民部落での神社造営の背景にはまさに、「灰面坊」のような発案がなされる事例があったと考える。

(8) 戦後、神社はどのように処理され、また、終戦とともに御霊代はどのように処理されたのか

終戦と共に、国民政府による取り壊しを恐れて、一部の神社は奉焼された所もあった。少なくとも、大湳祠（新竹州パアカサン社）や知本祠（台東庁台東郡）は地元の古老から聞いている。宮内神社として紹介している震洋八幡神社も奉焼されている。社殿がいたずらに荒らされることや、破壊されることへの危惧であった。想像の域は出ないが、数多くの地方の小規模な神社は終戦とともに、日本人自らによる取り壊し、または御霊代も含めて奉焼されたと考えられる。

『神社本庁十年史』によると、「戦後、神祇院の指示に基づき、総督府の命令により、各神社の御霊代は昇神の儀を斎行し、処理される。台南神社の御霊代は台湾神宮に奉還後奉焼、建功神社、文山神社及び瑞芳神社は奉焼または地中・水中に納められた。そして、開山神社は例外的に新社殿において昇神の儀を行なうが、旧社殿（元開山王廟）に鄭成功の塑像が安置されていたため、中国大陸より進駐した文武官がこれに参列して台湾式祭儀をもって祭典が行なわれた」とある。『侵略神社』の著者である辻子実氏によると、台湾神宮の祭神である北白川能久親王は一九五九年一〇月に現在のモンゴルで逝去した北白川宮永久《ながひさ》王（北白川能久親王の孫）とともに合祀され、靖国神社の祭神ともなっている。

(9) なぜ、近年、神社遺構の保存、修復、復元が盛んに行なわれているのか

台湾は海外神社が造営された他地域と異なる点がある。これは戦後、日本人が去った後に大陸から蒋介石《しょうかいせき》率いる国民政府が大挙して台湾に流入した。このことにより、清朝時代の文化に、それまでの本島人文化（漢人、先住民、漢人と先住民の混血人）と日本の文化が浸透した多重文化構造に、中華民国人（外省人）の文化が折り重なった複雑な構成となった。このような多重文化を打破するために、蒋介石政権は中華思想を強いる独裁政治を樹立した。

この重複した文化に新たな光を投射したのが、初の本省人総裁になった李登輝《りとうき》時代（任期：一九八八年一月～二〇〇〇年五月）以降であろう。また、その後の陳水扁《ちんすいへん》総統になり、一段と加速された。この頃から台湾の本土化運動という、台湾は台湾を本土として生きていくという住民の民意を主体とした行政理念が芽生え始めた。本土化運動とは中華民国が台湾を本土として認識し、将来的には台湾人が主権を有する独立国家になることを目指す運動のことでもあった。この頃になると、改めて自分たちの歴史を直視する研究がなされ始め、日本統治時代の歴史的遺産も含めて、数多くの文化歴史遺産の保護及び修復、復元を伴い、保存されるようになった。これらのことにより、現在も台湾各

地に残る神社遺構や遺物も破壊されず、また、今なお、残っている理由であろう。

近年、日台間の交流が盛んに行なわれ、最近では年間六〇〇万人以上の観光客が往来している。台湾での日本ブームは食文化の浸透に限らず、歴史的遺産の見直しが進み、

戦後、忠烈祠として使用された台中神社拝殿（提供：康文榮）

数々の遺産が補修、修理、復元されている。神社は日本らしさの表現として利用され、数々のイベントで和服を着、鳥居を作り、また、お神輿《みこし》が担がれている。これらは宗教と離れた日本文化表現としてのおもしろさである。

桃園神社の保存状態は一級である。最近では、花蓮県の玉里《たまざと》社、カウワン祠、林田神社、雲林県の林内神社での整地・修復及び保存、日本アルミニウム花蓮港工場構内神社、台東県の鹿野村社や屏東県のクスクス祠での本殿の復元及び新設であろう。これらがどのように変貌を遂げたかはそれぞれの紹介欄でご参照願いたい。今後とも、各地で神社の整地及び修復が行なわれていくかもしれない。

更に、日本の「町、または村起こし」のように、神社の存在を利用する動きがある。二〇一五年、瑞芳神社跡地である瑞芳高級工業職業学校に訪問した際、地元の里長から、「金瓜石には神社遺構や遺物があり、賑わっている。かつて瑞芳にも瑞芳神社があった。このことをなんとかしてアピールし、地域の活性化に繋げたいので協力してほしい」と言われたことがある。その後、校門入口の壁に手をつないだ子供達と一緒に鳥居や灯籠が描かれた。いずれ、埋もれている灯籠等が日の目を見るに違いない。

⑽ 神社社殿はいつまで忠烈祠として利用されていたのか

現在、台湾にある忠烈祠は台北市の国民革命忠烈祠を筆頭に、地方に一九ヶ所ある。戦後、英霊を祀る施設はなか

った。そこで、風光明媚な高台に広大な敷地を持った神社跡地は忠烈祠として格好の場所となり、終戦の年である一九四五年一一月一六日には中華民国行政院が各省市県県政府に対して忠烈祠の建立を指示し、翌年の一九四六年から嘉義神社、基隆神社、花蓮港神社や桃園神社は忠烈祠と変貌した。そして、本殿や拝殿が戦後暫くの間利用された。

詳細な資料はないが、宜蘭神社や澎湖神社は戦後間もなく取り壊され、忠烈祠として建て替えられた。淡水神社は一九五三年に忠烈祠が出来た時点で取り壊されている。その他の台湾護国神社、台南神社、台中神社、台東神社、阿緱神社社殿は一九六〇年代まで忠烈祠として利用されている。新営神社は、それまでの神社社殿に代わる忠烈祠が新化鎮虎頭埤《フートウピ》に竣工し、忠烈祠が遷移するが、神社社殿は一九七七～一九七八年頃まで残っていた。基隆神社と高雄神社は一九七二年の台湾との国交断絶を機に全て取り壊され、忠烈祠となった。更に、花蓮県忠烈祠が一九八一年に竣工したが、それまで花蓮港神社社殿が忠烈祠として使用されていた。一九八一年に苗栗神社跡地に苗栗県忠烈祠が建立されるが、一九七七～一九七八年頃まで本殿や社務所は残っていた。嘉義神社の場合、社殿の一部（拝殿か？）が一九九四年に火災で焼失するまで嘉義市忠烈祠として使用され、跡地に射日塔が建てられる。いずれにしても、県社以上の神社の多くは戦後暫くの間、忠烈祠として使用された。

現在、神社跡地が忠烈祠として使用されているのは、台湾護国神社、台中神社、嘉義神社、花蓮港神社、台東神社、高雄神社、宜蘭神社、基隆神社、桃園神社、苗栗神社、淡水神社及び員林神社となる。

⑾ 神社は誰によって、なぜ、取り壊されたのか

戦後間もない一九四六年二月から民間人の引き揚げが開始された。これに先立ち、主だった神社所有資産の引き渡しが国民政府によって行なわれ、国民政府の通達により、県社以上の神社の多くは忠烈祠として管理及び利用される。一方、管理者不在となった県社以下の神社は完全な廃墟状態となる。国民政府の軍人は、見たこともない神社本殿の下や基壇の中にお宝が隠されているとの噂で、まるで盗掘するがごとく荒らしていったと古老から聞かされた。

社務所を住居とするものや神社内の付属品持ち出しがまかり通った。鳳山神社の社殿から銅板が剥ぎ取られ、古物商で売られたとの情報があったように、ありとあらゆる貴重で高価な奉納品や神社付属品が神社から持ち出されたのであろう。これらの行為は、国民政府の役人や軍人だけではなく、中華民国籍となった旧日本島人でもあった。ただし、「神社は誰によって、なぜ、取り壊されたのか」については明確な解答は出されていなかった。

取材中、日本統治時代を知るキリスト教関係者から、戦後間もなく、先住民部落でも国民政府の軍人及び役人により、軍国主義のシンボルである神社の取り壊しが行なわれ

たと聞かされたことがある。また、本書の中で、終戦と同時に、日本人（神職または駐在所の警察官等）自らの手で取り壊し、奉焼した例も指摘した。特に東海岸に沿って造営された先住民部落神社は暴風雨などの自然災害により崩壊したともいわれている。

戦後の神社跡地を調査した高橋正己氏（75頁参照）は、「むしろ神社の取り壊しは台湾人によって行なわれた」と言っておられたことを思い出し、二〇一七年八月に再度お会いした。まず、神社は「誰によって」取り壊されたのかである。テーマの第一は、部落に造営された神社（祠）であった。「先住民部落を廻って、何か気が付いたものはありませんでしたか」と逆に質問され戸惑った。高橋氏の回答は「天主教（カトリック教）教会の存在」であった。確かに、日曜日のお昼前に部落を訪問すると、ほとんどの家に住人がいない。教会に通っているのである。

日本統治時代の台湾では基督教（プロテスタント）の宣教活動が多くの信徒を獲得する中、天主教（カトリック）は極めて少数派だった。戦後、中国大陸で中国共産党政権が樹立するまでに、数多くのカトリック教派や信者が旧満州や中国大陸から避難民として台湾に渡ったと言われている。

これまで、信仰の対象であった神社は消滅し、これらに代わって、天主教と基督教によって積極的な布教が行なわれ、多数の伝道師が部落に入った。数多くの情報を基に高橋さん曰く、「特にカトリック教徒が、自分たちの宗教の優位性を強調するため、部落にあった邪魔な神社を取り壊した」とのことであった。確かに、この種の行為はよく理解できる。特に、布教で遅れを取った天主教には、千載一遇のチャンスであったのであろう。

それでは、部落以外に造営された神社はどのように処理されたのであろうか。一般的に、国民政府の役人や軍人によって取り壊されたとのことが通説となっている。後に述べるように、国民政府による神社取り壊しに関する行政命令が、日本の台湾との国交断絶（一九七二年）後の一九七四年に出された。ただし、この頃になると、昭和一五年（一九四〇）に造営された神社でさえ、築三〇年以上であるため、大方の社殿は朽ちており、取り壊しの対象は神社遺構（鳥居、灯籠等）で、必ずしも社殿ではなかったのではなかろうか。

戦後、連合国に降伏した日本軍の武装解除のために、一九四五年一〇月一七日に、国民政府の軍人約一万二〇〇〇余人と官吏二〇〇余人が米軍の艦船で基隆に上陸して来た。その兵士達は鍋釜を提げ、薄汚れた綿入れを着込み、ほとんどが草履履きで素足の者もいて、隊列はだらしなく曲がり、だらだら歩いていた。そんな低レベル階層の兵士であった。彼らの行なった行為は種々記述されているが、余りにも横着な行動は目に余った。もともと宗教心がない国民政府兵士にとって、神社はなんの意味もなさなかった。必要なのは、ありとあらゆる高価な奉納品の数々であった。従って、この時点で、国民政府の兵士は神社の取り壊しに積極的に参画していない。一方、戦後間もなく、県社以上の神社は忠烈祠として使用されることになり、国民政府により管理される。それでは、県社以下の神社が誰によって取り壊されたかということになる。

終戦の僅か七年前に発生した「寺廟整理」（56頁参照）は、本島人であった台湾人にとって忘れようにも忘れられない事件であった。その恨みや憎しみが一挙に破裂して、神社の取り壊しに結び付いたのだと考えている。更に、これらの台湾人の中に、日中戦争の際、台湾から脱出して、当時の中華民国に渡った台湾人（本島人）も含まれていた。

大陸に渡った台湾人の目的は色々あったが、その中に「日本統治への抵抗」があった。終戦とともに台湾に戻った大陸帰りの台湾人は「半山《はんざん》（ポアソァ）」（注③）と呼ばれた。やがて、その呼び方には侮蔑の意味が含まれた。戦後、半山は国民政府機関の役職に付く。国民政府と台湾人との間に発生した痛ましい「二二八事件（一九四七年二月二八日発生）」及びその後に続く「白色テロ（国民党政権支配下の政治的抑制及び弾圧）」では国民政府のスパイとして暗躍したと言われている。その半山が宗教思想の中心であった神社の壊しの画策をしたのではないかと、高橋正己さんは考察している。

結果的に、「寺廟整理」に対する台湾人の感情に、うまく半山が便乗し、神社の取り壊しが行なわれたのではないかと、筆者は考えている。

⑿　なぜ、台湾には夥しい神社の遺構や遺物が残っているのか

ある程度残っていた神社遺構や遺物も日本との国交断交（一九七二年）を機に、一九七四年二月二五日、台湾政府内政部が「清除臺灣日據時代表現日本帝國主義優越感之殖民統治紀念遺蹟要點（台湾の日本植民地時代、日本帝国主義優越感を表現する植民統治記念遺蹟箇所を撤去すべき要点）」を交付し、行政命令として「日本神社遺蹟はすぐ徹底的に解体すべき」とし、神社の遺構や遺物の撤去を指示し、各地で破壊並びに撤去が行なわれた。また、この要点の中に、「日本統治時代の遺留した記念碑或いは日本人の記念碑について、日本帝国主義優越感表現のないもの、また我国の尊厳を損なわないものは、県市政府より保存価値あるものと認めれば、相関資料写真をもって、専案として上級省市政府に審査さる。撤除することを免れても、将来崩壊した場合、修復しないこと。その碑石の管理は現地の文物機構に移す」や「民間寺廟或はその他公共建築内、日本統治時代の遺留した日本式装飾構造物、たとえば石灯籠等、撤除或は改装すべき」がある。

戦後、台湾は悪性のインフレーションに悩ませられ、また、「二二八事件」による弾圧が発生する。この後、すぐ

に戒厳令が敷かれるが、これに続く「白色テロ（注④）」により台湾の経済活動は大きく停滞した。また、一九五八年八月に発生した「第二次台湾海峡危機（中共の中国人民解放軍が金門島に侵攻すべく砲撃を行なったことにより起きた戦闘）」に端を発し、その後も継続された戒厳令（一九八七年解除）により、神社遺構や遺物の取り壊し、排除通達は十分成果を出せなかったのであろう。

そのような歴史の変遷を踏まえ、現存する神社遺構及び遺物を『神の国日本』に記載された神社及び関連施設（二〇三社）でみると、多少の遺構や遺物を含めると約六〇％、つまり一二〇ヶ所でその存在を確認することができる。それらは灯籠、狛犬、参道、鳥居、基壇、手水鉢の順で残っている。遺構や遺物の存在率は「神社（対象六八社）」で九三％であるのに対して、社や摂末社及び遥拝所（対象一三五社）では四三％と低くなる。それでもこの数値だけを見ると外の地域の海外神社（注⑤）に比べると異常なほど高い。それではなぜこれまで多くの遺構や遺物が残り、また、保存されているかについて考えてみたい。

これまで述べたとおり、戦後の取り壊しにも関わらず、結果として台湾には数多くの神社遺構や遺物が残っている。それでも「なぜこれほど多く残っているのか？」に対する明確な解答は出し得ていない。それは、神社そのものや跡地の研究は進んだが、遺物まで及んでいなかったためであろう。筆者の過去一五年の遺構や遺物調査により、この点に対する一つの解答を得ることが出来た。まず、当時の神社跡地に残る遺物と跡地以外の場所に残る遺物の考察を『神の国日本』の二〇三社を対象に行なってみる。前述した遺構や遺物が残る神社数が一二〇社に対して、九四社の神社跡地に遺構や遺物が見られる。一方、一部重複するが、跡地以外の四三ヶ所にも遺物が見られる。これら跡地以外の場所として、寺廟が二四ヶ所、そして忠烈祠の三ヶ所がある。このことは何を意味するのであろうか。

戦後、数多くの神社遺物が寺廟に移設または運び出された。戦後のどさくさと神社取り壊しに紛れ、寺廟による盗難であった。もちろん、台湾神宮の鳥居や灯籠は戦後間もなく李梅樹《りばいじゅ》（注⑥）によって購入された例があるが、それ以外の多くは灯籠や狛犬が対象であり、この種の付属品は十分に寺廟の装飾品としての価値があった。明治、大正や昭和の文字さえ抹消及び改竄すれば、国民政府の役人は判断のしようがないからである。従って、一部の灯籠を除いて、ほとんどの灯籠から奉納した年月日が削り取られている。また、狛犬に至っては台座のほとんどが取り変えられているため、奉納日、奉納者名や奉納理由を見ることが出来ない。

次に神社跡地との関わりについて見てみたい。戦後、「神社」の大部分はその敷地面積の広さもあり、忠烈祠、軍隊の舎営所、公園、学校等の施設として利用された。これらの場所において神社遺構や遺物は「装飾品」として利用された。特に、風光明媚な高台に造営された神社跡地は忠烈祠として最適な場所となり、本殿や拝殿が戦後暫くの間利用された。現在、桃園神社を除いて全ては鉄筋コンクリートの忠烈祠に建て替えられているが、狛犬は忠烈祠の守護獣として使用され、また、現在も使用されている所が多い。神社が忠烈祠として利用されたが故に、狛犬が残ったと考えられる。また、学校については、一九六八年に教育制度の見直し（六年制の国民小学及び三年制の国民中学を義務教育と定めた）により、新たな学校建設の敷地が必要となる。また、一般の高等教育（日本の高校教育）とは別に、新たに職業学校が数多く創設されることになる。そのため、広大な神社敷地が使用され、神社遺構は、ほとんど取り壊されたが、一部の学校では神橋、灯籠、神馬等が見られる。

また、神社跡地に寺廟が建立された場合、多少の工作さえすれば灯籠や狛犬はなんら問題なく、取り壊しから逃れることができたはずである。神輿《みこし》などは、廟の例祭などで祭神を乗せた神轎として利用された可能性があるかもしれない。

他方、神社跡地が何にも利用されなかった場合、本殿は取り壊されても基壇だけが残っているケースが特に台東県で多い。これはなぜであろうか。推測の域を出ないが、一種の畏怖《いふ》の念があったのではないかと考えている。取り壊すことによる「災難」である。現地での聞き取り調査中、所々の場所で古老から聞かされたことがあった。「突然、本殿の取り壊しに使用されたクレーン車の制御が効かなくなった（二崙社）」、「神社のご神木を切り倒す際、鋸の歯が折れた（吉野神社）」、「高台にある本殿を取り壊す際、作業員が落下した（ニヤウチヤ祠）」、更に「本殿を取り壊わした後、良くないことが続いた（呂家《ろか》祠）」等である。または、本殿のない基壇は、単純に神社のシンボルとは見なされなかったためかもしれない。

以上、不十分な箇所もあるが、これまで疑問に思っていた数々の項目ついて解答を導き出すことが出来たと考える。

《注釈》

① 大正七年（一九一八）に総督府殖産局に技手として採用される。昭和五年（一九三〇）には警察局理蕃課勤務に就き、技師として昭和一六年（一九四一）に退官するまで山地農林行政に携わった。著書に『台湾の蕃地開発と蕃人』がある。

② 主食である粟の播種《はしゅ》から収穫に至るまで、祖霊や神霊を招き豊作を祈願する祭祀。

③ 清朝時代に台湾では大陸のことを「唐山《とうざん》」と呼び、大陸から来た人々を「唐山人」、やがて「唐山」と呼んだ。戦後、「唐山人」を簡略した「阿山《あざん》（アソァ）」は外省人を指した。日本統治時代に中国大陸に渡った台湾人（本島人）を「半分の唐山」、略して「半山」と呼んだ。その「半山」の中に中国大陸へ留

学した台湾人も含まれていた。

④　二二八事件が収束するが、改めて一九四九年五月に発令された戒厳令は一九八七年まで続く。この期間、国民政府は知識分子や左翼分子を徹底的に弾圧した白色テロと呼ばれる恐怖政治が罷り通った。

⑤　戦前、日本の統治下及び勢力範囲の及んだアジア太平洋諸国及び地域に創建された神社をいう。その数は台湾二〇一、樺太一二八、関東州一二、朝鮮九九五、南洋二七、満州二四三、中華民国五一、計一六五七社となる。（菅浩二『日本統治下の海外神社　朝鮮神宮・台湾神社と祭神』）

⑥　一七六九年に建立された祖師廟《そしびょう》（新北市三狭）は三度の再建がなされた。この三度目の再建（一九四七年）の指揮をとったのが、昭和九年（一九三四）、東京美術学校（現在の東京芸大）を卒業し、台湾に戻り芸術専科学校の教授となった李梅樹であった。李梅樹教授は祖師廟を中国の歴史・文化・寺廟芸術を総合させた建築物として再建させようとし、北宋時代の伝統古法を中心に日本の技法を取り入れた。その建築様式と彫刻の素晴らしさは「東方芸術殿堂」とも呼ばれるようになった。

台湾の神社一覧

神社

現在の行政区	社格	社名	鎮座日	祭神	鎮座地	現住所
台北市	官幣大社	台湾神宮	明治34年10月27日	大国魂命、大己貴命、少彦名命、能久親王、天照皇大神	台北州台北市大宮町	台北市中山區中山北路四段一號…圓山大飯店～圓山聯誼會
台南市	官幣中社	台南神社	大正12年10月28日	能久親王	台南州台南市南門町	台南市中西區府前路…忠義國小～台南市美術館、里民活動中心、共同聯合活動中心
新竹市	国幣小社	新竹神社	大正7年10月25日	大国魂命、大己貴命、少彦名命、能久親王	新竹州新竹市客雅	新竹市北區崧嶺路一二二號（内政部入出國及移民署収容事務大隊新竹収容所）～聖徳高中
台中市	国幣小社	台中神社	大正元年10月27日	大国魂命、大己貴命、少彦名命、能久親王	台中州台中市新富町	台中市北區力行路二六〇號（台中市忠烈祠）
嘉義市	国幣小社	嘉義神社	大正4年10月28日	天照皇大神、大国魂命、大己貴命、少彦名命、能久親王	台南州嘉義市山子頂	嘉義市東區公園街四六號…嘉義公園～嘉義市忠烈祠
台北市	無	建功神社	昭和3年7月14日	明治二八年改隷以降台湾に於ける戦死者準戦死者殉職者準殉職者及殉難者	台北州台北市南門町	台北市中正區南海路四一號（國立教育資料館）
台北市		台湾護国神社	昭和17年5月23日	靖国神社の祭神にして本島に縁故を有する英霊	台北州台北市大直	台北市中山區大直北安路一三九號（國民革命忠烈祠）
宜蘭県	県社	宜蘭神社	明治39年6月21日	天照皇大神、大国魂命、大己貴命、少彦名命、能久親王	台北州宜蘭郡員山庄外員山字員山	宜蘭縣員山郷復興路…員山公園～宜蘭縣忠烈祠

基隆市	県社	基隆神社	明治45年3月9日	天照皇大神、大国魂命、大己貴命、少彦名命、能久親王、大物主命、崇徳天皇	台北州基隆市義重町	基隆市中正區信二路二七八號（基隆市忠烈祠）～中正公園
台南市	県社	開山神社	明治30年1月13日	鄭成功	台南州台南市開山町	台南市中西區開山路一五二號（延平郡王祠）
高雄市	県社	高雄神社	明治45年2月5日	大物主命、崇徳天皇、能久親王	高雄州高雄市壽町	高雄市鼓山區忠義路三二號（高雄市忠烈祠）
屏東県	県社	阿緱神社	大正8年10月4日	能久親王	高雄州屏東市大宮町	屏東縣屏東市公園路（中山公園）
台東県	県社	台東神社	明治44年10月27日	大国魂命、大己貴命、少彦名命、能久親王	台東庁台東郡台東街	台東縣台東市博愛路鯉魚山（台東縣忠烈祠）
花蓮県	県社	花蓮港神社	大正5年9月22日	大国魂命、大己貴命、少彦名命、能久親王	花蓮港庁花蓮港市美崙	花蓮縣花蓮市復興新村八一號（花蓮縣忠烈祠）
澎湖県	県社	澎湖神社	昭和3年11月8日（澎湖社として）	大国魂命、大己貴命、少彦名命、能久親王	澎湖庁馬公支庁馬公街文澳九四四番地	澎湖縣馬公市中華路…中正公園、澎湖縣立體育場～體育館
台北市	郷社	台北稲荷神社	明治44年6月25日	倉稲魂神	台北州台北市西門町	台北市萬華區成都路一〇號…西門紅樓の横
新北市	郷社	新荘神社	昭和12年11月16日	明治天皇、倉稲魂命、能久親王	台北州新荘郡新荘街字小田心子	新北市新莊區明中街一〇號（和泰汽車新莊綜合園區）
新北市	郷社	海山神社	昭和13年5月13日	明治天皇、大己貴命、能久親王	台北州海山郡中和庄外員山	新北市中和區員山路四五五巷一〇號…中和市圖書館一帯
彰化県	郷社	彰化神社	昭和2年7月17日	大国魂命、大己貴命、少彦名命、能久親王	台中州彰化市南郭	彰化縣彰化市卦山里卦山路一之二號…彰化文學歩道～太極亭
彰化県	郷社	員林神社	昭和6年3月29日（彰化社として）	大国魂命、大己貴命、少彦名命、能久親王	台中州員林郡員林街	彰化縣員林市出水里出水巷…員山公園～忠烈祠
台中市	郷社	清水神社	昭和12年11月23日	天照皇大神、能久親王、大国魂命、大己貴命、少彦名命	台中州大甲郡清水街字清水	台中市清水區大街路（牛罵頭遺址文化園區）

現在の行政区	社格	社名	鎮座日	祭神	鎮座地	現住所
台中市	郷社	豊原神社	昭和11年3月27日	天照皇大神、大国魂命、大己貴命、少彦名命、能久親王	台中州豊原郡豊原街下南坑	台中市豊原區南陽路四四〇號（南陽國小）
彰化県	郷社	北斗神社	昭和13年10月6日	明治天皇、大国魂命、大己貴命、少彦名命、能久親王	台中州北斗郡北斗街北勢寮	彰化縣北斗鎮大道里文宛路一七號（北斗家商）
南投県	郷社	能高神社	昭和15年10月6日	大国魂命、大己貴命、少彦名命、能久親王	台中州能高郡埔里街	南投縣埔里鎮中山路一段四三五號（埔里高工）
南投県	郷社	竹山神社	昭和13年2月28日	明治天皇、大国魂命、大己貴命、少彦名命、能久親王	台中州竹山郡竹山街竹圍子字竹圍子	南投縣竹山鎮公所路一〇〇號（竹山公園）
南投県	郷社	南投神社	昭和18年3月6年	天照皇大神、大国魂命、大己貴命、少彦名命、能久親王	台中州南投郡南投街三塊厝	南投縣南投市建國路一三七號（南投高中）
雲林県	郷社	北港神社	昭和9年11月26日	天照皇大神、大国魂命、大己貴命、少彦名命、能久親王	台南州北港郡北港街北港	雲林縣北港鎮文化路…北港游泳池～中山運動公園
台南市	郷社	新営神社	昭和12年11月27日	倉稲魂命、大国魂命、大己貴命、少彦名命、能久親王	台南州新営郡新営街新営	台南市新営區信義街…南瀛緑都心公園～新営醫院
台南市	郷社	曾文神社	昭和13年9月19日	大国魂命、大己貴命、少彦名命、能久親王	台南州曾文郡麻豆街麻豆	台南市麻豆區南勢里南勢八五・二一號～警察廣播電台
台南市	郷社	北門神社	昭和11年7月15日	天照皇大神、大国魂命、大己貴命、少彦名命、能久親王	台南州北門郡佳里街佳里	台南市佳里區延平路（中山公園）

嘉義県	郷社	東石神社	昭和11年9月10日	天照皇大神、大国魂命、大己貴命、少彦名命、能久親王	台南州東石郡朴子街朴子	嘉義縣朴子市山通路：梅嶺美術館の横
屏東県	郷社	潮州神社	昭和11年5月27日	天照皇大神、豊受大神、明治天皇、大国主神、能久親王	高雄州潮州郡潮州街潮州	屏東縣潮州鎮三星里三星路：中山公園～潮州鎮託兒所
高雄市	郷社	岡山神社	昭和10年12月9日	大国魂命、大己貴命、少彦名命、能久親王、天照皇大神、明治天皇	高雄州岡山郡岡山街前峯	高雄市岡山區公園路四〇號：中山公園～壽天宮
屏東県	郷社	東港神社	昭和10年10月18日	天照皇大神、大国魂命、大己貴命、少彦名命、能久親王	高雄州東港郡東港街東港	屏東縣東港鎮豐漁里豐漁街三四之二號（海濱國小）
高雄市	郷社	鳳山神社	昭和10年7月31日	大国魂命、大己貴命、少彦名命、能久親王	高雄州鳳山郡鳳山街竹子脚	高雄市鳳山區經武路四二號：鳳山醫院～大東公園
新北市	無格社	瑞芳神社	昭和11年7月10日	天照皇大神、大国魂命、大己貴命、少彦名命、能久親王	台北州基隆郡瑞芳街龍潭堵一〇二ノ七	新北市瑞芳區瑞芳街一〇六號（瑞芳高工）
新北市	無格社	汐止神社	昭和12年12月15日	天照皇大神、倉稲魂神、大己貴命、明治天皇、能久親王	台北州七星郡汐止街汐止字汐止	新北市汐止區公園路七號：汐止公園～忠順廟
新北市	無格社	文山神社	昭和14年4月7日	明治天皇、大国魂命、大己貴命、少彦名命、能久親王	台北州文山郡新店街新店	新北市新店區精忠路一一號（空軍公墓）
新北市	無格社	淡水神社	昭和14年6月1日	明治天皇、能久親王、大物主命、崇徳天皇	台北州淡水郡淡水街油車口字油車口	新北市淡水區油車里中正路一段六巷三一號（新北市忠烈祠）
宜蘭県	無格社	羅東神社	昭和12年11月2日	明治天皇、大国魂命、大己貴命、少彦名命	台北州羅東郡羅東街浮崙	宜蘭縣羅東鎮純情路二段と民權路角一帯
宜蘭県	無格社	蘇澳神社	昭和15年2月8日	明治天皇、能久親王	台北州蘇澳郡蘇澳街糞箕	宜蘭縣蘇澳鎮中山路二段（蘇澳國中）～聖愛里福安街六八辺り

現在の行政区	社格	社名	鎮座日	祭神	鎮座地	現住所
桃園市	無格社	桃園神社	昭和13年9月23日	明治天皇、豊受大神、大国魂命、大己貴命、少彦名命、能久親王	新竹州桃園郡桃園街大檜溪王侯坑	桃園市桃園區成功路三段二〇〇號（桃園市忠烈祠）
桃園市	無格社	中壢神社	昭和14年10月15日	豊受大神、能久親王	新竹州中壢郡中壢街三座屋字三座屋	桃園市中壢區三光路一一五號（中壢高中）
新竹県	無格社	竹東神社	昭和17年10月20日	明治天皇、大国魂命、大己貴命、少彦名命、能久親王	新竹州竹東郡竹東街上公館畑四八番地	新竹縣竹東鎮大林路二號（竹東高中）
苗栗県	無格社	通霄神社	昭和12年1月23日	天照皇大神、能久親王	新竹州苗栗郡通霄庄通霄四三番地ノ二	苗栗縣通霄鎮通東里虎山路（虎頭山公園）
苗栗県	無格社	苗栗神社	昭和13年11月4日	明治天皇、大国魂命、大己貴命、少彦名命、能久親王	新竹州苗栗郡苗栗街苗栗	苗栗縣苗栗市大同里福星山一五鄰一號（苗栗縣忠烈祠）
苗栗県	無格社	頭分神社	昭和15年2月9日	明治天皇、能久親王、豊受大神	新竹州竹南郡頭分街	苗栗縣頭分鎮中正一路三九五號（僑善國小）
苗栗県	無格社	竹南神社	昭和15年12月7日	能久親王、豊受大神、大国魂命	新竹州竹南郡竹南街	苗栗縣竹南鎮大營路二一一號（中興高工）〜竹南鎮衛生所
苗栗県	無格社	大湖神社	昭和16年3月25日	明治天皇、能久親王、大国魂命	新竹州大湖郡大湖庄山林八二一	苗栗縣大湖郷民族路八〇號（大湖國中）
台中市	無格社	東勢神社	昭和12年7月30日	明治天皇、大己貴命、大山祇神、彌都波能賣神、能久親王	台中州東勢郡東勢街東勢字上新	台中市東勢區東崎街三一九（旧東勢高工）
彰化県	無格社	鹿港神社	昭和14年10月10日	明治天皇、大綿津見神、事代主命、能久親王	台中州彰化郡福興庄橋頭	彰化縣福興鄉橋頭村復興路七八號（鹿港國中）
彰化県	無格社	田中神社	昭和14年10月30日	明治天皇、能久親王	台中州員林郡田中街	彰化縣田中鎮中南路二段一八七號（鼓山寺）

彰化県	無格社	秀水神社	昭和16年10月18日	明治天皇、大国魂命、大己貴命、少彦名命、能久親王	台中州彰化郡秀水庄安東	彰化縣秀水鄉福安村中山路三六四號（秀水高工）
南投県	無格社	魚池神社	昭和18年11月10日	大国魂命、大己貴命、少彦名命、能久親王	台中州新高郡魚池庄魚池	南投縣魚池鄉魚池村秀水巷三三號…魚池鄉公所裏のテニスコート～瓊文書社
雲林県	無格社	五間厝神社	大正5年5月25日	天照皇大神、大国魂命、大己貴命、少彦名命	台南州虎尾郡虎尾街（大日本製糖株式会社虎尾製糖所）	雲林縣虎尾鎮安慶里民主路…安慶國小一帯
雲林県	無格社	斗六神社	昭和4年10月20日（斗六社として）	大国魂命、大己貴命、少彦名命、能久親王	台南州斗六郡斗六街斗六	雲林縣斗六市民生路二二四號（斗六高中）
雲林県	無格社	林内神社	昭和15年12月20日	豊受大神、大国魂命、大己貴命、少彦名命、能久親王	台南州斗六郡斗六街林内	雲林縣林内鄉公園路…林内公園～濟公堂
嘉義県	無格社	阿里山神社	大正8年4月25日	大山祇命、火具津智命、彌都波能賣命、科津彦命、大国主命、大国魂命、少彦名命、能久親王	台南州嘉義郡阿里山ララチ社	嘉義縣阿里山鄉香林村二鄰西阿里山…香林國小横の孫文紀念碑一帯
嘉義県	無格社	南靖神社	大正13年11月3日	天照皇大神、大己貴命	台南州嘉義郡水上庄南靖（明治製糖株式会社南靖製糖所）	嘉義縣水上鄉靖和村二鄰…南靖國小の裏
台南市	無格社	新化神社	昭和18年9月22日	天照皇大神、豊受大神、明治天皇、能久親王	台南州新化郡新化街新化字王公廟	台南市新化區中興路四二巷（虎頭埤）
高雄市	無格社	旗山神社	昭和11年10月30日	大国魂命、大己貴命、少彦名命、能久親王、安徳天皇	高雄州旗山郡旗山街	高雄市旗山區華中街（鼓山公園）
屏東県	無格社	里港神社	昭和10年12月26日	天照皇大神、能久親王、彌都波能賣神	高雄州屏東郡里港庄里港	屏東縣里港鄉永春村永豐路一段三號…屏東警察局里港分局～中山公園

現在の行政区	社格	社名	鎮座日	祭神	鎮座地	現住所
屏東県	無格社	佳冬神社	昭和11年4月13日	天照皇大神、大国魂命、大己貴命、少彦名命、能久親王	高雄州東港郡佳冬庄佳冬	屏東縣佳冬郷佳農街九號
屏東県	無格社	恒春神社	昭和17年5月11日	大国魂命、大己貴命、少彦名命、能久親王	高雄州恒春郡恒春街網沙	屏東縣恒春鎮網紗里恒北路一二五之四の奥…貯水タンクの辺り一帯
花蓮県	無格社	吉野神社	明治45年6月8日	大国魂命、大己貴命、少彦名命、能久親王	花蓮港庁花蓮郡吉野庄宇宮前	花蓮縣吉安郷慶豐村中山路三段四七三號…慶豐市場一帯
花蓮県	無格社	豊田神社	大正4年6月5日	大国魂命、大己貴命、少彦名命、能久親王	花蓮港庁花蓮郡壽庄豊田村字森本	花蓮縣壽豐郷豐裡村民權街一號（碧蓮寺）
花蓮県	無格社	林田神社	大正4年6月6日	大国魂命、大己貴命、少彦名命、能久親王	花蓮港庁鳳林郡鳳林街林田村	花蓮縣鳳林鎮大榮里復興路四一巷
花蓮県	無格社	佐久間神社	大正12年12月8日	大己貴命、佐久間佐馬太	花蓮港庁花蓮郡蕃地タビト社	花蓮縣秀林郷富世村天祥路（文天祥公園）

社・摂末社・遥拝所

現在の行政区	社名	鎮座日	祭神	鎮座地	現住所
台北市	大安稲荷社	昭和2年1月8日	豊受比賣神	台北州台北市大安字十二甲一番地（日華紡績工場株式会社台湾工廠）	台北市大安區東忠孝路三段二三七巷（誠安公園）
台北市	北投社	昭和5年5月20日	大国主命	台北州七星郡北投街北投五二番地	台北市北投區中山路三段…天月温泉休閒會館と凱達格蘭文化館の裏~逸仙國小
新北市	金瓜石社	明治31年3月2日	大国主命、金山彦命、猿田彦命	台北州基隆郡瑞芳街九分	新北市瑞芳區金瓜石金光路
新北市	瑞芳社	明治39年5月28日	金山彦命、金山姫命	台北州基隆郡瑞芳街焿子寮一六三番地	新北市瑞芳區崙頂路一四五號…九份國小の裏山

新北市	崁脚山社	大正13年10月25日	大山祇神	台北州基隆郡萬里庄頂萬里加投字崁脚	新北市萬里區崁腳里崁腳六〇號之一の裏
新北市	ウライ祠	昭和8年5月22日	大国魂命、少彦名命、大己貴命、能久親王	台北州文山郡蕃地ウライ社桶後溪右岸	新北市烏来區烏來村二鄰烏來街（妙心寺）
基隆市	末廣稲荷社	明治32年10月24日	豊受比賣神	台北州基隆市田寮町三〇番地	基隆市信義區仁一路三七巷
宜蘭県	加羅山社	大正7年10月1日	天照皇大神、大国魂命、大己貴命、少彦名命、能久親王	台北州羅東郡蕃地大平山	宜蘭縣大同郷太平村太平山國家森林遊楽區（鎮安宮）
宜蘭県	東澳祠	大正9年8月25日	天照皇大神、能久親王	台北州蘇澳郡蕃地東澳嶺枕山ノ北端	宜蘭縣南澳郷東岳村六巷二二號（台湾基督長老教會 東澳教會）
宜蘭県	二結稲荷社	大正10年5月10日	猿田彦命、大宮能賣命、五十猛命、抓津姫命、倉稲魂命、大己貴命、大屋津姫命	台北州羅東郡五結庄二結五〇九番地	宜蘭縣五結郷二結西河路六五號
宜蘭県	蘇澳金刀比羅社	昭和2年4月20日	大物主神、崇徳天皇	台北州蘇澳郡蘇澳街蘇澳字蘇澳二〇番地ノ四	宜蘭縣蘇澳鎮蘇東里（砲台山）
宜蘭県	カンケイ社	昭和8年8月11日	天照皇大神、能久親王	台北州蘇澳郡蕃地カンケイ社	宜蘭縣大同郷寒溪村寒溪巷一六號…寒溪國小の裏
宜蘭県	濁水祠	昭和9年6月10日	天照皇大神、大国魂命、大己貴命、少彦名命、能久親王	台北州羅東郡蕃地バヌン社	宜蘭縣大同郷楽水村碼崙路五三號裏の墓地
宜蘭県	南澳祠	昭和11年10月7日	天照皇大神、大国魂命、大己貴命、少彦名命、能久親王	台北州蘇澳郡蘇澳街大南澳	宜蘭縣南澳郷中正路
桃園市	大渓社	昭和7年10月30日	大国魂命、大己貴命、少彦名命、能久親王	新竹州大渓郡大渓街字草店尾一九三番地	桃園市大溪區和平路（中正公園）
桃園市	角板山祠	昭和13年8月15日	豊受大神、能久親王	新竹州大渓郡蕃地角板山社	桃園市復興區中山路…復興區立中正圖書館そば
桃園市	ガオガン祠	昭和13年8月17日	豊受大神、能久親王	新竹州大渓郡蕃地ブトノカン社	桃園市復興區三光村武道能敢一三號
新竹県	十八兒祠	昭和2年11月10日	天照皇大神、明治天皇、能久親王	新竹州竹東郡番地十八兒社	新竹縣五峰郷大隘村五峰…五峰國小の前

現在の行政区	社名	鎮座日	祭神	鎮座地	現住所
苗栗県	大湳祠	大正12年12月25日	大国魂命、大己貴命、少彦名命、能久親王	新竹州パアカサン社	苗栗縣南庄郷蓬萊村大湳…大南部落歩道、高山青方面
苗栗県	苗栗稲荷社	昭和3年10月15日	豊受比賣神	新竹州苗栗郡苗栗街苗栗七一七番地	苗栗縣苗栗市恭敬里聯大一號…聯合大學裏の恭敬路沿い
台中市	台中稲荷社	明治30年9月	倉稲魂神	台中州台中市台中一二九五番地一二九六番地	台中市中區柳川里興中街八〇號…大誠分駐所の裏
台中市	八仙山社	大正12年11月14日	大山祇神、少彦名命、大国主命、大国魂命、能久親王	台中州東勢郡蕃地八仙山佳保台	台中市和平區東關路一段二〇〇—一一號（八仙山森林遊樂區）
台中市	月眉社	大正12年12月21日	天照皇大神	台中州豊原郡内埔庄月眉三九六番地ノ二（大日本製糖株式会社　月眉製糖所）	台中市后里區甲后路八六四號（台糖月眉観光糖廠）
台中市	烏日社	昭和2年10月22日	天照皇大神	台中州大屯郡烏日庄烏日一一二—一一三番地（大日本製糖株式会社　烏日製糖所）	台中市烏日區光華街一號（台湾菸酒　烏日啤酒廠）
台中市	大南八幡社	昭和7年11月26日	譽田別命、大帯姫命、比賣命	台中州東勢郡新社庄大南字大南一〇番地（大南蔗苗養成所）	台中市新社區大南村興中街四六號（種苗改良繁殖場）
台中市	久良栖祠	昭和9年10月26日	天照皇大神	台中州東勢郡蕃地久良栖社	台中市和平區博愛村東關一段松鶴二巷
彰化県	金刀比羅社	大正5年10月10日	大物主神、崇徳天皇	台中州彰化郡和美庄中寮字竹圍子一〇一番地（大日本製糖株式会社　大林製糖所）	彰化縣和美鎮糖友里二段六五巷辺り
南投県	南投稲荷社	大正元年10月27日	倉稲魂神	台中州南投郡南投街三塊厝九四番地ノ二一〇一番地（明治製糖株式会社　南投製糖所）	南投縣南投市三和二路六〇號（南投縣南投地政事務所一帯）
南投県	新高祠	大正14年7月12日	大山祇神、大国魂命、大己貴命、少彦名命、能久親王	台中州新高郡新高主山山嶺（新高山）	南投縣、嘉義縣、高雄市に跨る玉山主峰

南投県	日月潭玉島社	昭和6年11月24日	市杵島姫命	台中州新高郡魚池庄水社日月潭中ノ島	南投縣魚池郷…日月潭拉魯島
南投県	霧ヶ岡社	昭和7年12月16日	大国魂命、大己貴命、少彦名命、能久親王	台中州新高郡蕃地霧社	南投縣仁愛郷大同村介壽巷三六之一號（徳龍宮）
南投県	川中島祠	昭和12年12月25日	天照皇大神、大国魂命、大己貴命、少彦名命、能久親王	台中州新高郡蕃地川中島社	南投縣仁愛郷互助村明月巷六七號
雲林県	大崙社	大正12年6月30日	天照皇大神、大国主命、應神天皇	台南州斗六郡斗六街大崙二八九番地（大日本製糖株式会社斗六製糖所）	雲林縣斗六市崙峰里糖廠五五號（斗六糖廠内の斗園奥）
嘉義県	大林金刀比羅社	大正5年11月10日	大物主命、上筒男命、中筒男命、底筒男命	台南州嘉義郡大林街大湖四〇八番地（大日本製糖株式会社大林製糖所）	嘉義縣大林鎮大糖里二鄰
嘉義県	ララウヤ社	昭和8年12月12日	天照皇大神、大国魂命、大己貴命、少彦名命、大山祇命、能久親王	台南州嘉義郡蕃地ララウヤ社	嘉義縣阿里山郷楽野村一鄰…楽野村國小の横
嘉義県	サビキ社	昭和8年12月17日	天照皇大神、大国魂命、大己貴命、少彦名命、大山祇命、能久親王	台南州嘉義郡蕃地サビキ社	嘉義縣阿里山郷山美村山美路（山美託兒所）
嘉義県	タツパン社	昭和8年12月17日	天照皇大神、大国魂命、大己貴命、少彦名命、大山祇命、能久親王	台南州嘉義郡蕃地タツパン社	嘉義縣阿里山郷達邦村一號（達邦國小）
嘉義県	トフヤ社	昭和8年12月17日	天照皇大神、大国魂命、大己貴命、少彦名命、大山祇命、能久親王	台南州嘉義郡蕃地トフヤ社	嘉義縣阿里山郷特富野社九鄰
嘉義県	ニヤウチナ社	昭和8年12月17日	天照皇大神、大国魂命、大己貴命、少彦名命、大山祇命、能久親王	台南州嘉義郡蕃地ニヤウチナ社	嘉義縣阿里山郷里佳村…里佳派出所横の道を登る

現在の行政区	社名	鎮座日	祭神	鎮座地	現住所
嘉義県	ララチ社	昭和8年12月17日	天照皇大神、大国魂命、大己貴命、少彦名命、大山祇命、能久親王	台南州嘉義郡蕃地ララチ社	嘉義縣阿里山郷來吉村四鄰九一號…來吉國小の横
台南市	新町稲荷社	大正12年3月3日	倉稲魂神	台南州台南市新町一ノ四八四九番地	台南市西區民主里大智街一帯
台南市	湾裡社	昭和5年10月20日	天照皇大神、明治天皇、能久親王	台南州新化郡善化街曾文四七番地（台湾製糖株式会社 湾裡製糖所）	台南市善化區溪美里二四五號（善糖國小）
台南市	總爺社	昭和5年10月31日	天照皇大神、大国主命、大宜都比賣神	台南州曾文郡麻豆街麻豆四二九番地（明治製糖株式会社總爺製糖所）	台南市麻豆區南勢里總爺一〇四號（總爺國小）
台南市	三崁店社	昭和6年5月20日	天照皇大神、豊受大神、能久親王	台南州新豊郡永康庄三崁店三一三番地（台湾製糖株式会社三崁店製糖所）	台南市永康區三民里…三民街と仁愛街交差点傍
台南市	虎山社	昭和8年6月7日	天照皇大神、豊受大神、能久親王	台南州新豊郡永寧庄牛稠子（台湾製糖株式会社 車路墘製糖所）	台南市仁德區成功里虎山一街五〇號…進修館一帯
高雄市	後壁林社	昭和3年11月23日	天照皇大神、倉稲魂神	高雄州鳳山郡小港庄小港三七番地（台湾製糖株式会社 後壁林製糖所）	高雄市小港區平和路一號（小港國小）
高雄市	橋子頭社	昭和6年11月2日	天照皇大神、豊受大神、能久親王	高雄州岡山郡楠梓庄橋子頭二六九番地（台湾製糖株式会社橋子頭製糖所）	高雄市橋頭區糖廠路二四號（高雄台糖橋頭糖廠 中山堂）
屏東県	末廣稲荷社	明治45年2月初午日	倉稲魂命、猿田彦命、大宮能賣命	高雄州屏東市屏東九〇番地	屏東縣屏東市公園路二四之一號…屏東縣屏東市老人會の裏

屏東県	海豊産土社	大正9年3月3日	天照皇大神、倉稲魂神、猿田彦命、大宮能賣命、安徳天皇、建禮門院、二位局、建御雷神、經津主神、塩土神、大国魂命、大己貴命、少彦名命、能久親王、日本武尊、外二柱	高雄州屏東市海豊五四六番地（台湾製糖株式会社　阿緱製糖所宿舎）	屏東縣屏東市海豊街九一巷二〇號の前
屏東県	鵝鑾鼻社	昭和4年12月7日	大国魂命、大己貴命、少彦名命、能久親王、大物主命、崇徳天皇	高雄州恒春郡恒春街鵝鑾鼻五〇五番地	屏東縣恒春鎮燈塔路八〇號（高雄關税局員工訓練活動中心）
屏東県	渓州社	昭和5年11月2日	天照皇大神、豊受大神、能久親王	高雄州東港郡林邊庄渓州一七番地ノ一（台湾製糖株式会社東港製糖所）	屏東縣南州郷溪北村永安路一號（南州觀光糖廠）
花蓮県	玉里社	昭和3年10月22日	大国魂命、大己貴命、少彦名命、能久親王	花蓮港庁玉里郡玉里街玉里	花蓮縣玉里鎮泰昌里西邊街
花蓮県	抜子社	昭和8年2月12日	大国魂命、大己貴命、少彦名命、能久親王	花蓮港庁鳳林郡瑞穂庄抜子	花蓮縣瑞穂郷富源村
花蓮県	太平祠	昭和10年12月22日	大国魂命、大己貴命、少彦名命、能久親王、彌都波能賣命	花蓮港庁玉里郡タビラ社	花蓮縣卓渓郷大平山六五の裏山…太平抽水站の傍
花蓮県	銅門祠	昭和11年6月27日	大国魂命、大己貴命、少彦名命、能久親王	花蓮港庁花蓮郡蕃地ムクムゲ社	花蓮縣秀林郷銅門村…台湾基督長老教會銅門教會裏の防砂提辺り
花蓮県	新城社	昭和12年10月	大国魂命、大己貴命、少彦名命、能久親王	花蓮港庁花蓮郡研海庄新城圓満寺西陣	花蓮縣新城郷博愛路六四號（新城天主堂）
花蓮県	カウワン祠	昭和13年3月9日	大国魂命、大己貴命、少彦名命、能久親王	花蓮港庁花蓮郡カウワン社	花蓮縣秀林郷景美村…景美國小の裏
台東県	台東稲荷社	大正5年6月14日	倉稲魂神、猿田彦命、大宮能賣命	台東庁台東郡台東街台東四二五番地ノ一	台東縣台東市福建路二〇二號の対面一帯
台東県	鹿野村社	大正10年6月15日	大国魂命、大己貴命、少彦名命、能久親王	台東庁関山郡鹿野庄鹿野八五七番地	台東縣鹿野郷龍田村五鄰光榮路（昆慈堂）

現在の行政区	社名	鎮座日	祭神	鎮座地	現住所
台東県	馬武窟祠	昭和2年10月3日	大国魂命、大己貴命、少彦名命、能久親王	台東庁新港郡都鑾庄大馬武窟	台東縣東河郷大馬…東河分駐所横の道を入る
台東県	都歴祠	昭和2年10月3日	大国魂命、大己貴命、少彦名命、能久親王	台東庁新港郡新港街都歴字都歴	台東縣成功鎮信義里都歴路六三之二號辺り
台東県	新港祠	昭和2年10月4日	大国魂命、大己貴命、少彦名命、能久親王	台東庁新港郡新港街新港	台東縣成功鎮中正路一號（新港國中）
台東県	加走湾祠	昭和2年10月5日	大国魂命、大己貴命、少彦名命、能久親王	台東庁新港郡長濱庄	台東縣長濱郷長濱二鄰一四二之二號前の山裾
台東県	里壠社	昭和3年5月28日	大国魂命、大己貴命、少彦名命、能久親王	台東庁関山郡里壠字里壠	台東縣關山鎮里壠里水源路五號
台東県	知本祠	昭和5年2月11日	大国魂命、大己貴命、少彦名命、能久親王	台東庁台東郡卑南庄知本字知本	台東縣卑南郷知本村知本路三段一三巷（知代天府本）
台東県	卑南祠	昭和5年2月12日	大国魂命、大己貴命、少彦名命、能久親王	台東庁台東郡卑南庄卑南	台東縣台東市南王更生北路…南王國中裏の空軍山
台東県	呂家祠	昭和5年2月13日	大国魂命、大己貴命、少彦名命、能久親王	台東庁台東郡卑南庄呂家字呂家	台東縣卑南郷利嘉村利民路一三七巷三號
台東県	大南社	昭和5年2月13日	大国魂命、大己貴命、少彦名命、能久親王	台東庁台東郡大南社	台東縣卑南郷東興村東園三街三六巷一號
台東県	雷公火祠	昭和7年11月13日	大国魂命、大己貴命、少彦名命、能久親王	台東庁関山郡里壠雷公火	台東縣關山鎮電光里一鄰の裏山、電光中華電信の傍
台東県	嘎嘮吧湾祠	昭和11年8月28日	大国魂命、大己貴命、少彦名命、能久親王	台東庁新港郡都鑾庄嘎嘮吧湾	台東縣東河郷泰源村
雲林県	崁頭厝神社斗六神社摂社	昭和16年12月26日	能久親王、豊受大神、大国魂命、大己貴命、少彦名命	台南州斗六郡古坑庄崁頭厝三一七	雲林縣古坑郷光昌路（古坑郷農會珈琲加工廠）

現在の行政区	社名	鎮座日	祭神	鎮座地	現住所
雲林県	内林神社斗六神社末社	昭和17年3月8日	大国魂命、大己貴命、少彦名命、能久親王、豊受大神	台南州斗六郡斗六街内林一六二ノ一	雲林縣斗六市梅林里水源路二九～三一號辺り（台湾自来水公司　梅林加壓站林内營業所）
嘉義県	竹崎遙拝所			台南州嘉義郡竹崎庄竹崎一六九番地ノ三	嘉義縣竹崎鄉竹崎村中華路（竹崎公園）
花蓮県	馬太鞍遙拝所	昭和4年6月16日（創建日）		花蓮港庁鳳林郡鳳林街馬太鞍	花蓮縣光復鄉大馬村中山路三段八九巷一四號（馬太鞍教會）

その他（無願神祠）

現在の行政区	社名	鎮座日	祭神	鎮座地	現住所
台北市	松尾神社台北酒工場	大正13年10月1日	大国魂命、大己貴命、少彦名命、能久親王、大山咋神、市杵島姫命	台北州台北市本町三丁目一番地（専売局台北酒工場）	台北市中正區八德路一段一號（華山1914創意文化園區）
台北市	芝山巌祠	昭和5年2月1日	台湾教育に貢献した三三〇人	台北州七星郡士林街	台北市士林區至誠路一段一八二號（芝山公園）
台北市	久須乃木社専売局南門工場	昭和8年10月1日	熊野櫲樟日命、大山祇命、大国魂命、大己貴命、少彦名命、能久親王	台北州台北市南門町（専売局南門工場）	台北市中正區南昌路一段（國立台湾博物館　南門園區）
台北市	南木社高砂香料	昭和11年2月9日	熊野櫲樟日命、大山祇命、大国魂命、大己貴命、少彦名命、能久親王	台北州台北市大安字龍安坡（高砂香料株式会社）	台北市大安區信義路四段三〇巷辺り
台北市	清瀧神社	昭和12年4月26日	天照皇大神、大国主命、少彦名命、大山祇神、瀬織津姫神	台北州七星郡草山	台北市士林區陽明山竹子湖路…陽明山國家公園内の王陽明像後ろ
台北市	圓山水神社	昭和13年4月27日	水波能賣神、栄井神、生井神	台北州七星郡士林街	台北市士林區中山北路五段八二號…台北自来水事業處　陽明分處の裏

現在の行政区	社名	鎮座日	祭神	鎮座地	現住所
台北市	山砲兵大隊第五部隊営内神社	昭和17年4月2日		台北州台北市旭町（第五部隊山砲隊）	台北市中正區貴陽街一帯（自由広場）
新北市	太平神社樹林酒工場	昭和10年9月7日	大国魂命、大己貴命、少彦名命、能久親王、大山咋神、市杵島姫命	台北州海山郡鶯歌街彭福字樹林二三八番地（専売局樹林酒工場）	新北市樹林區博愛街二三八號（立碁電子）
新北市	らい療養所楽生院院内神社	昭和15年10月	能久親王	台北州新荘郡新荘街頂坡角二九四番地	新北市新荘區中正路七九四號（楽生院療養所）
新北市	新亀山発電所構内神社	昭和16年2月以後		台北州文山郡新店街	新北市新店區桂山路三一號（桂山發電所）
新北市	十平稲荷神社十平炭鉱	昭和17年2月10日	宇迦之御魂大神	台北州基隆郡平溪庄石底字菁桐坑（台湾産業株式会社　十平炭鉱）	新北市平溪區平湖四五號
新北市	侯峒神社瑞芳三坑			台北州基隆郡瑞芳街（基隆炭鉱株式会社　瑞芳三坑）	新北市瑞芳區侯峒路…懐徳亭傍の「一百階」を上り、三貂嶺に向かう道に沿って五〇《メートル》
基隆市	富貴稲荷神社基隆富貴市場	大正15年以前		台北州基隆市日新町（基隆富貴市場）	基隆市中正區信六路一一號
基隆市	海南製粉構内神社	昭和9年6月16日		台北州基隆郡蚵殻港（海南製粉株式会社　基隆工場）	基隆市安楽區安楽路一段
基隆市	基隆高等女子学校校内神社	昭和11年9月23日	天照皇大神	台北州基隆郡基隆街田寮港	基隆市信義區東信路三二四號（基隆女子高中）
基隆市	台湾電化構内神社	昭和13年7月		台北州基隆市外木山坑仔底（台湾電化株式会社　基隆工場）	基隆市中山區中華路一七一號（台湾肥料公司基隆廠）
基隆市	基隆中学校校内神社	昭和15年11月23日		台北州基隆郡八堵南	基隆市暖暖區源遠路二〇號（基隆高中）

宜蘭県	宜蘭酒工場構内神社	昭和12年3月29日	大山咋神、市杵島姫命、大山祇神、熊野橡樟日命	台北州宜蘭市宜蘭字坤門（専売局宜蘭支局 宜蘭出張所）	宜蘭縣宜蘭市舊城西路三號（宜蘭酒廠）
宜蘭県	尚農神社 宜蘭農林学校	昭和13年5月12日	大国魂命、宇迦之御魂之命外三柱	台北州宜蘭市宜蘭字巽門（宜蘭農林学校）	宜蘭縣宜蘭市神農路一段一號（宜蘭大學）
宜蘭県	台湾化成工業構内神社			台北州蘇澳郡蘇澳街蘇澳字蘇澳（台湾化成工業株式会社蘇澳工場）	宜蘭縣蘇澳鎮長安里永昌路四六號（台湾水泥公司蘇澳水泥廠）
新竹市	新竹刑務所構内神社	昭和12年5月2日	天照皇大神	新竹州新竹市崙子（新竹少年刑務所）	新竹市北區延平路一段一〇八號（台湾新竹監獄）
新竹県	山神社 竹東油業所	昭和10年10月16日	大国魂命、大己貴命、少彦名命、能久親王、天香具山命	新竹州竹東郡竹東街員崠子字員崠（台湾礦業株式会社 竹東油業所）	新竹縣竹東鎮東峰路二八一號（員崠國小）
新竹県	シャカロ祠			新竹州竹東郡蕃地	新竹縣五峰郷清石道路
苗栗県	崎頂神社 崎頂農業伝習所	昭和9年12月29日	天照皇大神、豊受大神、能久親王	新竹州竹南郡竹南街崎頂（崎頂農業伝習所）	苗栗縣竹南鎮崎頂里牧場二一號（行政院農業委員會家畜衛生試験所動物用薬品検定分所 実験動物研究系動物実験中心）
苗栗県	錦水神社 錦水礦場	昭和11年2月25日	大国魂命、大己貴命、少彦名命、能久親王、天香具山命	新竹州竹南郡造橋庄赤崎仔（日本石油株式会社 錦水鉱場）	苗栗縣造橋郷錦水村：湯家墓陵一帯
台中市	台中分屯大隊護国神社	昭和6年	天照皇大神、明治天皇、靖国大神、霧社事件で殉職した英霊	台中州台中市千城町	台中市東區自由三街
台中市	松尾神社 台中酒工場	昭和11年以前	大山咋神、市杵島姫命、熊野橡樟日命、大山祇神	台中州台中市老松町三―四丁目（専売局台中支局 台中酒工場）	台中市南區復興路三段三六二號（台中文化創意産業園區）
台中市	台中第一中学校校内神社	昭和11月5月1日		台中州台中市新高町	台中市北區育才街二號（台中第一高中）

現在の行政区	社名	鎮座日	祭神	鎮座地	現住所
台中市	水分社 白水蔗苗養成所	昭和11年5月12日	彌都波能賣命、大己貴命、少彦名命、能久親王、大譽田別命、大帯姫命、比賣命	台中州東勢郡蕃地白水社（白水蔗苗養成所）	台中市和平區天輪里東關路二段三民巷
彰化県	彰化高等女学校校内神社	昭和9年6月17日		台中州彰化郡彰化街彰化（彰化高等女学校）	彰化縣彰化市光復路六二號（彰化女子高中）
彰化県	彰化第一公学校校内神社	昭和10年1月19日	天照皇大神	台中州彰化郡彰化街彰化字東門（彰化第一公学校）	彰化縣彰化市中山路二段六七八號（中山國小）
彰化県	和美公学校校内神社	昭和12年9月9日		台中州彰化郡和美庄和美（和美公学校）	彰化縣和美鎮平和街一九號（和美國小）
彰化県	員林公学校校内神社	昭和14年12月28日		台中州員林郡員林街員林（員林公学校）	彰化縣員林鎮三民東街二二一號（員林國小）
南投県	鹿島神社	昭和7年9月2日	大国魂命、大己貴命、少彦名命、能久親王	台中州能高郡蕃地（日月潭電力工事第一工区武界北堤）	南投縣仁愛郷武界法治村
南投県	久須乃木祠	昭和8年10月1日	熊野櫲樟日命、大山祇神、大国魂命、大己貴命、少彦名命、能久親王	台中州新高郡東埔社	南投縣信義郷萬年神木村
南投県	西山祠	昭和9年11月14日	天照皇大神ほか	台中州新高郡新高山西峰（西山）	南投縣、嘉義縣、高雄市に跨る玉山西峰
南投県	日月社 門牌潭発電所	昭和10年2月12日	大山祇神、水波能賣神、大雷神	台中州新高郡集集街門牌潭（台湾電力　門牌潭発電所）	南投縣水里郷車埕村明潭巷七三號（大觀發電廠）
南投県	松楠神社 埔里酒工場	昭和11年4月23日	大山咋神、市杵島姫命、大山祇命、熊野櫲樟日命	台中州能高郡埔里街大肚城九七七番地（専売局台中支局埔里出張所　埔里酒工場）	南投縣埔里鎮中山路三段二一九號（埔里酒廠潮流館）
南投県	望郷神社	昭和18年11月8日		台中州新高郡望郷社	南投縣信義郷望美村（林務局望郷工作站）
南投県	日月潭第二発電所構内神社			台中州新高郡集集街（台湾電力　日月潭第二発電所）	南投縣水里郷鉅工村（明潭發電廠鉅工分廠）

南投県	渡邊神社		大国魂命、大己貴命、少彦名命、能久親王	台中州能高郡蕃地	南投縣仁愛郷武界
南投県	草屯公学校校内神社			台中州南投郡草屯街（草屯公学校）	南投縣草屯鎮玉屏路二一〇號（草屯國小）
南投県	萬大発電所構内神社			台中州能高郡蕃地（萬大発電所）	南投縣仁愛郷親愛村高平路一九二號之二
雲林県	埤頭埧公学校校内神社	昭和10年頃	天照皇大神	台南州虎尾郡西螺街頂湳字（埤頭埧公学校）	雲林縣西螺鎮廣興里廣興路五九號（廣興國小）
雲林県	元長公学校校内神社	昭和11年9月26日		台南州北港郡元長庄（元長公学校）	雲林縣元長郷長南村仁愛街二號（元長郷公所）
雲林県	春日村移民村神社	昭和15年11月29日		台南州虎尾郡虎尾街大屯子～北溪厝（春日移民村）	雲林縣虎尾鎮墾地里
雲林県	栄村村移民村神社	昭和16年10月		台南州斗六郡莿桐庄樹子脚（栄移民村）	雲林縣莿桐郷中村二三號
嘉義市	稲尾神社 嘉義酒工場		大山咋神、市杵島姫命	台南州嘉義市西門町九丁目（嘉義専売支局）	嘉義市西區中山路六一六號（嘉義創意文化園區）
嘉義県	武津社 台湾製塩	昭和17年1月28日	天照皇大神、大国魂命、大己貴命、少彦名命、能久親王、武甕槌神、経津主神、塩土老翁神	台南州東石郡布袋庄	嘉義縣布袋鎮新厝里六五號（布袋國小校門左）
嘉義県	蒜頭製糖所構内神社			台南州東石郡六脚庄（明治製糖株式会社　蒜頭製糖所）	嘉義縣六腳郷工廠村一號（蔗埕文化園區）
台南市	歩兵第二連隊営内神社	大正9年5月8日	タロコ討伐で殉死した英霊三三人	台南州台南市旭町（歩兵第二連隊）	台南市東區大學路一號：成功大學裡堅楼（藝術研究所）前の駐車場
台南市	末廣社 ハヤシ百貨店	昭和8年5月12日		台南州台南市末広町二丁目（ハヤシ百貨店）	台南市西區忠義路二段六三號（林百貨）
台南市	岸内社 岸内製糖所	昭和10年前後		台南州新営郡水街（塩水港製糖株式会社　岸内製糖所）	台南市鹽水區岸内里新岸内九六號（岸内國小）

現在の行政区	社名	鎮座日	祭神	鎮座地	現住所
台南市	塩水公学校校内神社	昭和11年3月		台南州新営郡塩水街（塩水公学校）	台南市鹽水區朝琴一三七號（鹽水國小）
台南市	南安公学校校内神社	昭和11年	天照皇大神	台南州新化郡安定庄（南安公学校）	台南市安定區南安里六二號（南安國小）
台南市	泉社 台南刑務所	昭和12年12月29日	天照皇大神	台南州台南市泉町（台南刑務所）	台南市中西區西門路一段
台南市	尖水埤神社（仮）塩水港製糖	昭和13年前		台南州新営郡新営庄山子腳	台南市柳營區旭山里六〇號（尖山埤江南渡假村）
台南市	磐根神社 塩水港パルプ	昭和18年		台南州新営郡新営街太子宮（塩水港パルプ株式会社）	台南市新營區南紙街九四號（台湾紙業 新營廠）
高雄市	鳳電神社 高雄海軍無線電信所	大正11年4月5日	天照皇大神、明治天皇、能久親王、大国魂命、大己貴命、少彦名命	高雄州鳳山郡鳳山街（高雄海軍無線電信所）	高雄市鳳山區勝利路一〇號（旧海軍明徳訓練班）
高雄市	水天宮 竹子門発電所	大正11年10月5日？	三官大帝、天照皇大神、水利功労者	高雄州旗山郡美濃街（竹子門発電所）	高雄市美濃區獅山里竹子門（代天巡狩水徳宮）
高雄市	震洋八幡神社 海軍水上特攻隊 震洋隊	昭和20年初め	応神天皇、仲哀天皇、神功皇后、仁徳天皇、保食神	高雄州高雄市左営庄埤子頭	高雄市左營區自助新村
高雄市	手巾寮天満宮 手巾寮農場			高雄州旗山郡旗山街手巾寮（台湾製糖株式会社 旗尾製糖所 手巾寮農場）	高雄市旗山區農場街二一號
高雄市	仁武社（仮）橋子頭製糖所農場			高雄州鳳山郡仁武庄前埔厝（台湾製糖株式会社 橋子頭製糖所農場）	高雄市仁武區仁福星横山二巷一號の裏（福徳宮）

高雄市	日本アルミ高雄工場構内神社			高雄州戯獅甲（日本アルミニウム株式会社　高雄工場）	高雄市前鎮區成功二路と森林四路の角の空地
屏東県	台湾繊維恒春工場構内神社	昭和8年3月15日		高雄州恒春郡恒春街（台湾繊維株式会社）	屏東縣恒春鎮草潭路四號（瓊麻工業歴史展示區）
屏東県	ブタイ祠	昭和8年12月4日	天照皇大神	高雄州屏東郡蕃地ブタイ社	屏東縣霧台郷霧台村
屏東県	サンティモン祠	昭和8年	天照皇大神	高雄州屏東郡番地サンティモン社	屏東縣山地門郷山地村（中山公園）
屏東県	マカザヤザヤ祠	昭和10年頃		高雄州屏東郡蕃地マカザヤザヤ社	屏東縣瑪家郷瑪家村
屏東県	クスクス祠	昭和14年12月16日	天照皇大神	高雄州恒春郡蕃地クスクス社	屏東縣牡丹郷高士村
屏東県	屏東酒工場構内神社	昭和15年以前	大山咋神、市杵島姫命、大国魂命、大己貴命、少彦名命、能久親王	高雄州屏東市小川町一丁目（専売局 屏東支局）	屏東縣屏東市民生路二五五號裏の駐車場
屏東県	スボン祠	昭和15年5月15日	天照皇大神	高雄州潮州郡蕃地スボン社	屏東縣春日郷士文村
屏東県	日の出移民村神社	昭和15年8月14日		高雄州屏東郡九塊庄（日の出移民村）	屏東縣九如郷新庄路一號（恵農國小）
屏東県	常盤村移民村神社	昭和15年8月24日		高雄州屏東郡九塊庄後庄（常盤移民村）	屏東縣鹽埔郷仕絨村新平辺り
屏東県	千歳村移民村神社	昭和15年11月29日		高雄州屏東郡里港庄土庫（千歳移民村）	屏東縣里港郷中和村中和路三三號…土庫國小裏の永育園
屏東県	北大武山祠	昭和17年4月23日	大国魂命、大己貴命、少彦名命、能久親王、大山祇神	高雄州と台東庁に跨る北大武山	屏東縣と台東縣に跨る北大武山
屏東県	一心神社 屏東陸軍病院			高雄州屏東市隼町（屏東陸軍病院）	屏東縣屏東市勝利路三三〇號（空軍屏東基地内）

現在の行政区	社名	鎮座日	祭神	鎮座地	現住所
花蓮県	松尾神社 花蓮酒工場	昭和3年12月15日	大山咋神、市杵島姫命	花蓮港庁花蓮港市稲住二三―二四番地（専売局花蓮港出張所）	花蓮縣花蓮市中華路一四四號（花蓮文化創意産業園區 a-zone）
花蓮県	深堀祠	昭和7年1月31日	深堀大尉	花蓮港庁花蓮郡吉野庄吉野初音	花蓮縣吉安郷干城村一〇鄰二五四之一號（西寧寺）
花蓮県	稲住稲荷神社			花蓮港庁花蓮港市福住	花蓮縣花蓮市信義街三〇號（信義基督長老教會）
花蓮県	日本アルミ花蓮港工場構内神社			花蓮港庁花蓮港市（日本アルミニウム株式会社　花蓮港工場）	花蓮縣花蓮市民孝里華東一五號（台湾肥料公司花蓮廠）
花蓮県	東邦金屬製錬構内神社			花蓮港庁花蓮港市（東邦金属製錬株式会社　花蓮港工場）	花蓮縣花蓮市精美路二‐一號（台湾水泥花蓮預拌工場）
台東県	出水坡祠	大正15年頃		台東庁台東郡蕃地出水坡	台東縣達仁郷
台東県	タバカス祠	昭和7年1月		台東庁台東郡番地	台東縣達仁郷新化村
台東県	台東酒工場構内神社	昭和18年10月10日	大山咋神、市杵島姫命	台東庁台東郡台東街（専売局台東出張所　台東酒工場）	台東縣台東市大同路一〇三號（台東兒童故事館）
台東県	チャカクライ祠			台東庁台東郡番地	台東縣達仁郷新化村
台東県	旭村移民村神社			台東庁台東郡台東街旭字豊里（旭移民村）	台東縣台東市豊里街七五六之一號（奉順宮）
台東県	恵比須神社			台東庁新港郡新港庄新港字新港	台東縣成功鎮民富路六號
台東県	鹿寮村移民村神社			台東庁関山郡鹿野庄鹿野字鹿寮（鹿寮移民村）	台東縣鹿野郷永安村三鄰永安路二八二號…永安社區活動中心傍の涼亭

おわりに

台湾の神社跡地や遺構、遺物を調査してゆく過程で、神社に関係した産業や時代背景、さらにこれらに関連した人々について興味を持つようになった。そうすると、日本統治時代のさまざまな台湾社会の歴史の一部が見えてきた。歴史はいろいろな角度から見ることができる。さまざまな地域と場所に造営された夥しい数の「神社」という宗教施設及び思想観念から台湾の歴史の一部を紐解くことが出来ると思った。

本書作成にあたり、『台湾日日新報』及び『台湾時報』については、大鐸資侚訊（股）王振安総経理のご協力によりインターネット経由であらゆる情報を検索することが出来たことを感謝したい。また、「皇民化運動」を中心にした神社造営に関する内容は、台湾師範大学の蔡錦堂教授が博士論文として書かれた『台湾における宗教政策の研究：一八九五～一九四五』を大いに参考にさせて頂いたことを、本書を通じて御礼を申し上げたい。

今回も数多くの方々からのご協力を得た。前書に引き続き、絵葉書は高橋正己氏及び水町史郎氏より提供を頂いた。また、苗栗県文化局、彰化県文化局及び埔里図書館からは貴重な写真の提供を受けたことに感謝したい。また、台湾に造営された神社について調査された何《ハ》珩　愷《ハングカイ》氏のウェブサイト「神社残跡」も大いに参照させて頂いたことを、本書を通じて御礼を申し上げたい。

最後になるが、本原稿作成にあたり、元神奈川大学学長中島三千男氏及び一般財団法人　台湾協会河原功理事には、御多忙中にも関わらず、貴重なアドバイスを受けた。また河原理事よりは本文全体にわたり文章の校正をして頂いたことを、感謝したい。

二〇一八年三月

金子展也

参考文献

《日文》

台湾全体

『台湾日日新報』台湾日日新報社　一八九八～一九四四年
『台湾時報』台湾日日新報社　一九一九～一九四三年
井出季和太『台湾治績志』台湾日日新報社　一九三七年
安部明義『台湾地名研究』杉田書店　一九三八年
矢内原忠雄『帝国主義下の台湾』岩波書店　一九八八年
岩波講座『近代日本と植民地　２　帝国統治の構造』岩波書店　一九九二年
伊藤　潔『台湾　四百年の歴史と展望』中公新書　一九九三年
末光欣也『台湾の歴史　増訂版　日本統治時代の歴史』致良出版社　二〇〇七年

神社

山田孝使『県社開山神社沿革誌』県社開山神社社務所　一九一五年
『台湾神社誌』台湾神社社務所　一九三二年
台湾総督府文教局編『現行台湾社寺法令類纂』帝国地方行政学会　一九三六年
台湾神社社務所編『台湾神社略誌』一九三七年
『台湾に於ける神社及宗教』台湾総督府文教局社会課　一九四三年
田村晴胤『神の国日本』清水書店　一九四五年
『神社本庁十年史』神社本庁　一九五六年
村上重良『国家神道』岩波新書　一九七〇年
蔡　錦堂『台湾における宗教政策の研究：一八九五―一九四五』（博士論文）筑波大学　一九九〇年
『神社本庁教学研究所紀要（二）』神社本庁教学研究所　一九九七年
辻子　実『侵略神社』新幹社　二〇〇三年
川口謙二『日本の神様読み解き事典』柏書房　二〇〇三年
菅　浩二『日本統治下の海外神社　朝鮮神宮・台湾神社と祭神』弘文社　二〇〇四年
『海外神社史』（復刻版）ゆまに書房　二〇〇四年
青井哲人『植民地神社と帝国日本』吉川弘文館　二〇〇五年
島薗　進『国家神道と日本人』岩波新書　二〇一〇年
津田良樹『台湾神社から台湾神宮へ―台湾神社昭和造替の過程とその結果の検討―』年報　非文字資料研究　二〇一二年八月号　神奈川大学　二〇一二年
中島三千男『海外神社跡地の景観変容：さまざまな現状』御茶の水書房　二〇一三年
金子展也『台湾旧神社故地への旅案内』神社新報社　二〇一五年

北白川宮能久親王

吉野利喜馬『北白川宮御征台始末』一九二三年
『北白川宮能久親王御遺蹟』台湾総督府内務局　一九三五年
稲垣其外『北白川宮』台湾経世新報社　一九三七年

樟脳

『久須乃木』久須乃木会　一九三五年
『台湾乃専売』台湾専売協会　一九三五年
『樟脳専売史』日本専売公社　一九五六年
程　大學『臺日樟脳政策史の研究』（博士論文）一九九五年

水力発電

松田　謙『日月潭と台湾電力』植民経済研究所　一九三四年
松木幹一郎伝記編纂会 編 後藤曠二『松木幹一郎』一九四一年
渡辺喜三郎氏追想録編集委員会『追想　渡辺喜三郎』一九六六年
小林八二郎『五十年の歩み』一九七五年

鹿島婦人会誌『流れ　鹿島の歴史　戦前の海外工事』鹿島建設　一九七八年
藤村久四郎『台湾の建設　四十七年史』鹿島建設　一九六七年
堀見末子 著、向山寛夫 編 堀見愛子『堀見末子土木技師：台湾土木の功労者』一九九〇年
『日月潭水力電気工事誌』台湾電力　一九三三年
湊　照宏『両大戦間期における台湾電力の日月潭事業』経営史学／経営史学会　二〇〇一年
湊　照宏『植民地期及び戦後復興期台湾における化学肥料需給の構造と展開』東京大学社会科学研究所　二〇〇五年
まどか出版編『日本人、台湾を拓く』まどか出版　二〇一三年

ヒノキ

台湾総督府殖産『台湾木材案内』台湾総督府殖産局営業所　一九二三年
『明治神宮造営史』明治神宮造営局　一九二三年
大日本山林会編『明治林業逸史』一九三一年
『営林所の事業』台湾総督営林所　一九三三年
台湾総督府営林所編『台湾材』一九三五年
『阿里山年表』台湾総督府営林所所嘉義出張所　一九三五年
台湾総督府殖産局『森林計画事業報告書　上下巻』一九三七年
台湾山林会『台湾の山林』台湾山林会　一九三六年、一九四三年
日本林業技術協会『林業先人伝：技術者の職場の礎石』一九六二年
萩野敏雄『朝鮮・満州・台湾林業発展史論』林野弘済会一九六五年
台湾総督府殖産局編『台湾林業史』（復刻版）大空社　二〇〇四年
酒井秀夫『阿里山森林の開発』仙台：シルバン編集委員会　二〇〇六年

酒造

『専売通信』台湾総督府専売局　一九三五～一九三七年
台湾総督府『台湾酒専売史　上下巻』台湾総督府専売局　一九四一年
吉田　元『台湾における清酒醸造（日本醸造協会誌　第一〇二巻）』日本醸造協会　二〇〇七年

製塩

『台湾塩専売志』台湾専売協会　一九二五年
『台湾乃専売（食塩専売四十周年記念号）』台湾専売協会　一九三九年

製糖

明治製糖株式会社編『十五年史』一九二一年
西原雄次郎編『新高略史』新高製糖　一九三五年
明治製糖株式会社編『明治製糖株式会社三十年史』明治製糖東京事務所　一九三六年
『台湾支社概況』大日本製糖　一九三七年
台湾製糖株式会社東京出張所編『台湾製糖株式会社史』一九三九年
宮川次郎『塩糖の槇哲』一九三九年
台湾総督府蔗苗養成所『三十年回顧』台湾総督府大南庄蔗苗養成所　一九四四年
塩谷　誠編『日糖六十五年史』大日本製糖　一九六〇年
糖業会館『近代日本糖業史　下』勁草書房　一九九七年

炭鉱

『基隆炭礦沿革史』不詳
台湾実業界社編纂『金山王後宮信太郎』一九三四年
電気化学工業株式会社三十五年史編纂委員会編『電気化学工業株式会社三十五年史』一九五二年
西嶋定生博士追悼論文集編集委員会『東アジア史の展開と日本：西嶋定生博士追悼論文集』陳慈玉『日本植民地時代の基隆炭鉱株式会社』山川出版社　二〇〇〇年
佐藤英達『藤田組のメタルビジネス』三恵社　二〇〇七年
陳　慈玉『日本統治期における台湾輸出産業の発展と変遷（下）』立命館大学経済学会　二〇一二年
藤井非三四『レアメタルの戦争』学研パブリッシング　二〇一三年

移民村
『台湾水産雑誌』台湾水産協会　一九一〇～一九一九年
花蓮港庁編『三移民村』一九二八年
清水半平『官営移民吉野村回顧録：台湾』一九七一年
『鹿野・旭移民村概況』台東製糖　発行年不詳

理蕃と先住民部落
毛利之俊『東台湾展望』東台湾暁聲会　一九三三年
台湾救済団『佐久間左馬太』一九三三年
『蕃人移住十箇年計画書』台湾総督府蕃務局理蕃課　一九三四年
台湾総督府警務局理蕃課『高砂族調査書　第五編』一九三七年
『相撲』大相撲協会　一九四一年
近藤正己『総力戦と台湾　日本植民地崩壊の研究』刀水書房　一九九六年
宮國文雄『宮古島　台湾遭難事件』那覇出版社　一九九八年
鄧　相楊（下村作次郎・魚住悦子共訳）『抗日霧社事件の歴史』日本機関紙出版センター　二〇〇〇年
林えいだい『台湾秘話　霧社の反乱・民衆側の証言』新評論　二〇〇二年
山路勝彦『台湾の植民地統治』日本図書センター　二〇〇四年
山路勝彦『南庄事件と〈先住民〉問題：植民地台湾と土地権の帰趨』関西学院大学社会学部紀要　二〇一〇年
渡邉昌史『身体に託された記録』明和出版　二〇一二年
菊池一隆『日本の理蕃政策と台湾原住民』愛知学院大学人間文化研究所　二〇一三年

軍隊
新人物往来歴史室　編『日本陸軍歩兵連隊』新人物往来社　一九九一年
古野直也『台湾軍司令部』国書刊行会　一九九一年
薄会『回想　薄部隊　海軍第二十震洋特別攻撃隊』二〇〇一年
第五十六震洋隊隊員有志『海軍水上特攻隊　震洋』元就出版社　二〇〇四年
坂本愁一編集　近藤正己『台湾における植民地軍隊と植民地戦争』吉川弘文館　二〇一五年

その他
台湾総督府専売局　編『台湾総督府専売事業』一九二七年～一九二八年
『日本地理体系』改造社　一九三〇年
入江文太郎『基隆風土基（復刻版）』入江暁風　一九三三年
栗山新造『林芳一君追想録』一九三三年
『竹東油業所概要』台湾鉱業株式会社　一九三七年
『警察沿革誌』台湾総督府警察局　一九三八年
安部昭義『台湾地名研究』蕃語研究会　一九三八年
宗代　策『小林躋造伝』帝国軍事教育会　一九三九年
宮崎直勝『寺廟神の昇天：台湾寺朝整理覚書』東都書籍　一九四二年
土師清二『赤司初太郎伝』赤司初太郎伝記編纂会　一九四八年
内田　守編『仁術を全うせし人：川上豊博士小伝』東北新生園患者慰安会　一九七〇年
吉村和就『台湾・花蓮の発展を支えた日本人：賀田金三郎と吉村佐平』潮流社　一九七五年
本山文平『九十八年の回顧』一九七九年
日本石油株式会社・日本石油精製株式会社社史編纂室編『日本石油百年史』日本石油　一九八八年
宮本延人『日本統治時代台湾における寺廟整理問題』台湾事情勉強会・榕樹之会　一九八八年
大江志乃夫ほか編『岩波講座　近代日本と植民地　２（帝国統治の構造）』岩波書房　一九九二年
林　景明『日本統治下　台湾の「皇民化」教育』高文研　一九九七年
片倉佳史『台湾鉄道と日本人』交通新聞社新書　二〇〇二年
鶴見祐輔『正伝　後藤新平　３　台湾時代』藤原書房　二〇〇五年
山口政治『知られざる東台湾　湾生が綴るもう一つの台湾史』展転社　二〇〇七年
片倉佳史『台湾　日本統治時代の50年』祥伝社　二〇一五年

《中文》

林　清池『太平山開拓史』浮崙小築文化事業　一九九六年

林　炳炎『台湾電力株式会社発展史』一九九七年

『宜蘭文獻　雑誌50～51』宜蘭県文化局　二〇〇一年

張　素玢『台灣的日本農業移民（一九〇五・一九四五）以官営移民為中心』国史館　二〇〇二年

中原大学建築研究所『市定古蹟　新竹神社　調査研究暨修復計劃』新竹市政府文化局二〇〇三年

行政府文化建築委員會『台中創意文化園區・歴史建築　賣売局第五酒廠』二〇〇四年

『八仙山林場史話』行政院農業委員會林務局　二〇〇四年

王　麗夙『日治時期台湾電力之研究』修士論文中原大学　二〇〇四年

台湾糖業文化協会編輯委員会『鹽水港製糖株式会社歴史圖説集』台湾武智紀念基金會　二〇〇五年

曾　偉彰　台湾日本時代「遊廓」之研究：以台南為例（碩士学位論文）国立台北藝術大学　二〇〇五年

国史館台湾文獻館『楝花盛開時的回憶—日治時期畢業紀念冊展図録／日治時期台湾公立学校一覧表　学校建築篇』二〇〇五年

台湾糖業文化協会編輯委員会『明治糖株式会社歴史圖説集』台湾武智紀念基金會　二〇〇五年

台湾糖業文化協会編輯委員会『大日本製糖株式会社歴史圖説集』台湾糖業文化協會　二〇〇六年

桃園縣政府文化局『桃園縣忠烈祠文化館　文化景観調査及研究資源應用計劃成果報告書』二〇〇七年

国立台湾博物館『台湾神社獨木太鼓』二〇〇八年

台湾糖業文化協会編輯委員会『台湾製糖株式会社歴史圖説集』台湾武智紀念基金會　二〇〇八年

陳　湛綺編『日本統治時期台湾省五十一年来統計提要』全国図書館文献縮微複製中心　二〇〇九年

林　鴻忠編『世紀之森　蘭陽林業百年場記』行政院農業委員会林務局　二〇一二年

索引

※各項の掲載順序は神社・社・摂末社・遥拝所・無願神祠の順とする

台湾に渡った日本の神々
フィールドワーク日本統治時代の台湾の神社

2018年5月6日　第1刷発行

著　者　金子展也

発行者　皆川豪志

発行所　株式会社　潮書房光人新社

〒100-8077
東京都千代田区大手町1-7-2
電話番号／03-6281-9891（代）
http://www.kojinsha.co.jp

印刷製本　サンケイ総合印刷株式会社

定価はカバーに表示してあります。
乱丁、落丁のものはお取り替え致します。本文は中性紙を使用

ISBN978-4-7698-1659-1 C0095